O LIVRO DOS MÁRTIRES

John Foxe

O LIVRO DOS MÁRTIRES

Tradução: Beatriz Cunha

Principis

Esta é uma publicação Principis, selo exclusivo da Ciranda Cultural
© 2020 Ciranda Cultural Editora e Distribuidora Ltda.

Traduzido do original em inglês
Foxe's book of martyrs

Tradução realizada a partir da
edição ampliada de William Byron
Forbush no século XIX.

Texto
John Foxe

Tradução
Beatriz Cunha

Preparação
Rosa M. Ferreira

Revisão
Luis Fragoso
Agnaldo Alves

Produção editorial e projeto gráfico
Ciranda Cultural

Imagens
Vectorcarrot/Shutterstock.com;
Naddya/Shutterstock.com;
ArtMari/Shutterstock.com

Dados Internacionais de Catalogação na Publicação (CIP) de acordo com ISBD

F795l   Foxe, John

         O livro dos mártires / John Foxe ; traduzido por Beatriz Cunha. - Jandira, SP : Principis, 2020.
         496 p. ; 15,5cm x 22,6cm. – (Clássicos da literatura cristã)

         Tradução de: Foxe's Book Of Martyrs
         Inclui índice.
         ISBN: 978-65-5552-166-5

         1. Literatura cristã. 2. Mártires. I. Cunha, Beatriz. II. Título. III. Série.

                            CDD 240
2020-2408   CDU 24

Elaborado por Odilio Hilario Moreira Junior - CRB-8/9949

Índice para catálogo sistemático:
1.   Literatura cristã 240
2.   Literatura cristã 24

SUMÁRIO

Sobre o autor..9

A história dos mártires cristãos até a primeira perseguição sob o governo de Nero... 16

As dez primeiras perseguições.................................... 23

Perseguições aos cristãos na Pérsia............................ 58

Perseguições papais 71

História da inquisição 92

Um relato das perseguições na Itália sob o papado 126

Um relato da vida e das perseguições de John Wycliffe 186

Um relato das perseguições na Boêmia sob o papado 192

Um relato da vida e das perseguições de Martinho Lutero 217

Perseguições gerais na Alemanha 227

Um relato das perseguições nos Países Baixos 236

A vida e a história do verdadeiro servo e mártir de Deus, William Tyndale.. 242

Um relato da vida de João Calvino 253

Um relato das perseguições na Grã-Bretanha e Irlanda, anteriores ao reinado da rainha Maria I 258

Um relato das perseguições na Escócia durante o reinado do rei Henrique VIII.. 268

Perseguições na Inglaterra durante o reinado da rainha Maria........ 279

A ascensão e o avanço da religião protestante na Irlanda; com um relato do bárbaro massacre de 1641 397

O surgimento, o progresso, as perseguições e os sofrimentos dos Quakers 419

Um relato da vida e das perseguições de John Bunyan 436

Um relato da vida de John Wesley 440

Perseguições aos protestantes franceses no sul da França
durante os anos de 1814 e 1820 444

O início das missões estrangeiras americanas 467

Epílogo da edição original 496

"Este é um livro que nunca morrerá, um dos maiores clássicos ingleses. É capaz de despertar tanto interesse quanto uma ficção, pois foi escrito com fervor e sensibilidade, narrando os dramáticos acontecimentos de alguns dos mais emocionantes períodos da história cristã. Aqui reimpresso em sua forma mais completa, traz à vida os dias em que um nobre exército, homens e meninos, a matrona e a servente escalaram a acentuada subida aos céus, enfrentando perigos, labores e dores. Depois da própria Bíblia, nenhum livro influenciou tão profundamente o sentimento protestante inicial como *O Livro dos Mártires*. Mesmo em nosso tempo, é ainda uma força vívida. É mais do que um registro de perseguições. É um arsenal de controvérsias, um armazém de romantismo, uma fonte de edificação."

James Miller Dodds, "English Prose"

"Quando alguém se recorda de que até o surgimento do livro *O Progresso do Peregrino* as pessoas comuns não tinham quase nenhuma outra leitura senão a Bíblia e *O Livro dos Mártires*, de John Foxe, entendemos a profunda impressão que este livro causara e como serviu para moldar o caráter nacional. Aqueles que o puderam ler por si mesmos descobriram em detalhes todas as atrocidades sofridas pelos reformadores protestantes; os iletrados, por sua vez, puderam observar as rústicas ilustrações dos vários instrumentos de tortura: o cavalete, a grelha, o caldeirão com óleo fervente e, então, os santos expirando suas almas por entre as chamas. Este livro leva um povo que acabara de despertar a uma nova vida intelectual e religiosa; permite que inúmeras gerações, da infância à velhice, meditem nele, transformando suas histórias em tradições quase tão poderosas quanto as canções e os hábitos da vida de uma nação."

Douglas Campbell, "The Puritan in Holland, England, and America"

"Se despojarmos o livro de seu caráter acidental de contenda entre igrejas, permanece, ainda, nos primeiros anos do reinado da rainha Elizabeth, um monumento que marca a força crescente de um desejo por liberdade espiritual, por enfrentar as formas que buscam reprimir a consciência e agrilhoar o entendimento."

Henry Morley, "English Writers"

SOBRE O AUTOR

John Foxe (ou Fox) nasceu em Boston, Lincolnshire, em 1517, onde se acredita que seus pais viveram em boas condições. Fora privado de seu pai em tenra idade e, apesar de sua mãe logo ter-se casado novamente, permaneceu ainda sob seu teto. Devido à sua demonstração precoce de talentos e à sua inclinação para o aprendizado, sua família foi convencida a enviá-lo para Oxford, a fim de cultivar suas aptidões e levá-las à maturidade.

Durante sua permanência naquele lugar, distinguiu-se pela excelência e acuidade de seu intelecto, o qual fora aperfeiçoado pela emulação de seus colegas, unidas a um zelo infatigável e diligência de sua parte. Tais qualidades logo o levaram a conquistar a admiração de todos; como recompensa por seus esforços e sua amável conduta, foi escolhido como membro da Magdalen College, o que era reconhecido como grande honra na universidade, quase nunca conferida a alguém, a não ser em casos de grande distinção. Aparentemente, a primeira demonstração de sua genialidade foi a poesia, além da composição de algumas comédias em latim, as quais existem até os dias de hoje. No entanto, logo direcionou os pensamentos para um assunto mais sério: o estudo das Escrituras. Dedicou-se à teologia com mais fervor que com circunspecção e descobriu sua inclinação para a Reforma, que havia se iniciado na época, antes mesmo de ser conhecido pelos apoiadores ou seus protetores, circunstância esta que evidenciou ser a fonte de seus primeiros problemas.

Diz-se que Foxe declarava com frequência que o primeiro assunto a suscitar sua investigação da doutrina papal fora o fato de ter visto diversas coisas, das mais repugnantes em sua natureza, impostas ao mesmo tempo aos homens. A partir desse alicerce, sua firmeza e a obediência que desejava nutrir para com aquela Igreja foram, de certa maneira, abaladas, e pouco a pouco um desgosto por todo o resto tomou forma.

Sua primeira preocupação foi observar a história moderna e antiga da Igreja, a fim de averiguar seu início e seu progresso, considerar as causas de todas as controvérsias surgidas naquele ínterim e ponderar com diligência seus efeitos, sua solidez, suas enfermidades etc.

Antes de atingir seu trigésimo ano de vida, havia já estudado os padres gregos e latinos, além de outros autores eruditos, as operações dos Conselhos e os decretos dos consistórios; adquirira também grande competência no domínio da língua hebraica. Não raro, dispunha de boa parte da noite, se não da noite inteira, ocupando-se com tais atividades, e a fim de aliviar a mente após estudos incessantes, dirigia-se a um bosque próximo à faculdade, lugar muito frequentado pelos estudantes durante a noite devido à sua taciturna reclusão. Nessas caminhadas solitárias, era comum ouvir seus soluços e suspiros enquanto se derramava em lágrimas ao orar a Deus. Esses afastamentos noturnos, por consequência, deram origem às primeiras desconfianças acerca de seu afastamento da Igreja de Roma. Ao ser pressionado a explicar sua mudança de conduta, recusou-se a recorrer à ficção para dar desculpas; manifestou suas opiniões e, pela sentença da faculdade, foi condenado como um herege, sendo expulso.

Quando comunicada acerca das circunstâncias, sua família sentiu-se imensamente ofendida. Ao ser, portanto, abandonado pelos seus, foi-lhe oferecido um abrigo na casa de *sir* Thomas Lucy, de Warwickshire, a quem fora enviado a fim de ensinar seus filhos. A casa ficava a uma fácil caminhada de Stratford-upon-Avon; essa mesma propriedade, alguns anos mais tarde, foi cenário da tradicional e pueril expedição de caça furtiva de Shakespeare. Foxe faleceu quando Shakespeare tinha 3 anos de idade.

Na casa de Lucy, posteriormente, Foxe casou-se. No entanto, o medo dos inquisidores papais apressou sua partida de lá, pois, não satisfeitos em procurar infrações públicas, eles começaram também a devassar os segredos de famílias. Ele passou, portanto, a considerar qual seria a melhor atitude para evitar futuras inconveniências e decidiu partir para a casa de seu sogro ou de seu padrasto.

O pai de sua esposa era um cidadão de Coventry cujo coração tinha apreço pelo genro e pela filha, logo, era provável que ali fossem mais bem recebidos. Foxe decidiu, portanto, dirigir-se ao sogro primeiro; enquanto isso, buscou saber, por meio de cartas, se seu padrasto o receberia ou não. Assim o fez e recebeu a resposta dizendo que "parecia-lhe uma difícil circunstância receber em sua casa aquele que sabia ter sido culpado e condenado por um crime capital; além disso, tinha ainda conhecimento do perigo que corria se o fizesse. Demonstraria, porém, ser um bom parente, negligenciando a própria segurança. Caso mudasse de ideia, poderia ir, e ele o deixaria ficar por quanto tempo desejasse; mas, enquanto tal coisa não acontecesse, disse-lhe que deveria se contentar com uma estada curta, a fim de não colocar a ele e a sua mãe em perigo".

Não havia de se recusar condição alguma. Além disso, sua mãe anteriormente já o havia aconselhado sem segredo a voltar para casa e não temer a severidade de seu padrasto, "pois fora necessário que escrevesse daquela maneira, mas, quando a oportunidade chegasse, compensaria suas palavras com ações". De fato, foi mais bem recebido por ambos do que esperava.

Dessa forma, manteve-se escondido por um tempo e, mais tarde, fez uma viagem para Londres, no último período do reinado de Henrique VIII. Ainda anônimo, passava por muitas dificuldades e chegaria a correr o risco de morrer de fome, não houvesse a Providência interferido em seu favor.

Um dia, quando sr. Foxe encontrava-se sentado na Catedral de São Paulo, exausto por muito jejuar, um estranho sentou-se ao seu lado, cumprimentou-o educadamente e pôs em sua mão uma quantia, ordenando-lhe que animasse seu espírito. Informou-lhe também que nos próximos dias novas oportunidades se apresentariam para sua futura subsistência. Foxe nunca soube quem aquele estranho era, mas ao fim de três dias recebeu um convite do Duque de Richmond para assumir a instrução dos filhos do Conde de Surry, que junto ao seu pai, o Duque de Norfolk, foi aprisionado na Torre devido à inveja e à ingratidão do rei. As crianças, portanto, confiadas aos seus cuidados foram Thomas, que alcançou o ducado, Henry, o qual se tornou posteriormente Conde de Northampton, e Jane, a qual se tornou Condessa de Westmoreland. Atendeu completamente às expectativas da duquesa, tia das crianças, na execução de suas funções.

Esses dias de tranquilidade perduraram por todo o último período do reinado de Henrique VIII e pelos cinco anos do reinado de Eduardo VI, até que foi coroada Maria, que logo após sua ascensão concedeu todo o poder às mãos dos papistas.

A essa altura, o sr. Foxe, que ainda estava sob proteção de seu nobre pupilo, o duque, começava a despertar a inveja e o ódio de muitos, particularmente do dr. Gardiner, o então Bispo de Winchester, que acabou por ser seu inimigo mais violento.

Ciente disso e percebendo o início de terríveis perseguições, o sr. Foxe começou a considerar deixar o reino. Assim que o duque tomou conhecimento de suas intenções, esforçou-se para persuadi-lo a permanecer. Seus argumentos foram tão fortes e cheios de sinceridade que Foxe desistiu da ideia de abandonar seu asilo.

Naquele tempo, o Bispo de Winchester era muito íntimo do duque (devido à patronagem de cuja família havia alcançado a dignidade de que então gozava), e com frequência esperava que apresentasse seus serviços, quando eram por repetidas vezes requisitados, para que pudesse visitar seu antigo tutor. A princípio, o duque negou as solicitações, ora alegando estar ausente, ora indisposto. Após muito tempo, não sabendo que o bispo se encontrava na casa, o sr. Foxe entrou na sala onde ele e o duque conversavam; ao perceber a presença do bispo, retirou-se. Gardiner perguntou quem era aquele; o duque respondeu ser "seu médico, que fora pouco cortês por ter há pouco saído da universidade". "Gosto muito de seu semblante e de sua aparência", respondeu o bispo, "quando houver oportunidade, solicitarei sua presença". O duque entendeu aquela fala como o anúncio de alguma sorte de perigo iminente; agora, pensava também já ser passada a hora de sr. Foxe deixar a cidade, e até mesmo o país. Fez todos os arranjos necessários para que sua viagem fosse providenciada em segredo, enviando um de seus servos para Ipswich a fim de alugar um barco e cuidar dos preparativos para sua partida. Além disso, escolheu a casa de um dos seus servos, um fazendeiro, para hospedá-lo até que o vento fosse favorável. Estando tudo pronto, sr. Foxe deixa seu nobre benfeitor e, com sua esposa, grávida na época, parte em segredo para o navio.

Mal havia o barco içado velas, uma tempestade se formou, a qual durou o dia e a noite inteiros, de forma que o dia seguinte os levou de volta para o porto de onde haviam partido. Durante o tempo em que o barco estava em alto-mar, um oficial, enviado pelo Bispo de Winchester, rompera as portas da casa do fazendeiro com um mandado para apreender o sr. Foxe onde quer que fosse encontrado e trazê-lo de volta à cidade. Ao ouvir as notícias, ele alugou um cavalo com a intenção de imediatamente deixar a cidade; porém, retornou em segredo na mesma noite e fez um acordo com o capitão do barco para velejar a qualquer lugar assim que mudasse o vento, pedindo somente que prosseguisse, sem duvidar de que Deus faria sua empreitada prosperar. O marinheiro deixou-se persuadir; em dois dias, desembarcou seus passageiros em segurança em Nieuport.

Após passar alguns dias ali, o sr. Foxe partiu para Basileia, onde encontrou alguns ingleses refugiados que haviam abandonado seu país a fim de evitar a crueldade dos perseguidores; com estes aliou-se e pôs-se a escrever a *História dos Atos e Monumentos da Igreja*, primeiro publicado em latim, na Basileia, em 1554, e em inglês em 1563.

Nesse meio-tempo, a religião reformada começou a florescer outra vez na Inglaterra, enquanto a facção papal declinava devido à morte da rainha Maria, o que induziu um maior número de protestantes exilados a retornarem para seu país de origem.

Devido à ascensão de Elizabeth ao trono, o sr. Foxe, entre outros, retornou para a Inglaterra; ao chegar, encontrou em seu antigo pupilo, o Duque de Norfolk, um amigo fiel e presente, até que a morte o privou de seu benfeitor. Após tal acontecimento, o sr. Foxe herdou uma pensão legada a ele pelo duque e ratificada por seu filho, o Conde de Suffolk.

Mas o êxito do bom homem não tivera ali um fim. Ao ser recomendado à rainha por seu secretário de Estado, o grande Cecil, sua majestade lhe concedeu a prebenda de Shipton, na catedral de Salisbury, que lhe foi, de certa forma, imposta, pois fora com dificuldade que pôde ser persuadido a aceitá-la.

Ao reinstalar-se na Inglaterra, aplicou-se a revisar e expandir seu admirável martirológio. Completou essa célebre obra em 11 anos, com dores descomunais e estudo constante. Visando a um nível mais alto de acurácia, escreveu cada linha desse vasto livro com sua própria mão e sozinho transcreveu todos os registros e documentos. Entretanto, por consequência de tamanho labor, sem reservar parte de seu tempo para afastar-se dos estudos nem se permitir gozar do repouso e do lazer que exige a natureza, sua saúde tornou-se tão reduzida, e seu corpo tão macilento e mudado, que seus amigos e parentes, por somente o encontrarem vez ou outra, mal podiam reconhecê-lo.

Contudo, embora ficasse a cada dia mais exausto, prosseguiu em seus estudos com o mesmo vigor de sempre; não se deixava ser persuadido a diminuir os habituais esforços. Os papistas, prevendo o quão nocivo o histórico de seus erros e crueldades seria à sua causa, recorreram a todos os artifícios para prejudicar a reputação da obra em questão; mas sua malícia serviu de alerta tanto para o sr. Foxe como para a Igreja de Deus em geral, pois acabou por tornar o seu livro ainda mais válido intrinsecamente, induzindo-o a ponderar com a mais escrupulosa atenção a asserção dos fatos que havia registrado, bem como a validez das autoridades das quais recebera as informações.

Mas, enquanto estava infatigavelmente ocupado em promover a causa da verdade, não negligenciou os outros deveres de seu posto. Era caridoso, compassivo e atento às necessidades tanto espirituais como temporais de seu próximo. Com a intenção de ser mais amplamente útil, embora não desejasse cultivar relacionamentos com os ricos e grandes considerando os próprios interesses, não recusou a amizade daqueles em posição mais elevada quando lhe foi ofertada, e nunca falhou em usar a influência que tinha entre eles em favor do pobre e necessitado. Como consequência de sua probidade e beneficência, costumava ser presenteado com montantes em dinheiro por pessoas abastadas, os quais aceitava e distribuía entre aqueles que se encontravam em aflição. Por vezes, comparecia à mesa de seus amigos, não tanto pelo prazer de fazê-lo, mas por civilidade e para convencê-los de que sua ausência não era motivada pelo medo de se expor às tentações do apetite. Em suma, seu caráter como homem e cristão era irrepreensível.

Embora as últimas lembranças das perseguições de Maria Sanguinária tenham adicionado amargor à ponta de sua pena, é excepcional notar que era o mais conciliatório dos homens, e que, enquanto renegava sinceramente a Igreja Romana na qual nasceu, foi um dos primeiros a tentar selar um acordo com os irmãos protestantes. Era, na verdade, um autêntico apóstolo da tolerância.

Quando a Praga se espalhou na Inglaterra, em 1563, e muitos abandonaram suas funções, Foxe permaneceu em seu posto, dando assistência aos desamparados e agindo como o doador de esmolas dos ricos. Dizia-se que não conseguia recusar ajuda a ninguém que pedisse em nome de Cristo. Tolerante e de bom coração, exerceu sua influência com a Rainha Elizabeth para confirmar sua intenção de interromper a prática cruel de condenar à morte aqueles que mantivessem convicções religiosas opostas. A rainha considerou-o com respeito e referiu-se a ele como "nosso Pai Foxe".

O sr. Foxe regozijou-se nos frutos de sua obra enquanto ainda tinha vida, a qual passou por quatro longas edições antes de seu falecimento; os bispos ordenaram que fosse colocada em cada catedral na Inglaterra, onde costumava ser encontrada presa por correntes, como se fazia com a Bíblia naqueles dias, em um atril para o acesso das pessoas.

Após servir amplamente à Igreja e ao mundo com seu ministério, por meio de sua pena e do puro esplendor de uma vida benevolente, útil e santa, mansamente entregou sua alma a Cristo no dia 18 de abril de 1587, aos 70 anos de idade. Foi sepultado na capela de St. Giles, em Cripplegate, de cuja paróquia fora vigário no início do reinado de Elizabeth.

CAPÍTULO 1

A HISTÓRIA DOS MÁRTIRES CRISTÃOS ATÉ A PRIMEIRA PERSEGUIÇÃO SOB O GOVERNO DE NERO

Cristo nosso Salvador, no Evangelho de São Mateus, ouvindo a confissão de Simão Pedro que, antes de todos os outros, abertamente o reconheceu como o Filho de Deus, e enxergando ali a oculta mão de Seu Pai, chamou--lhe de pedra (fazendo alusão ao seu nome), sobre a qual construiria Sua Igreja com tanta solidez que os portões do inferno não prevaleceriam contra ela. Há de se notar três coisas nestas palavras: a primeira é que Cristo terá uma Igreja neste mundo; a segunda é que a Igreja será fortemente impugnada, não somente pelo mundo, mas também pelos mais extremos poderes e forças de todo o inferno; a terceira é que a mesma Igreja, apesar dos maiores poderes do diabo e toda a sua malícia, resistirá.

Vemos tal profecia de Cristo ser maravilhosamente confirmada. Em todo o curso da Igreja até os dias de hoje, contemplamos o seu cumprimento. Primeiro, não se faz necessária a declaração de que Cristo estabeleceu a Igreja. Depois, tamanho fora o poder de príncipes, reis, monarcas, governadores e comandantes deste mundo, junto aos seus súditos, pública e secretamente, com toda a sua força e astúcia, que se inclinaram contra a Igreja! E, por fim, como esta mesma Igreja, apesar de tudo isso, subsistiu e se sustentou! Que terríveis intempéries e tempestades atravessara, impressionante é contemplar! E para que essa declaração se torne ainda mais evidente, expus esses fatos a fim de que, antes de tudo, as maravilhosas obras de Deus em Sua Igreja se manifestem para a Sua glória. Além disso, apresentar a persistência e o avanço da Igreja ocorridos de tempos em tempos há de resultar em mais conhecimento e experiência para benefício do leitor e edificação da fé cristã.

Por não ser nosso propósito nos alongarmos acerca da história do nosso Salvador, antes ou depois da crucificação, será necessário apenas lembrar nossos leitores do desapontamento dos judeus diante posterior ressurreição de Jesus. Embora um apóstolo o tenha traído, embora outro o tenha negado sob a solene sanção de uma promessa e embora todos os outros o tenham abandonado, exceto "o discípulo conhecido do sumo sacerdote", a história de Sua ressurreição deu uma nova direção para todos os corações e, após a ação do Espírito Santo, renovou confiança às suas mentes. Os poderes com os quais foram dotados os encorajaram a proclamar o Seu nome, para confusão dos líderes judeus e espanto dos prosélitos gentios.

I. Santo Estêvão

Santo Estêvão foi o primeiro a padecer. Sua morte foi causada pela forma fiel com que pregava o Evangelho aos traidores e assassinos de Cristo. Exaltaram-se tanto em sua maldade que o expulsaram da cidade e o apedrejaram até a morte. Supõe-se que tenha sido morto na Páscoa judaica posterior àquela da crucificação do nosso Senhor e ao aniversário de sua ascensão, na primavera seguinte.

Diante disso, ergueu-se uma grande perseguição contra aqueles que professavam sua fé em Cristo como o Messias, ou como um profeta.

São Lucas relata que "fez-se naquele dia uma grande perseguição contra a Igreja que estava em Jerusalém, e todos foram dispersos pelas regiões da Judeia e Samaria, exceto os apóstolos".

Cerca de dois mil cristãos, inclusive Nicanor, um dos sete diáconos, sofreram martírio durante a "perseguição que se levantou nos tempos de Estêvão".

II. Tiago, o Maior

O próximo mártir com que deparamos, de acordo com São Lucas em Atos dos Apóstolos, foi Tiago, filho de Zebedeu, irmão mais velho de João e parente do nosso Senhor, pois sua mãe, Salomé, era prima da Virgem Maria. O segundo martírio aconteceu somente dez anos após a morte de Estêvão. Assim que Herodes Agripa foi designado governador da Judeia, com a intenção de se reconciliar com os judeus, levantou uma intensa perseguição contra os cristãos e, determinado a golpeá-los fatalmente, atacou seus líderes. Não podemos deixar de mencionar o relato dado por um eminente escritor primitivo, Clemente de Alexandria. Quando Tiago estava sendo conduzido ao lugar de martírio, seu acusador acabou por se arrepender de sua conduta diante do extraordinário do apóstolo; prostrou-se aos seus pés, implorando-lhe perdão, confessou-se cristão e determinou que Tiago não deveria receber a coroa do martírio sozinho. Dessa forma, foram ambos decapitados ao mesmo tempo. E, assim, o primeiro mártir apostólico, alegre e resoluto, recebeu o cálice que, como havia afirmado ao nosso Salvador, estava pronto para tomar. Timão e Pármenas também foram martirizados na mesma época; um em Filipos, outro na Macedônia. Tais eventos ocorreram em 44 d.C.

III. Felipe

Nascido em Betsaida, na Galileia, e a princípio chamado "discípulo". Trabalhou com diligência na Ásia Setentrional e sofreu martírio em Heliópolis, na Frígia. Foi açoitado, lançado na prisão e posteriormente crucificado, em 54 d.C.

IV. Mateus

Nascido em Nazaré, tinha por ocupação ser cobrador de impostos. Escreveu seu evangelho em hebraico, o qual, mais tarde, foi traduzido para o grego por Tiago, o Menor. Seu labor se deu em Parta e na Etiópia, onde sofreu martírio, imolado com uma alabarda na cidade de Nadabá, em 60 d.C.

V. Tiago, o Menor

Alguns supõem que se tratava de irmão de nosso Senhor por parte de uma esposa anterior de José. Essa é uma suposição incerta, que está de acordo com a superstição católica de que Maria nunca teve outros filhos senão nosso Salvador. Foi escolhido para supervisionar as igrejas de Jerusalém; foi também autor da epístola atribuída a Tiago no cânone sagrado. Aos 94 anos de idade foi espancado e apedrejado pelos judeus; por fim, teve seu crânio esmagado por clavas.

VI. Matias

O menos conhecido dentre os discípulos; foi escolhido para ocupar o lugar de Judas. Foi apedrejado em Jerusalém e depois decapitado.

VII. André

Irmão de Pedro. Pregou o evangelho a muitas nações asiáticas. Contudo, em sua chegada a Edessa, foi capturado e crucificado em uma cruz cujas duas extremidades inferiores eram fixadas transversalmente no chão. Eis, portanto, a origem do termo "cruz de Santo André".

VIII. Marcos

Nasceu de pais judeus da tribo de Levi. Supõe-se que tenha se convertido ao cristianismo por meio de Pedro, a quem servira como amanuense, e sob cuja supervisão escrevera seu evangelho em grego. Marcos foi arrastado pela cidade até que sua carne fosse rasgada, pelo povo de Alexandria, na grande solenidade de Serápis, o ídolo deles, que lhe tirou a vida com mãos impiedosas.

IX. Pedro

Dentre muitos outros santos, o abençoado apóstolo Pedro foi condenado à morte e crucificado, como relatam alguns, em Roma, embora alguns outros duvidem, não sem razão.

Hegésipo dizia que Nero procurava acusações contra Pedro a fim de condená-lo à morte. Quando, portanto, o povo percebeu tal ameaça, implorou a Pedro com muita insistência para que abandonasse a cidade. Pedro, após tamanha importunação, foi persuadido e se preparou para a fuga. Mas, chegando aos portões, viu o Senhor Jesus Cristo vindo em sua direção, a quem, adorando, disse: "Senhor, para onde vais?". E Ele lhe respondeu, dizendo: "Vim outra vez ser crucificado". Com isso, Pedro, apercebendo-se de que se referia ao seu sofrimento, retornou à cidade. Segundo Jerônimo, foi crucificado de cabeça para baixo e pés para cima, como ele mesmo pediu, pois dizia-se indigno de ser crucificado da mesma forma que fora o Senhor.

X. Paulo

O apóstolo, antes chamado Saulo, após seu excelente trabalho e seus indescritíveis esforços para promover o evangelho de Cristo, também foi alvo dessas primeiras perseguições levantadas sob o governo de Nero. Abdias declara que, diante da decisão por sua execução, o imperador enviou dois de seus escudeiros, Ferega e Partemio, para lhe dar as notícias acerca de sua morte iminente. Ao se dirigirem a Paulo, encontraram-no instruindo o povo e pediram-lhe que orasse por eles para que cressem; o apóstolo, portanto, disse-lhes que muito em breve haveriam de crer e ser batizados diante de seu túmulo. Logo vieram os soldados e o levaram para fora da cidade, até o lugar onde ocorreria sua execução, onde, havendo orado, entregou o pescoço à espada.

XI. Judas

Irmão de Tiago, conhecido como Tadeu. Foi crucificado em Edessa, em 72 d.C.

XII. Bartolomeu

Pregou e propagou a Palavra em muitos países, inclusive na Índia, para cujo idioma traduziu o evangelho de Mateus. Foi cruelmente açoitado e a seguir crucificado pelos intolerantes idólatras.

XIII. Tomé

Chamado Dídimo, pregou o evangelho em Parta e na Índia, onde, suscitando a ira dos sacerdotes pagãos, sofreu martírio ao ser atravessado com uma lança.

XIV. Lucas

Evangelista, foi o autor do evangelho que leva seu nome. Viajou com Paulo por diversos países e acredita-se que tenha sido enforcado em uma oliveira pelos sacerdotes idólatras da Grécia.

XV. Simão

De sobrenome Zelote, pregou o evangelho em Mauritânia, África, e até mesmo na Grã-Bretanha, país no qual foi crucificado em 74 d.C.

XVI. João

O "discípulo amado", irmão de Tiago, o Maior. Fundou as igrejas de Esmirna, Pérgamo, Sárdis, Filadélfia, Laodiceia e Tiatira. De Éfeso, recebeu a ordem de partir para Roma, onde se afirma que teria sido lançado em um caldeirão de óleo fervente. Por um milagre, escapou sem dano algum. Mais tarde, Domiciano o exilou na Ilha de Patmos, onde escreveu o livro do Apocalipse. Nerva, sucessor de Domiciano, o repatriou. João foi o único apóstolo que escapou de uma morte violenta.

XVII. Barnabé

Era de Chipre, mas de linhagem judia. Acredita-se que sua morte tenha acontecido por volta de 73 d.C.

Apesar das contínuas perseguições e dos terríveis castigos, a Igreja crescia dia após dia, enraizada na doutrina dos apóstolos e dos homens apostólicos, abundantemente regada com o sangue dos santos.

CAPÍTULO 2

AS DEZ PRIMEIRAS PERSEGUIÇÕES

A Primeira Perseguição, sob o governo de Nero, em 67 d.C.

A primeira perseguição da igreja se deu em 67 d.C., sob o governo de Nero, o sexto imperador de Roma. Durante os primeiros cinco anos, o monarca reinou de maneira tolerável, mas, então, deu vazão às maiores extravagâncias de temperamento e às mais atrozes barbaridades. Dentre tantos caprichos diabólicos, Nero ordenou que ateassem fogo à cidade de Roma, ordem esta que foi executada por seus oficiais, guardas e servos. Enquanto a cidade imperial ardia em chamas, o imperador subiu à torre de Mecenas, tocou sua harpa, cantou a canção de incêndio de Troia e abertamente declarou que "desejava a ruína de todas as coisas antes de sua morte". Além do nobre edifício, o Circo, muitos outros palácios e casas foram consumidos. Milhares pereceram nas chamas, sufocados pela fumaça ou soterrados pelas ruínas.

A terrível conflagração se prolongou por nove dias. Quando Nero se apercebeu de que sua conduta fora fortemente censurada e se manifestava profundo ódio contra ele, decidiu atribuir todo o ocorrido aos cristãos, de forma a livrar-se da culpa e outra vez inundar os próprios olhos com novas crueldades. Essa foi a causa da Primeira Perseguição. As barbaridades executadas contra os cristãos eram tamanhas que despertavam compaixão até mesmo nos romanos.

Nero aperfeiçoou-se em suas crueldades e tramou formas de punição para os cristãos que nem a imaginação mais infernal seria capaz de conceber. Em particular, fez com que alguns fossem costurados em peles de animais selvagens e depois lançados aos cães a fim de serem despedaçados até a morte; outros mandava vestir com camisas enrijecidas com cera, prendia-os aos postes de seu jardim e neles ateava fogo para que iluminassem o lugar como tochas.

Essa perseguição se deu por todo o Império Romano; por outro lado, fez aumentar, em vez de diminuir, o espírito do cristianismo. No decurso de tais acontecimentos, São Paulo e São Pedro foram martirizados. Com eles, foram também Erasto, tesoureiro de Corinto; Aristarco, o macedônio; Trófimo, um eféssio convertido por meio de São Paulo, que o acompanhou em seus labores; José, comumente chamado Barsabás, e Ananias, bispo de Damasco, e cada um dos setenta.

A Segunda Perseguição, sob o governo de Domiciano, em 81 d.C.

O imperador Domiciano, naturalmente inclinado à crueldade, primeiro matou seu irmão, e depois levantou a segunda perseguição aos cristãos. Em sua ira, matou alguns dos senadores romanos, uns por maldade, outros a fim de confiscar seus bens. Ordenou, então, que fosse morta toda a linhagem de Davi.

Entre os inúmeros mártires que sofreram durante essa perseguição, esteve Simeão, bispo de Jerusalém, que foi crucificado, e São João, que foi escaldado em óleo e depois banido para Patmos. Também Flávia, a filha de um senador romano, foi banida para Ponto. Fora criada uma lei dizendo que "nenhum cristão, ao ser trazido ao tribunal, seria eximido da pena sem renunciar à sua religião".

Uma gama de histórias foi inventada durante esse reinado, criadas com o propósito de prejudicar os cristãos. O fascínio dos pagãos era tamanho que, se fome, peste ou terremotos afligiam alguma das províncias romanas, atribuía-se a culpa aos cristãos. Tais perseguições causaram o aumento do número de informantes e muitos, por causa da ganância, testemunharam falsamente contra a vida de inocentes.

Outra dificuldade se devia ao fato de que, quando quaisquer cristãos eram trazidos diante dos magistrados, um juramento lhes era proposto como teste. Caso se recusassem a fazê-lo, declarava-se sua sentença de morte; caso confessassem ser cristãos, recebiam a mesma sentença. Dentre os inúmeros mártires que sofreram durante essa perseguição, seguem os mais memoráveis.

Dionísio, o areopagita, nascido em Atenas e educado em toda a literatura útil e estética da Grécia. Viajou para o Egito a fim de estudar astronomia e fez observações muito particulares acerca do grande eclipse sobrenatural ocorrido na crucificação do nosso Salvador. A santidade de sua conduta e a pureza de suas maneiras o recomendaram de tal modo aos cristãos, que foi indicado para tornar-se bispo de Atenas.

Nicodemos, um benevolente cristão de certa distinção, martirizado em Roma durante a fúria da perseguição de Domiciano.

Protásio e Gervário, martirizados em Milão.

Timóteo, o célebre discípulo de São Paulo e bispo de Éfeso, onde zelosamente governou a Igreja até o ano de 97 d.C.

Nesse período, enquanto os pagãos estavam prestes a celebrar a festa chamada Catagogião, Timóteo, ao encontrar a procissão, os reprovou severamente por sua ridícula idolatria. Sua atitude exasperou tanto o povo que se levantaram sobre ele com suas clavas e o espancaram de tal modo que, por consequência dos ferimentos, expirou dois dias depois.

A Terceira Perseguição, sob o governo de Trajano, em 108 d.C.

Na terceira perseguição, Plínio, o Segundo, homem instruído e famoso, vendo a lamentável matança dos cristãos, moveu-se de piedade e escreveu para Trajano, declarando-lhe que havia milhares sendo mortos todos os dias, dos quais nenhum agira de modo contrário às leis romanas, portanto não mereciam tamanha perseguição. "Tudo o que alegam acerca de seu crime ou erro (como quer que o chamem) é somente o hábito de se reunirem em determinado dia antes do amanhecer e repetirem juntos orações a Cristo, a quem reconhecem como Deus, e se comprometem a não cometer perversidade, mas se afastarem da prática do roubo, do adultério, nunca mentir nem defraudar ninguém. Feito isso, costumam separar-se e depois reunir-se outra vez a fim de partilharem uma inocente refeição."

Nessa perseguição, sofreu o abençoado mártir Inácio, a quem se mantém grande reverência entre muitos cristãos. Inácio foi designado para o bispado de Antioquia, em sucessão a Pedro. Alguns dizem que, havendo sido enviado da Síria para Roma por professar a fé em Cristo, foi lançado às feras selvagens para ser devorado. Diz-se ainda que, quando passou pela Ásia, sob absoluta custódia de seus guardiões, fortaleceu e reafirmou as igrejas por todas as cidades em que passava, tanto com suas exortações como pela pregação da Palavra de Deus. Logo, chegando a Esmirna, escreveu à Igreja de Roma, exortando-os a não se dedicarem a livrá-lo de seu martírio, pois, se o fizessem, o privariam daquilo que mais ansiava e esperava. "Agora começo a ser um discípulo. Nada me importa, coisas visíveis ou invisíveis, contanto que ganhe a Cristo. Venham o fogo e a cruz, venham as feras selvagens, venham o quebrar dos ossos e o despedaçar dos membros, venham o triturar de todo o corpo e toda a maldade do diabo. Assim seja, para que tão somente ganhe eu a Cristo Jesus!" E, mesmo quando recebeu a sentença de ser lançado às feras, seu desejo por cumpri-la era tamanho e tão ardente que disse, ao ouvir os leões rugirem: "Eu sou o trigo de Cristo. Serei moído pelos dentes das feras selvagens para que possa ser achado pão puro".

Adriano, sucessor de Trajano, continuou a terceira perseguição com tanta severidade quanto seu predecessor. Nessa época, Alexandre, bispo de Roma, com seus dois diáconos, foram martirizados, assim como Quirino, Hermes e suas famílias; Zeno, um nobre romano, e cerca de dez mil outros cristãos também receberam o mesmo destino.

Muitos foram crucificados no Monte Ararate, coroados com espinhos e trespassados com lanças, em imitação à paixão de Cristo. Eustáquio, um corajoso e bem-sucedido comandante romano, recebeu a ordem do imperador para se juntar a um sacrifício idólatra a fim de celebrar algumas de suas próprias vitórias. Contudo, sua fé (sendo ele um cristão em seu coração) era tão maior do que sua vaidade, que nobremente recusou. Enfurecido diante da rejeição, o ingrato imperador se esqueceu do serviço prestado por seu habilidoso comandante e ordenou sua morte e de sua família.

No martírio de Faustino e Jovita, irmãos e cidadãos de Bréscia, fora tamanho o tormento e tão grande a paciência deles, que Calocerio, um pagão, ao contemplá-los, espantou-se admirado e exclamou, em uma espécie de êxtase: "Grande é o Deus dos cristãos!", pelo que foi preso e sofreu um destino semelhante.

Muitas outras crueldades e rigores foram executados contra os cristãos, até que Quadrato, bispo de Atenas, fez uma erudita apologia em favor deles diante do imperador, que estava presente. Aristides, um filósofo da mesma cidade, escreveu uma elegante epístola que levou Adriano a diminuir a severidade e ceder em favor dos cristãos.

Adriano morreu em 138 d.C., sucedido por Antônio Pio, um dos mais amáveis monarcas que já reinaram, e que deteve as perseguições aos cristãos.

A Quarta Perseguição, sob o governo de Marco Aurélio Antônio, em 162 d.C.

Marco Aurélio, que assumiu o governo no ano 161 do nosso Senhor, era um homem de natureza mais austera e rigorosa; embora fosse louvável no estudo da filosofia e no governo civil, era incisivo e violento para com os cristãos; por ele, foi levantada a quarta perseguição.

As crueldades executadas nessa perseguição foram tamanhas que muitos espectadores estremeciam de terror diante das cenas e ficaram atônitos com a intrepidez daqueles que passavam por tão grande sofrimento. Alguns dos mártires foram obrigados a andar, com os pés já feridos, sobre espinhos, pregos, conchas afiadas etc. Outros eram açoitados até que seus tendões e veias fossem expostos; e, após sofrerem as mais excruciantes torturas já concebidas, eram aniquilados com as mais terríveis mortes.

Germânico, um homem jovem, mas sincero cristão, ao ser lançado às feras selvagens por causa de sua fé, comportou-se com tão impressionante coragem que muitos pagãos se converteram à fé que inspirara sua força.

Policarpo, o venerável bispo de Esmirna, ao ouvir que estavam à sua procura, escapou, mas foi descoberto por uma criança. Após servir uma refeição aos guardas que o prenderam, pediu-lhes uma hora em oração; ao receber permissão, orou com tanto fervor que os guardas se arrependeram de ter agido em favor de sua captura. Entretanto, foi levado para diante do procônsul, condenado e queimado na praça do mercado. O procônsul, na ocasião, o incitou, dizendo: "Jure e haverei de libertar-te. Blasfeme contra Cristo".

Policarpo, porém, respondeu: "Oitenta e seis anos o servi, e ele nunca me fez mal algum; como haveria eu de blasfemar contra meu Rei, que me salvou?".

Policarpo assegurou-lhes que permaneceria imóvel sobre a estaca, portanto foi atado a ela em vez de nela cavado, como se costumava fazer. Ao acenderem a fogueira, as chamas rodearam-lhe o corpo como um arco, sem tocá-lo. Diante da cena, o carrasco recebeu ordens para trespassá-lo com a espada; assim, tanto sangue jorrou de seu corpo que acabou por extinguir as chamas que o rodeavam. Contudo, por instigação dos inimigos do evangelho, especialmente dos judeus, ordenou-se que seu corpo fosse consumido na fogueira, e o pedido de seus amigos, que desejavam lhe dar um sepultamento cristão, foi recusado. No entanto, recolheram seus ossos e tudo o que puderam de suas cinzas, a fim de o sepultarem com decência.

Metrodoro, um ministro e corajoso pregador, e Peônio, autor de excelentes apologias à fé cristã, foram também carbonizados. Carpo e Papilo, dois valorosos cristãos, e Agatônica, mulher piedosa, foram martirizados em Pergamópolis, na Ásia.

Felicidade, uma ilustre senhora romana, nascida em família abastada e detentora das mais notáveis virtudes, era uma devota cristã. Deu à luz sete filhos, a quem educou com exemplar piedade.

Januário, o mais velho, foi açoitado e comprimido com pesos até a morte. Félix e Filipe, os que o sucediam em idade, tiveram seus cérebros esmagados com clavas. Silvano, o quarto, foi morto ao ser lançado de um precipício. Seus três filhos mais novos, Alexandre, Vital e Marcial, foram decapitados. A mãe foi decapitada com a mesma espada que matara seus três filhos mais jovens.

Justino, o célebre filósofo, foi martirizado nessa perseguição. Nasceu em Neápolis, em Samaria, em 103 d.C. Foi um grande apreciador da verdade e um erudito universal. Investigou as filosofias estoica e peripatética e provou a pitagórica. Contudo, ao sentir asco pela conduta de um de seus professores, dedicou-se a estudar a platônica, na qual encontrou grande deleite. Por volta do ano 133, aos 30 anos de idade, converteu-se ao cristianismo e, então, pela primeira vez, percebeu a autêntica beleza da verdade.

Escreveu uma elegante epístola aos gentios e aplicou seus talentos em convencer os judeus da verdade dos ritos cristãos. Passava grande parte do tempo viajando, até que estabeleceu residência em Roma, no monte Viminal. Abriu uma escola pública, ensinou a muitos, que vieram a se tornar grandes homens, e escreveu um tratado para refutar heresias de todos os tipos.

À medida que os pagãos começaram a ameaçar os cristãos com grande severidade, Justino escreveu sua primeira apologia a favor deles. Esse escrito demonstrava grande erudição e engenhosidade e levou o imperador a publicar um édito a favor dos cristãos. Pouco depois, Justino entrou em frequentes discussões com Crescente, um célebre filósofo cínico cuja vida e conduta eram perversas. Os argumentos de Justino lhe soavam tão poderosos, porém tão odiosos, que decidiu destruí-lo, e assim o fez.

A segunda apologia de Justino, devido ao que continha, deu a Crescente, o Cínico, , a oportunidade de predispor o imperador contra o que escrevera; diante disso, Justino e seis de seus companheiros foram presos. Ao receberem a ordem de prestar sacrifícios a ídolos pagãos, recusaram-se e foram condenados aos açoites e depois à decapitação, sentença essa que foi executada com toda a severidade imaginável.

Muitos foram decapitados por se recusarem a oferecer sacrifícios à imagem de Júpiter, em particular Concordo, um diácono da cidade de Espólito.

Quando algumas das inquietas nações do Norte levantaram seus exércitos contra Roma, o imperador marchou ao encontro delas. No entanto, envolveu-se em uma emboscada e temeu a perda de todo o seu exército. Envoltos por montanhas, cercados de inimigos e com muita sede, invocaram em vão as deidades pagãs; então, os homens pertencentes à Legião do Trovão receberam a ordem de clamar ao seu Deus por socorro. Imediatamente, um livramento miraculoso aconteceu; choveu em abundância, o que permitiu aos homens recolherem a água e encherem diques, propiciando-lhes um espantoso alívio repentino. Ao que parece, a tempestade que os surpreendeu como um milagre também intimidou os inimigos, pois parte deles desertou do exército romano; os que restaram foram derrotados, e as províncias rebeldes, completamente recuperadas.

O acontecimento fez a perseguição diminuir durante algum tempo, ao menos naquelas regiões diretamente sob inspeção do imperador. No entanto, observamos que logo ocorreriam na França, particularmente em Lyon, torturas que excedem a capacidade da descrição, às quais muitos cristãos seriam submetidos.

Os principais desses mártires foram o jovem Vetio Ágato; Blandina, uma dama cristã de frágil constituição; Sancto, diácono em Viena, sobre quem foram colocados pratos de bronze em brasas nas partes mais sensíveis do corpo; Biblias, uma frágil mulher que antes fora apóstata; Átalo, de Pérgamo; e Potino, o respeitável bispo de Lyon, que então tinha 90 anos de idade. No dia em que Blandina e outros três da fé foram conduzidos ao anfiteatro, penduraram-na em um madeiro preso ao chão e a ofereceram como alimento para os animais selvagens; naquele momento, com suas sinceras orações, ela encorajava seus companheiros. No entanto, nenhum dos animais a tocou, de modo que a detiveram outra vez na prisão. Quando foi pela terceira vez entregue às feras, isso ocorreu na companhia de Pôntico, um jovem de 15 anos de idade, cuja constante fé irou a multidão, que não respeitava o sexo de Blandina nem a tenra idade de Pôntico, sendo eles expostos a toda sorte de castigos e torturas.

Quando os cristãos, nessas ocasiões, sofriam o martírio, eram ornamentados e coroados com guirlandas de flores, em troca das quais receberam nos céus coroas eternas de glória.

Muitos dizem que a vida dos cristãos primitivos consistia em "perseguições sobre a terra e orações no subsolo". Suas vidas estão expressas no Coliseu e nas catacumbas. Sob Roma, há subterrâneos chamados catacumbas, os quais outrora foram templos e túmulos. A Igreja Primitiva de Roma bem poderia ser chamada Igreja das Catacumbas. Há cerca de sessenta delas nas redondezas de Roma, onde podem ser percorridas por volta de seiscentas milhas de galeria, sem chegar ao fim. Tais galerias medem cerca de 2,4 metros de altura, de um a 1,5 metro de largura, e contêm, em cada um dos lados, fileiras de cavidades compridas, baixas e horizontais, umas sobre as outras, como beliches em um navio. Nelas eram colocados os corpos sem vida e, então, fechava-se a parte frontal, às vezes com uma placa de mármore, às vezes com telhas unidas por concreto. Sobre essas placas ou telhas eram pintados ou gravados símbolos e epitáfios.

Tanto pagãos como cristãos enterravam seus mortos nas catacumbas.

Quando foram abertos os túmulos cristãos, os esqueletos contaram sua terrível história. Cabeças separadas dos corpos, costelas e escápulas quebradas e ossos calcinados pelo fogo. Contudo, apesar da trágica história de persegui-ção, as inscrições inspiram paz, alegria e triunfo. Algumas delas dizem:

"Aqui jaz Márcia, posta a descansar em um sonho de paz."

"Lawrence a seu mais doce filho, levado pelos anjos."

"Vitorioso, em paz e em Cristo."

"Ao ser chamado, foi-se em paz."

Lembremo-nos da história de perseguição, tortura e fogo contada por esses esqueletos ao ler tais inscrições. No entanto, seu pleno vigor pode ser notado quando as contrastamos com as pagãs, as quais carregam escritos tais como:

"Viva o momento presente, pois nenhuma outra certeza nos resta."

"Levanto minhas mãos contra os deuses que me levaram aos 20 anos de idade, embora não tenha feito mal algum."

"Uma vez não era. Agora não sou. Nada sei sobre isso e não é de mi-nha alçada."

"Peregrino, não me amaldiçoe ao passar por aqui, pois estou em trevas e não posso responder."

Os símbolos cristãos mais frequentes nas paredes das catacumbas são o bom pastor com o cordeiro em seus ombros, um navio com as velas desdo-bradas, harpas, âncoras, coroas, vinhas e, principalmente, o peixe.

A Quinta Perseguição, iniciada sob Severo, em 192 d.C.

Ao recuperar-se de uma grave enfermidade por meio dos cuidados de um cristão, Severo se tornou um grande benfeitor dos cristãos. Entretanto, o preconceito e a fúria da multidão ignorante predominavam, colocando em vigência leis obsoletas contra os cristãos. O progresso do cristianismo alarmou os pagãos, que reviveram o antigo hábito de levantar calúnias, culpando-os por fatalidades acidentais, em 192 d.C.

Embora se enfurecesse a maldade persecutória, o evangelho brilhava com resplandecente fulgor; firme como uma rocha inexpugnável, resistiu aos ataques de seus tempestuosos inimigos com triunfo.

Tertuliano, contemporâneo da época, nos relata que, se os cristãos tivessem se retirado coletivamente dos territórios romanos, o império seria, em grande parte, despovoado.

Victor, bispo de Roma, foi martirizado no primeiro ano do terceiro século, em 201 d.C. Leônidas, pai do célebre Orígenes, foi decapitado por ser cristão. Muitos dos ouvintes de Orígenes também foram martirizados, em especial dois irmãos chamados Plutarco e Sereno; além deles, outro chamado Sereno, Héron e Heráclides foram decapitados. Sobre a cabeça de Rhais, derramaram pez fervente e, então, o queimaram, como também fizeram a Marcela, sua mãe. Potainiena, irmã de Rhais, foi executada da mesma forma que ele; mas Basílides, um oficial do exército ordenado a presidir a execução, converteu-se ao evangelho.

Quando pediram a Basílides que, como oficial, fizesse certo juramento, ele se recusou, dizendo que, sendo um cristão, não poderia jurar pelos ídolos romanos. Atônito, o povo, a princípio, não acreditava no que ouvira; tão logo confirmou o que dissera, ele foi arrastado para diante do juiz, condenado à prisão e, pouco depois, decapitado.

Irineu, bispo de Lyon, nasceu na Grécia e recebeu uma educação refinada e cristã. Supõe-se que o relato das perseguições em Lyon foi escrito por ele. Sucedeu o mártir Potino como bispo de Lyon e regeu a diocese com muita propriedade; foi um zeloso opositor às heresias e, por volta de 187 d.C., escreveu o célebre tratado contra as heresias. Victor, bispo de Roma, desejoso de impor a observação da Páscoa ali, em preferência a outros lugares, causou algumas desordens em meio aos cristãos. Em particular, Irineu lhe escreveu uma epístola sinódica em nome das igrejas gálicas. Esse zelo em favor do cristianismo o apontou como objeto de ressentimento do imperador; em 202 d.C., ele foi decapitado.

Quando as perseguições se estenderam à África, muitos foram martirizados, dentre os quais mencionaremos aqui os mais destacados.

Perpétua, uma senhora casada, de cerca de 22 anos de idade. Com ela, sofreram Felicitas, outra senhora casada, grávida quando foi presa, além de Revocato, catecúmeno e escravo de Cartago. Os nomes dos outros prisioneiros destinados ao martírio nessa ocasião foram Saturnino, Secundino e Satur. No dia marcado para a execução, foram conduzidos ao anfiteatro. Ordenaram que Satur, Saturnino e Revocato corressem entre os domadores dos animais ferozes.

Ao passarem pelos domadores, que se colocavam dispostos em duas fileiras, os prisioneiros eram duramente chicoteados. Felicidade e Perpétua foram despidas a fim de serem lançadas a um touro bravo, que desferiu seu primeiro ataque contra Perpétua, deixando-a atordoada; então, arremessou-se contra Felicidade, chifrando-a terrivelmente. Contudo, não tirando-lhes assim a vida, o executor o fez com uma espada. Revocato e Satur foram destroçados por animais ferozes; Saturnino foi decapitado, enquanto Secundino morreu em cárcere. Tais execuções aconteceram em 205, no oitavo dia do mês de março.

Esperato e doze outros também foram decapitados, assim como Androcles, na França. Asclepíades, bispo de Antioquia, foi longamente torturado, mas sua vida foi poupada.

Cecília, uma jovem moça de boa família em Roma, casou-se com um cavalheiro chamado Valeriano. Levou o marido e o irmão a se converterem, os quais, por isso, foram decapitados. O oficial que os conduziu à execução, ao ser por eles convertido, teve o mesmo destino. A moça foi despida e mergulhada em um banho escaldante; após permanecer ali por um tempo, teve a cabeça arrancada com uma espada em 222 d.C.

Calixto, bispo de Roma, foi martirizado em 224 d.C., mas não há registros de como se deu sua morte. Urbano, bispo de Roma, teve o mesmo destino em 232 d.C.

A Sexta Perseguição, sob o governo de Maximino, em 235 d.C.

O ano 235 d.C. marcou o início do governo de Maximino. O presidente da Capadócia, Seremiano, fez tudo o que pôde para exterminar os cristãos daquela província.

As principais pessoas que pereceram sob esse reinado foram Pontiano, bispo de Roma; Anteros, seu sucessor grego, que ofendeu o governo ao coletar os atos dos mártires; Pamáquio e Quirito, senadores romanos, com todos os seus familiares, e muitos outros cristãos; Simplício, outro senador; Calepódio, um ministro cristão que foi lançado no rio Tibre; Martina, uma linda e nobre donzela; e Hipólito, um prelado cristão que foi atado a um cavalo selvagem e arrastado até a morte.

Durante essa perseguição, sob o governo de Maximino, inúmeros cristãos foram executados sem julgamento e sepultados indiscriminadamente em pilhas, por vezes de cinquenta ou sessenta em uma única vala, sem a menor decência.

Após a morte do tirano Maximino, em 238 d.C., tomou o posto seu sucessor Gordiano, em cujo governo, bem como no de seu sucessor Filipe, a Igreja ficou livre de perseguições por um período de mais de dez anos. Contudo, em 249 d.C., uma violenta perseguição se deu em Alexandria, sob a instigação de um sacerdote pagão, sem o conhecimento do imperador.

A Sétima Perseguição, sob o governo de Décio, em 249 d.C.

Essa perseguição ocorreu, em parte, devido ao ódio que ele sentia por seu predecessor Filipe, considerado cristão, e também pelo seu ciúme para com o impressionante crescimento do cristianismo, pois os templos pagãos passaram a ser abandonados, enquanto as igrejas cristãs se enchiam.

Tais motivações estimularam Décio a tentar a extirpação do nome dos cristãos. Lamentável foi para o evangelho que tantos erros tenham sido cometidos, durante esse período, dentro da Igreja. Os cristãos discordavam uns dos outros; o interesse próprio dividiu aqueles a quem o amor social deveria unir; então, a virulência do orgulho causou uma variedade de facções.

Os pagãos, em geral, ansiavam executar os decretos imperiais diante da situação e consideravam o assassinato de um cristão um mérito para si mesmos. Foram inúmeros os mártires nesse período, mas o principal deles deverá ser aqui mencionado.

Fabiano, bispo de Roma, foi a primeira pessoa de destaque a sentir a severidade dessa perseguição. O falecido imperador Filipe havia entregado seu tesouro nas mãos desse bom homem, devido à sua integridade. Mas Décio, por não encontrar tanto quanto sua avareza o fazia esperar, decidiu se vingar do bom prelado. Fabiano foi, então, preso, e, no dia 20 de janeiro de 250 d.C., decapitado.

Julião, nativo da Cilícia, como nos relata Crisóstomo, foi preso por ser um cristão. Foi colocado dentro de uma bolsa de couro, junto a vários escorpiões e serpentes; nessa condição, foi lançado ao mar.

Pedro, um jovem rapaz, benquisto pela formosura de seu corpo e de sua mente, foi decapitado por se recusar a fazer sacrifício a Vênus. Disse: "Muito me espanta que ofereçais sacrifício a tão infame mulher, cuja depravação fora registrada até mesmo por vossos próprios historiadores, e cuja vida consistiu em ações que vossas leis castigariam. Não, oferecerei ao verdadeiro Deus o sacrifício agradável de louvores e preces". Ótimo, procônsul da Ásia, ao ouvir isso, ordenou que o prisioneiro fosse estirado sobre uma roda em que todos os seus ossos foram quebrados; então, foi conduzido à decapitação.

Nicômaco, quando levado diante do procônsul por ser cristão, recebeu ordens de sacrificar a ídolos pagãos. Ao que respondeu: "Não posso prestar aos demônios a reverência que é devida somente ao Todo-Poderoso". Seu discurso enfureceu o procônsul sobremaneira, de forma que Nicômano foi colocado no cavalete. Após suportar o tormento por um tempo, retratou-se. Contudo, mal havia dado prova de sua fragilidade, agoniou-se, caiu ao chão e imediatamente faleceu.

Denisa, uma jovem de apenas 16 anos de idade, ao contemplar este terrível juízo, exclamou: "Ó infeliz, por que haverias de comprar um momento de alívio à custa de uma eternidade de penúrias?". Ao ouvi-la, Ótimo a chamou, e Denisa, declarando-lhe ser cristã, logo foi decapitada segundo o comando do procônsul.

André e Paulo, dois companheiros de Nicômaco, o mártir, em 251 d.C., foram também martirizados por apedrejamento e morreram clamando por seu bendito Redentor.

Alexandro e Epímaco, de Alexandria, foram presos por serem cristãos. Ao confirmarem a acusação, foram golpeados com bordões, despedaçados com ganchos e queimados no forno. Somos informados, por meio de um fragmento preservado por Eusébio, de que quatro mulheres mártires sofreram no mesmo dia, no mesmo lugar, mas não da mesma forma; antes, foram decapitadas.

Luciano e Marciano, dois pagãos perversos, embora habilidosos com as artes mágicas, se converteram ao cristianismo. A fim de retificar os erros passados, viveram como eremitas e subsistiram somente com pão e água. Após algum tempo vivendo dessa forma, tornaram-se zelosos pregadores e levaram muitos à conversão. Com a enraivecida perseguição daquele tempo, porém, foram aprisionados e conduzidos diante de Sabino, governador de Bitínia. Ao serem questionados em nome de qual autoridade pregavam, Luciano respondeu: "As leis da caridade e da humanidade obrigam todos os homens a se empenharem para a conversão de seu próximo e fazer o que estiver ao seu alcance para resgatá-los das armadilhas do diabo". Ao ouvir tal resposta, Marciano adicionou: "A conversão deles foi pela mesma graça dada a São Paulo, que de um esmerado perseguidor da Igreja, tornou-se um pregador do evangelho".

O procônsul, concluindo que não seria capaz de fazê-los renunciar à fé, os condenou a serem queimados vivos, sentença essa que logo foi executada.

Trifon e Respício, dois homens ilustres, foram capturados por serem cristãos e aprisionados em Nisa. Seus pés foram trespassados por pregos; foram arrastados pelas ruas, açoitados, despedaçados com ganchos de ferro, queimados com tochas acesas e, então, decapitados no dia 1º de fevereiro de 251 d.C.

Ágata, uma moça siciliana, se destacava mais por sua piedade que por seus dotes pessoais. Sua beleza era tamanha que Quintiano, governador da Sicília, se enamorou dela e por diversas vezes tentou vencer sua castidade, sem alcançar sucesso. Para satisfazer suas paixões com bastante conveniência, colocou a virtuosa moça nas mãos de Afrodica, uma mulher demasiado infame e licenciosa. Essa miserável usou de todos os seus artifícios para levá-la à prostituição, mas todos os esforços foram vãos, pois a castidade da moça era inexpugnável, e ela bem sabia que somente a virtude poderia fazê-la alcançar a verdadeira felicidade. Afrodica relatou a ineficácia de suas tentativas a Quintiano, que, enfurecido com a frustração de seus desígnios, transformou sua luxúria em ressentimento. Diante da confissão de Ágata, dizendo-se cristã, decidiu satisfazer sua vingança como não pôde fazer à sua paixão.

Conforme suas ordens, Ágata foi açoitada, queimada com ferros incandescentes e rasgada com ganchos afiados. Tendo suportado tamanho tormento com admirável coragem, foi, então, despida e deitada sobre brasas ardentes misturadas a cacos de vidro, depois levada outra vez ao cárcere, onde faleceu no dia 5 de fevereiro de 251.

Cirilo, bispo de Gortina, foi preso sob o comando de Lúcio, o governador daquela região, que o exortou a obedecer ao mandado imperial, oferecendo os sacrifícios, para assim salvar sua venerável pessoa da destruição, pois já tinha 84 anos de idade. O bom prelado respondeu que, como havia ensinado outros a salvarem suas almas, agora podia somente pensar em sua própria salvação. O nobre prelado escutou sua sentença, dada com furor, sem expressar nenhuma emoção, caminhou alegremente até o local de sua execução e submeteu-se ao martírio com muita coragem.

Em nenhum lugar via-se tanta fúria na perseguição como na Ilha de Creta, pois o governador, sobremaneira diligente para executar os decretos imperiais, fez correr rios de sangue de homens piedosos.

Bábilas, um cristão de educação liberal, tornou-se bispo de Antioquia em 237 d.C., após o falecimento de Zebino. Atuou com zelo inigualável e governou a Igreja com admirável prudência durante os tempos mais tempestuosos. O primeiro infortúnio que ocorreu a Antioquia durante sua missão foi o cerco imposto por Sapor, rei da Pérsia, que, havendo dominado toda a Síria, tomou e saqueou Antioquia como fizera às outras cidades, tratando os habitantes cristãos com mais severidade que aos outros; contudo, logo foi derrotado por Gordiano.

Após a morte de Gordiano, Décio, seu sucessor, foi a Antioquia e desejou visitar uma reunião cristã. Bábilas se opôs e se recusou de modo terminante a deixá-lo entrar. O imperador disfarçou sua ira no momento, mas logo ordenou que buscassem o bispo, reprovando-o por sua insolência; então, mandou que Bábilas fizesse sacrifícios a divindades pagãs para a expiação de seu crime. Ao recusar-se, foi condenado à prisão, preso por correntes, tratado com imenso rigor e, afinal, decapitado na companhia de três jovens rapazes que haviam sido seus pupilos em 251 d.C.

Na mesma época, Alexandro, bispo de Jerusalém, foi encerrado na prisão devido à sua religião, onde faleceu por causa das condições severas do confinamento.

Juliano, senhor avançado em idade e manco por causa de gota, e Cronión, outro cristão, foram atados aos dorsos de camelos, duramente açoitados e lançados ao fogo, onde foram consumidos. Além deles, quarenta donzelas em Antioquia, após serem aprisionadas e açoitadas, foram por fim queimadas.

Em 251 d.C., o imperador Décio, tendo erguido um templo pagão em Éfeso, deu ordem a todos os habitantes da cidade de oferecerem sacrifício aos ídolos. A ordem foi nobremente recusada por sete de seus próprios soldados, a saber, Maximiano, Marciano, Joanes, Malco, Dionísio, Seraion e Constantino. O imperador, desejando que os soldados renunciassem à sua fé por meio de seus apelos e indulgência, deu-lhes um tempo considerável até que retornasse de uma de suas expedições. Durante o período de sua ausência, os sete escaparam e se esconderam em uma caverna; ao tomar conhecimento do esconderijo, o imperador ordenou que fosse fechada a entrada da caverna, onde todos eles pereceram de fome.

Teodora, uma bela jovem de Antioquia, ao se recusar a oferecer sacrifícios aos ídolos romanos, foi condenada a viver em um bordel, a fim de que sua virtude fosse sacrificada à brutalidade da luxúria. Dídimo, um cristão, se disfarçou com os trajes de um soldado romano, entrou no local, identificou-se para Teodora e a aconselhou a fugir usando suas roupas. Ao encontrarem um homem no bordel no lugar da bela moça, Dídimo foi levado diante do governador, a quem confessou a verdade e admitiu ser um cristão; diante da confissão, foi declarada imediatamente a sentença de morte. Teodora, ao saber que seu libertador seria martirizado, foi até o juiz, lançou-se aos seus pés e implorou que a sentença caísse sobre ela; no entanto, surdo ao clamor da inocente e insensível aos chamados da justiça, o juiz inflexível condenou a ambos. Foram executados conforme fora dada a ordem: primeiro decapitados e, então, tiveram seus corpos queimados.

Secundino, ao receber a acusação de ser um cristão, foi conduzido à prisão por alguns soldados. No caminho, Veriano e Marcelino perguntaram: "Para onde conduzis os inocentes?". A pergunta os levou a serem também presos; os três foram torturados, enforcados e decapitados.

Orígenes, célebre presbítero e catequista de Alexandria, aos 64 anos de idade, foi preso, lançado em uma repugnante prisão, agrilhoado, teve os pés presos a algemas de madeira e as pernas estiradas ao máximo por muitos dias seguidos. Foi ameaçado com fogo e longamente atormentado das maneiras que as mentes mais diabólicas foram capazes de conceber. Durante sua cruel e prolongada tortura, morreu o imperador Décio. Gallo, seu sucessor, se envolveu em uma guerra com os godos, e os cristãos gozaram de certo alívio. Nesse ínterim, Orígenes obteve sua liberdade, retirou-se para Tiro e lá permaneceu até o dia de sua morte, que ocorreu depois de alcançar os 69 anos de idade.

Quando Gallo, o imperador, concluiu suas guerras, deparou com uma praga no império e ordenou que fossem feitos sacrifícios a divindades pagãs; assim, perseguições se espalharam da capital aos confins do império, e muitos tornaram-se mártires devido à impetuosidade da multidão, bem como aos preconceitos dos magistrados. Entre esses mártires estava Cornélio, um bispo cristão de Roma, e Lúcio, seu sucessor, em 253.

Muitos dos erros cometidos dentro da Igreja, nesse período, ocorreram por colocar-se a razão humana em competição com a revelação. Contudo, quando os teólogos mais bem instruídos provaram a falsidade de tais argumentos, as opiniões criadas ao redor da questão desapareceram como estrelas diante do sol.

A Oitava Perseguição, sob o governo de Valeriano, em 257 d.C

A oitava perseguição teve início sob o governo de Valeriano, no mês de abril de 257, e continuou por três anos e seis meses. Inúmeros foram os mártires abatidos nessa perseguição; as torturas por que passaram e as formas como morreram foram variadas e dolorosas. Os mais eminentes entre eles serão aqui mencionados, sem, porém, considerar cargos, gênero ou idade.

Rufina e Secunda foram duas belas e brilhantes senhoritas, filhas de Astério, um eminente cavalheiro de Roma. Rufina, a mais velha, foi designada a se casar com Armentário, um nobre rapaz; Secunda, a mais nova, a se casar com Verino, homem de alta posição e opulência. No início da perseguição, ambos os pretendentes eram cristãos; contudo, quando surgiu o perigo, renunciaram à sua fé a fim de salvar a fortuna que lhes pertencia. Dedicaram-se com afinco a persuadir as moças a fazerem o mesmo, mas, frustrados em seu propósito, os amantes foram ignominiosos a ponto de denunciá-las; presas por serem cristãs, foram conduzidas diante de Júnio Donato, governador de Roma, em 257 d.C., onde selaram o martírio com o próprio sangue.

Estêvão, bispo de Roma, foi decapitado no mesmo ano. Na mesma época, Saturnino, o piedoso bispo ortodoxo de Toulouse, recusando-se a oferecer sacrifícios aos ídolos, foi tratado com as mais bárbaras vilezas imagináveis e atado pelos pés à cauda de um touro. Dado o sinal, o animal enfurecido foi levado até as escadarias do templo. Logo, o mártir teve seu cérebro exposto e despedaçado.

Sixto o sucedeu como bispo de Roma. Acredita-se que sua origem seja grega, por nascimento ou linhagem. Por algum tempo, serviu na função de diácono sob a orientação de Estêvão. Sua grande fidelidade, sabedoria singular e coragem incomum o fizeram destacar-se em muitas ocasiões; costuma-se atribuir a afortunada conclusão de uma controvérsia com alguns hereges à sua piedade e à sua prudência. Em 258, Marciano, detentor da administração do governo de Roma, enviou uma ordem ao imperador Valeriano para que fosse aniquilado todo o clero cristão em Roma. Então, o bispo, acompanhado de seis diáconos, foi martirizado no mesmo ano.

Acheguemo-nos ao fogo do martírio de Lorenzo para que sejam aquecidos nossos gelados corações. O impiedoso e tirano Marciano, ciente de que o homem não era somente um ministro dos sacramentos, mas um tesoureiro da Igreja, prometeu a si mesmo uma dupla presa ao prender uma única alma. Primeiro, beneficiaria sua avareza ao angariar para si a riqueza dos pobres cristãos; então, com impiedosa tirania, os perturbaria e os agitaria, exaurindo-os em seus ofícios.

De rosto enfurecido e semblante cruel, o lobo ganancioso questionou onde Lorenzo havia aplicado as riquezas da Igreja; este, por sua vez, pediu-lhe três dias e prometeu declarar onde haviam sido empregado os valores.

Enquanto isso, reuniu para congregar uma boa quantidade de cristãos pobres. Assim, quando chegou o dia da prestação de contas, o perseguidor cobrou rigorosamente que cumprisse sua promessa. Então, o corajoso Lorenzo, esticando os braços em direção aos pobres, disse: "Esta é a preciosa riqueza da Igreja; estes são, de fato, o seu tesouro, aqueles em quem a fé de Cristo reina, em quem Jesus Cristo faz morada. Que joias mais preciosas possuirá Cristo, senão aqueles em quem prometeu habitar? Pois assim está escrito: 'Tive fome, e me destes de comer; tive sede, e me destes de beber; era forasteiro, e me hospedastes[1]'; e, ainda: 'sempre que o fizestes a um destes meus pequeninos irmãos, a mim o fizestes[2]'. Que mais valorosas riquezas poderá Cristo, nosso Mestre, possuir, além do pobre povo em quem ama ser visto?".

Ah, que idioma seria capaz de expressar o insano furor do coração do tirano? Agora batia o pé, lançava olhares furiosos, esbravejava, comportava-se como quem sai de si: seus olhos ardiam como o fogo, a boca espumava como a de um javali, mostrava os dentes como um cão do inferno. Já não podia ser chamado um homem sensato, mas um leão que ruge muito enfurecidamente.

"Acendei a fogueira – declarou – e não poupeis lenha. Terá este vil trapaceiro enganado o imperador? Acabai com ele, acabai com ele! Castigai-o com açoites, fustigai-o, esbofeteai-o, golpeai-o com clavas. O traidor pensa que zomba do imperador? Molestai-o com a tenaz incandescente, cingi-o com placas ardentes, trazei as correntes mais fortes e aquecei a grelha de ferro; atai os pés e as mãos do rebelde. Quando arder nela o fogo, colocai-o lá. Torrai-o, assai-o, lançai-o de um lado para o outro! Sob pena de nosso maior desgosto, assim fazei vós, verdugos".

Tão logo foi dada a ordem, tudo foi efetuado. Depois de ser tratado com intensa crueldade, esse pobre cordeiro foi colocado, diria eu, não em uma grelha de ferro incandescente, mas em seu suave leito de descanso. Tão poderosamente forjou Deus o seu mártir Lorenzo, tão milagrosamente temperou no fogo seu instrumento, que aquele já não era um leito de dor consumidora, mas um berço de vigorante repouso.

---

1. Mt 25.35, ARA. (N.T.)
2. Mt 25.40b, ARA. (N.T).

Na África, a perseguição se enfurecia com violência singular. Milhares receberam a coroa do martírio, entre os quais estão os mais distintos, como mencionaremos a seguir.

Cipriano, bispo de Cartago, foi um prelado eminente e piedoso ornamento da Igreja. O esplendor de seu gênio era equilibrado com a solidez de seu julgamento, e, a todos os seus méritos, o cavalheiro uniu as virtudes de um cristão. As doutrinas que pregava eram ortodoxas e puras; sua linguagem, acessível e elegante; suas maneiras, honrosas e cativantes; em suma, era um pregador piedoso e cortês. Durante a juventude, fora educado segundo os princípios do paganismo, e, por ser detentor de uma considerável fortuna, vivia na extravagância do esplendor e com toda a dignidade da pompa.

Por volta do ano 246 d.C., Cecílio, um ministro cristão de Cartago, tornou-se o feliz instrumento da conversão de Cipriano. Devido ao grande amor que sempre nutriu pelo autor de sua conversão, passou a ser chamado Cecílio Cipriano. Antes do seu batismo, estudou as Escrituras com zelo; admirado pela beleza das verdades ali contidas, decidiu colocar em prática as virtudes recomendadas no livro. Após ser batizado, vendeu sua propriedade, distribuiu o dinheiro entre os pobres, vestiu-se com roupas simples e deu início a uma vida de austeridade. Pouco tempo depois, tornou-se presbítero. Alvo de grande admiração devido às suas virtudes e obras, após a morte de Donato, em 248 d.C., foi eleito bispo de Cartago quase por unanimidade.

O zelo de Cipriano não se estendia somente a Cartago, mas à Numídia e à Mauritânia. Teve grande cuidado em pedir o conselho de seus presbíteros em cada uma de suas decisões, sabendo que somente a unanimidade seria benéfica à Igreja; sua máxima era: "que o bispo esteja na Igreja, e a Igreja no bispo, pois a unidade só há de ser preservada mediante um forte vínculo entre o pastor e seu rebanho".

Em 250 d.C., Cipriano foi publicamente proscrito pelo imperador Décio, sob o título de Cecílio Cipriano, bispo dos cristãos. O clamor que se levantava na multidão de pagãos era: "Lançai Cipriano aos leões, lançai Cipriano às feras!". O bispo, porém, retirou-se da fúria da multidão, e seus pertences foram imediatamente confiscados. Durante o retiro, escreveu trinta belas e piedosas cartas ao seu rebanho. No entanto, muitos cismas que percorriam a Igreja o deixaram inquieto. Quando o rigor da perseguição diminuiu, voltou a Cartago e fez tudo o que estava ao seu alcance para eliminar opiniões errôneas. Uma terrível praga surgiu na cidade e, como de costume, os cristãos foram culpados por ela. Os magistrados logo começaram a persegui-los e escreveram uma epístola a Cipriano. Em resposta, ele reivindicou a causa do cristianismo. Em 257 d.C., Cipriano foi conduzido diante do procônsul Aspásio Paturno, que o exilou em uma pequena cidade no mar da Líbia. Após a morte desse procônsul, Cipriano retornou a Cartago, mas logo foi preso e levado até o novo governador, que o condenou à decapitação. A sentença foi executada no dia 14 de setembro de 258 d.C.

Os discípulos de Cipriano, martirizados nessa perseguição, foram Lúcio, Flaviano, Victórico, Remo, Montano, Juliano, Primelo e Donaciano.

Em Útica, a tragédia foi ainda maior: trezentos cristãos foram, segundo ordens do procônsul, colocados ao redor de um forno de cal ardente. Preparadas as brasas e o incenso, receberam a ordem de sacrificar a Júpiter, ou seriam lançados ao forno. Quando recusaram em unanimidade, corajosamente saltaram no forno e foram no mesmo instante asfixiados.

Fructuoso, bispo de Tarragona, na Espanha, e seus dois diáconos, Augúrio e Eulogio, foram queimados por serem cristãos.

Alexandre, Malco e Prisco, três cristãos da Palestina, junto a uma mulher de mesma nacionalidade, voluntariamente professaram-se cristãos. Por isso, foram sentenciados a serem devorados por tigres, e assim sucedeu.

Máxima, Donatila e Secunda, três donzelas de Tuburga, receberam fel e vinagre para beber, foram duramente açoitadas, atormentadas no cadafalso, sujas com cal, queimadas na grelha, maltratadas por animais ferozes e, por fim, decapitadas.

Faz-se oportuno levar em consideração o triste e singular destino do imperador Valeriano, que por muito tempo e de modo terrível perseguiu os cristãos. O tirano, por meio de um estratagema, foi feito prisioneiro por Sapor, imperador da Pérsia, que o levou para seu próprio país e o tratou com incomparável indecência, fazendo-o ajoelhar-se ao escravo mais ínfimo, pisando sobre suas costas como a um escabelo para montar em seu cavalo.

Após mantê-lo consigo pelo período de sete anos em deplorável condição de escravidão, Sapor ordenou que os olhos de Valeriano fossem arrancados, embora ele já tivesse 83 anos de idade. Não satisfeita sua sede por vingança, logo mandou que o esfolassem e, então, lhe esfregassem sal sobre as feridas, tormentos que o levaram à morte. Essa foi a queda de um dos imperadores mais tiranos de Roma e um dos maiores perseguidores dos cristãos.

Em 260 d.C., Gallieno, filho de Valeriano, assumiu o poder. Durante seu reinado, a Igreja gozou de alguns anos de paz, com a exceção do sacrifício uns poucos mártires.

A Nona Perseguição, sob o governo de Aureliano, em 274 d.C.

Entre os principais mártires do período esteve Félix, bispo de Roma, que assumiu o cargo em 274 d.C. Foi a primeira vítima da petulância de Aureliano, tendo sido decapitado no dia 22 de dezembro no mesmo ano.

Agapito, um jovem cavalheiro, que vendeu sua propriedade e distribuiu o dinheiro aos pobres, foi preso por ser cristão, torturado e a seguir decapitado em Praneste, cidade que dista um dia de jornada de Roma.

Estes foram os únicos mártires que constam dos registros desse reinado, o qual logo foi interrompido devido ao assassinato do imperador, orquestrado por seus próprios criados, em Bizâncio.

Aureliano foi sucedido por Tácito, que foi seguido por Probo, e este, por Caro. Após a morte deste último devido a uma tempestade, seus filhos, Carnio e Numeriano, o sucederam. Durante todos esses reinados, a Igreja teve paz.

Diocleciano subiu ao trono imperial em 284 d.C.; a princípio, mostrou grande favor aos cristãos, e em 286 d.C. associou-se a Maximiano. Alguns cristãos foram mortos antes que surgisse uma perseguição geral, entre outros, a Feliciano e Primo, dois irmãos.

Marcos e Marcelliano eram gêmeos, nativos de Roma e de linhagem nobre. Seus pais eram pagãos, mas os tutores, a quem era atribuída a educação das crianças, os levou a serem cristãos. Sua constância sobrepujou aqueles que desejavam vê-los se tornarem pagãos; seus pais e toda a família converteram-se à fé que antes reprovavam. Foram martirizados sendo atados a postes e tendo os pés perfurados com cravos. Após permanecerem assim por um dia e uma noite, seu sofrimento teve fim, quando seus corpos foram golpeados com lanças.

Zoe, a esposa do carcereiro que havia cuidado dos mártires menciona-dos, também se converteu por meio deles e foi pendurada em um madeiro, com uma fogueira de palha debaixo dela. Quando retiraram seu corpo, lançaram-no ao rio com uma pedra atada a ele para que afundasse.

Em 286 d.C., um evento memorável aconteceu. Uma legião de solda-dos, que consistia em 6.666 homens, era formada somente de cristãos. Chamavam-lhe Legião Tebana, pois os homens haviam sido recrutados em Tebas. Estavam alojados no Oriente até receberem ordens do imperador Maximiano para marchar às Gálias, a fim de assisti-lo no combate contra os rebeldes de Borgonha. Passaram os Alpes até chegarem à região das Gálias, sob a liderança de Maurício, Cândido e Exupérnio, seus dignos comandan-tes, e finalmente se reuniram com o imperador. A essa altura, Maximiano ordenou a oferta de um sacrifício, do qual todo o exército deveria participar; da mesma forma, ordenou que fizessem o juramento de lealdade, prometen-do auxiliar na extirpação do cristianismo nas Gálias.

Alarmados diante de tais ordens, cada um dos soldados da Legião Tebana se recusou a oferecer o sacrifício e a fazer o juramento exigido. A atitude enfureceu Maximiano de tal maneira, que ordenou a dizimação de toda a legião. De início ordenou que fosse selecionado um a cada dez homens para ser morto pela espada. Mesmo diante da execução da sanguinolenta ordem, os soldados remanescentes permaneceram irredutíveis, o que causou uma segunda dizimação, na qual foi morto um a cada dez homens entre os que haviam restado. O segundo golpe não os impressionou mais que o primeiro; os soldados preservaram sua coragem e seus princípios, mas, por conselho de seus oficiais, declararam lealdade ao imperador. Haveria de se presumir que o feito quebrantaria o imperador, mas o efeito surtido foi contrário; enfurecido com a perseverança e unanimidade dos soldados, ordenou que toda a legião fosse morta, comando este que foi executado pelas outras tro-pas, que os partiram em pedaços com suas espadas no dia 22 de setembro de 286 d.C.

Alban, que deu nome à cidade de St. Albans, em Hertfordshire, foi o primeiro mártir britânico. A Grã-Bretanha havia recebido o evangelho de Cristo por meio de Lúcio, o primeiro rei cristão, mas não sofreu a fúria da perseguição até muitos anos depois. Alban era um pagão, mas se converteu por meio de um evangelista cristão cujo nome era Anfíbalo, a quem acolheu e deu abrigo devido à religião que professava. Os inimigos de Anfíbalo, ao tomarem conhecimento do lugar onde estava escondido, dirigiram-se à casa de Alban. Quando os soldados chegaram, Alban ofereceu a si mesmo como aquele a quem procuravam, para facilitar a fuga do amigo. Ao ser descoberto o engano, o governador ordenou que Alban fosse açoitado e o sentenciou à decapitação, no dia 22 de junho de 287 d.C.

Assegura-nos o admirável Beda que, diante da situação, o verdugo acabou por converter-se ao cristianismo e implorou para morrer no lugar de Alban ou junto a ele. Sua súplica foi atendida e foram decapitados por um soldado, que voluntariamente assumiu a tarefa de carrasco. Tais eventos aconteceram no dia 22 de junho de 287 d.C., em Verulam, atual St. Albans, em Hertfordshire, onde uma formidável igreja foi erguida em sua memória no governo de Constantino, o Grande. O edifício, destruído durante as guerras saxônicas, foi reconstruído por Offa, rei de Mércia; adjacente a ele, foi edificado um monastério, cujas ruínas são ainda visíveis, enquanto a igreja tornou-se uma nobre estrutura gótica.

Fé, uma mulher cristã da Aquitânia, França, foi assada sobre uma grelha e depois decapitada, em 287 d.C.

Quintino era um cristão nativo de Roma, mas determinou-se a propagar o evangelho nas Gálias, na companhia de Luciano, e juntos pregaram em Amiens. Depois, Luciano dirigiu-se para Beaumaris, onde foi martirizado. Quintino permaneceu em Picardia e foi muito zeloso em seu ministério. Quando preso por ser cristão, foi estirado com roldanas até suas juntas se deslocarem; seu corpo foi despedaçado com açoites de arame, e recebeu óleo e piche ferventes sobre a carne viva. As laterais de seu corpo e as axilas foram queimadas com tochas, e, após ser assim torturado, foi conduzido outra vez à prisão, onde faleceu em decorrência das barbaridades que sofreu, no dia 31 de outubro de 287 d.C. Seu corpo foi lançado ao rio Somme.

A Décima Perseguição, sob o governo de Diocleciano, em 303 d.C.

Sob o governo dos imperadores romanos, a chamada Era dos Mártires foi ocasionada em parte devido ao número crescente de cristãos e de suas riquezas, o que alimentou o ódio de Galério, filho adotivo de Diocleciano. Estimulado, ainda, por sua mãe, uma fanática pagã, nunca desistiu de persuadir o imperador a se juntar à perseguição, até que finalmente alcançou seu objetivo.

O dia fatal marcado para iniciar a sanguinolenta obra foi 22 de fevereiro de 303 d.C., dia no qual seria celebrada a Terminália e que, como se gabavam os pagãos, poria um fim no cristianismo. No dia estipulado, a perseguição se iniciou em Nicomédia. Pela manhã, o prefeito chegou à igreja dos cristãos com um grande número de oficiais e assistentes. Diante da igreja, forçando-os a abrir as portas, se apoderaram dos livros sagrados, lançando-os às chamas. Toda a cena aconteceu na presença de Diocleciano e Galério, que, não contentes em ver queimarem os livros, derribaram a igreja até que nada restasse. O ato foi sucedido de um édito severo que ordenava a destruição de todos os outros livros e igrejas cristãs. Logo, sucedeu outra ordem que tornava criminosos os cristãos de todas as denominações.

A publicação desse édito causou um martírio imediato, pois um corajoso cristão não somente o arrancou de onde estava posto, como também execrou o nome do imperador por sua injustiça. A provocação foi suficiente para suscitar a vingança pagã sobre o cristão, que foi preso, severamente torturado e, então, queimado vivo.

Todos os cristãos foram presos. Galério secretamente ordenou que ateassem fogo ao palácio imperial, para que os cristãos fossem acusados de ser os incendiários e houvesse, então, uma desculpa plausível para continuar a perseguição com ainda mais rigor. Iniciou-se um sacrifício generalizado, o que causou vários martírios. Não se fazia distinção de idade ou sexo. O nome "cristão" era tão odioso para os pagãos que todos indiscriminadamente eram acusados. Muitas casas foram incendiadas e famílias cristãs inteiras pereceram nas chamas; outros tiveram pedras amarradas ao pescoço e, atados uns aos outros, foram lançados ao mar. A perseguição se generalizou por todas as províncias romanas, principalmente no Leste. Por ter-se prolongado pelo período de dez anos, é impossível dizer ao certo quantos martírios ocorreram ou descrever as diferentes formas de execução.

Cavaletes, açoites, espadas, cruzes, veneno e fome foram usados em toda parte para tirar a vida dos cristãos. Consumiu-se a imaginação para elaborar formas de tortura contra aqueles que crime algum haviam cometido senão pensar de modo diferente dos adeptos da superstição.

Uma cidade da província de Frígia, cujos habitantes eram todos cristãos, foi queimada, e todos os cidadãos pereceram nas chamas.

Cansados de tanto massacre, muitos governantes das províncias se manifestaram diante da corte imperial quanto à impropriedade de tal conduta. Por isso, vários foram poupados da execução, mas, embora não fossem mortos, era feito todo o possível para tornar miseráveis suas vidas, cortando-lhes as orelhas, fendendo-lhes o nariz, arrancando-lhes os olhos, deslocando--lhes os membros do corpo para torná-los inutilizáveis e queimando-lhes a carne com ferros em brasa em lugares aparentes.

Falemos agora, em particular, das pessoas mais notáveis que entregaram suas vidas em martírio nessa sangrenta perseguição.

Sebastião, um célebre mártir nascido em Narbona, nas Gálias, instruído nos princípios do cristianismo em Milão, tornou-se depois um oficial da guarda imperial em Roma. Permaneceu um verdadeiro cristão em meio à idolatria; sem se deixar seduzir pelos esplendores da corte, ou corromper-se pelos maus exemplos, incontaminado pela esperança de obter privilégios. Ao recusar-se a aderir ao paganismo, foi levado, segundo ordens do imperador, a um campo perto da cidade, chamado Campo de Marte, e ali foi atacado com flechas.

Quando alguns cristãos piedosos se achegaram ao lugar da execução para enterrar o corpo, perceberam sinais vitais nele e imediatamente o moveram para um lugar seguro. Em pouco tempo, asseguraram sua recuperação e o prepararam para um segundo martírio, pois, logo que ficou hábil para sair, colocou-se intencionalmente no caminho do imperador quando este se dirigia a um templo e o repreendeu por seus atos cruéis e prejuízos injustificados contra o cristianismo. Tão logo Diocleciano recobrou-se do espanto, deu ordem para que Sebastião fosse preso, levado para um lugar próximo ao palácio e espancado até a morte; e, para que os cristãos não tivessem acesso ao seu corpo a fim de fazê-lo recuperar-se ou enterrá-lo, ordenou que fosse lançado ao esgoto comum. Apesar disso, uma moça cristã chamada Lucina encontrou meios de retirá-lo do esgoto e sepultá-lo nas catacumbas.

Nesse tempo, após muito considerarem, os cristãos acharam ilegítimo portar armas sob o governo de um imperador pagão. Maximiliano, filho de Fábio Victor, foi o primeiro a ser decapitado após essa regulação.

Vito, um siciliano de alta classe, tornou-se cristão. Quando suas virtudes aumentaram conforme os anos vividos, sua constância serviu-lhe de suporte em todas as aflições, e sua fé sobrepôs os maiores perigos. Seu pai, Hylas, um pagão, ao descobrir que o filho fora instruído segundo os princípios do cristianismo pela ama que o criara, aplicou todos os esforços para trazê-lo outra vez ao paganismo e acabou por sacrificar o filho aos ídolos no dia 14 de junho de 303 d.C.

Victor era um cristão nascido em uma boa família de Marselha, França. Passou muitas noites visitando os aflitos e amparando os fracos, piedosa obra que não podia efetuar com segurança durante o dia. Gastou sua fortuna socorrendo cristãos pobres em suas dificuldades. No entanto, foi preso em decorrência do decreto do imperador Maximiano, que deu ordem para o atarem e o arrastarem pelas ruas. Durante a execução da ordem, foi tratado com todas as formas de crueldade e indignidade pela multidão enfurecida. Permaneceu ainda inflexível, de forma que sua coragem foi vista como obstinação. Ao ser esticado sobre o cavalete, segundo as ordens dadas, voltou os olhos para o céu e orou a Deus para resistir com paciência; após a oração, suportou as torturas com admirável coragem. Quando os verdugos se cansaram de atormentá-lo, conduziram-no ao calabouço. Enquanto confinado, converteu seus carcereiros, chamados Alexandre, Feliciano e Longino. Ao tomar conhecimento do ocorrido, o imperador de imediato ordenou que os matassem, e foram, então, decapitados. Victor foi outra vez colocado no cavalete, espancado sem misericórdia e novamente aprisionado. Ao ser questionado pela terceira vez quanto à sua religião, perseverou em seus princípios; então, um pequeno altar foi trazido, diante do qual recebeu a ordem de oferecer incensos na mesma hora. Inflamado de indignação com o pedido, corajosamente moveu-se adiante e com um único pé derrubou o altar e o ídolo. A atitude enfureceu de tal forma o imperador Maximiano, presente no momento, que este ordenou que lhe amputassem o pé com o qual golpeara o altar. Victor foi lançado em um moinho e triturado em pedaços, em 303 d.C.

Quando Máximo, governador da Cilícia, estava em Tarso, três cristãos foram trazidos diante dele; chamavam-se Taraco, um homem avançado em idade, Probo e Andrônico. Após repetidas torturas e exortações para lhes fazer negar a fé, foram sentenciados à execução. Ao serem levados para o anfiteatro, soltaram sobre eles muitas feras, mas nenhum dos animais os tocou, embora estivessem famintos. Então, o guardião lhes trouxe um grande urso que naquele mesmo dia havia destroçado três homens. Contudo, tanto a voraz criatura como uma feroz leoa que também fora trazida recusaram-se a atacar os prisioneiros. Ao perceber que as tentativas de os destruir por meio das feras eram falhas, Máximo ordenou que fossem mortos pela espada, no dia 11 de outubro de 303 d.C.

Romano, nativo da Palestina, era um diácono da igreja de Cesareia quando se iniciou a perseguição de Diocleciano. Ao ser condenado em Antioquia por causa de sua fé, foi açoitado, colocado no cavalete, teve o corpo despedaçado com ganchos, a carne ferida com facas, a face marcada, os dentes fendidos a surras, os cabelos arrancados pela raiz. Pouco depois, veio a ordem para que fosse estrangulado, no dia 17 de novembro de 303 d.C.

Susana, sobrinha de Caio, bispo de Roma, foi pressionada pelo imperador Diocleciano para se casar com um nobre pagão, parente próximo dele. Ao recusar a honra a ela oferecida, foi decapitada por ordens do imperador.

Doroteo, um importante mordomo da casa de Diocleciano, era cristão e empenhou-se muito na conversão de outros. Tinha a companhia de Gorgônio, outro cristão que pertencia ao palácio, em seus trabalhos religiosos. Foram ambos torturados e depois estrangulados.

Pedro, um eunuco do imperador, era um cristão de modéstia e humildade singulares. Foi deitado sobre a grelha e assado em fogo brando até morrer.

Cipriano, conhecido como o mago, para que se pudesse fazer distinção de Cipriano, o bispo de Cartago, era nativo de Antioquia. Recebeu uma educação liberal desde jovem e passou a aplicar-se à astrologia, motivo que o fez viajar pelo Egito, Grécia, Índia, entre outros países, em busca de aprofundamento. Com o passar do tempo, conheceu Justina, uma jovem moça de Antioquia, cuja linhagem, beleza e virtudes conquistavam a admiração de todos que a conheciam. Um rapaz pagão pediu a Cipriano que o ajudasse a aproximar-se da bela Justina; o pedido foi aceito, mas, pouco tempo depois, Cipriano se converteu, queimou seus livros de astrologia e magia, foi batizado e recebeu o ânimo do poderoso espírito da graça. A conversão de Cipriano surtiu grande efeito no rapaz pagão que se interessara por Justina, o qual logo abraçou o cristianismo. Durante as perseguições de Diocleciano, Cipriano e Justina foram presos por serem cristãos. Ele foi dilacerado com tenazes; ela, açoitada. Após sofrerem tantos tormentos, foram ambos decapitados.

Eulália, dama espanhola e de família cristã, foi uma jovem notável devido ao seu doce temperamento e firme sabedoria, raramente encontrados nos caprichos dos anos juvenis. Ao ser presa como cristã, o magistrado tentou de todos os meios aproximá-la do paganismo, mas ela ridicularizava as divindades pagãs com tanta aspereza que o juiz, indignado com sua conduta, ordenou que fosse torturada. Assim, seus flancos foram dilacerados com ganchos, seus seios queimados das formas mais chocantes, até que expirou devido à violência das chamas, em dezembro de 303 d.C.

Em 304 d.C., quando a perseguição alcançou a Espanha, Daciano, governador de Tarragona, ordenou que atassem com correntes e aprisionassem Valério, o bispo, e Vicente, o diácono. Os prisioneiros permaneceram firmes em sua resolução, por isso Valério foi exilado e Vicente foi colocado no cavalete, onde seus membros foram deslocados e sua carne, dilacerada com ganchos; depois, foi colocado sobre a grelha, com fogo por baixo e estacas para cima, que lhe atravessaram a carne. Tais tormentos não o destruíram nem alteraram suas resoluções. Portanto, foi reenviado ao cárcere e confinado em uma pequena e repugnante masmorra escura, repleta de pedras afiadas e pedaços de vidros quebrados, onde morreu, no dia 22 de janeiro de 304 d.C. Seu corpo foi lançado ao rio.

A fúria da perseguição de Diocleciano começou a aumentar em 304 d.C., quando muitos cristãos, dentre os quais os mais eminentes serão aqui mencionados, foram submetidos a torturas cruéis e às mais ignominiosas e terríveis mortes.

Saturnino, sacerdote de Albitina, uma cidade africana, após ser torturado, foi mandado outra vez para a prisão, onde morreu de fome. Seus quatro filhos, depois de serem atormentados de diversas maneiras, compartilharam do destino do pai.

Dativas, um nobre senador romano; Telico, piedoso cristão; Victória, uma jovem de família abastada, com alguns outros menos afortunados, todos eles discípulos de Saturnino, foram torturados de maneira semelhante e morreram pelos mesmos meios.

Agrape, Quionia e Irene, três irmãs, foram presas em Tessalônica, quando a perseguição de Diocleciano chegou à Grécia. Foram queimadas e receberam a coroa do martírio em meio às chamas, no dia 25 de março de 304 d.C. Ao perceber que não impressionava Irene, o governador ordenou que fosse despida e exposta nas ruas, e, quando a vergonhosa ordem foi cumprida, acendeu-se um fogo próximo às muralhas da cidade, em cujas chamas ascendeu o espírito da jovem, para além de onde alcança a crueldade dos homens.

Ágato, homem piedoso, com Cassice, Felipa e Eutíquia, foram martirizados ao mesmo tempo. Os detalhes, porém, não chegaram a nós.

Marcelino, bispo de Roma e sucessor de Caio, ao se opor intensamente a oferecer tributos divinos a Diocleciano, sofreu o martírio por meio de uma variedade de torturas, em 324 d.C., confortando sua alma com a esperança dos gloriosos galardões que haveria de receber pelas torturas que sofrera seu corpo, até que expirou.

Victório, Carpoforio, Severo e Severiano eram quatro irmãos ocupantes de cargos de alta confiança e honra na cidade de Roma. Ao se manifestarem contra a adoração aos ídolos, foram presos e açoitados com azorragues ou flagelos, cujas extremidades terminavam em bolas de chumbo. A punição foi executada com tamanha crueldade que os piedosos irmãos foram martirizados devido à severidade dos ferimentos.

Timóteo, um diácono da Mauritânia, e sua esposa Maura estavam unidos pelos laços do matrimônio há pouco mais de três semanas quando foram separados um do outro por causa da perseguição. Ao ser preso como cristão, Timóteo foi levado diante de Ariano, governador de Tebas, que, sabendo que ele era possuidor das Santas Escrituras, ordenou que as entregasse para que fossem queimadas, ao que respondeu: "Tivesse eu filhos, preferiria entregá-los em sacrifício a me separar da Palavra de Deus". Inflamado com a resposta, o governador ordenou que lhe fossem arrancados os olhos com ferros quentes, dizendo: "Ao menos os livros lhe serão inúteis, pois não mais serás capaz de lê-los". Sua paciência durante a operação fora tamanha que o governador exasperou-se ainda mais; na tentativa de vencer a coragem de Timóteo, ordenou que fosse pendurado pelos pés com um peso atado ao pescoço e uma mordaça na boca. Ao ver o esposo em tais condições, Maura carinhosamente lhe pediu que negasse a fé por amor a ela; contudo, quando lhe foi tirada a mordaça, em vez de ceder às súplicas da esposa, reprovou-a duramente por seu amor enganoso e declarou sua resolução de morrer pela fé. Por consequência, Maura decidiu imitar a coragem e a fidelidade do marido, a fim de acompanhá-lo até a glória. O governador, após tentativas falhas de fazê-la mudar de ideia, ordenou que a torturassem, ordem que foi pesadamente cumprida. Depois disso, Timóteo e Maura foram crucificados um ao lado do outro, em 304 d.C.

Sabino, bispo de Assisi, recusando-se a fazer sacrifícios a Júpiter e afastando o ídolo de si, teve a mão cortada por ordem do governador da Toscana. Enquanto estava preso, converteu o governador e toda a sua família; todos foram martirizados por causa da fé. Logo após o martírio, o próprio Sabino foi açoitado até a morte, em dezembro de 304 d.C.

Cansado da farsa do Estado e dos negócios públicos, o imperador Diocleciano renunciou ao diadema imperial e foi sucedido por Constâncio e Galério. O primeiro tornou-se um príncipe da mais humilde e humana disposição; o segundo tornou-se igualmente memorável por sua crueldade e tirania. Os dois dividiram o império em dois governos iguais. Galério governou no Oriente, enquanto Constâncio governou no Ocidente. Os povos em ambas as nações sentiram os efeitos das disposições dos dois imperadores, pois os habitantes do Ocidente eram governados com mais gentileza, enquanto os que residiam no Oriente passavam por todas as misérias da opressão e das torturas.

Dentre os muitos homens martirizados por ordem de Galério, enunciaremos os mais eminentes.

Anfiano, eminente cavalheiro em Lúcia e aluno de Eusébio; Julita, nascida em Licônia, de linhagem real, mas cuja nobreza se devia mais às suas virtudes do que à sua descendência. Colocaram-na no cavalete e mataram seu filho diante de seus olhos. Essa dama da Capadócia foi uma mulher de notável capacidade, grande virtude e rara coragem. Para finalizar sua execução, Julita recebeu piche fervente nos pés, teve os flancos dilacerados com ganchos e finalmente foi decapitada, no dia 16 de abril de 305 d.C.

Hermolaos, um venerável ancião, piedoso cristão e companheiro de Pantaleão, sofreu martírio pela fé no mesmo dia e da mesma maneira que Pantaleão.

Eustrátio, secretário do governador de Armina, foi lançado em uma fornalha acesa por exortar alguns cristãos que foram presos a preservarem sua fé.

Nicander e Marciano, dois oficiais militares eminentes de Roma, foram presos devido à sua fé. Por serem ambos muito hábeis no ofício que exerciam, os meios mais extremos foram usados para persuadi-los a renunciar ao cristianismo; todavia, com a ineficácia dos esforços em dissuadi-los, os oficiais foram decapitados.

Inúmeros martírios se deram no reino de Nápoles, em particular Januaries, bispo de Beneventum; Sósio, diácono de Misene; Próculo, outro diácono; Eutiques e Acúteo, dois homens leigos; Festo, diácono; e Desidério, um professor. Todos, por serem cristãos, foram condenados pelo governador de Campania a serem devorados pelas feras selvagens. Os animais, porém, se recusaram a tocá-los, portanto, acabaram por ser decapitados.

Quando Quirino, bispo de Síscia, foi levado diante de Matênio, o governador, ordenaram-lhe que fizesse um sacrifício a divindades pagãs, conforme previam os éditos de diversos imperadores romanos. Ao perceber a relutância de Quirino, o governador o enviou à prisão e ordenou que fosse severamente acorrentado, soberbamente convencido de que os sofrimentos do cárcere, o peso das correntes e alguns momentos de tortura o fariam voltar atrás em sua resolução. Determinado a permanecer fiel aos seus princípios, Quirino foi enviado a Amâncio, principal governador de Panônia, atual Hungria, que o acorrentou e o levou pelas principais cidades de Danúbio, expondo-o ao ridículo por todo o caminho. Ao chegar em Sabaria e descobrir que Quirino não havia renunciado à sua fé, o governador ordenou que fosse lançado a um rio com uma pedra presa ao pescoço. Executada a sentença, Quirino flutuou sem rumo algum tempo e, exortando as pessoas com termos piedosos, concluiu suas admoestações com a oração: "Não é novidade para Ti, ó Todo-Poderoso Jesus, parar o curso dos rios ou fazer um homem andar por sobre as águas, como fizeste a Teu servo Pedro. O povo teve prova do Teu poder em mim. Concede-me agora entregar minha vida por amor a Ti, ó meu Deus". Ao pronunciar suas últimas palavras, imediatamente afundou e morreu, em 4 de junho de 308 d.C. Seu corpo foi resgatado pouco tempo depois e enterrado junto a outros cristãos piedosos.

Pânfilo, nativo de Fenícia, de importante linhagem, foi um homem de tão grande erudição, que o chamaram "segundo Orígenes". Foi recebido no corpo do clero de Cesareia, onde fundou uma biblioteca pública e investiu seu tempo na prática das virtudes cristãs. Copiou a maior parte das obras de Orígenes com as próprias mãos e, assistido por Eusébio, forneceu uma cópia retificada do Antigo Testamento, que havia sofrido muito com a ignorância ou negligência dos transcritores que o antecederam. Em 307 d.C., foi preso, torturado e, por fim, martirizado.

Marcelo, bispo de Roma, ao ser exilado por conta de sua fé, tornou-se um mártir devido às misérias que sofreu no exílio, em 16 de janeiro de 310 d.C.

Pedro, décimo sexto bispo de Alexandria, foi martirizado em 25 de novembro de 311 d.C., por ordem de Máximo César, que reinava no Oriente.

Agnes, uma donzela de apenas 13 anos de idade, foi decapitada por ser cristã, martírio que também foi imposto a Serena, a imperatriz de Diocleciano.

Valentim, sacerdote, teve o mesmo destino em Roma. Erasmo, bispo, foi martirizado em Campânia.

Logo após tais eventos, a perseguição se abrandou nas regiões centrais do império, bem como no Ocidente. Então, a Providência começou a manifestar vingança contra os perseguidores. Maximiano se empenhou em corromper a filha Fausta para que assassinasse Constantino, seu marido. Ela, por sua vez, contou-lhe as intenções; Constantino, então, forçou Maximiano a escolher a própria morte. Ele então optou pela ignomínia de ser enforcado, após ser imperador por quase vinte anos.

Constantino era o bom e virtuoso filho de um bom e virtuoso pai, nascido na Inglaterra. Sua mãe chamava-se Helena, filha do rei Coilo. Era um príncipe magnânimo e gracioso que tinha o desejo de fomentar a educação e as belas artes; amiúde, mantinha o hábito de ler, escrever e estudar. Fora muito bem-sucedido e próspero em tudo o que se propusera a fazer; grande favorecedor da fé cristã, abraçou-a e a ela prestava reverência com devoção.

Assim, Constantino, provido de força humana, mas especialmente de força divina, iniciou sua jornada rumo à Itália, no período em que se aproximava o último ano da perseguição, 313 d.C. Maxêncio, ao tomar conhecimento da vinda de Constantino, confiando mais em suas demoníacas artes mágicas do que na boa vontade de seus súditos, que ele pouco merecia, não se apresentou fora da cidade nem o encontrou em campo aberto, mas com guarnições ocultas à espreita esperando-o pelo caminho, em diversos lugares estreitos por onde haveria de passar. Constantino deparou com muitas emboscadas, mas, pelo poder do Senhor, superou todas elas e pôde escapar.

Constantino não estava em situação de conforto, antes encontrava-se cheio de temor e preocupação ao aproximar-se de Roma, devido aos encantamentos e feitiços de Maxêncio, com os quais vencera Severo, enviado contra ele por Galério. Pelo que, estando ele duvidoso e perplexo, dava voltas em sua mente acerca de qual saída teria contra as operações e emboscadas. Em sua jornada a caminho da cidade, elevando os olhos por diversas vezes ao céu, Constantino viu ao sul, quando o Sol se punha, um forte brilho vindo do céu, semelhante a uma cruz, cuja inscrição dizia: *"In hoc vince"*, que significa: "Vence por meio disto".

Eusébio Pânfilo testemunha que ouvira o próprio Constantino relatar o ocorrido por diversas vezes, jurando tratar-se de um fato verdadeiro que ele mesmo contemplara com os próprios olhos voltados ao céu, bem como o viram seus soldados. Atônito pela visão que tivera e após consultar seus homens a respeito do significado que ali havia, Cristo lhe apareceu durante a noite enquanto dormia, com o sinal da mesma cruz que havia antes contemplado, ordenando-lhe que a tomasse como símbolo e a carregasse em suas guerras que viriam dali em diante, pois assim alcançaria a vitória.

Constantino, então, estabeleceu a paz da Igreja, de forma que, durante o período de mil anos, não encontramos registros de nenhuma perseguição contra os cristãos, até os tempos de John Wycliffe.

Quão regozijante e gloriosa foi a vitória de Constantino, chamado o Grande! Com alegria e satisfação pelo acontecimento, os cidadãos que o haviam mandado buscar o conduziram triunfantes pela cidade de Roma, onde foi recebido com honras e celebrado por sete dias a fio. Além disso, erigiram no mercado uma estátua com sua imagem, segurando na mão direita o sinal de uma cruz, cuja inscrição dizia: "Com este símbolo de saudação, o verdadeiro sinal de fortaleza, resgatei e libertei nossa cidade do jugo do tirano".

Concluiremos nosso relato acerca da décima e última perseguição geral com a morte de São Jorge, o padroeiro da Inglaterra. Nasceu na Capadócia, de pais cristãos. Ao ter dado prova de sua coragem, foi promovido no exército pelo imperador Diocleciano. Durante a perseguição, São Jorge abdicou de seu cargo, dirigiu-se ousadamente à casa do Senado e declarou ser um cristão, aproveitando a ocasião para também protestar contra o paganismo e apontar o absurdo em adorar ídolos. O ato provocou o Senado de tal maneira que ordenaram que fosse torturado. Foi, portanto, arrastado pelas ruas e decapitado no dia seguinte[3].

---

3. A lenda do dragão, associada a esse mártir, costuma ser ilustrada pela representação de São Jorge sentado sobre um cavalo, enquanto transfixa o monstro com sua lança. O flamejante dragão simboliza o diabo, derrotado pela firme fé de São Jorge em Cristo, fé que permaneceu inabalável apesar da tortura e da morte.

CAPÍTULO 3

PERSEGUIÇÕES AOS CRISTÃOS NA PÉRSIA

Tendo o evangelho se propagado pela Pérsia, os sacerdotes pagãos, que adoravam o Sol, se inquietaram sobremaneira e temeram a perda da influência que até então haviam mantido sobre a mente das pessoas e suas propriedades. Portanto, acharam oportuno queixar-se para o imperador, dizendo que os cristãos eram inimigos do Estado e mantinham uma relação traiçoeira com os romanos, os grandes inimigos da Pérsia.

O imperador Sapor, naturalmente contrário ao cristianismo, acreditou prontamente no que fora dito contra os cristãos e deu ordem para persegui-los em todas as regiões do império. Devido ao mandado, muitos membros eminentes da igreja e do Estado foram martirizados pela ignorância e crueldade dos pagãos.

Ao ser informado acerca das perseguições na Pérsia, Constantino, o Grande, redigiu uma longa carta ao monarca persa, na qual relata o castigo que caíra sobre os perseguidores e o grande êxito que tiveram aqueles que se abstiveram de perseguir os cristãos.

Ao mencionar suas vitórias sobre os imperadores adversários de seu próprio tempo, disse: "Somente os subjuguei pela fé em Cristo, porquanto Deus foi meu ajudador, Aquele que me deu vitória na batalha e me fez triunfar sobre os inimigos. Do mesmo modo, Ele me tem aumentado os limites do Império Romano, estendendo-o desde o Oceano Ocidental até os confins do Oriente, pois nestes domínios não ofereci sacrifícios às divindades ancestrais, nem fiz uso de feitiços e adivinhações; antes, fiz orações somente ao Deus Todo-Poderoso e segui a cruz de Cristo. Exultação me traria se o trono da Pérsia também achasse glória em abraçar os cristãos; que vós comigo, e eles convosco, pudéssemos todos nos comprazer em felicidade".

Como consequência de tal apelo, a perseguição se encerrou naquele tempo, mas se iniciou outra vez anos mais tarde, quando outro rei o sucedeu no trono da Pérsia.

Perseguições sob os Hereges Arianos

O autor da heresia ariana foi Ário, natural da Líbia e sacerdote de Alexandria, que em 318 d.C. passou a publicar seus manuscritos.

Foi condenado pelo concílio dos bispos da Líbia e do Egito, sentença esta que se confirmou pelo Concílio de Niceia, em 325 d.C. Após a morte de Constantino, o Grande, os arianos encontraram meios de aproveitar o favor do imperador, também chamado Constantino, seu filho e sucessor no Oriente; então, teve início a perseguição contra os bispos ortodoxos e o clero. O célebre Atanásio e outros bispos foram banidos e suas sés foram invadidas por arianos.

No Egito e na Líbia, trinta bispos foram martirizados, e muitos outros cristãos, cruelmente atormentados. Em 386 d.C., George, o bispo ariano de Alexandria, sob a autoridade do imperador, iniciou uma perseguição naquela cidade e em seus arredores, conduzindo-a com infernal severidade. Sua maldade diabólica foi assistida por Catofônio, governador do Egito, Sebastião, general das forças egípcias, Faustino, tesoureiro, e Heráclio, oficial romano.

As perseguições se tornaram de tal maneira violentas que o clero foi expulso de Alexandria, suas igrejas foram fechadas, e as crueldades praticadas pelos hereges arianos tornaram-se tão terríveis quanto aquelas praticadas pelos idólatras pagãos. Se um homem acusado de ser cristão partisse em fuga, sua família inteira seria massacrada e seus bens, confiscados.

Perseguição sob o governo de Julião, o apóstata

Esse imperador era filho de Júlio Constâncio e sobrinho de Constantino, o Grande. Estudou os rudimentos da gramática sob supervisão de Mardônio, um eunuco pagão de Constantinopla.

Seu pai o mandou para Nicomédia por um período a fim de ser instruído na religião cristã pelo bispo Eusébio, seu parente. Contudo, seus princípios foram corrompidos pelas doutrinas perniciosas de Ecebólio, o retórico, e Máximo, o mago.

Com a morte de Constâncio, em 361 d.C., Julião o sucedeu. Mal havia chegado à dignidade imperial, de pronto renunciou ao cristianismo e abraçou o paganismo, que por alguns anos caíra em grande descrédito. Embora tenha restaurado a adoração idólatra, não publicou nenhum édito contra o cristianismo. Chamou de volta todos os pagãos exilados, permitiu o livre exercício da religião a todas as seitas, mas privou os cristãos de ocuparem cargos na corte, na magistratura e no exército. Era casto, temperado, vigilante, laborioso e piedoso; contudo, proibiu todos os cristãos de manter escolas ou seminários públicos e privou todo o clero cristão dos privilégios a eles concedidos por Constantino, o Grande.

O nome do bispo Basílio tornou-se famoso, no princípio, devido à sua oposição ao arianismo, o que fez recair sobre ele a vingança do bispo ariano de Constantinopla; era igualmente oposto ao paganismo. Os agentes do imperador em vão tentaram deter Basílio fazendo-lhe promessas, ameaças e torturas, mas este permanecia firme em sua fé e foi mantido preso a fim de passar por outros sofrimentos, quando o imperador chegou acidentalmente a Ancyra. Julião decidiu examiná-lo pessoalmente. Quando o santo homem foi levado diante dele, o imperador fez tudo o que podia para dissuadi-lo de perseverar em sua fé. Basílio, porém, não somente tornou-se ainda mais firme no que cria como previu a morte do imperador, por meio de um espírito profético, dizendo-lhe que haveria de ser atormentado na outra vida. Enfurecido com o que ouvira, Julião ordenou que o corpo de Basílio fosse rasgado todos os dias em sete partes diferentes, até que sua pele e carne fossem dilaceradas por completo. A sentença desumana foi executada com rigor, e o mártir expirou devido aos graves ferimentos, em 28 de junho de 362 d.C.

Donato, bispo de Arezzo, foi destituído de seu cargo, na sequência teve seus bens confiscados e, por fim, foi decapitado junto com Hilarino, um eremita, e ambos sofreram o martírio ao mesmo tempo, assim como Gordiano, um magistrado romano. Artêmio, comandante das forças romanas no Egito, por ser cristão, foi destituído de seu cargo, teve seus bens confiscados e, por fim, foi decapitado.

A perseguição cresceu terrivelmente no final do ano 363 d.C. Contudo, como não nos foram fornecidos muitos detalhes, relataremos o que houve na Palestina, onde muitos foram queimados vivos, outros foram despidos, presos pelos pés e arrastados pelas ruas até morrerem; alguns foram escaldados até a morte, muitos apedrejados e outros tantos tiveram os miolos esmagados com clavas. Em Alexandria, inúmeros mártires foram mortos pela espada, queimados, crucificados e apedrejados. Em Aretusa, diversos tiveram a barriga aberta e preenchida com milho, para que, ao se alimentarem dos grãos, os porcos também devorassem as entranhas dos mártires. Em Trácia, Emiliano foi queimado na fogueira, enquanto Domício foi morto em uma caverna, onde havia se refugiado.

O imperador Julião, o apóstata, morreu devido às consequências de um ferimento que lhe foi causado em sua expedição para a Pérsia, em 363 d.C., e, mesmo em seu leito de morte, proferiu as mais terríveis blasfêmias. Foi sucedido por Joviano, que restaurou a paz à Igreja.

Após o falecimento de Joviano, Valentiniano o sucedeu no governo e associou-se a Valente, ariano que governava no Oriente, cuja disposição para perseguir era irrefreável.

Perseguição aos cristãos pelos godos e vândalos

Muitos godos citas abraçaram o cristianismo no tempo de Constantino, o Grande, e a luz do evangelho se espalhou consideravelmente em Cítia, embora os dois reis que a governaram, junto à maioria da população, permanecessem pagãos. Fritegern, rei dos visigodos, era aliado dos romanos, enquanto Atanarico, rei dos ostrogodos, estava em guerra contra eles. Os cristãos que habitavam nos domínios de Fritegern viviam sem ser molestados; Atanarico, porém, ao ser derrotado pelos romanos, dirigiu sua vingança aos súditos cristãos, iniciando suas injunções pagãs em 370 d.C.

Os godos eram de religião ariana, mas denominavam-se cristãos; portanto, destruíram todas as estátuas e templos de deuses pagãos, mas deixaram intocadas as igrejas cristãs ortodoxas.

Alarico possuía todas as qualidades de um grande general. Acrescentara a coragem e a habilidade de um soldado romano à descabida ousadia dos bárbaros godos. Conduziu suas tropas pelos Alpes até a Itália, e, embora tenha sido repelido por um tempo, retornou posteriormente com força irresistível.

O último "triunfo" romano

Após a feliz vitória sobre os godos, celebrou-se o "triunfo", como foi chamado, em Roma. Por centenas de anos, essa grande honra fora atribuída a generais bem-sucedidos que retornavam de uma campanha vitoriosa. Em ocasiões como tal, a cidade voltava a atenção para a marcha das tropas que carregavam consigo os espólios e arrastavam os prisioneiros de guerra, entre os quais costumavam estar cativos reis e generais subjugados. Este seria o último triunfo romano, pois celebrava a última vitória romana. Embora tenha sido conquistada por Stilicho, o general, foi o jovem imperador, Honório, quem recebeu o crédito, adentrando Roma no carro da vitória que o conduziu até o Capitólio em meio ao clamor da população. Depois, como era de costume em ocasiões como essa, aconteciam sangrentos combates no Coliseu, onde gladiadores, armados com espadas e lanças, lutavam furiosos como se estivessem em um campo de batalha.

Terminada a primeira parte do entretenimento regado a sangue, os corpos dos mortos foram arrastados com ganchos, e a areia avermelhada, coberta com uma nova e limpa camada. Então, os portões dos muros da arena foram abertos para que entrasse um grupo de homens altos, de boa aparência, no auge da juventude e da força. Alguns carregavam espadas, outros levavam tridentes e redes. Marcharam uma volta inteira ao redor dos muros, pararam diante do imperador e, segurando suas armas com os braços estendidos, saudaram-no em uma só voz: *"Ave, César, morituri te salutant!"* – "Ave, César, os que vão morrer te saúdam!".

Recomeçaram os combates. Os gladiadores com redes tentavam prender os que portavam espadas, e, quando conseguiam, apunhalavam seus oponentes sem misericórdia com o tridente. Quando um gladiador feria seu adversário e o deixava caído ao chão, impotente, olhava para o alto, observando os ávidos rostos dos espectadores e clamava: *"Hoc habet!"* – "Aqui está!" e esperava o agrado da audiência para matá-lo ou poupar sua vida.

Se os espectadores estendessem a mão em sua direção com os polegares erguidos, o homem derrotado era retirado dali a fim de se recuperar, se possível, de suas feridas. Entretanto, se assinalassem fatalmente com os polegares para baixo, o gladiador subjugado era morto; caso se mostrasse relutante em oferecer o pescoço para o golpe de misericórdia, levantavam-se gritos de escárnio das galerias: *"Recipe ferrum!"* – "Receba o ferro!". Pessoas privilegiadas na plateia desciam até a arena para testemunhar de perto os agonizantes sofrimentos de raras vítimas corajosas prestes a morrer, antes que seu corpo fosse arrastado para a porta dos mortos.

O espetáculo continuou. Muitos foram mortos, enquanto o povo, insanamente empolgado pela bravura desesperada dos que continuavam lutando, aplaudia com intensidade. Até que, de repente, houve uma interrupção. Um indivíduo em trajes rústicos apareceu por um instante entre a plateia e, então, saltou com ousadia na arena. Viu-se um homem de presença áspera, mas imponente, com a cabeça descoberta e a face queimada pelo sol.

Sem hesitar, moveu-se na direção de dois gladiadores envolvidos em uma luta de vida ou morte e, colocando a mão sobre um deles, o reprovou com firmeza por verter sangue inocente. Então, voltando-se para os milhares de rostos enraivecidos que o observavam, disse-lhes com voz solene e forte, que ressoou por todo o lugar: "Não retribuís a misericórdia de Deus, que desvia de vós a espada dos inimigos, matando uns aos outros!".

Gritos e clamores enfurecidos abafaram-lhe a voz: "Este não é lugar de pregação! – Os costumes de Roma devem ser observados! – Avante, gladiadores!". Deixando o estranho de lado, os gladiadores voltaram a atacar um ao outro, mas o homem permaneceu entre eles, apartando-os, em vão persistindo em ser ouvido. "Sedição! Sedição! Acabem com ele!", era o clamor. Os gladiadores, tomados de fúria pela interferência de um intruso no exercício da vocação que escolheram para si, apunhalaram-no e mataram-no de imediato. Pedras ou quaisquer objetos à mão da acalorada multidão também lhe caíram em cima. Assim, faleceu no meio da arena.

As vestes do homem mostravam que ele era um dos eremitas devotos a uma vida santa de oração e abnegação, reverenciados até mesmo pelos romanos mais imprudentes e amantes do combate. Os poucos que o conheciam testemunharam como viera dos desertos da Ásia em uma peregrinação a fim de visitar as igrejas e aguardar o Natal em Roma. Eles sabiam que se tratava de um homem santo e que seu nome era Telêmaco, nada mais. Seu espírito comovera-se diante da cena de milhares unindo-se para ver homens matarem uns aos outros, e, no zelo de seu coração humilde, tentou convencê-los da crueldade e fraqueza em sua conduta. Pereceu, mas não em vão. Seu trabalho foi concluído no instante em que foi abatido, pois o choque de tão terrível morte diante dos olhos daquela multidão tocou-lhes o coração. Viram os hediondos aspectos de seu vício favorito, ao qual haviam cegamente se entregado. Desde o dia em que Telêmaco caiu morto no Coliseu, não houve ali nenhum outro combate de gladiadores.

Perseguições de meados do século V ao final do século VII

Protério foi designado padre por Cirilo, bispo de Alexandria, que bem conhecia suas virtudes antes de escolhê-lo para pregar. Após a morte de Cirilo, a administração da sé de Alexandria foi ocupada por Díscoro, inveterado inimigo da memória e da família do antecessor. Condenado pelo Concílio de Calcedônia por abraçar os erros de Eutiques, foi deposto, e Protério, escolhido para ocupar o seu posto, com a aprovação do imperador. Isso ocasionou uma perigosa insurreição, pois a cidade de Alexandria foi dividida em duas facções; a primeira defendia a causa do antigo; a segunda, do novo prelado.

Em uma das rebeliões, os eutiquianos decidiram se vingar de Protério, que fugiu da igreja em busca de refúgio. Contudo, na Sexta-feira Santa do ano de 457 d.C., uma multidão deles invadiu a igreja e barbaramente tirou a vida do prelado. Depois, arrastaram seu corpo pelas ruas, insultaram-no, cortaram--no em pedaços, queimaram-no e espalharam as cinzas pelo ar.

Hermenegildo, príncipe godo, era o filho mais velho de Leovigildo, rei dos godos, na Espanha. O príncipe, originalmente ariano, converteu-se à fé ortodoxa por meio de sua esposa, Ingonda. Quando o rei soube que seu filho havia mudado sua opinião religiosa, tirou-o do comando de Sevilha, onde era governador, e ameaçou matá-lo caso não renunciasse à fé que há pouco abraçara. O príncipe, a fim de evitar a execução das ameaças de seu pai, passou a adotar uma postura de defesa, e muitos ortodoxos da Espanha declararam-se a seu favor. O rei, exasperado com o ato de rebelião, começou a punir todos os cristãos ortodoxos, ameaçando prendê-los pelas forças de suas tropas; assim, uma intensa perseguição teve início. O rei também marchou contra o próprio filho à frente de um poderoso exército. O príncipe buscou refúgio em Sevilha, de onde logo fugiu, mas foi preso em Asieta. Acorrentado, foi levado outra vez a Sevilha, e, na celebração da Páscoa, diante da recusa do príncipe de receber a eucaristia de um bispo ariano, o rei irado ordenou que seus guardas o cortassem em pedaços, ordem essa que foi executada com exatidão no dia 13 de abril de 586 d.C.

Martín, bispo de Roma, nasceu em Todi, na Itália. Era naturalmente inclinado à virtude, e seus pais o educaram de forma admirável. Ele se opôs aos hereges chamados monotelitas, apadrinhados pelo imperador Heráclio. Martín foi condenado em Constantinopla, onde foi exposto ao ridículo em lugares públicos lotados, despojado de todos os seus símbolos de distinção episcopais e tratado com enorme escárnio e rigor. Após passar alguns meses na prisão, Martín foi enviado para uma ilha distante, onde o cortaram em pedaços, em 655 d.C.

João, bispo de Bérgamo, em Lombardia, era um homem erudito e um bom cristão. Aplicou seus maiores esforços para limpar a Igreja dos erros do arianismo. Junto a ele neste santo trabalho estava João, bispo de Milão; teve grande êxito contra os hereges, motivo pelo qual foi assassinado no dia 11 de julho de 683 d.C.

Killien nasceu na Irlanda e recebeu de seus pais uma piedosa educação cristã. Obteve a licença do pontífice romano para pregar aos pagãos em Francônia, na Alemanha. Em Wurtzburg, converteu Gozbert, o governador, cujo exemplo foi seguido por grande parte do povo nos dois anos seguintes. Ao tentar persuadir Gozbert de que seu casamento com a viúva de seu irmão era pecaminoso, este último mandou decapitá-lo, em 689 d.C.

Perseguições do início do século VIII ao final do século X

Bonifácio, arcebispo de Mentz e pai da igreja alemã, era inglês e, na história eclesiástica, é considerado um dos mais brilhantes ornamentos daquela nação. Seu nome de batismo era Winfred, ou Winfrith, e nascera em Kirton, em Devonshire, então parte do reino Saxão Ocidental. Quando tinha apenas 6 anos de idade, começou a se descobrir inclinado à reflexão e solícito a aprender sobre assuntos religiosos. Wolfrad, o abade, ao descobrir nele uma brilhante inteligência e uma forte disposição ao estudo, o conduziu a Nutscelle, um seminário na diocese de Winchester, onde teria melhores oportunidades de adquirir conhecimento do que em Exeter.

Após examiná-lo apropriadamente, o abade percebeu que era qualificado para o sacerdócio e o obrigou a receber a sagrada ordenação quando tinha cerca de 30 anos de idade. Desde então, ele passou a pregar e trabalhar pela salvação de seu próximo. Foi liberado para comparecer a um sínodo de bispos no reino Saxão Ocidental. Depois, em 719 d.C., partiu para Roma, onde Gregório II, então ocupante da cátedra de São Pedro, o recebeu com grandes demonstrações de amizade e, percebendo nele as tantas virtudes que compõem o caráter de um missionário apostólico, despachou-o junto com uma comitiva para que pregasse o evangelho aos pagãos onde quer que os encontrasse.

Ao passar por Lombardia e Baviera, chegou a Turíngia, país que já havia recebido a luz do evangelho, dirigiu-se a Utrecht e depois prosseguiu para Saxônia, onde converteu alguns milhares ao cristianismo.

Durante o ministério desse dócil prelado, Pepino foi declarado rei da França. O príncipe tinha a ambição de ser coroado pelo bispo mais santo que pudesse encontrar, e Bonifácio foi chamado para conduzir a cerimônia em

Soissons, em 752 d.C. No ano seguinte, sua avançada idade e as muitas enfermidades o abateram sobremaneira, de modo que, com o consentimento do novo rei e dos bispos de suas dioceses, consagrou Lullus, seu compatriota e fiel discípulo, colocando-o à frente da sé de Mentz.

Quando, enfim, deixou o cargo, recomendou a igreja de Mentz aos cuidados de seu novo bispo em termos enérgicos, manifestou seu desejo de que fossem concluídas as obras da igreja em Fuld e ali o enterrassem, pois seu fim se aproximava. Deixadas as ordens, tomou um barco pelo rio Reno e se dirigiu para a Frísia, onde converteu e batizou milhares de nativos bárbaros, demoliu os templos pagãos e ergueu igrejas sobre as ruínas daquelas estruturas supersticiosas. Marcado o dia para a confirmação do grande número de novos convertidos, ordenou que se reunissem em uma planície perto do rio Bourde. Partiu para o local no dia anterior e, montando uma tenda, decidiu permanecer ali a noite inteira, a fim de se aprontar no início da manhã. Alguns pagãos, seus inimigos inveterados, ao tomarem conhecimento dos planos, lançaram-se sobre ele e seus companheiros de missão durante a noite, matando a todos eles: Bonifácio e 22 de seus companheiros e ajudantes, no dia 5 de junho de 755 d.C. Assim caiu o grandioso pai da Igreja Germânica, a honra da Inglaterra e a glória da época em que vivera.

Em 845 d.C., 42 pessoas foram martirizadas em Armoria, na Alta Frígia, pelos sarracenos, fato que se deu como relataremos a seguir. No reino de Teófilo, os sarracenos devastaram muitas partes do império oriental, ganharam considerável vantagem sobre os cristãos, tomaram a cidade de Armoria e muitos foram martirizados.

Flora e Maria, duas damas distintas, sofreram martírio ao mesmo tempo.

Perfecto nasceu em Córdoba, na Espanha, e foi criado na fé cristã. Dono de um gênio ativo, tornou-se mestre de toda a literatura útil e delicada daquela época; embora célebre por suas habilidades, era ainda mais admirado por sua piedade. Acabou por ser ordenado sacerdote e executou os deveres de seu ofício com grande assiduidade e esmero. Ao declarar publicamente que Mahoma era um impostor, foi sentenciado à decapitação e executado dessa forma, em 850 d.C.; depois, seu corpo foi sepultado honrosamente pelos cristãos.

Adalberto, bispo de Praga, nascido em Boêmia, após envolver-se em muitos tumultos, começou a dirigir seus pensamentos à conversão de infiéis, motivo pelo qual se dirigiu a Dantzic, onde converteu e batizou a muitos. Diante disso, os sacerdotes pagãos se iraram de tal maneira, que se lançaram sobre ele e o mataram com dardos, em 23 de abril de 997 d.C.

Perseguições no século XI

Alfago, arcebispo da Cantuária, descendente de família nobre em Gloucestershire, foi educado de acordo com seu ilustre nascimento. Seus pais eram cristãos dignos e Alfago parecia haver herdado suas virtudes.

Após a morte de Ethelwold, tornou-se vaga a sé de Winchester. Dunstan, arcebispo da Cantuária, como primaz em toda a Inglaterra, consagrou Alfago ao bispado vago, para a satisfação geral de todos os interessados na diocese.

Dunstan tinha uma veneração extraordinária por Alfago. Quando estava prestes a morrer, pediu a Deus com fervor que este o sucedesse na sé da Cantuária; assim aconteceu, embora somente após 18 anos da morte de Dunstan, em 1006.

Após cerca de quatro anos do governo de Alfago na sé da Cantuária, com grande reputação para si e benefícios aos seu povo, os dinamarqueses fizeram uma incursão pela Inglaterra e sitiaram a Cantuária. Quando os desígnios de ataque à cidade se tornaram conhecidos, muitas pessoas importantes fugiram e tentaram persuadir Alfago a fazer o mesmo. Contudo, como um bom pastor, não lhes deu ouvidos. Enquanto se empenhava em encorajar e assistir as pessoas, a Cantuária foi tomada de assalto. O inimigo precipitou-se na cidade e destruiu com espada e fogo tudo o que cruzava seu caminho. Alfago foi corajoso o suficiente para abordar o inimigo e oferecer-se à espada, alegando-se mais digno de sua ira que o povo; implorou para que os poupassem e descarregassem toda a sua fúria sobre ele. Os inimigos o prenderam, ataram suas mãos, insultaram-no, abusaram dele de maneira rude e bárbara e o obrigaram a permanecer lá até que sua igreja fosse queimada e os monges, massacrados. Dizimaram todos os habitantes, clérigos e leigos, deixando apenas um décimo da população com vida; mataram 7.236 pessoas e deixaram apenas quatro monges e 800 leigos com vida, depois confinaram o arcebispo em uma masmorra, onde o mantiveram prisioneiro por meses a fio.

Durante seu confinamento, propuseram-lhe ganhar a liberdade em troca de um resgate de 3 mil libras e sob a condição de persuadir o rei a comprar a saída deles do reino pela quantia de mais 10 mil libras. As condições de Alfago não lhe permitiam aceitar a quantia exorbitante exigida, então ataram-no e o submeteram a severos tormentos para obrigá-lo a revelar o tesouro da igreja. Prometeram-lhe vida e liberdade se o fizesse, mas o prelado persistiu piedosamente em se recusar dar aos pagãos quaisquer informações. Enviaram-no outra vez à prisão, deixaram-no confinado por mais seis dias e, então, levaram-no prisioneiro com eles para Greenwich, a fim de julgá-lo. Alfago permaneceu inflexível a respeito do tesouro da igreja, mas os exortou a abandonar a idolatria e abraçar o cristianismo. A atitude enfureceu de tal forma os dinamarqueses que os soldados o arrastaram para fora do acampamento e o espancaram sem misericórdia. Um dos soldados, que havia sido convertido por ele, sabendo que suas dores haveriam de ser duradouras e que sua morte era iminente, agiu com bárbara compaixão e cortou sua cabeça, desferindo, assim, o golpe final em seu martírio no dia 19 de abril de 1012.

O fato se deu no mesmo lugar onde a igreja de Greenwich, dedicada a Alfago, hoje se encontra, Após a morte, seu corpo foi lançado ao Tâmisa, mas foi encontrado no dia seguinte e sepultado na catedral de São Pedro pelos bispos de Londres e Lincoln. Em 1023, foi removido e levado para a Cantuária por Ethelmoth, o arcebispo daquela província.

Gerardo, veneziano, devotou-se ao serviço de Deus desde tenra idade. Entrou em uma ordem religiosa por certo tempo e, então, decidiu visitar a Terra Santa. Adentrando a Hungria, conheceu Esteban, o rei, que o fez bispo de Chonad.

Ao serem depostos Ouvo e Pedro, sucessores de Estêvão, André, filho de Ladislau, primo de Estêvão, recebeu a promessa de que a coroa lhe seria concedida sob a condição de que empregasse sua autoridade para extirpar a religião cristã da Hungria. O ambicioso príncipe aceitou a proposta, mas, quando Gerardo foi informado da ímpia barganha, sentiu-se no dever de protestar contra o grave crime de André e persuadi-lo a retirar sua promessa.

Com essa intenção, dirigiu-se ao príncipe, na companhia de três prelados, zelosos pela religião. O novo rei estava em Alba Regalis, mas, quando os quatro bispos estavam prestes a cruzar o Danúbio, foram detidos por um grupo de soldados a postos ali. Suportaram com paciência um ataque de pedras até que, então, os soldados os espancaram sem misericórdia e, por fim, os mataram com lanças. Os martírios aconteceram em 1045.

Estanislau, bispo de Cracóvia, era descendente de uma ilustre família polonesa. A piedade de seus pais se igualava à sua opulência, a qual compartilhavam servilmente para propósitos de caridade e benevolência. Estanislau permaneceu indeciso, por certo tempo, entre abraçar uma vida monástica e aplicar-se ao clero secular. Foi persuadido por Lambert Zula, bispo de Cracóvia, a escolher a segunda opção; ele lhe deu as ordens sagradas e fez dele um cônego de sua catedral. Lambert morreu no dia 25 de novembro de 1071, quando todos os envolvidos na decisão de um sucessor declararam-se a favor de Estanislau, que sucedeu o prelado.

Bolislau, o segundo rei da Polônia, tinha por natureza muitas qualidades, mas deu espaço às próprias paixões e cometeu erros terríveis; logo, recebeu o apelido de Cruel. Somente Estanislau teve coragem de alertá-lo sobre suas falhas, quando, em uma oportunidade de estarem a sós, mostrou-lhe a gravidade de seus crimes. O rei, imensamente exasperado diante de suas repetidas liberdades, decidiu livrar-se do prelado, cuja fé era enorme. Um dia, ao tomar conhecimento de que o bispo estava só na capela de São Miguel a uma pequena distância da cidade, enviou alguns soldados para matá-lo. Os soldados prontamente assumiram a sangrenta tarefa; contudo, ao chegarem diante de Estanislau, seu venerável aspecto chocou os soldados de tal maneira que não puderam executar a ordem que haviam prometido executar. Quando o rei soube que não haviam obedecido às suas ordens, lançou-se sobre eles violentamente, arrancou de um deles a adaga e, tomado de fúria, dirigiu-se à capela, onde, encontrando Estanislau no altar, perfurou-lhe o coração com a arma. O prelado expirou de imediato, em 8 de maio de 1079.

CAPÍTULO 4

PERSEGUIÇÕES PAPAIS

Até aqui, nossa história de perseguição se restringiu principalmente ao mundo pagão. Chegamos agora ao período em que a perseguição, disfarçada de cristianismo, cometeu atrocidades maiores que as ignomínias descritas nos anais do paganismo. Desconsiderando as máximas e o espírito do evangelho, a igreja papal, armando-se com o poder da espada, atormentou a Igreja de Deus e a devastou por vários séculos, período adequadamente denominado pela história como "a idade das trevas". Os reis da Terra deram seu poder à "Besta" e se submeteram a serem esmagados pelos vermes miseráveis que costumavam ocupar a cadeira papal, como o caso de Henrique, imperador da Alemanha. A tempestade da perseguição papal abateu-se primeiro sobre os valdenses, na França.

Perseguição contra os valdenses na França

Após o papado implementar diversas inovações na Igreja e cobrir o mundo cristão com escuridão e superstição, alguns poucos, que claramente percebiam a perniciosa tendência para tais erros, decidiram expor a luz do evangelho em sua verdadeira pureza, dispersando as nuvens que sacerdotes ardilosos haviam reunido a fim de cegar o povo e obscurecer o verdadeiro esplendor.

O principal entre esses foi Berengário, que, em cerca de 1000 d.C., corajosamente pregou as puras verdades primitivas do evangelho. Muitos, convencidos, assentiram com sua doutrina e foram, por causa disso, chamados berengarianos. Após este, veio Pedro Bruis, que pregou em Tolouse, sob a proteção de um conde chamado Hildefonso. Todos os princípios dos reformadores, junto às suas razões para se separarem da Igreja de Roma, foram publicados em um livro escrito por Bruis, sob o título de "Anticristo".

Por volta do ano 1140 d.C., os reformados eram numerosos, e a chance de crescerem ainda mais em número alarmava o papa, que escreveu a muitos príncipes, a fim de lhes pedir que os exilassem de seus domínios, além de recrutar muitos homens eruditos para escrever contra as doutrinas reformadas.

Em 1147 d.C., por causa de Henrique de Tolouse, considerado o pregador mais eminente entre eles, foram chamados de herenicianos. Como não admitiam qualquer prova religiosa senão suas próprias interpretações das Escrituras, o partido papista lhes deu o nome de apostólicos. Pedro Waldo, ou Valdo, nativo de Lyon e eminente devido à sua piedade e erudição, tornou-se um obstinado opositor do papado; a partir dele, os reformados, naquela época, foram denominados valdenses.

Quando o papa Alexandre III foi informado pelo bispo de Lyon acerca de tais acontecimentos, excomungou Valdo e seus adeptos, e ordenou ao bispo que, se possível, os exterminasse, da face da Terra. Então, começaram as perseguições papais contra os valdenses.

A conduta de Valdo e dos reformados causou a primeira onda de inquisidores, pois o papa Inocêncio III designara certos monges como inquisidores, para que investigassem e entregassem os reformados ao poder secular. O processo foi curto, uma vez que uma acusação era suficiente para atribuir culpa e um julgamento transparente nunca era concedido aos acusados.

Quando o papa descobriu que suas cruéis estratégias não surtiram o efeito que pretendia, enviou diversos monges eruditos para pregar entre os valdenses, empenhando-se em argumentar contra eles e persuadi-los do erro em suas opiniões. Entre os tais estava Domingo, que se mostrou extremamente zeloso para com a causa papal; ele criou uma instituição que, por sua causa, acabou sendo chamada de ordem dos frades dominicanos. Os membros dessa ordem foram os principais inquisidores nas diversas inquisições do mundo. Seu poder era ilimitado e eles investiam contra quem desejavam sem considerar idade, sexo ou status. Eram tão infames que qualquer acusação se fazia válida; mesmo informações de fonte anônima, enviadas por cartas, eram evidência suficiente. Possuir riquezas era um crime semelhante à heresia, portanto muitos dos que tinham posses foram acusados de heresia, a fim de serem obrigados a pagar por seus posicionamentos. Amigos próximos ou familiares não podiam ajudar quem estivesse preso, por conta da religião, sem correr perigo. Aquele que oferecesse sequer um copo de água a um prisioneiro era visto como favorecedor de hereges e julgado como tal. Nenhum advogado ousava pleitear em favor do próprio irmão. Além disso, a maldade dos inquisidores se estendia para além do túmulo; os ossos de muitos eram desenterrados e queimados para servir de exemplo aos vivos. Se um homem no leito de morte fosse acusado de ser um seguidor de Valdo, seus bens eram confiscados e os herdeiros eram privados de sua herança. Alguns eram enviados à Terra Santa, enquanto os dominicanos tomavam posse de suas casas e propriedades; quando, então, os donos retornavam, fingiam não os conhecer. Essas perseguições perduraram por muitos séculos sob papas diferentes e outros grandes dignitários da Igreja Católica.

Perseguições contra os albingenses

Os albigenses eram um povo de religião reformada, habitante do país de Albi. Foram condenados devido à sua religião no Concílio de Latrão, por ordem do papa Alexandre III. Cresceram tão prodigiosamente que muitas cidades eram habitadas somente por pessoas que compartilhavam de tais crenças, e muitos nobres eminentes também abraçaram essa doutrina. Entre eles estavam Ramon, conde de Toulouse, Ramon, conde de Foix, além do conde de Beziers e outros.

Quando um frade chamado Pedro foi assassinado nos domínios do conde de Toulouse, o papa fez do assassinato um pretexto para perseguir aquele nobre homem e seus súditos. Por consequência, enviou pessoas por toda a

Europa para reunir forças e agir coercivamente contra os albigenses; prometeu o paraíso a todos os que se unissem a essa guerra, a qual chamava de Guerra Santa, e portassem armas por quarenta dias. As mesmas indulgências eram igualmente oferecidas àqueles se engajassem no propósito das cruzadas da Terra Santa.

O corajoso conde defendeu Toulouse e outros lugares com heroísmo e bravura contra os legados do papa e contra Simão, conde de Montfort, um nobre católico fanático. Incapazes de subjugar abertamente o conde de Toulouse, o rei da França, a rainha-mãe e três arcebispos formaram outro exército formidável; tiveram a astúcia de persuadi-lo a participar de uma conferência, quando foi traiçoeiramente preso, levado como prisioneiro, forçado a se mostrar descalço e descoberto diante de seus inimigos e compelido a assinar uma abjeta retratação. Então, sucedeu uma severa perseguição contra os albigenses; ordens foram expressas proibindo leigos de lerem as Escrituras sagradas. Mesmo anos mais tarde, em 1620, a perseguição contra os albigenses continuava rigorosa. Em 1648, teve início uma terrível perseguição na Lituânia e na Polônia. A crueldade dos cossacos foi tamanha que os próprios tártaros se envergonhavam de suas barbaridades. Entre tantos torturados, estava o reverendo Adrian Chalinski, assado em fogo lento, cujos sofrimentos e cruel morte retratam os horrores que os seguidores do cristianismo suportaram dos inimigos do Redentor.

A reforma do erro papista foi muito cedo espalhada por toda a França, pois no terceiro século um homem erudito chamado Almérico e seis de seus discípulosforam condenados a serem queimados em Paris por afirmarem que Deus estava tão presente no pão do sacramento quanto em qualquer outro pão, que era idolatria construir altares e templos para santos e absurdo oferecer-lhes incenso.

O martírio de Almérico e seus discípulos, porém, não impediu que muitos concordassem com a legitimidade de seus conceitos e enxergassem a pureza da religião reformada, de forma que a fé de Cristo crescesse continuamente e não somente se propagasse por muitas regiões da França, mas difundisse a luz do evangelho por vários outros países.

Em 1524, em uma cidade na França chamada Melden, John Clark colocou uma nota na porta da igreja, na qual chamava o papa de Anticristo.

Por causa desse crime, ele foi açoitado por repetidas vezes e, então, teve a fronte marcada. Depois, partiu para Metz, em Lorraine, derrubou algumas imagens e, como consequência, teve a mão direita e o nariz decepados, e os braços e o peito rasgados com pinças. Suportou essas crueldades com impressionante coragem e teve, ainda, calma suficiente para entoar o Salmo 115, que proíbe expressamente a idolatria. Então, foi lançado ao fogo e queimado até tornar-se cinzas.

Muitas pessoas que mantinham convicções reformadas nesse tempo foram surradas, colocadas no cavalete, açoitadas e queimadas até a morte em várias regiões da França, particularmente em Paris, Malda e Limosin.

Um nativo de Malda, por dizer que a missa era uma simples negação da morte e paixão de Cristo, foi queimado em fogo lento. Em Limosin, John de Cadurco, um clérigo da religião reformada, foi preso e condenado a morrer queimado.

Francis Bribard, secretário do cardeal de Pellay, teve a língua arrancada e a seguir foi queimado por falar em favor dos reformados, em 1545. James Cobard, diretor de uma escola em St. Michael, foi queimado no mesmo ano por dizer: "A missa é inútil e absurda". Na mesma época, quatorze homens foram queimados em Malda, enquanto suas esposas eram obrigadas a observar a execução.

Em 1546, Pedro Chapot levou consigo para a França algumas Bíblias traduzidas para o francês e as vendeu publicamente. Por isso, foi julgado, sentenciado e executado alguns dias mais tarde. Pouco tempo depois, um paralítico de Meaux, um diretor de escola de Fera chamado Estêvão Poliot e um homem chamado John English foram queimados por causa da fé.

O sr. Blondel, um rico joalheiro, foi apreendido em Lyon em 1548, e levado para Paris. Naquela cidade, foi queimado por causa da fé segundo as ordens da corte, em 1549. Herbert, um jovem de 19 anos, foi condenado a ser lançado às chamas em Dijon, condenação também imposta a Florent Venote, no mesmo ano.

Em 1554, dois homens da religião reformada, junto ao filho e à filha de um deles, foram presos e encarcerados no castelo de Niverne. Ao serem interrogados, confessaram sua fé e foram sentenciados à execução. Foram cobertos com gordura, enxofre, pólvora, enquanto clamavam: "Sal! Sal nessa carne pecaminosa e corrompida". Cortaram-lhes a língua e, então, lançaram-nos às chamas, que logo os consumiram devido à substância inflamável com a qual foram cobertos.

O massacre do dia de São Bartolomeu em Paris

No dia 22 de agosto de 1572, teve início esse diabólico ato de sanguinária brutalidade. Pretendia-se com um único golpe acabar com a raiz da árvore do protestantismo, que antes havia sofrido danos apenas em seus galhos. O rei da França havia astutamente proposto um casamento entre sua irmã e o príncipe de Navarra, o capitão e príncipe dos protestantes. Esse imprudente casamento foi celebrado em público na cidade de Paris, em 18 de agosto, pelo cardeal de Bourbon, sobre uma plataforma construída especialmente para a ocasião. Jantaram em grande pompa com o bispo e cearam com o rei em Paris. Quatro dias depois, o príncipe Coligny, voltando do Concílio, foi atingido com balas em ambos os braços; então, disse a Maure, ministro de sua falecida mãe: "Ó irmão, agora percebo que sou, de fato, amado por Deus, pois por sua santa causa fui ferido". Embora Vidam o tenha aconselhado a fugir, o príncipe permaneceu em Paris e logo foi morto por Bemjus, que tempos depois declarou que nunca viu um homem encarar a morte com tanta valentia como o almirante.

Os soldados foram postos de modo a receber um sinal para, de imediato, se lançarem ao massacre em todas as partes da cidade. Quando mataram o almirante, jogaram-no na rua por uma janela, cortaram-lhe a cabeça e enviaram-na ao papa. Os selvagens papistas, ainda irados contra ele, cortaram-lhe os braços, os órgãos íntimos e, então, após o arrastarem pela cidade durante três dias, penduraram-no pelos pés fora da cidade. Depois dele, mataram muitas pessoas grandiosas e honradas que eram protestantes, como o conde de Rochefoucauld Telínio, genro do almirante, Antônio, Clarimonto, marquês de Ravely, Lewes Bussius, Bandineo, Pluviálio, Burneio e outros. Recaindo sobre o povo comum, continuaram a matança por dias a fio; nos três primeiros dias, mataram dez mil de todas as classes sociais. Os corpos foram lançados aos rios, e pelas ruas corria uma forte corrente de sangue; o rio parecia ser de sangue. Estavam tão furiosos e tomados de diabólica raiva que mataram todos os papistas que suspeitavam não estarem convictos o suficiente de sua religião diabólica. A partir de Paris, a destruição se espalhou por todos os cantos do reino.

Em Orleans, foram mortos mil homens, mulheres e crianças; seis mil em Rouen.

Em Meldith, duzentos foram presos, depois retirados do cárcere um a um e, então, cruelmente assassinados.

Em Lyon, oitocentos foram massacrados. Crianças agarradas aos pais e pais que abraçavam os filhos com afeto tornaram-se aprazível alimento para as espadas e alívio para as mentes sedentas por sangue daqueles que se denominavam a Igreja Católica. Trezentos foram mortos na casa do bispo, e os ímpios monges não libertavam um sequer a fim de ser sepultado.

Quando as pessoas ouviram sobre o massacre em Paris, fecharam os portões de Augustobona para que nenhum protestante pudesse escapar; procuraram com diligência por cada indivíduo aliado à Igreja reformada, aprisionaram-nos e, então, barbaramente os mataram. A mesma crueldade foi feita em Avaricum, em Troys, em Toulouse, em Rouen e em muitos outros lugares, correndo de cidade a cidade, povoados e vilas, até se espalhar por todo o reino.

A seguinte narrativa, escrita com propriedade singular por um sensato e erudito católico romano, corrobora essa horrível carnificina:

"As núpcias do jovem rei de Navarra com a irmã do rei da França foram celebradas em pompa. Todas as demonstrações de afeto, as garantias de amizade, todos os votos sagrados entre os homens foram profusamente esbanjados por Catherine, a rainha-mãe, e pelo rei, enquanto o restante da corte em nada mais pensava senão em festividades, teatro e bailes de máscara. No final, à meia-noite, na noite de São Bartolomeu, o sinal foi dado. Imediatamente, todas as casas de protestantes foram invadidas de uma só vez. O almirante Coligny, alarmado pelo alvoroço, pulou da cama, quando um grupo de assassinos invadiu sua alcova. Foram liderados por Besme, que fora criado como empregado na família dos Guisas. O miserável empunhou a espada no peito do almirante e ainda cortou-lhe a face. Besme era alemão e foi pego pelos protestantes de La Rochele mais tarde, a fim de ser enforcado e esquartejado; contudo, foi morto por Bretanville. Henrique, o jovem duque de Guisa, que mais tarde concebeu a liga católica e foi morto em Blois, colocou-se frente à porta até que terminasse a terrível carnificina, gritando: 'Besme! Terminaram?'. Logo depois, os rufiões lançaram o corpo janela afora e Coligny expirou aos pés de Guisa.

O conde de Teligny também foi sacrificado. Havia se casado, cerca de meses antes, com a filha de Coligny. Seu semblante era tão vistoso que, ao se lançarem sobre ele para o matar, os rufiões foram tomados de compaixão; outros, porém, mais bárbaros, prosseguiram e o mataram.

Enquanto isso, todos os amigos de Coligny foram assassinados Paris afora: homens, mulheres e crianças foram promiscuamente mortos e em toda rua encontravam-se corpos moribundos espalhados. Alguns sacerdotes, com um crucifixo em uma mão e um punhal na outra, corriam aos chefes dos assassinos e os exortavam com veemência a não pouparem parentes nem amigos.

Tavannes, marechal da França, um soldado ignorante e supersticioso, que uniu a fúria da religião à raiva do partido, passou pelas ruas de Paris montado em um cavalo, exclamando aos homens: "Que haja sangue! Que haja sangue! É tão saudável sangrar em agosto quanto em maio". Nas memórias da vida desse fanático, escritas por seu filho, conta-se que o pai, quando confessava diversas de suas ações no leito de morte, ouviu o sacerdote que o acompanhava dizer-lhe com surpresa: "Como?! Nenhuma menção ao massacre do dia de São Bartolomeu?" e ele respondeu, dizendo: "Considero essa uma ação meritória, que lavará todos os meus pecados". Que sentimentos terríveis pode um falso espírito de religião inspirar!

O palácio do rei foi uma das principais cenas de toda a matança. O rei de Navarra mantinha seu alojamento no Louvre, e todos os seus empregados eram protestantes. Muitos deles foram mortos na própria cama, ao lado de suas esposas; outros, fugindo despidos, eram perseguidos pelos soldados por entre várias salas do palácio, inclusive até a antecâmara do rei. A jovem esposa de Henrique de Navarra, despertada pelo terrível alvoroço, foi tomada de pavor, temendo por seu cônjuge e pela própria vida, e saltou de sua cama a fim de lançar-se aos pés do rei, seu irmão. Contudo, mal abrira ela a porta de sua alcova, quando alguns de seus empregados protestantes adentraram em busca de refúgio. Os soldados imediatamente os perseguiram, com a intenção de capturá-los diante da princesa, e mataram um que se escondia debaixo de sua cama. Dois outros, feridos com alabardas, caíram aos pés da princesa, cobrindo-a com sangue.

O conde de La Rochefoucauld, um jovem nobre que tinha o favor do rei devido ao seu aspecto agradável, sua polidez e singular alegria em suas conversas, passou a noite, até as onze horas, com o monarca que se divertia e gargalhava das investidas imaginativas do nobre, em aprazível familiaridade. O rei sentiu remorso e, tocado por uma espécie de compaixão, convidou-o por duas ou três vezes a passar a noite no Louvre, em vez de voltar para casa. O conde, por sua vez, disse que deveria voltar para a esposa, argumento que suprimiu a insistência do rei, dizendo: "Que ele vá então! Vejo que Deus já decretou a sua morte". Duas horas depois, o conde foi assassinado.

Pouquíssimos protestantes escaparam da fúria dos fanáticos perseguidores. Entre eles, o jovem La Force (que se tornou o famoso marechal La Force), uma criança de 10 anos de idade, cuja libertação foi deveras memorável. A criança, seu pai e seu irmão mais velho foram presos juntos pelos soldados do Duque de Anjou. Esses assassinos se lançaram sobre os três para atacá-los, quando todos caíram um sobre o outro. O mais novo não recebeu um só golpe, mas fingiu-se de morto e escapou no dia seguinte; sua vida, preservada de modo maravilhoso, durou até os 85 anos.

Muitas das pobres vítimas fugiram para as margens do rio, e alguns nadaram pelo Sena até os subúrbios de St. Germaine. O rei os viu de sua janela, que dava para o rio, e atirou neles com uma carabina que havia sido carregada para esse propósito por um de seus pajens; enquanto isso, a rainha-mãe assistia à cena da sacada, imperturbável e serena em meio à matança, encorajando os assassinos e rindo-se dos gemidos agonizantes das vítimas. O que acalorava a rainha era uma incansável ambição, e continuou mudando de partido a fim de saciá-la.

Alguns dias após esse horrível evento, a corte francesa se esforçou para atenuá-lo mediante formas legais. Justificaram o massacre com fingimento, alegando ter ocorrido devido a uma calúnia, acusando o almirante de conspiração, argumento no qual ninguém acreditou. O parlamento recebeu a ordem de proceder contra a memória de Coligny; seu corpo sem vida foi pendurado com correntes em Montfaucon. O próprio rei foi testemunhar o chocante espetáculo. Então, um de seus cortesãos o aconselhou a se retirar, reclamando do mau cheiro do cadáver, ao que o rei respondeu: "Um inimigo morto cheira bem". Os massacres da noite de São Bartolomeu estão pintados no salão do Vaticano, em Roma, com a seguinte inscrição: *Pontifex, Coligny necem probat*, ou seja, "O papa aprova a morte de Coligny".

O jovem rei de Navarra foi poupado por questões políticas, não por piedade da rainha-mãe, que o manteve cativo até a morte, a fim de assegurar a submissão de protestantes que pudessem escapar.

A horrível carnificina não se limitou a Paris. Ordens semelhantes foram dadas pela corte aos governadores de todas as províncias da França; então, dentro de uma semana, cerca de cem mil protestantes foram despedaçados em partes diferentes do reino! Somente dois ou três governadores se recusaram a obedecer às ordens do rei. Um deles, chamado Montmorrin, governador de Auvergne, escreveu ao rei a seguinte carta, que merece ser transmitida à posteridade:

"Senhor, recebi uma ordem, com o selo de Vossa Majestade, para matar todos os protestantes em minha província. O grande respeito que tenho por Vossa Majestade leva-me a acreditar que a carta foi forjada. Todavia, se a ordem for genuína (queira Deus que não), tenho por vós muito respeito para executá-la."

Em Roma, a hedionda alegria era tamanha que marcaram um dia de grande celebração e júbilo, com indulgências a todos os que participassem e fizessem todas as demonstrações de alegria que pudessem conceber. O homem que deu a primeira notícia recebeu mil coroas do cardeal de Lorraine por sua ímpia mensagem. O rei também ordenou que o dia fosse celebrado com todas as manifestações de alegria, concluindo que toda a raça de huguenotes fora extinta.

Muitos dos que ofereceram altas quantias para o próprio resgate foram imediatamente mortos. Diversas cidades que estavam sob a promessa de proteção e segurança do rei foram liquidadas, tão logo se entregaram aos seus capitães ou generais.

Em Bordéus, pela incitação de um monge perverso que, em seus sermões, costumava encorajar os papistas a matar, 264 pessoas foram cruelmente assassinadas; entre elas, senadores. Outro, da mesma piedosa fraternidade, provocou um massacre similar em Agendicum, no Maine, onde a satânica sugestão dos santos inquisidores levou a população a se lançar sobre os protestantes, a matá-los, a saquear suas casas e a derrubar a igreja.

O duque de Guisa, ao entrar na cidade de Blois, permitiu que seus soldados recolhessem os espólios e matassem todos os protestantes que encontrassem. Nesse dia, não importava idade nem sexo; desonravam as mulheres e depois as matavam. Daquela cidade, partiram para Mere e cometeram os mesmos ultrajes por muitos dias seguidos. Lá, encontraram um ministro chamado Cassebonio e o lançaram ao rio.

Em Anjou, mataram Albiaco, um ministro. Muitas mulheres foram desonradas e mortas naquela cidade; entre elas, duas irmãs foram abusadas diante de seu pai, a quem os assassinos prenderam à parede, depois mataram a todos.

O governante de Turim,, após entregar uma alta quantia pela própria vida, foi cruelmente surrado com clavas, despido e pendurado pelos pés, com a cabeça e o peito imersos no rio; antes que morresse, abriram-lhe a barriga, arrancaram-lhe as entranhas e o lançaram ao rio. Depois, carregaram seu coração pela cidade na ponta de uma lança.

Em Barre, usaram de grande crueldade, mesmo para com as crianças, as quais abriam e lhes arrancavam as entranhas, e, em sua fúria, chegavam a ranger os dentes. Aqueles que fugiram do castelo, ao se renderem, foram enforcados. Assim procederam na cidade de Matiscon; achavam prazeroso cortar-lhes os braços, as pernas e depois matá-los. E, para entreter os visitantes, costumavam jogar os protestantes de uma ponte alta ao rio, dizendo: "Vistes alguma vez homens saltarem tão bem?".

Em Penna, após lhes terem sido feitas promessas de segurança, trezentos foram desumanamente mutilados; 45 em Albia, no Dia do Senhor. Em Nonne, embora tenham se rendido em troca de segurança, os espetáculos mais terríveis eram ali exibidos.

Pessoas de ambos os sexos e de todas as classes foram indiscriminadamente mortas. Nas ruas, ouviam-se os gritos de dor e corria o sangue. Os soldados ateavam fogo às casas. Ao ser arrastada de seu lugar de refúgio junto ao seu marido, uma mulher foi abusada pelos brutais soldados e, então, ordenando a que segurasse uma espada, forçaram-na a perfurar as entranhas de seu marido.

Em Samarobridge, mataram mais de cem protestantes depois de prometerem paz. Em Antsidor, outros cem foram mortos e lançados ao rio. Cem, ainda, foram encarcerados em Orleães e destruídos pela furiosa multidão.

Os protestantes de La Rochelle, que milagrosamente escaparam da fúria do inferno e fugiram de lá, ao ver quantos males sofreram os que se submeteram àqueles santos diabos, mantiveram-se firmes por sua vida. Em algumas outras cidades, outros fizeram o mesmo, encorajados por eles. O rei enviou quase todas as forças da França contra La Rochelle; eles a sitiaram por sete meses. Embora seus ataques tenham surtido pouco efeito nos habitantes, pela fome destruíram dezoito mil de vinte e dois mil cidadãos. Por serem numerosos demais para os vivos sepultarem, os mortos tornaram-se alimento para os vermes e para as aves carnívoras. Muitos tomaram seu ataúde, levaram-no ao pátio da igreja, deitaram-se nele e lá deram o último suspiro. Sua dieta consistiu por muito tempo em coisas que a imaginação dos que gozam de fartura estremecia ao conceber; até mesmo carne humana, entranhas, esterco e outras coisas repugnantes se tornaram o último e único alimento daqueles defensores da verdade e da liberdade, dos quais o mundo não era digno.

Em cada ataque, os sitiadores recebiam tão intrépida recepção que cento e trinta e dois capitães, junto a um número proporcional de tropas, foram mortos em campo. Por fim, deixaram de sitiar a cidade mediante o pedido do duque de Anjou, irmão do rei, que fora proclamado rei da Polônia. O rei, por sua vez, exausto, consentiu com facilidade, já que condições dignas lhe foram garantidas.

A interferência da Providência é memorável em relação aos ministros do evangelho, pois, em meio a tão terrível massacre, não mais do que dois deles estiveram envolvidos.

Os trágicos sofrimentos dos protestantes são numerosos demais para serem detalhados; no entanto, o tratamento que Felipe de Deux recebeu dará uma ideia do que aconteceu aos outros. Depois de matarem o mártir em sua cama, os miseráveis se dirigiram à sua esposa, que estava sendo assistida por uma parteira, a fim de dar à luz a qualquer momento. A parteira rogou-lhes que interrompessem a matança, ao menos até que a criança, a vigésima, nascesse. Ignorando as súplicas, cravaram uma adaga até o cabo na pobre mulher. Na ânsia de dar à luz, a mulher correu até o sótão; eles, porém, a perseguiram, apunhalaram-lhe a barriga e jogaram-na na rua. Devido à queda, a criança saiu do ventre da mãe moribunda e foi recolhida por um dos rufiões católicos, que a apunhalou e a lançou ao rio.

Da Revogação do Édito de Nantes à Revolução Francesa, em 1789

As perseguições causadas pela revogação do édito de Nantes aconteceram sob Luís XIV. Esse édito fora promulgado por Henrique, o Grande, da França, em 1598, e assegurava aos protestantes direitos iguais em todos os aspectos, civis ou religiosos, em relação aos outros súditos do reino. Luís XIV confirmou todos esses privilégios aos protestantes por meio de outro estatuto, chamado édito de Nismes, e os manteve inviolados até o fim de seu reinado.

Quando Luís XIV ascendeu ao trono, o reino estava quase em ruínas devido a guerras civis. Nessa crítica conjuntura, os protestantes, negligenciando a admoestação do Senhor, que diz: "Aqueles que tomam a espada pela espada morrerão", lutaram de forma tão ativa em favor do rei que este sentiu-se constrangido a reconhecer estar em débito com eles por ter-se estabelecido no trono. Em vez de valorizar e recompensar aqueles que haviam lutado por ele, concluiu que o mesmo poder que o havia protegido poderia derrubá-lo. Ao dar ouvidos às maquinações papistas, começou a criar proibições e restrições, que marcaram sua decisão final. La Rochelle foi atacada com um número impressionante de denúncias. Montauban e Millau foram saqueadas pelos soldados. Comissários papistas foram enviados para presidir os assuntos dos protestantes, e nenhuma apelação podia ser feita às suas determinações senão aquelas vindas do concílio do rei. Esse golpe na raiz de seus direitos aos exercícios civis e religiosos os proibia, enquanto protestantes, de processar um católico em qualquer corte legal. Então, outra injunção se seguiu, prevendo que todas as paróquias deveriam passar por interrogatórios acerca de tudo o que os protestantes haviam dito ou feito nos vinte anos anteriores. Tal medida encheu as prisões de vítimas inocentes e condenou outros, mandados às galés ou ao exílio.

Os protestantes foram privados de todos os cargos, negócios e privilégios, o que também os privou dos meios de ganhar o próprio pão. Seus oponentes prosseguiram sendo excessivamente brutais; nem mesmo as parteiras podiam exercer o seu ofício, de forma que as mulheres eram obrigadas, em seu momento de dar à luz, a se submeter aos inimigos, os terríveis católicos. Seus filhos eram tirados delas para serem educados pelos católicos e, aos

7 anos de idade, eram forçados a abraçar o papismo. Os reformados eram proibidos de ajudar os próprios enfermos ou pobres e de celebrar cultos privados, de forma que os serviços religiosos deviam acontecer na presença de um sacerdote papista. Para evitar que as infelizes vítimas deixassem o reino, todas as passagens nas fronteiras foram estritamente guardadas; ainda assim, pela bondosa mão de Deus, cerca de cento e cinquenta mil escaparam e emigraram para países diferentes a fim de contar a hedionda história.

Tudo o que se relatou até aqui foram somente infrações ao estatuto, o édito de Nantes. No dia 18 de outubro de 1685, a diabólica revogação aconteceu e foi registrada no dia 22, contrária a toda a lei. Imediatamente, os dragões foram alojados junto aos protestantes em todo o reino, e encheram a França com as notícias de que o rei não admitiria mais nenhum huguenote em seu reino, portanto eles deveriam mudar de religião. Então, os intendentes de cada paróquia (que eram governadores papistas e espiões infiltrados entre os protestantes) reuniram os habitantes reformados e lhes disseram que deveriam tornar-se católicos sem demora, de forma espontânea ou forçadamente. Os protestantes responderam que "estavam prontos a sacrificar as próprias vidas e propriedades ao rei, mas sua consciência pertencia a Deus, portanto dela não podiam se desfazer".

Na mesma hora, as tropas fecharam os portões e as avenidas das cidades, colocando guardas em todas as passagens, e entraram com espadas em mãos, clamando: "Sejam católicos ou morram!". Em suma, praticaram todo tipo de perversidade e horror que puderam conceber para forçá-los a mudar de religião.

Penduraram tanto homens como mulheres pelos cabelos ou pelos pés e os defumaram até estarem quase mortos; se, porém, ainda se recusassem a assinar a retratação, penduravam-nos outra vez e repetiam as barbaridades, até que, cansados dos tormentos que não lhes tiravam a vida, muitos eram forçados a se render.

Alguns tinham os cabelos arrancados de suas cabeças e barbas com pinças. Outros eram lançados em grandes fogueiras e retirados dela, ação que se repetia até que prometessem negar a fé.

Alguns eram despidos e, após expostos aos insultos mais infames, tinham o corpo cravejado de agulhas, da cabeça aos pés, e cortados com canivetes.

Por vezes, amarravam pais e maridos, enquanto violentavam filhas e esposas diante de seus olhos. Aprisionavam multidões em masmorras imundas, onde praticavam toda sorte de torturas. As esposas e os filhos eram detidos em monastérios.

Os que conseguiam escapar eram perseguidos pela mata, caçados nos campos e atingidos por balas, como feras selvagens. Nenhuma condição ou característica deles os livrava da ferocidade dos infernais dragões. Até mesmo os membros do parlamento e oficiais militares a serviço naquele momento recebiam a ordem de deixar seus postos e voltar para suas casas a fim de sofrerem a mesma sorte. Os que se dirigiam ao rei para se queixar eram enviados para a Bastilha, onde tinham o mesmo destino. Os bispos e intendentes marchavam à frente dos dragões, com uma tropa de missionários, monges e outros eclesiásticos para encorajar os soldados a executar uma ação agradável à Santa Igreja, gloriosa ao seu deus demoníaco e ao seu rei tirano.

Ao formular o édito que revogaria o édito de Nantes, o concílio se dividiu; alguns quiseram deter todos os ministros e forçá-los a aceitar o papado, bem como os leigos; outros eram a favor de bani-los, pois sua presença reforçaria a perseverança dos protestantes, e, se fossem forçados a se retratar, se tornariam um grupo secreto e poderoso de inimigos no seio da igreja, devido ao seu extenso conhecimento e experiência em assuntos controversos. Esse argumento prevaleceu; portanto, foram sentenciados ao exílio e tiveram apenas quinze dias para deixar o reino.

No mesmo dia em que foi publicado o édito que revogaria o de Nantes, demoliram todas as igrejas e exilaram seus ministros, a quem concederam apenas vinte e quatro horas para deixar Paris. Os papistas não permitiram que vendessem suas posses e colocaram obstáculos em seu caminho para atrasar sua fuga, até que o tempo-limite se esgotasse e fossem todos mandados para as galés. Havia guardas em dobro nos portos, e as prisões estavam repletas de vítimas que suportavam torturas e passavam por necessidades diante das quais a natureza humana deveria estremecer.

Os sofrimentos dos ministros e de outros, enviados às galés, pareciam exceder os de todos. Acorrentados ao remo, eram expostos ao ar livre, dia e noite, em todas as estações e climas. Quando chegavam a desmaiar devido à fraqueza de seu corpo, em vez de receberem um cordial encorajamento para animá-los ou algum alimento para os aliviar, recebiam somente chicotadas, golpes com varas ou cordas. Pela falta de roupas que os cobrissem e da limpeza pessoal necessária, eram terrivelmente atormentados com vermes e cruelmente assolados pelo frio que, durante a noite, afastava os verdugos que os surravam e torturavam durante o dia. Em vez de uma cama, lhes era oferecida somente uma tábua rígida de aproximadamente quarenta e cinco centímetros de largura para dormir, quer estivessem doentes, quer saudáveis, sem nada para que pudessem se cobrir senão suas vestes deploráveis, as quais consistiam em uma camisa de tecido áspero, cujas mangas não chegavam aos cotovelos, e um pequeno justilho de sarja vermelha com aberturas no braços. Uma vez a cada três anos recebiam uma bata grosseira e um pequeno gorro para cobrir a cabeça; seus cabelos eram raspados, como marca de sua infâmia. As provisões que recebiam eram tão limitadas quanto os sentimentos daqueles que os condenavam a tais misérias. A forma como eram tratados quando doentes é chocante demais para ser relatada. Estavam fadados a morrer sobre as tábuas escuras, cobertas por vermes e sem a menor comodidade para os chamados da natureza. Não eram mais brandos os sofrimentos que suportavam os ministros de Cristo, homens honestos, que eram acorrentados ao lado de criminosos e dos mais execráveis vilões, cujas línguas nunca cessavam de dizer blasfêmias.

Caso se recusassem a assistir à missa, eram sentenciados a uma terrível punição que será descrita a seguir. Antes de iniciá-la, tiravam-lhes as correntes, e as vítimas eram entregues nas mãos dos turcos, que tinham o poder dos remos, os quais os despiam e os esticavam sobre um grande cano que os impedia de se moverem. Durante as torturas, a galé era tomada por absoluto silêncio. O turco responsável pela execução, tomando-a como sacrifício aceitável ao seu profeta Maomé, batia cruelmente na pobre vítima com duro garrote, ou com o nó de uma corda, até que a carne fosse esfolada dos ossos e a criatura estivesse prestes a morrer; então, aplicavam-lhe a mais hedionda mistura de sal e vinagre, e depois a mantinham em hospitais intoleráveis, onde morriam milhares que passavam por tamanhas crueldades.

O martírio de João Calas

Omitimos muitos outros martírios individuais para inserir o de João Calas, que aconteceu em um período mais recente, em 1761, e é prova indubitável da intolerância papal, além de mostrar que nem a experiência nem o progresso podem desarraigar os preconceitos inveterados dos católicos romanos, nem torná-los menos cruéis ou inexoráveis para com os protestantes.

João Calas era um mercador da cidade de Toulouse, onde habitava, vivia com boa reputação e se casara com uma mulher inglesa de origem francesa. Calas e sua esposa eram protestantes e tinham cinco filhos, a quem educavam nos princípios da religião. Contudo, Lewis, um dos filhos, tornou-se católico romano, tendo-se convertido por meio de uma serva que vivia com a família há cerca de trinta anos. O pai, porém, não expressou nenhum ressentimento ou má vontade para com o filho naquela ocasião, manteve a serva na família e estabeleceu uma anuidade para o filho. Em outubro de 1761, a família era formada por João Calas e sua esposa, uma serva, Mark Antony Calas, o filho mais velho, e Peter Calas, o segundo filho.

Mark Antony formou-se nas leis, mas não podia ser admitido para praticá-las por ser protestante. Por isso, tornou-se melancólico, lia todos os livros que podia encontrar sobre suicídio e parecia decidido a dar um fim à própria vida. A isso, deve-se adicionar que levava uma vida dissoluta; era viciado em jogos e fazia tudo o que constituía o caráter de um libertino, motivo pelo qual seu pai o repreendia com frequência, às vezes com bastante rigor, e, assim, fazia aumentar a escuridão que parecia oprimi-lo.

No dia 13 de outubro de 1761, o sr. Gober la Vaisse, um jovem nobre de cerca de 19 anos de idade, filho de La Vaisse, um célebre advogado de Toulouse, por volta das cinco da tarde encontrou-se com João Calas, o pai, e o filho mais velho, Mark Antony, seu amigo. Calas, o pai, o convidou para cear; a família e seu convidado sentaram-se em uma sala no andar superior. Estavam todos estes na casa, Calas, o pai, sua esposa, Antony e Peter Calas, os filhos, e La Vaisse, o convidado; além destes, estava somente a serva antes já mencionada.

Era cerca de sete da noite. O jantar não se prolongou, mas, antes que terminasse, Antony deixou a mesa e se dirigiu à cozinha, no mesmo andar, como costumava fazer. A serva lhe perguntou se o jovem sentia frio, ao que respondeu: "Pelo contrário! Estou queimando!", e saiu. Enquanto isso, o amigo e a família deixavam a sala em que haviam feito a refeição e dirigiram-se a outra sala. O pai e La Vaisse sentaram-se juntos no sofá, o filho mais novo, Peter, em uma poltrona, e a mãe em outra. A conversa prosseguiu sem que ninguém perguntasse por Antony, até cerca de nove ou dez horas, quando La Vaisse pediu licença para se retirar, e Peter, que havia adormecido, foi despertado para acompanhá-lo com uma lamparina.

No piso térreo da casa de Calas, havia uma loja e um armazém, os quais eram separados por duas portas dobráveis. Quando Peter Calas e La Vaisse desceram as escadas até a loja, ficaram extremamente chocados ao depararem com Antony enforcado em sua camisa numa barra que colocara entre o topo das duas portas dobráveis, entreabrindo-as para este propósito. Ao encontrarem a terrível cena, gritaram de espanto, o que trouxe Calas, o pai, ao cenário, enquanto a mãe permanecia congelada de terror, trêmula no corredor superior. Quando a serva deparou com o ocorrido, deteve-se no andar inferior, pois temia levar as más notícias à sua senhora e por ocupar-se em acudir o seu senhor, que abraçava o corpo do filho e o banhava em lágrimas. A mãe, portanto, que havia sido deixada sozinha, desceu as escadas e juntou-se ao cenário, exprimindo as emoções que naturalmente emergiram diante do ocorrido. Enquanto isso, Peter havia sido enviado a La Moire, um cirurgião residente do bairro.

La Moire não estava em casa, mas seu aprendiz, sr. Grosle, atendeu imediatamente ao chamado. Ao examinar o corpo do rapaz, constatou que ele estava morto. A esta altura, uma multidão de papistas se reuniu ao redor da casa e, ao ouvir que Antony Calas havia morrido de repente e que o cirurgião, ao examinar o corpo, havia declarado que a causa seria estrangulamento, concluíram por si mesmos que se tratava de um homicídio. Por ser a família protestante, supuseram que o jovem estava prestes a mudar de religião e fora morto por tal motivo.

O pobre pai, dominado pelo luto devido à perda do filho, foi aconselhado por seus amigos a chamar os oficiais de justiça à cena para evitar que fosse partido em pedaços pela multidão católica, que o tinha como assassino do próprio filho.

Assim foi feito. David, o magistrado principal, levou o pai, o filho Peter, a mãe, La Vaisse e a serva, todos em custódia, e pôs com eles um guarda. Pediu que chamassem o dr. de La Tour e os senhores La Marque e Perronet, cirurgiões, que procuraram marcas de violência no corpo, mas nada encontraram senão a marca da ligadura no pescoço. Os cabelos do falecido também permaneciam da maneira usual, perfeitamente penteados, sem um único fio fora do lugar. Suas roupas, do mesmo modo, foram dobradas e colocadas em um canto; sua camisa não estava rasgada ou desabotoada.

Apesar de as evidências apontarem para a inocência, o oficial achou adequado concordar com a opinião da multidão, concluindo que o velho Calas havia mandado chamar La Vaisse, dizendo-lhe que o filho deveria ser enforcado, e que La Vaisse, por sua vez, havia trabalhado como verdugo, recebendo a ajuda do pai e do irmão.

Como nenhuma prova do suposto fato podia ser encontrada, o oficial recorreu a uma admoestação, ou informações gerais, na qual o crime foi tomado por certo e pessoas eram chamadas a testemunhar contra os envolvidos como lhes fosse possível. A admoestação dizia que La Vaisse fora encomendado pelos protestantes para ser o verdugo quando qualquer de seus filhos precisasse ser enforcado por decidir mudar de religião; descrevia, também, que, quando os protestantes enforcam seus filhos, obrigam-nos a se ajoelhar. Um dos interrogatórios feitos buscava alguém que testemunhasse ter visto Antony Calas ajoelhar-se diante do pai quando foi estrangulado. Descreve, ainda, que Antony morrera como católico romano e dava evidências de seu catolicismo.

Contudo, diante da admoestação publicada, a multidão espalhou que Antony Calas se juntaria à fraternidade dos Penitentes Brancos no dia seguinte. O oficial, portanto, ordenou que seu corpo fosse enterrado no meio da Igreja de São Estêvão. Alguns dias depois, após o sepultamento do falecido, os Penitentes Brancos realizaram um serviço solene por ele em sua capela. A igreja foi decorada de branco e uma tumba foi erguida no meio dela, sobre a qual foi colocado um esqueleto humano; em uma de suas mãos, segurava um papel no qual estava escrito: "Abjuração da heresia", e, na palma da outra mão, o emblema do martírio. No dia seguinte, os franciscanos realizaram um culto do mesmo tipo para o falecido.

O oficial continuou a perseguição com implacável rigor e, sem a menor prova, achou adequado condenar a infeliz família – pai, mãe, irmão, amigo e serva – a ser torturada; mandou que acorrentassem a todos no dia 18 de novembro.

Diante de tão terríveis trâmites, as vítimas apelaram ao parlamento, o qual imediatamente tomou conhecimento dos acontecimentos e anulou a sentença, considerando-a irregular; no entanto, eles continuaram o processo, e, quando o carrasco da região depôs, dizendo ser impossível que Antony houvesse se enforcado como alegavam, a maior parte do parlamento foi favorável à opinião de que os prisioneiros eram culpados e, portanto, ordenou que fossem enviados para outro julgamento pela corte criminal de Toulouse. Houve um voto a favor de sua inocência, mas, após longos debates, a maioria foi a favor da tortura e do suplício da roda. É provável que tenham condenado o pai a fim de conduzir um teste, fosse ele culpado ou não, esperando que confessasse o crime quando em grande agonia e acusasse os outros prisioneiros, cujo destino, portanto, suspenderam.

O pobre Calas, porém, aos 68 anos de idade, foi condenado a sofrer a terrível punição sozinho. Sofreu a tortura com grande firmeza e foi levado à execução em um estado de espírito que suscitou a admiração de todos os presentes, em particular de dois dominicanos (padres Bourges e Coldagues) que o ajudaram em seus últimos momentos, declarando que o consideravam não somente inocente diante do crime, mas também um modelo exemplar de verdadeira paciência, coragem e caridade cristãs. Quando viu o verdugo se preparar para dar-lhe o último golpe, Calas novamente declarou sua inocência ao padre Bourges, mas, enquanto as palavras saíam de sua boca, o oficial, autor de toda a catástrofe, subiu no cadafalso somente para satisfazer seu desejo de ser testemunha daquela punição e morte, correu até ele e exclamou: "Miserável, aí estão as brasas que reduzirão seu corpo a cinzas! Fale a verdade!". Então, o sr. Calas nada respondeu, antes virou a cabeça. Naquele momento, o verdugo concluiu o feito.

O clamor popular contra a família era tão violento em Languedoc que todos esperavam ver os filhos de Calas quebrados sobre a roda e a mãe queimar nas chamas.

O jovem Donat Calas foi aconselhado a fugir para a Suíça. Assim o fez, e lá encontrou um cavalheiro que, a princípio, pôde somente agir com misericórdia e aliviá-lo, sem ousar julgar o rigor aplicado contra seu pai, mãe e irmãos. Logo depois, um de seus irmãos, que estava exilado, recorreu à ajuda da mesma pessoa, que, por mais de um mês, tomou todas as precauções possíveis para ter certeza da inocência da família. Uma vez convencido, sentiu em sua consciência a obrigação de, em prol de seus amigos, aplicar seus bens, sua pena e seus créditos para reparar o erro fatal dos sete juízes de Toulouse e fazer o processo ser revisado pelo conselho do rei. A revisão durou três anos, e ficou muito conhecida a honra que os senhores Grosne e Bacquancourt conquistaram por causa dessa memorável investigação. Cinquenta mestres da Corte de Apelações declararam com unanimidade a inocência de toda a família Calas e a recomendaram à benevolente justiça de Sua Majestade. O duque de Choiseul, que nunca deixou escapar uma oportunidade de demonstrar a grandeza de seu caráter, não somente assistiu a essa desafortunada família com dinheiro, mas obteve para eles a gratificação de trinta e seis mil libras francesas do rei.

No dia 9 de março de 1765, foi assinado o decreto que justificava a família Calas, mudando, assim, seu destino. Exatamente três anos antes, o inocente e virtuoso pai daquela família era executado. Toda a cidade de Paris correu em multidões para vê-los sair da prisão, e todos aplaudiram com alegria enquanto as lágrimas jorravam de seus olhos.

Esse terrível exemplo de fanatismo influenciou a pena de Voltaire, que desaprovou os horrores da superstição. Embora ateu, seu ensaio sobre tolerância honrou, de fato, sua pena, e foi um abençoado veículo para abater o rigor da perseguição em grande parte da Europa. A pureza do evangelho rejeita igualmente a superstição e a crueldade, uma vez que a mansidão dos princípios de Cristo nos ensina somente a sermos instrumentos de conforto neste mundo e a buscar a salvação no tempo vindouro.

Perseguir por diferenças de opinião é tão absurdo quanto perseguir por diferenças de semblante. Se honramos a Deus, mantemos sagradas as puras doutrinas de Cristo, colocamos toda a nossa confiança nas promessas contidas nas Santas Escrituras e obedecemos as leis políticas do estado sob o qual estamos, temos o indubitável direito de sermos protegidos em vez de perseguidos, bem como de servir aos céus como nossas consciências, reguladas pelas leis do evangelho, nos hão de direcionar.

CAPÍTULO 5

HISTÓRIA DA INQUISIÇÃO

Quando a religião reformada começou a difundir a luz do Evangelho pela Europa, o papa Inocêncio III muito temeu pela igreja de Roma. Portanto, instituiu um certo número de inquisidores, ou pessoas que haveriam de inquirir, depois apreender e punir hereges, como eram chamados os reformados pelos papistas.

Na liderança destes inquisidores estava Domingo, canonizado pelo papa a fim de outorgar-lhe a mais respeitável autoridade. Domingo e os outros inquisidores se espalharam pelos vários países católicos romanos, tratando os protestantes com o mais extremo rigor. No decorrer do tempo, o papa, dando-se conta de que os inquisidores itinerantes não eram tão úteis quanto esperava que fossem, decidiu estabelecer tribunais fixos e regulares da Inquisição. Após dada a ordem, o primeiro gabinete da Inquisição foi estabelecido na cidade de Toulouse, e Domingo tornou-se o primeiro inquisidor regular, como fora antes o primeiro inquisidor itinerante.

Os tribunais da Inquisição foram erguidos em diversos países; contudo, a Inquisição espanhola tornou-se a mais poderosa e temida de todas.

Até mesmo os reis da Espanha, embora arbitrários em todos os aspectos, eram ensinados a temer o poder dos senhores da Inquisição. As horrendas crueldades que tais senhores executavam obrigaram multidões que tinham opiniões divergentes dos católicos romanos a cuidadosamente mascarar sua posição.

Os monges papistas mais zelosos, que obedeciam rigorosamente à igreja de Roma, eram os dominicanos e franciscanos. Portanto, o papa achou adequado investi-los do exclusivo direito de presidir sobre diferentes tribunais da Inquisição e lhes deu poderes ilimitados, como juízes por ele delegados, diretamente representando sua pessoa. Tinham o poder de excomungar ou sentenciar à morte qualquer um que acreditassem merecer, diante da mais ínfima informação que apontasse para heresia. Tinham o poder de publicar campanhas contra todos os que tomassem por hereges e de se unir a ligas com príncipes soberanos, a fim de somar suas campanhas às forças dos poderosos.

Em 1244, o poder dos inquisidores aumentou graças ao imperador Frederico II, que se declarou protetor e amigo de todos os inquisidores, publicando éditos cruéis, como:

Todos os hereges que permanecerem obstinados serão queimados.

Todos os hereges que se retratarem serão sentenciados à prisão perpétua.

O zelo do imperador pelos inquisidores católicos se deu a partir de uma notícia, propagada por toda a Europa, de que ele tinha a intenção de renunciar ao cristianismo e tornar-se muçulmano. O imperador, portanto, se empenhou em contradizer a notícia por meio do mais alto nível de fanatismo, mostrando seu vínculo com o papismo pelo uso de crueldade.

Os oficiais da Inquisição são: três inquisidores, ou juízes, um inspetor fiscal, dois secretários, um magistrado, um mensageiro, um receptor, um carcereiro, um agente de posses confiscadas, muitos assessores, conselheiros, verdugos, médicos, cirurgiões, porteiros, familiares e visitantes, que faziam o juramento de guardar segredo.

A principal acusação contra aqueles que estavam sujeitos ao tribunal é a heresia, que abrange tudo o que for dito ou escrito contra qualquer dos artigos da doutrina ou tradição da igreja romana. Do mesmo modo, a Inquisição investiga qualquer um que seja acusado de ser mago, ou de ler a Bíblia na língua comum, de ler o Talmude dos judeus ou o Alcorão dos muçulmanos. Em todas as situações, os inquisidores dão seguimento aos processos com o mais extremo rigor e punem os ofensores com crueldade inigualável. Um protestante raramente é alvo de misericórdia, e um judeu que se torna cristão está longe de se sentir seguro.

Uma defesa na Inquisição é de pouco uso para o prisioneiro, pois a suspeita por si só é considerada causa suficiente para a condenação; quanto maior a quantidade de riqueza sob posse do acusado, maior o perigo. Grande parte da crueldade dos inquisidores se deve à sua rapacidade. Destroem vidas para se apossarem de propriedades; sob o pretexto do zelo, saqueiam aqueles a quem desprezam.

Um prisioneiro da Inquisição nunca pode ver seu acusador, ou os que testemunharam contra ele, face a face. Cada ameaça e tortura é aplicada a fim de obrigá-lo a confessar-se culpado e, dessa forma, corroborar as evidências. Se alguém questiona a jurisdição da Inquisição ou se opõe aos seus oficiais, recebe sobre si a vingança. Os que resistem a eles certamente sofrerão por sua audácia. A máxima da Inquisição é aterrorizar aqueles que estão sob o seu poder, para que obedeçam. Alta classe, *status* social, dignidade ou cargos eminentes não serviam de proteção contra suas severidades; os oficiais mais inferiores da Inquisição eram capazes de fazer estremecer os mais altos nomes.

Quando um acusado era condenado, era severamente açoitado ou torturado com violência, depois enviado para as galés ou sentenciado à morte; em qualquer um dos casos, seus bens eram confiscados. Após o julgamento, uma procissão se dirige ao lugar da execução, onde a cerimônia é chamada de auto da fé ou ato de fé. Segue, portanto, um relato de um auto da fé, realizado em Madri em 1682.

No dia 30 de maio, os oficiais da Inquisição, precedidos por trompetes, timbales e sua bandeira, cavalgaram até o palácio da grande praça, onde proclamaram que, no dia 30 de junho, a sentença proferida aos prisioneiros seria executada.

Desses prisioneiros, vinte homens e mulheres, com um renegado muçulmano, seriam queimados; cinquenta judeus e judias, que nunca foram antes presos, arrependidos de seus crimes, foram sentenciados a um longo confinamento, vestindo um gorro amarelo. Toda a corte da Espanha estava presente na ocasião. O grande trono do inquisidor foi colocado em uma espécie de tribunal, muito acima do trono do rei.

Entre os que seriam mortos, havia uma jovem judia de sofisticada beleza e 17 anos de idade. Estando ela ao lado do palanque onde a rainha estava assentada, dirigiu-se a ela na esperança de obter perdão, com o comovente discurso: "Grande rainha, poderia a vossa real presença servir-me em minha lamentável condição? Tenha compaixão da minha juventude; considerai que estou prestes a morrer por professar uma religião que me foi ensinada desde a mais tenra infância!". Sua majestade pareceu compadecer-se grandemente de sua angústia, mas virou dela os olhos, pois não ousaria dizer sequer uma palavra em favor de uma pessoa acusada de ser herege.

Então, a missa começou, no meio da qual o sacerdote veio do altar, colocou-se junto ao palanque e sentou-se em uma cadeira preparada para ele.

O inquisidor-chefe desceu do anfiteatro, vestido com sua capa e uma mitra sobre a cabeça. Após curvar-se ao altar, dirigiu-se ao camarote do rei, onde subiu, acompanhado de alguns de seus oficiais, carregando uma cruz e os Evangelhos, com um livro que continha o juramento pelo qual os reis da Espanha eram obrigados a proteger a fé católica, extinguir os hereges e apoiar com todo o seu poder e força as perseguições e decretos da Inquisição. Um juramento semelhante foi administrado aos conselheiros e a toda a assembleia. A missa foi iniciada ao meio-dia e não terminou até as nove da noite, prolongada pela proclamação da sentença dos muitos criminosos, pronunciadas em voz alta, uma após a outra.

Depois, sucedeu a queima dos vinte e um homens e mulheres, cuja intrepidez em sofrer tão horrível morte era verdadeiramente impressionante. A proximidade do rei à situação dos condenados permitiu-lhe ouvir os gemidos agonizantes; no entanto, não podia ausentar-se da terrível cena, pois esta era considerada um dever religioso, de forma que seu juramento de coroação o obrigava a dar sanção, por sua presença, a todos os atos do tribunal.

O que temos relatado pode se aplicar às inquisições em geral, bem como à da Espanha em particular. A Inquisição de Portugal age exatamente como o mesmo plano da Espanha, instituída no mesmo período e estabelecida sob as mesmas regulações. Os inquisidores permitem que a tortura seja aplicada somente três vezes; contudo, nessas três vezes, são infligidas com tanta severidade que o prisioneiro morre ou acaba permanentemente aleijado, sentindo dores severas a cada mudança de clima. Daremos uma descrição ampla dos rigorosos tormentos causados pela tortura, a partir do relato de alguém que passou três respectivas vezes por ela, mas felizmente sobreviveu às crueldades.

Na primeira tortura, seis verdugos entraram, despiram-no, deixando-o apenas em suas roupas íntimas, e o colocaram de costas sobre uma espécie de estrado com alguns pés de altura. Iniciada a operação, colocaram-lhe um colar de ferro no pescoço e um semelhante em cada pé, para prendê-lo ao estrado. Por estarem seus membros dessa forma estendidos, amarraram duas cordas ao redor de cada coxa, as quais foram passadas por debaixo do estrado, por meio de buracos feitos para aquele propósito. Então, ao sinal, foram puxadas por quatro dos homens ao mesmo tempo.

Não é difícil imaginar que as dores causadas eram intoleráveis. As cordas, de fina espessura, cortaram a carne do prisioneiro até os ossos, fazendo o sangue jorrar de oito regiões diferentes ao mesmo tempo. Quando o prisioneiro persistiu em não confessar o que desejavam os inquisidores, as cordas foram puxadas da mesma maneira por quatro vezes seguidas.

Na segunda tortura, forçaram seus braços para trás, de forma que as palmas das mãos ficassem viradas para fora, atrás dele. Amarraram-lhe uma corda, presa a ambos os punhos; quando a corda era girada por um mecanismo, pouco a pouco os aproximava, de modo que os dorsos das mãos se tocavam, exatamente paralelas uma à outra.

Em decorrência da violenta contorção, ambos os ombros do prisioneiro foram deslocados e uma grande quantidade de sangue lhe saiu pela boca. A tortura se repetiu por três vezes; depois, foi outra vez levado ao cárcere, onde o cirurgião realocou os ossos deslocados.

Dois meses após a segunda tortura, levemente recuperado, o prisioneiro foi levado à sala de tortura. Lá, pela última vez, foi submetido a outra espécie de castigo, que lhe foi infligido por duas vezes sem intervalo. Os verdugos ataram uma grossa corrente de ferro ao redor de seu corpo, que cruzava seu peito e terminava nos punhos. Então, colocaram-no de costas sobre uma tábua espessa em cuja extremidade havia uma roldana, pela qual corria a corda presa ao final da corrente atada aos punhos. Então, o verdugo, ao esticar o final da corda por meio da roldana, colocada a certa distância, comprimia ou esmagava o estômago do prisioneiro à medida que as extremidades da corrente eram apertadas. Assim o torturaram com tanta intensidade que seus punhos, bem como seus ombros, foram totalmente deslocados. No entanto, logo foram colocados no lugar pelos cirurgiões, mas os bárbaros, não satisfeitos com tanta crueldade, imediatamente o fizeram passar pela mesma tortura uma segunda vez, a qual o prisioneiro suportou (embora sentindo dores ainda mais intensas) com a mesma firmeza e resolução. Depois, foi mais uma vez enviado ao cárcere e, assistido pelo cirurgião, teve seus ferimentos cuidados e os membros deslocados outra vez ajustados. Ali continuou até que saísse o seu auto de fé ou sua liberdade, de onde saiu aleijado e debilitado para sempre.

Relato do cruel trato e queima de Nicolas Burton, um mercador inglês, na Espanha

O dia era 5 de novembro de 1560, quando o sr. Nicolas Burton, cidadão e mercador de Londres que habitava pacífica e sossegadamente na paróquia de São Bartolomeu, prosseguia com seus negócios e atividades comerciais e encontrava-se na cidade de Cádiz, na região de Andaluzia, Espanha. Ele recebeu em sua casa um certo Judas, ou, como eram chamados, um familiar dos pais da Inquisição, que, procurando por Nicolas Burton, fingiu que gostaria de lhe entregar uma carta em mãos, meio pelo qual conseguiu falar com ele pessoalmente. Carta alguma tinha consigo, mas o familiar, mensageiro movido por seu mestre, o diabo, inventou outra mentira, dizendo que havia com ele um carregamento que deveria ser levado para Londres, se possível, em um dos barcos fretados pelo próprio Nicolas Burton. Seu plano era, em parte, saber onde Nicolas carregava suas mercadorias, para que pudessem juntá-las e principalmente ganhar tempo até a chegada do sargento da Inquisição, que se encarregaria de prendê-lo. Assim o fizeram.

Nicolas, porém, ao bem perceber que não conseguiriam acusá-lo de ter escrito, dito ou feito qualquer coisa naquele país que fosse contra as leis eclesiásticas ou temporais do mesmo reino, ousadamente lhes perguntou sob qual acusação estava por eles sendo preso, dizendo-lhes que declarassem a causa para que pudesse, então, provar a própria inocência. Eles, porém, nada responderam; antes, ordenaram-lhe com tom de ameaça que se calasse e não lhes dirigisse uma única palavra.

Portanto, levaram-no à imunda prisão comum da cidade de Cádiz, onde permaneceu acorrentado por quatorze dias entre ladrões.

Durante o tempo em que lá esteve, instruiu os pobres prisioneiros na Palavra de Deus, como lhe permitia o valoroso talento que havia Deus lhe concedido para fazê-lo, bem como seu domínio da língua espanhola. Naquele curto período, levou muitos daqueles espanhóis supersticiosos e ignorantes a abraçar a Palavra de Deus e rejeitar as tradições papistas.

Quando os oficiais da Inquisição tomaram conhecimento da situação, conduziram-no carregado de correntes daquela cidade até Sevilha, para uma prisão mais apertada e cruel, chamada Triana, onde os tais padres da Inquisição procederam contra ele em segredo, conforme seu costume cruel e tirano. Desse modo, nunca mais voltou a escrever ou falar com alguém de seu país, de modo que até os dias de hoje não se sabe quem foi seu acusador.

No dia 20 de dezembro, Nicolas Burton e muitos outros prisioneiros, por professarem a verdadeira religião cristã, na cidade de Sevilha, foram conduzidos até um lugar onde os inquisidores se reuniram em um tribunal, chamado *auto*. Os prisioneiros vestiam um sambenito, no qual havia, em várias partes, a pintura de um enorme demônio atormentando uma alma numa chama de fogo; sobre a cabeça, usavam uma carapuça com a mesma figura.

Sua língua foi forçada para fora da boca com um aparelho preso a ela, a fim de que não mais falasse de sua fé às pessoas. Então, foi colocado junto a outro inglês de Southampton e muitos outros também condenados devido à sua religião, bem como franceses e espanhóis, sobre um cadafalso diante da Inquisição estabelecida, onde as sentenças e os julgamentos seriam lidos e pronunciados contra eles.

Assim que as sentenças eram dadas, eram levados do recinto para o local da execução fora da cidade, onde eram cruelmente queimados aqueles que nutriam uma fé constante, pela qual Deus é louvado.

Em meio às chamas, Nicolas Burton mostrou tão alegre semblante, abraçando a morte com tanta paciência e satisfação, que os algozes e inimigos ali presentes disseram: "O diabo tomou sua alma antes mesmo de ser lançado ao fogo; por isso, já se faz insensível aos sofrimentos".

Sucedeu que, após a prisão de Nicolas Burton, como mencionado, todos os bens e mercadorias que trouxera consigo para a Espanha foram imediatamente confiscados, conforme era habitual por parte dos inquisidores. Entre o que recolheram, havia muita mercadoria que pertencia a outro mercador inglês, pois a tinha confiado a Nicolas, encarregado de transportá-la. Então, assim que o mercador tomou conhecimento do confisco, bem como da prisão de seu procurador, enviou seu advogado para a Espanha, outorgando-lhe autoridade para reclamar seus bens e exigi-los de volta; o advogado se chamava John Fronton, cidadão de Bristol.

Ao desembarcar em Sevilha, John mostrou todas as cartas e documentos à casa santa, exigindo que os bens lhe fossem entregues. Responderam-lhe, porém, que deveria dar início a um processo por escrito e contratar um advogado (tudo orquestrado para atrasá-lo). Certamente por gentileza, designaram-lhe um para formular a súplica e outros documentos da petição, os quais deveria apresentar ao santo tribunal; cobraram-lhe oito pesos por cada documento, mas não lhe prestaram serviço algum, como se nada lhes houvesse sido entregue. Durante o período de três ou quatro meses, este homem se dirigiu ao palácio dos inquisidores por duas vezes ao dia, todas as manhãs e tardes, suplicando de joelhos que o atendessem, especialmente ao bispo de Tarracon, chefe da Inquisição de Sevilha naquele momento, pedindo-lhe que usasse de sua absoluta autoridade para ordenar a restituição dos bens. Contudo, os espólios eram tão lucrativos que aumentava a dificuldade de reavê-los.

Após haver passado quatro meses inteiros implorando e suplicando em vão, recebeu deles a resposta de que deveria apresentar evidências mais claras e trazer certificados mais adequados da Inglaterra como prova de sua situação, além daqueles que havia trazido ao tribunal. Então, partiu para Londres e voltou para Sevilha o mais rápido que pôde, com testemunhos mais numerosos e amplos, bem como com os certificados que haviam requerido, e os apresentou ao tribunal. Ainda assim, os inquisidores continuaram a evitá-lo, justificando-se pela falta de tempo, alegando estarem ocupados em casos mais importantes. Desse modo, postergaram a resolução do caso por mais quatro meses.

Por fim, quando John havia gastado quase todo o seu dinheiro e, portanto, exigiu intensamente que fosse atendido, encaminharam todo o caso ao bispo. Este, ao ser questionado, respondeu: 'Quanto ao que cabe a mim, sei o que fazer; contudo, sou apenas um homem, e a decisão pertence aos outros comissários também". Assim, vendo-os passar a resolução do caso de um para o outro, o requerente não recebeu solução. Até que, após tanto importuná-los, resolveram atendê-lo.

Um dos inquisidores, chamado Gasco, homem muito experiente em tais práticas, pediu que o requerente se juntasse a ele após o jantar. Este, contente com as novas, supondo que seus bens lhe seriam restituídos, pensou que havia sido chamado para falar com o mercador que estava preso, a fim de conferenciar acerca de suas posses, resolvendo, assim, o mal-entendido. Ao ouvir os inquisidores dizerem que seria levado para falar com o prisioneiro, foi mais do que persuadido a pensar que, afinal, agiriam de boa-fé e, assim, repariariam a situação ainda naquela noite. No instante em que chegaram à prisão, o carcereiro logo tratou de acorrentá-lo para prendê-lo na cela que lhe fora reservada.

O requerente, a princípio esperançoso de haver sido chamado por outro motivo, encontrou-se, ao contrário do que sugeriam suas expectativas, preso em uma masmorra escura. Percebeu, afinal, que a situação se mostrava completamente oposta ao que havia suposto.

Dentro de dois ou três dias, foi levado ao tribunal, onde o requerente se pôs a pedir seus bens. Por tratar-se de algo que parecia ser inofensivo, pediram-lhe que recitasse a Ave-Maria: *Ave Maria, gratia plena, Dominus tecum, benedicta tu in mulieribus, et benedictus fructus ventris tui Jesus Amen.*

Cada palavra que lhe saía da boca era escrita e, sem que mais nada fosse dito sobre a reclamação de seus bens, uma vez que se fazia desnecessário, ordenaram que o prendessem outra vez. Então, abriram contra ele uma ação, acusando-o de heresia, pois não havia recitado sua Ave-Maria conforme o costume romano, antes a terminara de forma suspeita, pois deveria ter continuado: *Sancta Maria mater Dei, ora pro nobis peccatoribus.* Omitir esse final era evidência suficiente, segundo os inquisidores, para não admitir a mediação dos santos.

Assim, levantaram um processo para detê-lo no cárcere por período prolongado. Depois, levaram o caso à corte disfarçada à sua maneira, onde foi dada a sentença de que o prisioneiro perderia todos os bens que requeria, embora não pertencessem a ele, além de passar um ano em cárcere.

Mark Brughes, um inglês e dono de um navio inglês chamado Minion, foi queimado em uma cidade de Portugal.

William Hoker, um jovem de cerca de 16 anos de idade, inglês, foi apedrejado até a morte por alguns outros jovens na cidade de Sevilha, pela mesma justa causa.

Algumas atrocidades particulares da Inquisição reveladas por um acontecimento singular

Quando, no início do século XVII, a coroa espanhola foi disputada por dois príncipes, ambos candidatos à ascensão, a França abraçou a causa de um deles, enquanto a Inglaterra a de outro.

O duque de Berwick, filho legítimo de James II, que abdicou da coroa da Inglaterra, comandava as forças francesas e espanholas e derrotou a Inglaterra na célebre batalha de Almansa. O exército, na época, foi dividido em duas partes: uma, formada por espanhóis e franceses, liderada pelo duque de Berwick, que avançou em direção à Catalunha; a outra, formada somente por tropas francesas, comandadas pelo duque de Orleans, que seguiu em busca de conquistar Aragão.

Quando as tropas se aproximaram da cidade de Aragão, os magistrados se achegaram para oferecer as chaves ao duque de Orleans. Contudo, este lhes disse, cheio de soberba, que eram rebeldes, portanto não aceitaria as chaves, pois tinha ordens para entrar na cidade por uma brecha.

Assim, o duque abriu uma brecha nos muros com seu canhão e, então, entrou na cidade por meio dela, junto a todo o seu exército. Quando terminou de fazer as organizações necessárias na cidade, partiu a fim de subjugar outros lugares, deixando uma forte guarnição para intimidá-la e defendê-la sob o comando de seu tenente-geral, sr. de Legal, que, embora criado no catolicismo romano, era totalmente livre de superstições. Tinha em si grandes talentos, além de extrema bravura; era um oficial habilidoso e um brilhante cavalheiro.

Antes de partir, o duque havia ordenado que pesados impostos fossem cobrados da cidade, segundo as seguintes diretrizes:

Os magistrados e os cidadãos mais importantes deveriam pagar mil coroas por mês para a mesa do duque.

Cada casa deveria pagar uma pistola, o que resultaria, mensalmente, em um montante de dezoito mil pistolas.

Cada convento e monastério deveria pagar uma doação proporcional às suas riquezas e rendas.

As duas últimas contribuições seriam direcionadas para a manutenção do exército.

O dinheiro cobrado dos magistrados, dos cidadãos importantes e das casas foi pago no mesmo instante em que foi exigido. Contudo, quando se aplicaram à cobrança dos conventos e monastérios, descobriram que os eclesiásticos não estavam tão dispostos quanto as pessoas a renunciar ao próprio dinheiro.

As contribuições exigidas ao clero eram:

O colégio dos jesuítas deveria pagar duas mil pistolas; os carmelitas, mil; os agostinianos, mil; os dominicanos, mil.

O sr. de Legal enviou aos jesuítas uma ordem peremptória para que pagassem imediatamente o tributo. O superior dos jesuítas, em resposta, alegou ser contra todas as imunidades eclesiásticas que o clero pagasse algo ao exército e que não conhecia nenhum argumento que autorizasse tal procedimento. O sr. de Legal, então, enviou quatro companhias de dragões para se alojarem no colégio, levando a sarcástica mensagem: "Para convencê-los da necessidade de pagar os tributos, enviei quatro argumentos substanciais ao colégio, tirados do sistema da tática militar. Portanto, espero que não sejam necessárias outras advertências para direcionar vossa conduta".

A atitude deixou os jesuítas perplexos. Então, enviaram um mensageiro à corte, ao confessor do rei, que pertencia à mesma ordem. No entanto, os dragões foram muito mais rápidos em saquear e causar estragos do que o mensageiro em sua jornada. Ao verem tudo ser destruído e levado às ruínas, os jesuítas acharam adequado resolver o assunto amigavelmente e pagaram sua contribuição, sob a condição de que lhes fosse devolvido seu mensageiro. Alarmados com o que acontecera aos jesuítas, os carmelitas e agostinianos agiram com prudência e contribuíram, dessa forma escapando dos argumentos militares e de aprender sobre tática com os dragões.

Contudo, os dominicanos, todos familiares ou agentes dependentes da Inquisição, imaginaram que a própria situação lhes serviria de proteção. Estavam enganados. O sr. de Legal não temia nem tampouco respeitava a Inquisição. O superintendente dos dominicanos enviou ao comandante militar uma mensagem, dizendo que sua ordem era pobre e não dispunha de dinheiro algum para pagar os donativos, afirmando que "toda a riqueza dos dominicanos consiste apenas nas imagens de prata dos apóstolos e santos, em tamanho real, situadas em nossa igreja, de modo que seria considerado um sacrilégio removê-las".

Essa insinuação pretendia assustar o comandante francês, que os inquisidores supunham não ter a audácia de ser tão profano a ponto de desejar a posse de preciosos ídolos.

Ele, porém, lhes respondeu dizendo que as imagens de prata substituiriam perfeitamente o dinheiro e serviriam com mais utilidade em sua posse do que em posse dos dominicanos, dizendo: "Enquanto vós as possuís como agora, elas permanecem paradas em nichos, inúteis e estáticas, sem nenhum proveito à humanidade, ou mesmo a vós. Contudo, quando vierem a estar sob minha posse, hão de ser úteis. Eu as colocarei em movimento, pois pretendo transformá-las em moedas, de modo que viajarão como os apóstolos, trarão benefícios a vários lugares e circularão a serviço universal da humanidade".

Os inquisidores ficaram atônitos diante do tratamento que nunca esperavam receber, mesmo vindo de representantes da coroa. Portanto, os dominicanos decidiram entregar suas preciosas imagens em uma procissão solene, a fim de suscitar uma insurreição no meio do povo. Os frades dominicanos receberam a ordem de marchar até a casa do sr. de Legal com os apóstolos e santos de prata, e o fizeram de forma lúgubre, com círios acesos, clamando amargamente pelo caminho: "Heresia! Heresia!".

Ao tomar conhecimento dos procedimentos, o sr. de Legal ordenou que quatro companhias de granadeiros se alinhassem na rua que levava à sua casa. Cada um deles recebeu a ordem de segurar em uma mão um mosquete carregado e um círio aceso na outra. Assim, as tropas poderiam repelir força com força, ou dar honras à solene farsa.

Os frades fizeram tudo ao seu alcance para levantar tumulto, mas o povo comum tinha muito medo das tropas armadas para obedecer a eles. As imagens de prata foram, portanto, necessariamente entregues ao sr. de Legal, que as enviou à casa da moeda para que fossem imediatamente fundidas.

Com a falha do projeto de criar uma insurreição, os inquisidores decidiram excomungar o sr. de Legal, a não ser que libertasse os preciosos santos de prata de seu encarceramento na casa da moeda antes que os derretessem ou mutilassem. O comandante francês se recusou a libertar as imagens, antes disse que elas haveriam de viajar e fazer o bem. Diante da resposta, os inquisidores prepararam o documento de excomunhão e ordenaram que seu secretário fosse até o sr. de Legal e o lesse em sua presença.

O secretário se dirigiu ao receptor da mensagem como lhe fora solicitado e leu a excomunhão deliberada e claramente. O comandante francês o ouviu com paciência e, com educação, disse ao secretário que responderia à mensagem no dia seguinte.

Quando o secretário da Inquisição se retirou, o sr. de Legal ordenou que seu próprio secretário preparasse um documento de excomunhão, exatamente como o que lhe havia sido enviado pela Inquisição. Contudo, substituiu o próprio nome pelo nome dos inquisidores.

Na manhã seguinte, mandou que quatro regimentos armados acompanhassem seu secretário e agissem como ele lhes instruiria.

O secretário foi até a Inquisição e insistiu em entrar; após muitas discussões, permitiram-lhe a entrada. No instante em que se pôs diante deles, leu em alta voz a excomunhão enviada pelo sr. de Legal contra os inquisidores, que, por sua vez, a ouviram com grande assombro, pois nunca haviam encontrado um indivíduo que ousasse se comportar com tamanha audácia. Clamaram em alta voz, acusando de Legal de ser herege, dizendo: "Esse foi um irreverentíssimo insulto à fé católica". E, para surpreendê-los ainda mais, o secretário francês lhes solicitou que deixassem suas atuais acomodações, pois o comandante francês desejava alojar suas tropas na Inquisição, uma vez que era o lugar mais confortável em toda a cidade.

Os inquisidores lançaram altas exclamações quando o secretário os colocou sob forte guarda e os enviou ao lugar que o sr. de Legal lhes reservara. Ao se aperceberem do desenrolar da situação, os inquisidores imploraram que os deixassem buscar seus pertences, o que lhes foi concedido. Imediatamente se dirigiram a Madri, onde se queixaram com grande amargor ao rei. O monarca, porém, disse que não podia dar-lhes reparação alguma, pois as injúrias que haviam recebido eram de seu avô, o rei das tropas francesas, de cuja ajuda necessitava para se estabelecer com firmeza em seu reino: "Fossem minhas próprias tropas, as teria punido. Mas, na situação em que nos encontramos, não posso fingir exercer autoridade alguma".

Enquanto isso, o secretário de sr. de Legal abria todas as portas da Inquisição e libertava os prisioneiros, um total de quatrocentos deles, entre os quais havia sessenta belas jovens que pareciam pertencer ao harém dos três principais inquisidores.

A revelação, que expôs a atrocidade dos inquisidores, alarmou o arcebispo sobremaneira, que pediu que o sr. de Legal enviasse as mulheres para seu palácio a fim de tratá-las com o devido cuidado. Imediatamente publicou uma censura eclesiástica contra todos os que ridicularizassem ou acusassem o santo ofício da Inquisição.

O comandante francês mandou uma mensagem ao arcebispo, dizendo que os prisioneiros haviam fugido ou foram tão bem escondidos pelos amigos, ou mesmo por seus próprios oficiais, que se fazia impossível encarcerá-los outra vez; portanto, havendo a Inquisição cometido tamanhas atrocidades, deveria agora suportar a exposição delas.

Alguns hão de sugerir o quão estranho é que representantes da coroa e nobres eminentes não tenham tentado reprimir o poder da Inquisição e reduzir a autoridade daqueles tiranos eclesiásticos, de cujos dentes cruéis não estavam seguras suas famílias nem eles mesmos.

Contudo, por surpreendente que pareça, a superstição sempre superou o senso comum; e a tradição, a razão. Fato é que um príncipe tentou abolir a Inquisição, mas perdeu sua vida antes de tornar-se rei e, consequentemente, deter o poder de fazê-lo, pois a própria insinuação de seu desígnio lhe causou a destruição.

Esse era o amigável Dom Carlos, filho de Felipe II, rei da Espanha, e neto do célebre imperador Carlos V. Dom Carlos possuía todas as virtudes de seu avô, mas nenhum dos maus atributos de seu pai; era um príncipe de grande vivacidade, admirável erudição e amabilíssima disposição. Dispunha de bom senso suficiente para enxergar os erros do papismo e detestar o próprio nome da Inquisição. Censurava publicamente a instituição, ridicularizava a piedade afetada dos inquisidores, fez tudo o que pôde para expor seus atrozes feitos, e até mesmo declarou que, se viesse a tornar-se rei, aboliria a Inquisição e exterminaria seus agentes.

Tais coisas foram suficientes para suscitar a ira dos inquisidores para com o príncipe. Desse modo, inclinaram suas mentes à vingança e decidiram destruí-lo.

Os inquisidores recrutaram todos os seus agentes e emissários para espalhar as insinuações mais ardilosas contra o príncipe. Por fim, suscitaram um espírito de tamanha insatisfação entre o povo que o rei se viu no dever de retirar Dom Carlos da corte. Não contentes, perseguiram até mesmo seus amigos, e da mesma forma obrigaram o rei a exilar Dom João, duque da Áustria, seu próprio irmão, tio do príncipe, além do príncipe de Parma, sobrinho do rei, primo do príncipe, pois todos bem sabiam que ambos, o duque da Áustria e o príncipe de Parma, eram sincera e inviolavelmente apegados a Dom Carlos.

Alguns anos mais tarde, o príncipe demonstrou grande benevolência para com os protestantes nos Países Baixos, o que causou barulhenta manifestação da Inquisição contra ele, declarando que, como as pessoas em questão eram hereges, o próprio príncipe haveria também de ser um herege por aprová-las. Em suma, ganharam tanta influência sobre a mente do rei, absoluto escravo da superstição, que, por perturbador que pareça, ele sacrificou os sentimentos naturais pela força do fanatismo e, por medo de sofrer a ira da Inquisição, abriu mão do próprio filho, a quem ele mesmo sentenciou à morte.

O príncipe, de fato, tinha o que se chama de indulgência, ou seja, podia escolher a forma como morreria. À moda romana, o infeliz jovem herói escolheu a sangria e o banho quente. Quando as veias de seus braços e pernas foram abertas, expirou pouco a pouco, martirizado pela maldade dos inquisidores e pelo estúpido fanatismo de seu pai.

A perseguição de dr. Egídio

Dr. Egídio foi educado na universidade de Alcalá, onde obteve diversos diplomas, aplicando-se especialmente ao estudo das Escrituras Sagradas e da teologia escolástica. Quando o professor de teologia faleceu, dr. Egídio foi escolhido para tomar o posto, e trabalhou tão satisfatoriamente que sua reputação, devido a tamanha erudição e piedade, circulou por toda a Europa.

Egídio, porém, tinha inimigos. Estes queixaram-se dele para os inquisidores, que lhe encaminharam uma convocação. Quando ele apareceu para a reunião, foi lançado em uma masmorra.

A maior parte dos membros da Catedral de Sevilha, bem como muitos membros da diocese de Dortois, tinham grande estima pelas doutrinas de Egídio, pois achavam-nas perfeitamente alinhadas à verdadeira religião. Portanto, suplicaram ao imperador em seu favor. Embora o monarca houvesse sido educado no catolicismo romano, era muito sensato para ser um fanático e, por isso, enviou uma ordem imediata para que fosse libertado.

Logo depois, visitou a igreja de Valladolid e fez tudo o que pôde para promover a causa da religião. Ao voltar para casa, imediatamente adoeceu e veio a falecer, em avançada idade.

Desapontados por não haverem satisfeito sua maldade enquanto Egídio vivia, os inquisidores decidiram (já que o imperador se ocupava com uma expedição militar) vingar-se dele depois de morto. Então, logo após sua morte, iniciaram um processo legal, ordenaram que seus restos fossem desenterrados do túmulo e o condenaram a ser queimado; assim foi feito.

A perseguição do dr. Constantino

Dr. Constantino, amigo íntimo do antes mencionado dr. Egídio, era um homem de habilidades naturais incomuns e profunda erudição. Conhecedor de várias línguas modernas, tinha por familiar o latim, o grego e o hebraico, além de conhecer perfeitamente as ciências chamadas abstratas e as artes enquadradas na denominação de literatura amena.

Sua eloquência o tornava agradável; a sensatez de suas doutrinas, um profícuo pregador. Era tão estimado que nunca pregou para grupos menores que uma multidão. Teve muitas oportunidades de ascender na Igreja, mas jamais as aproveitara. Se lhe ofereciam uma renda mais alta do que estava acostumado a receber, recusava, dizendo: "Estou contente com o que tenho". Com frequência, pregava com tanta intensidade contra a simonia que muitos de seus superiores, não tão cuidadosos com a questão, se ressentiam de suas doutrinas.

Ao firmar-se por completo no protestantismo por meio de dr. Egídio, pregou com ousadia somente as doutrinas alinhadas à pureza do Evangelho, incontaminada pelos erros diversas vezes cometidos dentro da Igreja romana. Por essas razões, ganhou muitos inimigos entre os católicos romanos, alguns dos quais estavam determinados a destruí-lo.

Um valoroso cavalheiro chamado Scobaria, ao fundar uma escola de teologia, escolheu dr. Constantino como professor. Ele imediatamente aceitou a tarefa e deu palestras, dividida em partes, sobre Provérbios, Eclesiastes e Cânticos; havia iniciado uma exposição do livro de Jó, quando foi preso pelos inquisidores.

Ao ser levado para passar pelo exame, respondeu com muito cuidado que não encontrariam nenhuma evidência explícita contra ele, mas continuou em dúvida acerca de como proceder, quando, então, as circunstâncias o levaram a decidir.

Dr. Constantino havia deixado muitos livros com uma mulher chamada Isabella Martin, os quais lhe eram muito caros, embora soubesse que seriam censuráveis aos olhos da Inquisição. Quando essa mulher recebeu a acusação de ser protestante, foi presa e, após um curto processo, seus bens foram confiscados. Antes, porém, de os oficiais se dirigirem à sua casa, o filho da mulher havia removido baús cheios de artigos valiosíssimos, entre estes, os livros de dr. Constantino.

Um servo traidor contou o ocorrido aos inquisidores, e um oficial foi enviado até o filho para exigir a entrega dos baús. O filho, supondo que o oficial viera somente pelos livros de Constantino, disse: "Sei por que viestes até aqui; vos entregarei imediatamente o que viestes buscar". Então, entregou os livros e papéis de dr. Constantino, enquanto o oficial demonstrava estar surpreso ao encontrar o que não procurava. Contudo, disse ao jovem que estava satisfeito com a revelação dos livros e papéis, mas que a finalidade de sua visita era levá-lo consigo, bem como os bens que havia desviado dos inquisidores. O rapaz obedeceu às ordens, pois sabia que em vão seria reclamar ou resistir, portanto submeteu-se em silêncio ao seu destino.

Com os livros e escritos de Constantino nas mãos dos inquisidores, havia agora evidências suficientes para acusá-lo. Quando foi levado para passar pelo segundo exame, apresentaram-lhe um de seus escritos e lhe perguntaram se conhecia de quem era aquela caligrafia. Ao perceber que era a sua própria, confessou ter escrito o papel e justificou a doutrina nele contida, dizendo: "Não me apartei da verdade do Evangelho neste documento nem em nenhum outro que tenha escrito, mas sempre tive em vista os puros preceitos de Cristo, como Ele os entregou à humanidade".

Após mais de dois anos encarcerado, dr. Constantino foi acometido de uma enfermidade que causou uma hemorragia, colocando um fim em suas misérias neste mundo. O processo, porém, permaneceu em curso contra seu corpo que, mediante seu auto-da-fé, foi queimado publicamente.

A vida de William Gardiner

William Gardiner nasceu em Bristol, recebeu uma educação razoável e, na idade adequada, foi entregue aos cuidados de um mercador chamado Paget.

Aos 26 anos de idade, foi enviado a Lisboa por seu mestre para trabalhar como procurador. Lá, aplicou-se ao estudo da língua portuguesa e administrou seu negócio com eficiência e diligência, comportando-se com cativante amabilidade para com todos, mesmo aqueles que pouco conhecia. Mantinha amizade com alguns poucos que sabia serem zelosos protestantes e ao mesmo tempo evitava ao máximo ofender qualquer católico romano. Contudo, jamais havia frequentado qualquer igreja papista.

Preparada a união entre o filho do rei de Portugal e a Infanta de Espanha, no dia do casamento, o noivo, a noiva e toda a corte se dirigiram à catedral, junto a multidões de pessoas de todas as classes, entre as quais estava William Gardiner, que acompanhou toda a cerimônia e se chocou muito diante das superstições que testemunhou.

A adoração errônea que seus olhos contemplaram não lhe saía da mente. Entristeceu-se ao ver o país inteiro chafurdar em tamanha idolatria, quando a verdade do Evangelho era tão fácil de ser alcançada. Portanto, determinou-se a cumprir um imprudente, embora louvável desígnio: fazer uma reforma em Portugal, ou morrer tentando. Decidiu sacrificar sua prudência em favor de seu zelo, ainda que se tornasse um mártir ao fazê-lo.

Com essa finalidade, resolveu todos os seus assuntos mundanos, quitou as dívidas, fechou seus livros e entregou as mercadorias. No domingo seguinte, dirigiu-se outra vez à catedral, com o Novo Testamento em mãos, e colocou-se junto ao altar.

O rei e a corte logo apareceram e um cardeal iniciou a missa. Quando, então, Gardiner viu os fiéis adorarem a hóstia, não pôde evitar lançar-se em direção ao cardeal, arrancou dele a hóstia e a pisoteou. A ação surpreendeu toda a congregação. Um dos membros, puxando uma adaga, feriu-lhe o ombro e, repetindo o golpe, o teria matado, não fosse a interrupção do rei, que o chamou a conter-se.

Ao ser levado diante do rei, o monarca lhe perguntou onde nascera, ao que Gardiner respondeu: "Sou inglês de nascimento, protestante de religião e comerciante de ocupação. O que fiz não foi por desprezo à vossa majestade real, pois Deus não se agradaria disso, mas por sincera indignação ao testemunhar aqui a prática de superstições ridículas e idolatrias repugnantes".

O rei, considerando que ele tivesse sido estimulado por outra pessoa a agir como fizera, exigiu saber quem era o seu instigador, ao que respondeu: "Somente minha própria consciência. Não arriscaria fazer o que fiz por qualquer homem vivo, antes, devo este e todos os outros serviços a Deus".

Gardiner foi enviado à prisão, e uma ordem geral foi emitida para prender todos os ingleses em Lisboa. A ordem foi majoritariamente executada (alguns poucos lhe escaparam), e muitos inocentes foram torturados a fim de confessarem tudo o que soubessem acerca da questão. Um homem que residia na mesma casa em que morava Gardiner foi tratado com incomparável barbárie, para que confessasse algo que esclarecesse o caso.

O próprio Gardiner foi, então, atormentado da maneira mais excruciante. Contudo, em meio a todos os seus tormentos, gloriou-se na obra que executara. Ao sentenciá-lo à morte, acenderam uma grande fogueira junto a uma plataforma. Por meio de roldanas, Gardiner foi erguido até a plataforma e deixado perto do fogo, mas não tão perto a ponto de tocá-lo, pois o assaram lentamente. No entanto, ele suportou com paciência todo o sofrimento e, cheio de alegria, entregou sua alma ao Senhor.

Algumas das faíscas que consumiram Gardiner foram espalhadas pelo vento em direção ao porto, queimaram um dos navios de guerra do rei e causaram outros danos consideráveis. Os ingleses presos nessa ocasião foram, logo após a morte de Gardiner, todos libertos, exceto o homem que vivia em sua casa, que permaneceu detido por mais dois anos até que pudesse obter sua liberdade.

Um relato da vida e dos sofrimentos do sr. William Lithgow, um escocês

Descendente de boa família, o nobre cavalheiro, que possuía natural disposição para viajar, percorreu ainda muito jovem as ilhas do Norte e do Oeste. Depois visitou a França, a Alemanha, a Suíça e a Espanha. Partiu em suas viagens no mês de março de 1609; seu primeiro destino foi Paris, onde permaneceu certo tempo. Então, prosseguiu viagem, dirigindo-se para a Alemanha e outros lugares, até finalmente chegar a Málaga, na Espanha, cenário de todos os seus infortúnios.

Durante sua estada, negociou com o capitão de um barco francês uma passagem para Alexandria, mas foi impedido de viajar pelas seguintes circunstâncias: na noite de 17 de outubro de 1620, a frota inglesa, em busca de piratas argelinos, ancorou em Málaga, o que muito consternou as pessoas da cidade por pensarem que os visitantes eram turcos. No entanto, pela manhã, após esclarecida a situação, o governador de Málaga, notando a cruz da Inglaterra nas bandeiras, embarcou no navio de *sir* Robert Mansel, comandante daquela expedição, e, após passar certo tempo com eles, retornou e acalmou o povo.

No dia seguinte, muitas pessoas a bordo da frota desembarcaram. Entre eles, vários bons conhecidos do sr. Lithgow, que, após trocas recíprocas de cumprimentos, passou alguns dias junto a eles, festejando e se divertindo pela cidade. Então, convidaram o sr. Lithgow para embarcar a fim de cumprimentar o almirante. Ele, por sua vez, aceitou o convite. Foi gentilmente recebido pelo comandante e permaneceu no navio até o dia seguinte, quando a frota partiria. O almirante, de pronto, o teria levado consigo para a Argélia. Contudo, com a passagem comprada para Alexandria e sua bagagem ainda na cidade, ele não pôde aceitar a oferta.

Assim que o sr. Lithgow chegou à praia, seguiu em direção ao seu alojamento por um caminho particular (embarcaria na mesma noite para Alexandria), quando, ao passar por uma rua estreita e deserta, de repente se viu cercado por nove sargentos, ou oficiais, que lançaram sobre ele uma capa preta e o conduziram à força à casa do governador. Depois de algum tempo, o governador apareceu. Ao vê-lo, Lithgow implorou sinceramente que pudesse ser informado acerca da causa de tão violento tratamento. O governador, por sua vez, respondeu apenas acenando com a cabeça e ordenou que o prisioneiro fosse vigiado rigorosamente até que ele, o governador, retornasse de suas devoções. Além disso, instruiu que o capitão da cidade, o alcaide e o tabelião da cidade fossem convocados a comparecer ao exame do prisioneiro, e que tudo fosse feito com o máximo sigilo, para impedir que os planos chegassem aos ouvidos dos comerciantes ingleses que residiam na cidade.

As ordens foram estritamente cumpridas e, quando o governador retornou, sentou-se junto aos oficiais, e então o sr. Lithgow foi levado diante deles para ser examinado. O governador iniciou o processo fazendo diversas perguntas, a saber, de que país ele era, para onde estava indo e há quanto tempo estava na Espanha. O prisioneiro, depois de responder a essas e outras perguntas, foi conduzido a um cubículo, onde, pouco depois, foi visitado pelo capitão da cidade, que lhe perguntou se já havia estado em Sevilha ou passado por lá nos últimos tempos. Deu-lhe leves palmadas nas bochechas, com ar de amizade, e implorou que dissesse a verdade, dizendo: "Vosso próprio semblante mostra que há algo oculto em vossa mente, e a prudência o levará a revelá-lo". No entanto, ao perceber-se incapaz de extorquir qualquer informação do prisioneiro, deixou-o e relatou o ocorrido ao governador e aos outros oficiais. Diante disso, o sr. Lithgow foi novamente levado diante deles, uma acusação geral foi lançada contra ele, e foi obrigado a jurar que daria respostas verdadeiras às perguntas que lhe seriam feitas.

O governador se pôs a perguntar a respeito do comandante inglês e dos motivos do prisioneiro para recusar um convite seu para descer à costa. Exigiu-lhe, da mesma forma, a revelação dos nomes dos capitães ingleses na frota e o que sabia sobre o embarque ou sobre a preparação para ele antes de sua partida da Inglaterra. As respostas dadas às várias perguntas feitas foram documentadas pelo tabelião. Os ouvintes, porém, pareceram surpresos quando o prisioneiro negou saber qualquer coisa sobre a montagem da frota, em especial o governador, que o acusou de mentir, ser um traidor e espião, que viera diretamente da Inglaterra para favorecer e auxiliar os desígnios projetados contra a Espanha, tendo se estabelecido há nove meses em Sevilha com esse propósito, procurando saber em quanto tempo a marinha espanhola chegaria das Índias. Protestaram contra sua familiaridade com os oficiais da frota e muitos outros cavalheiros ingleses, com os quais, disseram, demonstrara civilidades incomuns, todas cuidadosamente observadas.

Além de documentar todo o ocorrido, a fim de colocar a verdade acima de qualquer suspeita, disseram que ele vinha de um conselho de guerra, realizado naquela manhã a bordo do navio do almirante, para executar as ordens que lhe foram atribuídas. Também o acusaram de ser cúmplice no incêndio da ilha de St. Thomas, nas Índias Ocidentais. Disseram: "Por isso não se pode dar crédito ao que dizem ou juram esses luteranos e filhos do diabo".

O sr. Lithgow em vão se esforçou para objetar a todas as acusações colocadas contra ele, nas quais criam os afetados juízes. Implorou por permissão para que lhe enviassem a bolsa em que estavam seus papéis, a fim de que pudesse mostrá-los e, assim, provar sua inocência. Atenderam ao pedido, esperando descobrir algo que ainda ignoravam. A bolsa foi trazida conforme solicitado e, ao ser aberta, encontraram, entre outras coisas, uma licença do rei Jaime I, assinada à mão pelo próprio rei, descrevendo a intenção do portador da carta de viajar para o Egito. O documento foi tratado pelos arrogantes espanhóis com grande desprezo. Os outros papéis consistiam em passaportes, depoimentos e outros documentos por parte de pessoas confiáveis.

Todas essas credenciais, no entanto, pareciam fazer aumentar, em vez de diminuir, as suspeitas dos afetados juízes que, depois de confiscarem todos os papéis do prisioneiro, ordenaram que se retirasse novamente.

Enquanto isso, foi realizada uma reunião para definir o local onde o prisioneiro haveria de ser confinado. O alcaide, ou juiz supremo, era a favor de colocá-lo na prisão da cidade; a sugestão, porém, foi contestada, particularmente pelo corregedor, que disse, em espanhol: "Para impedir que seu confinamento chegue ao conhecimento de seus compatriotas,

tratarei de ocupar-me do assunto e serei responsável pelas consequência".
Assim, concordaram que o prisioneiro ficaria confinado na casa do governador com o mais absoluto sigilo.

Encerrado o assunto, um dos sargentos foi até o sr. Lithgow, pediu que entregasse seu dinheiro e permitisse ser revistado. Como era inútil resistir, o prisioneiro obedeceu em silêncio. Depois de vasculharem seus bolsos e encontrarem onze ducados, despiram-no de sua camisa e, vasculhando as calças, encontraram duas algibeiras presas à sua cintura, com a quantia de cento e trinta e sete peças de ouro. O sargento levou imediatamente o dinheiro ao corregedor, que, depois de haver contado as peças, ordenou que vestissem o prisioneiro e o mantivessem trancado até depois do jantar.

Por volta da meia-noite, o sargento e dois escravos turcos libertaram o sr. Lithgow de seu atual confinamento, mas somente para apresentá-lo a um ainda mais terrível. Conduziram-no por vários corredores até uma sala situada em uma parte remota do palácio, em direção ao jardim, onde o acorrentaram e estenderam suas pernas com uma barra de ferro cujo comprimento era pouco mais de uma jarda[4], tão pesada que não podia sustentar-se em pé nem sentar-se; antes, era obrigado a manter-se continuamente deitado de costas. Deixaram-no nessa situação por certo tempo, e então voltaram para aliviá-lo com alimento: uma libra de carne de carneiro cozida e um pão, com uma pequena porção de vinho, que fora não somente o primeiro, mas o melhor e o último do tipo durante seu confinamento naquele lugar. Depois de entregar-lhe as provisões, o sargento trancou a porta e deixou o sr. Lithgow a sós com seus próprios pensamentos.

No dia seguinte, o prisioneiro recebeu uma visita do governador, que lhe prometeu sua liberdade, e muitas outras vantagens, caso confessasse ser um espião. Mas, ao afirmar ser totalmente inocente, acendeu a ira do governador, que o deixou, dizendo que não voltaria a vê-lo até que mais tormentos o obrigassem a confessar. O governador deu ordens ao carcereiro a cujos cuidados estava o prisioneiro confiado de não permitir que ninguém tivesse acesso ou se comunicasse com ele; seu alimento não deveria exceder três

---

4. Atualmente, uma jarda equivale a 91,4 cm. Contudo, as medidas variam de acordo com o período histórico e o local onde foram utilizadas. (N.T.)

onças[5] de pão mofado e um litro de água a cada dois dias. Além disso, o prisioneiro não tinha direito a uma cama, a um travesseiro nem a um cobertor. "Fechem a janela de seu quarto com cal e pedra, tampem as frestas da porta com duplos mantos. Nada haja que lhe oferte qualquer sinal de conforto." Essas e várias ordens de mesmo rigor foram dadas para tornar impossível que sua situação se fizesse conhecida pelos ingleses.

Nesse estado miserável e melancólico o pobre Lithgow permaneceu, sem receber nenhuma visita por vários dias. No mesmo período, o governador recebeu de Madri a resposta de uma carta que havia escrito a respeito do prisioneiro. Seguindo as instruções dadas a ele, começou a pôr em prática as crueldades projetadas, as quais foram aplicadas com certa pressa, pois se aproximava a santa celebração do Natal, sendo então o quadragésimo sétimo dia desde a prisão de Lithgow.

Por volta das duas horas da manhã, o prisioneiro ouviu o barulho de uma carruagem na rua e, alguns instantes depois, o som das portas da prisão se abrindo, após haver passado duas noites sem dormir; fome, dor e pensamentos deprimentes o impediram de repousar.

Logo depois que as portas da prisão foram abertas, os nove sargentos que o prenderam pela primeira vez entraram no local onde estava deitado e, sem dizer uma palavra, o conduziram acorrentado pela casa até chegarem à rua, onde uma carruagem os esperava. Ao entrarem, deitaram-no de costas, pois não era capaz de sentar-se. Dois dos sargentos foram com ele, enquanto os outros caminhavam ao lado da carruagem, todos, porém, em absoluto silêncio. Levaram-no a uma casa com um lagar, situada a cerca de uma légua da cidade, para onde um cavalete já havia sido antes transportado. Ali o trancaram naquela noite.

No dia seguinte, ao amanhecer, chegaram o governador e o alcaide, diante dos quais o sr. Lithgow foi imediatamente levado, a fim de passar por outro exame. O prisioneiro desejava ter acesso a um intérprete, concedido aos estrangeiros pelas leis daquele país, mas o pedido foi recusado, como também proibiram que o prisioneiro apelasse a Madri, o tribunal superior de justiça. Após um longo interrogatório, que durou da manhã até a noite,

---

5. Equivalentes a aproximadamente 85g. (N.T.)

notaram em todas as suas respostas tão grande consistência e conformidade com o que havia dito antes que o acusaram de ter aprendido as respostas de cor, já que não havia nelas o menor sinal de prevaricação. Então, pressionaram-no novamente a revelar tudo o que sabia, isto é, a confessar-se culpado de crimes que jamais cometera. "Ainda estais sob meu poder; posso libertar-vos se cooperardes. Caso contrário, terei de entregar-vos ao alcaide", acrescentou o governador. Havendo o sr. Lithgow ainda persistido em sua inocência, o governador ordenou que o tabelião elaborasse um mandado para entregá-lo ao alcaide, a fim de ser torturado.

Por consequência, o prisioneiro foi conduzido pelos sargentos até o final de uma galeria de pedra, onde foi colocado o cavalete. O verdugo imediatamente o desacorrentou, o que lhe causou fortes dores, pois os esteios estavam tão rebitados que o martelo arrancou meia polegada de seu calcanhar ao soltá-los. A angústia da dor, aliada à sua debilitada condição por não haver sido alimentado por três dias, o levou a gemer amargamente. Diante disso, o impiedoso alcaide lhe disse: "Vilão, traidor, esta é apenas uma amostra do que terás de suportar".

Quando tiraram os ferros, o prisioneiro caiu de joelhos, exclamando uma breve oração. Pediu a Deus que se agradasse em permitir que permanecesse firme e passasse corajosamente pela dura provação que haveria de enfrentar. Então, o alcaide e o tabelião se sentaram em cadeiras, pois estavam ali para testemunhar e registrar as confissões e as torturas sofridas pelo delinquente. Enquanto isso, o prisioneiro foi despido e atado ao cavalete.

É impossível descrever todas as várias torturas a ele infligidas. Basta dizer que permaneceu sobre o cavalete por mais de cinco horas, durante as quais sofreu mais de sessenta torturas diferentes, da natureza mais infernal; se houvessem os torturadores continuado por mais alguns minutos, certa e inevitavelmente ele teria perecido.

Satisfeitos os cruéis perseguidores, o prisioneiro foi retirado do cavalete e seus ferros novamente colocados. Conduziram-no à sua antiga masmorra, onde ficou sem receber nenhum alimento além de um pouco de vinho quente, que lhe foi dado, não por qualquer princípio de caridade ou compaixão, mas para impedir sua morte e reservá-lo para punições futuras.

Como confirmação disso, ordenaram que uma carruagem passasse todas as manhãs, antes de romper a aurora, em frente à prisão, a fim de que o barulho por ela produzido causasse novos terrores e inquietações ao infeliz prisioneiro, privando-o de qualquer possibilidade de desfrutar do mais ínfimo descanso.

Permaneceu nessa terrível situação, prestes a morrer de fome devido à falta do essencial para preservar sua miserável existência, até o dia de Natal, quando recebeu algum alívio de Mariane, dama de companhia da esposa do governador. Com permissão para visitá-lo, levou consigo algumas bebidas, que consistiam em mel, açúcar, passas e outros artigos. Ficou tão perturbada ao deparar com a situação do prisioneiro que chorou amargamente e, ao sair, expressou imensa preocupação por não poder dar-lhe mais assistência.

Naquela repugnante prisão, o pobre sr. Lithgow foi mantido até quase ser devorado por vermes, que passeavam por sua barba, por seus lábios, suas sobrancelhas, de modo que mal podia abrir os olhos. Seu sofrimento só aumentava, pois não podia usar as mãos ou as pernas para se defender, uma vez que fora miseravelmente mutilado pelas torturas. A crueldade do governador era tamanha que ordenou que os vermes fossem lançados sobre ele duas vezes por semana. O prisioneiro, no entanto, teve esse castigo aliviado devido à humanidade de um escravo turco que o assistia. Sempre que possível, se percebia que podia fazê-lo, matava os bichos e contribuía com algum refrigério ao homem sob seu poder.

Por meio desse escravo, o sr. Lithgow recebeu informações que lhe tiraram as esperanças de ser liberto; pelo contrário: terminaria sua vida sob novas torturas. Soubera que um sacerdote de um seminário inglês e um tanoeiro escocês haviam sido contratados há algum tempo pelo governador para traduzir do inglês para o espanhol todos os seus livros e observações. Era comum ouvir na casa do governador dizerem que o prisioneiro era um herege.

Essas informações o alarmaram sobremaneira. Com razão, passou a temer que logo o matariam, mas principalmente porque nenhuma tortura nem qualquer outro meio pôde fazê-lo desviar-se do que dizia em todos os interrogatórios.

Dois dias após o sr. Lithgow receber tais informações, o governador, um inquisidor e um sacerdote canônico, acompanhados de dois jesuítas,

entraram em sua masmorra. Após se sentarem e lhe fazerem diversas perguntas fúteis, o inquisidor perguntou-lhe se ele era um católico romano e
se reconhecia a supremacia do papa. O prisioneiro respondeu não às duas
inquirições, acrescentando estar surpreso ao ouvir tais perguntas, uma vez
que fora expressamente estipulado pelos artigos de paz entre a Inglaterra e
a Espanha que nenhum súdito inglês era sujeito à Inquisição e que não podiam ser de maneira alguma molestados por diversidade religiosa.

Na amargura de sua alma, fez uso de algumas palavras acaloradas, não
adequadas àquelas circunstâncias: "Da mesma forma como quase me ma-
tastes por falsa traição, agora quereis fazer-me mártir por minha religião".
Também expôs ao governador o mau retorno feito ao rei da Inglaterra, de
quem era súdito, pela humanidade principesca exercida para com os espanhóis em 1588, quando sua armada naufragara na costa escocesa, onde
milhares de espanhóis encontraram alívio, e de outra forma teriam morrido
em miseráveis condições.

O governador admitiu a verdade na exposição do sr. Lithgow, mas lhe
respondeu com altivez que o rei, então rei da Escócia, fora mais motivado
pelo medo do que pelo amor, portanto não merecia gratidão alguma. Um
dos jesuítas disse que não havia fé a ser mantida com os hereges. O inquisidor, levantando-se, dirigiu-se ao sr. Lithgow e dirigiu-lhe as seguintes
palavras: "Foste considerado espião, acusado de traição e torturado, sendo
inocente, como reconhecemos (o que aparece no relato recebido recentemente de Madri sobre as intenções dos ingleses). Ainda assim, foi o poder
divino que trouxe sobre você tais juízos, por atuar presunçosamente a
respeito do milagre de Loreto, tratando-o como ridículo, e por se expressar em seus escritos com irreverência à Sua Santidade, o grande agente e
vigário de Cristo na Terra. Portanto, caíste justamente em nossas mãos
por tais apontamentos. Teus livros e documentos estão sendo milagrosamente traduzidos pela assistência da Providência que influencia teus
próprios compatriotas".

Terminado esse disparate, deram ao prisioneiro oito dias para ponderar e decidir se haveria de se converter ao catolicismo, período no qual o
inquisidor, caso o sr. Lithgow tomasse para si outras ordens religiosas, pôs-
-se à disposição para ajudá-lo da maneira que desejasse. Um dos jesuítas,

fazendo o sinal da cruz sobre o peito, disse: "Meu filho, eis que mereces ser queimado vivo; mas, pela graça de Nossa Senhora de Loretto, contra quem blasfemaste, salvaremos a tua alma e o teu corpo".

Pela manhã, o inquisidor e mais três outros eclesiásticos retornaram. O primeiro perguntou ao prisioneiro que impedimentos havia em sua consciência que o refreavam de se converter, ao qual respondeu que não havia dúvida alguma em sua mente, pois confiava nas promessas de Cristo e cria com firmeza em sua vontade, revelada nos Evangelhos, professada na Igreja Católica reformada, confirmada pela graça, a qual tem em si a infalível garantia da fé cristã. A essas palavras, o inquisidor respondeu: "Não és cristão, mas um herege insensato e sem conversão, um membro da perdição". O prisioneiro, então, lhe disse que não era consistente com a natureza e a essência da religião e da caridade convencer por meio de discursos, torturas e tormentos injuriosos, mas por meio de argumentos retirados das Escrituras, acrescentando que todos os outros métodos seriam totalmente ineficazes à sua conversão.

O inquisidor irou-se de tal maneira com as respostas do prisioneiro, que o golpeou no rosto, falou-lhe barbaridades e tentou apunhalá-lo, o que certamente teria feito, não fosse a intervenção dos jesuítas. Desde então, nunca mais visitou o prisioneiro.

No dia seguinte, os dois jesuítas retornaram. Exibindo um ar solene e arrogante, o superior lhe perguntou qual decisão havia tomado. Lithgow respondeu que já estava decidido, a menos que pudessem lhe apresentar razões substanciais para fazê-lo mudar de opinião. O superior, após uma pedante apresentação dos sete sacramentos, da intercessão dos santos, da transubstanciação e de outros dogmas, vangloriou-se grandemente de sua Igreja, de sua tradição, universalidade e unidade; todos esses itens o sr. Lithgow negou, justificando: "A fé que professo existe desde os primeiros dias dos apóstolos, e Cristo carregou consigo sua própria Igreja, embora oculta, em seu momento mais sombrio".

Ao perceber que seus argumentos não surtiram o efeito desejado e que tormentos não eram capazes de abalar a constância desse homem, nem mesmo o medo da cruel sentença que tinha motivos para esperar receber sobre si, os jesuítas o ameaçaram intensamente, e então o deixaram.

Oito dias depois, sendo aquela a sua última Inquisição, quando a sentença foi anunciada, os jesuítas voltaram novamente, mas dessa vez com palavras e comportamento diferentes. Após repetirem muitos dos mesmos argumentos de antes, eles, com lágrimas nos olhos, fingiram lamentar sinceramente que o prisioneiro tivesse de sofrer tão terrível morte, mas, acima de tudo, pela perda de sua preciosíssima alma. Caindo de joelhos, gritaram: "Converte-te, ó querido irmão, pela bondade de Nossa Senhora! Converte-te!". Ao que ele respondeu: "Não temo a morte nem o fogo. Estou preparado para ambos".

Os primeiros efeitos que Lithgow sofreu da determinação do sanguinolento tribunal foi a sentença que o condenava a receber, naquela noite, onze torturas diferentes e, caso não morresse enquanto eram executadas (o que era de se esperar devido à sua debilitada condição), seria levado para Granada, depois dos feriados da Páscoa, e queimado às cinzas. A primeira parte da sentença foi executada com grande barbárie naquela noite. Agradou a Deus sustentar seu corpo e sua mente, dando-lhe forças para permanecer firme na verdade e sobreviver aos terríveis castigos a ele infligidos.

Depois de se fartarem os bárbaros de aplicar ao infeliz prisioneiro as crueldades mais distintas, novamente o agrilhoaram e o transportaram para sua antiga masmorra.

Na manhã seguinte, Lithgow recebeu algum conforto por parte do escravo turco mencionado anteriormente, que em segredo lhe trouxe, na manga da camisa, passas e figos, que o prisioneiro comeu como lhe permitira sua força restante. A esse escravo, o sr. Lithgow atribuiu sua sobrevivência por tanto tempo em tão miserável situação, pois este encontrou meios de lhe transmitir alguns desses frutos duas vezes por semana. É muito extraordinário, e digno de nota, que esse pobre escravo, tendo sido ensinado desde a infância, de acordo com as máximas de seu profeta e de seus pais, a ter desprezo pelos cristãos, tenha se comovido tanto diante da miserável situação do sr. Lithgow, que ficou enfermo e assim esteve por mais de quarenta dias. Durante esse período, o sr. Lithgow foi ajudado por uma escrava negra, que encontrou meios de fornecer-lhe refeições ainda mais completas que as do turco, pois conhecia a casa e a família. Todos os dias trazia-lhe alguns alimentos e uma garrafa de vinho.

Tanto tempo havia passado e a horrível situação de Lithgow estava tão verdadeiramente repugnante que ele esperava ansioso pelo dia em que sua vida teria fim, para que também acabassem seus tormentos. No entanto, suas expectativas depressivas, felizmente, graças à interferência da Providência, foram frustradas, e sua libertação se deu nas seguintes circunstâncias.

Aconteceu que um distinto senhor espanhol veio de Granada a Málaga, a convite do governador, para uma recepção. O governador o informou acerca do que havia se passado ao sr. Lithgow desde que fora preso como espião e descreveu os vários sofrimentos que o prisioneiro suportara. Da mesma forma, contou-lhe que, depois de provada sua inocência, ficara muito preocupado e, diante da situação, o teria libertado de bom grado, restituído seu dinheiro e documentos e o compensado pelos tantos sofrimentos pelos quais havia sido submetido. Contudo, após uma inspeção em seus escritos, muitos foram considerados de natureza altamente blasfema, o que evidenciava sua religião; ao recusar-se a renunciar a tais opiniões heréticas, foi entregue à Inquisição e, finalmente, condenado.

Enquanto o governador relatava a trágica história, um jovem flamengo (servo do cavalheiro espanhol) que servia a mesa espantou-se e se compadeceu dos sofrimentos do estrangeiro. Ao retornar para o alojamento de seu mestre, passou a revolver em sua mente a história que ouvira; estava tão impressionado que não pôde descansar. Nos breves momentos em que adormecia, sua imaginação lhe desenhava o homem de quem ouvira, preso ao cavalete e sendo queimado pelo fogo. Nessa ansiedade, passou a noite. Quando, então, rompeu a aurora, sem revelar suas intenções a ninguém, foi até a cidade e perguntou por um procurador em inglês. Foi direcionado para a casa de um tal sr. Wild, a quem relatou tudo o que ouvira na noite anterior na conversa entre seu mestre e o governador, embora não se lembrasse do nome do sr. Lithgow. O sr. Wild, no entanto, presumiu que se tratasse dele, pois o servo mencionara que o então prisioneiro era um viajante e por ter tido alguma familiaridade com ele.

Quando o servo flamengo se retirou, o sr. Wild imediatamente pediu que fossem chamados os outros procuradores ingleses, a quem relatou todos os detalhes da situação do infeliz compatriota. Após uma breve reunião, concordaram que deveriam enviar, por expresso, um informe acerca de todo o caso a *sir* Walter Aston, embaixador inglês diante do rei da Espanha, que se encontrava em Madri. Assim o fizeram. Ao apresentar um memorando ao rei e ao conselho da Espanha, o embaixador obteve uma ordem para a libertação do sr. Lithgow e sua entrega ao procurador inglês. A ordem foi encaminhada ao governador de Málaga e recebida com grande aversão e surpresa por toda a assembleia da sanguinolenta Inquisição.

Lithgow, liberto de seu confinamento na véspera do domingo de Páscoa, foi levado de sua masmorra nas costas do escravo que o havia ajudado até a casa de um tal sr. Bosbich, onde todos os cuidados adequados lhe foram concedidos. Felizmente, havia naquele momento uma frota inglesa ancorada, comandada por *sir* Richard Hawkins, que, informado dos sofrimentos pelos quais passara o sr. Lithgow e de sua situação atual, desceu à terra, com uma guarda apropriada, a fim de recebê-lo. Lithgow foi imediatamente envolto em mantas ao subir a bordo do Vanguard; três dias depois, foi transportado para outro navio, por orientação do general *sir* Robert Mansel, com ordens de receber os devidos cuidados. O procurador o presenteou com roupas e todas as provisões necessárias, além das quais lhe deram duzentos reais espanhóis, e *sir* Richard Hawkins enviou-lhe duas pistolas duplas.

Antes de partir da costa espanhola, *sir* Richard Hawkins exigiu a entrega de seus documentos, dinheiro, livros etc., mas não conseguiu obter uma resposta satisfatória que resolvesse a questão.

Faz-se necessário um breve intervalo no relato para refletir acerca de como a Providência claramente interveio em favor desse pobre homem, quando estava à beira da destruição. Porquanto, de acordo com a sentença que lhe fora dada, para a qual não havia a possibilidade de apelo, o inglês seria levado, em poucos dias, a Granada, e queimado às cinzas. E um pobre e ordinário servo, que nada sabia sobre ele nem benefício algum teria ao zelar por sua preservação, arriscou desagradar o próprio mestre e colocar em perigo a própria vida para revelar algo de natureza tão importante e perigosa a um estranho cavalheiro, de cujo sigilo dependia sua própria existência. São por esses contingentes meios que a Providência, com frequência, interfere em favor dos virtuosos e oprimidos, dos quais este é um distinto exemplo.

Após doze dias atracado, o navio levantou âncoras e, em cerca de dois meses, a tripulação chegou a salvo em Deptford. Na manhã seguinte,

Lithgow foi carregado em um frouxel até Theobalds, em Hertfordshire, onde então estavam o rei e sua família. Naquele dia, o rei havia ido caçar; quando, porém, retornou pela noite, o sr. Lithgow lhe foi apresentado e relatou os detalhes dos sofrimentos aos quais fora submetido, bem como sua feliz libertação. O rei se comoveu tanto com a narrativa que expressou a mais profunda preocupação e ordenou que o enviassem a Bath, e seus desejos foram adequadamente supridos pela magnanimidade real. Desse modo, sob a égide de Deus, após certo tempo, o sr. Lithgow foi restaurado do espetáculo mais miserável e recebeu abundante porção de saúde e força. Contudo, perdeu as funções do braço esquerdo: vários ossos menores haviam sido tão esmagados e quebrados que se tornaram inutilizáveis para sempre.

Apesar de todos os esforços para tal, o sr. Lithgow jamais recuperou sequer parte do seu dinheiro ou de seus bens, embora Sua Majestade e os ministros de Estado tenham intercedido por ele. Gondamore, o embaixador espanhol, de fato prometeu que todos os seus bens lhes seriam restaurados, ainda com a adição de mil libras esterlinas em dinheiro, como compensação pelas torturas que havia sofrido, a última a ser paga pelo governador de Málaga. Tais compromissos, no entanto, não passaram de meras promessas. E, embora o envolvimento do rei fosse uma espécie de garantia de que os procedimentos seriam feitos de acordo, o astuto espanhol encontrou meios de iludi-lo. Ele teve, de fato, grande influência no conselho inglês durante o período desse pacífico reinado, quando a Inglaterra se deixou intimidar, submetendo-se servilmente à maioria dos estados e reis da Europa.

A história de Galileu

Nem mesmo os homens mais eminentes da ciência e da filosofia da época escaparam aos olhos atentos desse cruel despotismo. Galileu, o mais importante astrônomo e matemático de sua época, foi o primeiro a usar o telescópio com sucesso na resolução dos movimentos dos corpos celestes. Descobriu que o Sol é o ponto central do movimento em torno do qual a Terra e vários planetas giram. Devido à grande descoberta, Galileu foi levado perante a Inquisição e, por certo tempo, esteve sob grande risco de ser executado.

Depois de uma longa e amarga revisão dos escritos de Galileu, pela qual muitas de suas descobertas mais importantes foram condenadas como erros, a acusação dos inquisidores declarou o seguinte: "Considerando as coisas que escreveste e confessaste, tu, Galileu, te sujeitaste a uma forte suspeita de heresia neste Santo Ofício, ao crer e insistir em que fosse verdadeira uma doutrina que é falsa e contrária à sagrada e divina Escritura – a saber, que o Sol é o centro do orbe da Terra e não se move do Leste para o Oeste, bem como que a Terra se move e não é o centro do mundo".

Para salvar sua vida, Galileu admitiu que estava errado ao pensar que a Terra girava em torno do Sol e jurou: "De agora em diante, nunca mais direi ou afirmarei, seja por palavra, seja por escrito, qualquer coisa que dê ocasião a tal suspeita". Contudo, dizem que, logo após fazer esse juramento forçado, teria sussurrado para um amigo próximo: "Ainda assim, a Terra se move".

Resumo da Inquisição

Das multidões que morreram às mãos da Inquisição em todo o mundo já não é possível localizar nenhum registro autêntico. No entanto, onde quer que o papado tivesse poder, lá estava o tribunal. Havia se instalado até mesmo no Leste, e a Inquisição Portuguesa de Goa foi, até poucos anos atrás, alimentada ao custo de muita agonia. A América do Sul fora subdividida em províncias da Inquisição, e, com a aterradora reprodução dos crimes do Estado-mãe, a chegada de vice-reis e outras celebrações populares foram consideradas imperfeitas sem um auto da fé. Os Países Baixos foram o cenário de um massacre a partir da época em que se estabeleceu o decreto que instalava entre eles a Inquisição. O cálculo é mais tangível na Espanha. Durante um longo período, cada um dos dezessete tribunais queimava anualmente, em média, dez pobres criaturas!

Devemos nos lembrar que esses eram os números de um país onde a perseguição, por séculos, havia abolido todas as diferenças religiosas; onde a dificuldade não era encontrar estacas, mas oblações. No entanto, mesmo na Espanha, que fora assim purificada de toda a heresia, a Inquisição foi capaz de aumentar sua lista de assassinatos para trinta e dois mil! Os números dos queimados em efígie ou condenados à penitência, com punições que geralmente equivaliam ao exílio, ao confisco e à extinção dos direitos civis, para que assim, tudo fosse arruinado, não se restringindo à mera perda de vidas sem valor, totalizaram trezentos e nove mil. Mas as multidões que nas masmorras pereceram de tortura, de confinamento e de corações partidos, os milhões de vidas dos dependentes deixados totalmente desamparados ou levados à sepultura devido à morte das vítimas estão além de qualquer registro; ou melhor, estão registradas somente diante d'Ele, que jurou: "Se alguém leva para cativeiro, para cativeiro vai. Se alguém matar à espada, necessário é que seja morto à espada"[6].

Assim foi a Inquisição, declarada pelo Espírito de Deus como simultaneamente cria e imagem do papado. Para sentir a influência dos pais, devemos olhar para a história. No século XIII, o papado se encontrava no ápice do domínio sobre a esfera das coisas seculares. Era independente de todos os reinos; governava com um grau de influência nunca antes contido em um governo humano; era o soberano reconhecido do corpo e da alma; para todos os desígnios terrenos, seu poder era incomensurável para o bem ou para o mal. Pode ter espalhado literatura, paz, liberdade e cristianismo até os confins da Europa ou do mundo. Mas sua natureza era hostil; seu mais absoluto triunfo apenas revelou o mais pleno de seus males. E, para a vergonha da razão, bem como para o terror e o sofrimento da virtude humana, Roma, em seu apogeu, fervilhava com o monstruoso e horrível nascimento da INQUISIÇÃO!

---

6. Ap 13.10, ARA. (N.T.)

CAPÍTULO 6

UM RELATO DAS PERSEGUIÇÕES NA ITÁLIA SOB O PAPADO

Agora entraremos no relato das perseguições na Itália, um país que foi, e ainda é:

1. O centro do papado.
2. A sede do pontífice.
3. A fonte dos vários erros que se espalharam por outros países, que iludiram a mente de milhares e difundiram as brumas da superstição e da intolerância sobre o discernimento humano.

Ao seguir nossa narrativa, incluiremos as perseguições mais notáveis que aconteceram e as crueldades perpetradas:

1. Pelo poder imediato do papa.
2. Por meio do poder da Inquisição.
3. Pela intolerância dos príncipes italianos.

No século XII, as primeiras perseguições sob o papado começaram na Itália, na época em que Adriano, um inglês, era papa, sendo ocasionadas pelas seguintes circunstâncias:

Um homem instruído e um excelente orador de Bréscia chamado Arnaldo veio a Roma e pregou bravamente contra as corrupções e inovações que haviam sorrateiramente invadido a Igreja. Seus discursos eram tão claros, consistentes e exalavam um espírito de piedade tão puro que os senadores e muitas outras pessoas aprovaram suas doutrinas com admiração.

Isso irritou a Adriano sobremaneira, de modo que ordenou a Arnaldo que deixasse a cidade imediatamente, como um herege. Arnaldo, no entanto, não aquiesceu, pois os senadores e algumas das mais proeminentes figuras tomaram seu partido e resistiram à autoridade do papa.

Adriano então colocou a cidade de Roma sob um interdito, o que causou a intervenção de todo o corpo do clero; por fim, convenceu os senadores e o povo a cederem e fez com que Arnaldo fosse banido. Com esse acordo, Arnaldo recebeu a sentença de exílio e partiu para a Alemanha, onde continuou a pregar contra o papa e a expor os graves erros da Igreja de Roma.

Adriano, por esse motivo, tinha sede do sangue de Arnaldo e por diversas vezes tentou pôr as mãos nele; mas Arnaldo, durante muito tempo, evitou todas as armadilhas.

Frederico Barba-Roxa, sendo elevado a imperador, solicitou que o papa o coroasse pessoalmente. Adriano aceitou e, ao mesmo tempo, pediu um favor ao imperador: que entregasse Arnaldo em suas mãos. O imperador entregou prontamente o pobre pregador, que logo pereceu como mártir da vingança de Adriano, sendo enforcado e tendo seu corpo reduzido a cinzas, em Apúlia. O mesmo fim tiveram vários de seus velhos amigos e companheiros.

Encenas, um espanhol, foi enviado a Roma para ser criado na fé católica romana; mas, após conversar com alguns dos reformados e ler vários tratados que lhe haviam entregado, tornou-se protestante. Tendo esse fato no decorrer do tempo se tornado conhecido, alguém de seu próprio convívio o denunciou, motivo pelo qual foi queimado, segundo ordens do papa e de um conclave de cardeais. O irmão de Encenas havia sido detido praticamente na mesma época, por possuir um Novo Testamento na língua espanhola. Mas, antes do dia indicado para sua execução, encontrou meios de escapar da prisão e se refugiou na Alemanha.

Fanino, um leigo instruído pela leitura de livros controversos, converteu-se à religião reformada. Com essa informação contra ele entregue ao papa, foi preso e encerrado na prisão. Sua esposa, seus filhos, parentes e amigos o visitaram em seu confinamento e tanto o influenciaram que acabou por renunciar à sua fé, obtendo assim sua soltura. Contudo, encontrava-se tão livre do confinamento quanto estava agrilhoada sua mente, pois sentia o peso de uma consciência culpada. Seus horrores foram tão grandes que se tornaram insuportáveis, até que recuou de sua apostasia e se declarou totalmente convencido dos erros da Igreja de Roma. Para compensar sua queda, aberta e diligentemente fez tudo o que estava ao seu alcance para converter outros ao protestantismo, esforços nos quais alcançou grande sucesso. Tais procedimentos ocasionaram sua segunda prisão, mas lhe prometeram que teria a vida poupada caso se retratasse outra vez. Fanino rejeitou a proposta com desdém, dizendo desprezar a vida em tais termos. Quando lhe perguntaram o motivo por que persistiria obstinado em suas opiniões, decidido a deixar a esposa e os filhos desamparados, respondeu: "Não os deixarei desamparados; eu os recomendei aos cuidados de um excelente administrador". "Que administrador?", perguntaram-lhe com surpresa, ao que Fanino respondeu: "Jesus Cristo é o administrador de quem falo. E acredito que não poderia recomendá-los aos cuidados de um melhor". No dia da execução, pareceu notavelmente alegre. "É estranho que pareças tão alegre em tal ocasião, quando o próprio Jesus Cristo, pouco antes de sua morte, sentia tanta agonia, que suava sangue e água", disseram. Ao que Fanino respondeu: "Cristo suportou todos os tipos de dores e conflitos, do inferno à morte, por nós. Assim, por meio de seu sofrimento, libertou aqueles que realmente n'Ele creem de seus temores". Foi então enforcado, queimado e depois teve suas cinzas espalhadas pelo vento.

Domenico, um soldado instruído, após ter lido vários escritos controversos, tornou-se um protestante fervoroso e, retirando-se para Placentia, passou a pregar o Evangelho em sua máxima pureza, diante de uma volumosa congregação. Um dia, ao final de seu sermão, disse: "Se a congregação comparecer amanhã, lhes darei uma descrição do Anticristo e o pintarei com suas cores apropriadas".

Uma vasta multidão compareceu no dia seguinte, mas, quando Domenico estava começando seu sermão, um magistrado civil subiu ao púlpito e o levou sob custódia. Ele prontamente se entregou; no entanto, conforme era levado pelo magistrado, proferiu a seguinte expressão: "Perguntava-me por qual motivo o diabo havia me deixado em paz por tanto tempo". Quando, então, foi levado a inquérito, perguntaram-lhe: "Renunciarás a tuas doutrinas?". Ao que ele respondeu: "Minhas doutrinas! Não tenho minhas próprias doutrinas; o que prego são as doutrinas de Cristo. Por elas abdico de meu sangue e até me alegro em sofrer em nome de meu Redentor". Todos os métodos foram adotados para fazê-lo retratar-se de sua fé e abraçar os erros da Igreja de Roma. Todavia, quando perceberam que as persuasões e ameaças eram ineficazes, foi condenado à morte e enforcado no mercado.

Galeácio, um cavalheiro protestante que residia próximo ao castelo de Santo Ângelo, foi preso por causa de sua fé. Graças aos grandes esforços de seus amigos, retratou-se e aderiu a várias das doutrinas supersticiosas defendidas pela Igreja de Roma. No entanto, ao tomar consciência de seu erro, renunciou publicamente à sua retratação. Ao ser preso por isso, foi condenado à fogueira e, de acordo com a ordem, acorrentado a uma estaca, onde foi deixado por várias horas antes de atearem fogo à pira, para que sua esposa, parentes e amigos que o cercavam pudessem dissuadi-lo. Galeácio, no entanto, manteve-se firme e pediu ao carrasco que incendiasse a pira que enfim o queimaria. Ele aquiesceu, e Galeácio logo foi consumido pelas chamas, que o queimaram com uma incrível rapidez, privando-o dos sentidos em questão de minutos.

Logo após a morte desse cavalheiro, um grande número de protestantes foi executado em diversas partes da Itália por sua fé, dando prova concreta de sua sinceridade em seus martírios.

Um relato das perseguições na Calábria

No século XIV, muitos dos valdenses de Pragelato e Delfinado emigraram para a Calábria e se estabeleceram em alguns terrenos baldios, com a permissão dos nobres daquele país, e logo, por meio de diligente cultivo, fizeram diversos pontos selvagens e áridos brotarem com toda a beleza da vegetação e da fertilidade.

Os senhores da Calábria ficaram muito satisfeitos com seus novos súditos e inquilinos, pois eram honestos, silenciosos e diligentes; mas os sacerdotes do país apresentaram várias queixas contra eles. Por não poderem acusá-los de nada mau que tivessem feito, basearam acusações sobre o que não haviam feito e os denunciaram:

• Por não serem católicos romanos.
• Por não tornarem nenhum de seus meninos sacerdotes.
• Por não tornarem nenhuma de suas meninas freiras.
• Por não irem à missa.
• Por não oferecerem círios a seus sacerdotes como oferta.
• Por não irem a peregrinações.
• Por não se curvarem às imagens.

Os senhores da Calábria, no entanto, acalmaram os sacerdotes, dizendo-lhes que essas pessoas eram extremamente inofensivas, jamais ofenderam os católicos romanos e de bom grado pagavam os dízimos aos sacerdotes, cujas receitas aumentaram consideravelmente com sua entrada no país, e que, consequentemente, deveriam ser as últimas pessoas a reclamar deles.

A situação prosseguiu razoavelmente bem por alguns anos, durante os quais os valdenses se estabeleceram em duas cidades corporativas, anexando várias aldeias às suas jurisdições. Por fim, mandaram trazer de Genebra dois clérigos, cada um para pregar em uma cidade, pois decidiram professar sua fé publicamente. Quando o conhecimento do caso foi levado ao papa, Pio IV, este decidiu exterminá-los da Calábria.

Para isso, ele enviou o cardeal Alexandrino, um homem de temperamento muito violento e um furioso intolerante, acompanhado por dois monges, à Calábria, onde deveriam atuar como inquisidores. Esses monges, imbuídos de autoridade, vieram a Saint Xist, uma das cidades construídas pelos valdenses, e, tendo reunido o povo, disseram-lhes que não os machucariam, sob a condição de que aceitassem os pregadores nomeados pelo papa; caso recusassem, porém, seriam privados de suas propriedades e vidas. Disseram que suas intenções deveriam ser expostas publicamente durante a missa naquela tarde, à qual receberam a ordem de comparecer.

A população de Saint Xist, ao invés de comparecer à missa, fugiu para a floresta com suas famílias, desapontando o cardeal e seus acólitos. O cardeal seguiu para La Garde, a outra cidade pertencente aos valdenses, onde, para não receber o mesmo tratamento que em Saint Xist, ordenou que os portões fossem trancados e todas as avenidas, postas sob vigia. As mesmas propostas foram, então, feitas aos habitantes de La Garde, assim como já haviam sido feitas aos de Saint Xist, mas com o seguinte artifício: o cardeal assegurou--lhes que os habitantes de Saint Xist haviam aceitado imediatamente suas propostas e concordado que o papa lhes indicasse pregadores. O ardil foi bem-sucedido, pois o povo de La Garde, crendo ser verdade o que o cardeal lhes contara, disse que seguiria o exemplo de seus irmãos em Saint Xist.

O cardeal, depois de ter atingido seu objetivo, iludindo a população de uma cidade, enviou tropas com o objetivo de matar a da outra. E, assim, despachou os soldados para a floresta, a fim de caçar os habitantes de Saint Xist como a animais selvagens, dando-lhes ordens específicas para não poupá-los por idade nem sexo, mas matar a todos que se aproximassem. As tropas entraram na floresta, e muitos valdenses foram vítimas de sua fero-cidade antes que tomassem conhecimento do intuito de seus caçadores. Por fim, no entanto, decidiram que aqueles que tomassem suas vidas pagariam o maior preço possível e, com isso, ocorreram vários embates, nos quais os desarmados valdenses realizaram prodígios de bravura, e muitos pereceram em ambos os lados. Com a maior parte das tropas mortas no decorrer de uma série de escaramuças, os remanescentes foram obrigados a recuar, o que enfureceu o cardeal de tal maneira que escreveu ao vice-rei de Nápoles em busca de reforços.

O vice-rei imediatamente fez uma proclamação em todos os territórios napolitanos de que todos os fora-da-lei, desertores e outros proscritos se-riam sumariamente perdoados por suas respectivas ofensas, sob a condição de empreenderem uma campanha contra os habitantes de Saint Xist e não cessarem os ataques até que aquele povo fosse exterminado.

Muitas pessoas sem perspectiva depararam com essa proclamação e foram organizadas em pequenas comitivas, sendo enviadas para varrer a floresta e eliminar todos os de religião reformada que pudessem encontrar.

O próprio vice-rei também se juntou ao cardeal, liderando um regimento de soldados profissionais e, em conjunto, fizeram todo o possível para acossar os pobres habitantes da floresta. Alguns foram capturados e enforcados em árvores, para depois cortarem galhos e os queimarem, ou foram dilacerados e deixados com seus corpos abertos para serem devorados por feras ou aves de rapina. Muitos foram mortos por disparos a distância, mas a maioria deles foram caçados como que por esporte. Alguns se esconderam em cavernas, mas a fome os destruiu em seu refúgio; e, dessa maneira, todos os desventurados valdenses de Saint Xist foram exterminados, por vários meios, para saciar a malícia repleta de intolerância de seus impiedosos perseguidores.

Assim que os habitantes de Saint Xist foram exterminados, a atenção do cardeal e do vice-rei se voltou aos habitantes de La Garde.

Foi feita a oferta que, se adotassem a fé católica romana, eles e suas famílias não seriam feridos; antes, suas casas e propriedades lhes seriam restituídas, e ninguém teria permissão para incomodá-los. Mas, caso contrário, se recusassem esse ato de misericórdia (como o chamaram), as mais extremas das medidas seriam tomadas, e as mortes mais cruéis seriam as inevitáveis consequências de seu descumprimento.

A despeito das promessas de um lado e as ameaças do outro, o valoroso povo valdense recusou-se por unanimidade a renunciar à sua religião ou a abraçar os erros do papado. Isso exasperou o cardeal e o vice-rei sobremaneira, de modo que foi dada a ordem para que trinta deles fossem imediatamente torturados nos cavaletes, de modo a aterrorizar o restante.

Os que foram torturados nos cavaletes o foram com tamanha severidade que vários não resistiram às torturas. Um certo Charlin, em particular, foi tão cruelmente torturado, que sua barriga rebentou, suas entranhas se espalharam, e ele pereceu sob intensa agonia. Tais barbáries, no entanto, não serviram aos propósitos aos quais se destinavam. Pois aqueles que sobreviviam às torturas e aqueles que não foram submetidos a elas permaneceram igualmente inabaláveis em sua fé, e com ousadia declararam que nenhuma tortura em seus corpos ou terrores em seus ânimos jamais os induziria a renunciar a seu Deus ou a adorar imagens.

Muitos deles foram então, por ordens do cardeal, totalmente despidos e chicoteados com varas de ferro até a morte; alguns foram esquartejados com grandes facas; outros foram lançados do alto de uma elevada torre e muitos outros foram cobertos com piche e queimados vivos.

Um dos monges que servia ao cardeal, sendo naturalmente de uma inclinação selvagem e cruel, pediu-lhe permissão para derramar um pouco do sangue dessas pobres pessoas com as próprias mãos. Quando seu pedido foi atendido, o truculento homem pegou uma grande e afiada faca e se pôs a cortar as gargantas de oitenta homens, mulheres e crianças, com tão pouco remorso quanto um açougueiro teria ao matar ovelhas.

Então, ordenaram que todos esses corpos fossem esquartejados, seus pedaços espetados em estacas e depois fixados em diferentes partes do país, dentro de um perímetro de trinta milhas.

Os quatro homens mais importantes de La Garde foram enforcados, e o clérigo local foi atirado da torre do campanário de sua igreja. Estava terrivelmente mutilado, mas não completamente morto pela queda, quando o vice-rei, que ali passava, disse: "Ainda vive esse cão? Pegai-o, e lançai-o aos porcos!". Por mais brutal que essa sentença possa parecer, foi levada a cabo à risca.

Sessenta mulheres foram torturadas com tanta violência no cavalete que as cordas atravessaram a carne de seus braços e pernas até perto dos ossos. E, quando foram levadas de volta à prisão, suas feridas esfacelaram, e morreram a mais mísera das mortes. Muitas outras foram executadas por diversos e cruéis meios. E, se algum católico romano fosse mais clemente que os outros e intercedesse por qualquer um dos reformados, seria imediatamente preso e teria o mesmo destino de um apoiador dos hereges.

Uma vez que o vice-rei foi obrigado a marchar de volta a Nápoles para atender a questões que exigiam sua presença, e o cardeal foi convocado de volta a Roma, o marquês de Butano recebeu ordens de dar o golpe final no que haviam começado; o marquês cumpriu a ordem à risca, agindo com tão bárbaro rigor que não restou uma única pessoa da religião reformada vivendo em toda a Calábria.

Assim, inúmeras pessoas inocentes e inofensivas foram privadas de seus bens, tiveram roubadas suas propriedades, foram expulsas de suas casas e, por fim, foram assassinadas das mais diversas maneiras, apenas porque não sacrificariam suas consciências em nome das superstições de outros, nem adotariam doutrinas idólatras que detestavam, tampouco aceitariam professores em quem não podiam acreditar.

A tirania se apresenta em três tipos, a saber: a que escraviza, a que toma a propriedade e a que prescreve e dita o espírito. Os dois primeiros tipos podem ser chamados tirania civil e foram praticados por soberanos arbitrários em todas as épocas, que se deliciaram em atormentar as pessoas e roubar as propriedades de seus infelizes súditos. Mas o terceiro tipo, isto é, a que prescreve e dita o espírito, pode ser chamado de tirania eclesiástica: e esse é o pior tipo de tirania, pois inclui os outros dois tipos. Porquanto o clero romano não apenas tortura o corpo e toma as propriedades daqueles que perseguem, mas tira a vida, atormenta o espírito e, se possível fosse, tiranizaria até mesmo as almas de suas infelizes vítimas.

Relato das perseguições nos vales de Piemonte

Muitos dos valdenses, para evitar as perseguições a que eram continuamente submetidos na França, se estabeleceram nos vales de Piemonte, onde aumentaram sobremaneira e floresceram muito por um longo tempo.

Embora fossem inocentes em seu comportamento, inofensivos em suas conversações e pagassem o dízimo ao clero romano, este, não contente, desejava perturbá-los: queixaram-se ao arcebispo de Turim, dizendo que os valdenses dos vales de Piemonte eram hereges, justificando a acusação com as seguintes razões:

1. Eles não acreditavam nas doutrinas da Igreja de Roma.
2. Não faziam ofertas ou orações pelos mortos.
3. Não frequentavam a missa.
4. Não se confessavam a fim de receberem absolvição.
5. Não acreditavam no purgatório nem pagavam indulgências pelas almas de seus amigos.

Com base nessas acusações, o arcebispo ordenou o início de uma perseguição, e muitos foram mártires da ira supersticiosa dos sacerdotes e dos monges.

Em Turim, um dos reformados teve suas entranhas arrancadas e colocadas em uma bacia diante de seu rosto, onde permaneceram até que expirasse. Em Revel, Catelin Girard, colocado na fogueira, pediu ao carrasco que lhe desse uma pedra; o carrasco, por sua vez, recusou, pois presumia que a fosse atirar em alguém. Girard, porém, assegurando-lhe de que não tinha esse objetivo, convenceu o carrasco a consentir. Então, olhando fixamente para aquela pedra, Girard disse: "Quando estiver ao alcance de um homem comer e digerir essa sólida pedra, a religião pela qual estou prestes a morrer terá um fim, mas nunca antes disso". Então, lançou a pedra ao chão e, com alegria, entregou-se às chamas. Muitos outros reformados foram oprimidos ou mortos por diversos meios, até que, esgotando-se a paciência dos valdenses, recorreram às armas em defesa própria e se dispuseram em formações militares.

Exasperado diante de tal atitude, o bispo de Turim reuniu tropas e as enviou contra eles. Contudo, na maioria das escaramuças e dos confrontos, os valdenses foram bem-sucedidos, o que em parte se deve ao fato de conhecerem melhor os desfiladeiros dos vales de Piemonte do que seus adversários e, em parte, ao desespero com que lutaram, pois sabiam que, caso fossem levados, não seriam tratados como prisioneiros de guerra, mas torturados até a morte como hereges.

Filipe VII, duque de Saboia e senhor supremo de Piemonte, decidiu interpor sua autoridade e suspender as sangrentas guerras que tanto perturbavam seus domínios. Não tinha a intenção de desobedecer ao papa nem de ofender o arcebispo de Turim; no entanto, enviou mensagens a ambos, dizendo que já não podia ver seus domínios tomados por tropas, dirigidas por sacerdotes em vez de oficiais e comandadas por prelados em vez de generais; também não permitiria que seu país fosse despovoado, enquanto ele próprio não havia sido sequer consultado na ocasião.

Os sacerdotes, ao notarem a resolução do duque, fizeram todo o possível para influenciá-lo contra os valdenses. O duque, porém, lhes disse que, embora não conhecesse os princípios religiosos desses indivíduos, eles sempre se mostraram calmos, fiéis e obedientes, portanto determinou que não mais fossem perseguidos.

Os sacerdotes, então, recorreram às mais nítidas e absurdas falsidades: asseguravam ao duque que estava enganado a respeito dos valdenses, pois eram um grupo de perversos, altamente apegados à intemperança, à impureza, à blasfêmia, ao adultério, ao incesto e a muitos outros crimes abomináveis; acusavam-nos de ser detentores de uma natureza monstruosa, pois geravam filhos que nasciam com gargantas negras, com quatro fileiras de dentes e tinham pelos espalhados por todo o corpo.

O duque não era tão desprovido de bom senso a ponto de dar crédito ao que diziam os sacerdotes, embora afirmassem da maneira mais solene a verdade de suas afirmações. No entanto, enviou doze senhores muito eruditos e sensatos para os vales piemonteses, a fim de examinar o verdadeiro caráter dos habitantes.

Tais cavalheiros, após viajarem por todas as suas cidades e vilarejos e conversarem com valdenses de todas as classes, retornaram ao duque com o mais favorável relato acerca daquelas pessoas. Afirmaram, diante dos sacerdotes que difamavam os valdenses, que eles eram inofensivos, leais, amigáveis, diligentes e piedosos; detestavam os crimes pelos quais foram acusados, de modo que, se um dos seus, devido à própria depravação, cometesse algum desses crimes, seria, pelas leis em vigor entre eles, punido da maneira mais exemplar. "E, quanto às crianças", disseram os senhores, "os sacerdotes contaram as mais grosseiras e ridículas mentiras, pois não nasceram com gargantas negras, dentes a mais nem pelos pelo corpo. Antes, são crianças tão boas quanto poderiam ser e, para provar à Vossa Alteza o que dissemos, trouxemos conosco doze dos principais habitantes do sexo masculino, que vieram pedir perdão, em nome dos demais, por terem portado armas e guerreado sem a vossa permissão, embora o tenham feito em defesa própria, para se protegerem de seus inimigos impiedosos. Trouxemos, ainda, várias mulheres, com crianças de diferentes idades, para que Vossa Alteza pudesse examiná-las pessoalmente e como desejardes".

O duque, depois de aceitar as desculpas dos doze homens, conversar com as mulheres e examinar as crianças, gentilmente os dispensou. Então, ordenou aos sacerdotes que haviam tentado enganá-lo a de imediato deixarem a corte, e deu ordens estritas para que a perseguição cessasse por todos os seus domínios.

Os valdenses desfrutaram de paz por muitos anos, até que Filipe, o sétimo duque de Saboia, morreu, e seu sucessor era um papista fanático. Na mesma época, alguns dos principais valdenses propuseram que seu clero pregasse em público, para que todos conhecessem a pureza de suas doutrinas, pois até então haviam pregado somente em particular e para as congregações que sabiam consistir somente em pessoas da religião reformada.

Ao ouvir tais procedimentos, o novo duque exasperou-se e enviou um volumoso corpo de tropas para os vales, jurando que, se o povo não mudasse de religião, os mataria. O comandante das tropas logo descobriu a impraticabilidade de conquistá-los com o número de homens que tinha consigo; portanto, enviou ao duque uma mensagem dizendo que a ideia de subjugar os valdenses com tão pequena força era ridícula, que aquele povo estava mais bem familiarizado com o país do que qualquer outra pessoa em sua companhia e que haviam protegido todos os desfiladeiros, estavam bem armados e decididos a se defender. Além disso, no que diz respeito a esfolá-los vivos, disse o comandante, cada pele pertencente a tais pessoas lhe custaria a vida de uma dúzia de seus súditos.

Aterrorizado com essas informações, o duque retirou as tropas e decidiu não agir pela força, mas por estratégia. Portanto, ofereceu recompensas pela captura de qualquer um dos valdenses que estivessem afastados de seus locais de segurança; estes, quando capturados, eram esfolados vivos ou queimados.

Os valdenses, até então, tinham apenas o Novo Testamento e alguns livros do Antigo, na língua valdense. Decidiram, porém, ter os escritos sagrados completos em sua própria língua. Portanto, empregaram a um tipógrafo suíço para que lhes provesse uma edição completa do Antigo e do Novo Testamentos na língua valdense, trabalho que fez pela quantia de mil e quinhentas coroas de ouro, pagas por esse piedoso povo.

Quando o papa Paulo III, um papista fanático, ascendeu à cátedra pontifical, imediatamente solicitou ao parlamento de Turim que perseguisse os valdenses, considerando-os como os mais perniciosos de todos os hereges.

O parlamento concordou prontamente, de modo que vários foram subitamente detidos e queimados segundo as ordens. Entre eles, estava Bartholomew Hector, livreiro e papeleiro de Turim que fora criado como católico romano, mas, após ler algumas dissertações escritas pelo clero reformado, acabou totalmente convencido dos erros da Igreja de Roma. Ainda assim, por algum tempo, sua mente permaneceu hesitante, e não sabia ao certo qual convicção abraçar.

Por fim, porém, abraçou completamente a religião reformada, e foi preso, como já mencionamos, e queimado por ordem do parlamento de Turim.

Então, foi realizada uma reunião pelo parlamento de Turim, na qual foi acertado o envio de representantes aos vales de Piemonte, com as seguintes proposições:

1. Se os valdenses se achegassem ao seio da Igreja de Roma e adotassem a religião católica romana, poderiam desfrutar de suas casas, propriedades e terras, bem como viver com suas famílias, sem nenhum aborrecimento.
2. Para provar sua obediência, deveriam enviar doze de seus cidadãos mais importantes, com todos os seus ministros e professores, a Turim, para que com eles fosse feito conforme lhes aprouvesse.
3. O papa, o rei da França e o duque de Saboia haviam aprovado e autorizado os procedimentos do parlamento de Turim, nessa ocasião.
4. Se os valdenses dos vales de Piemonte se recusassem a cumprir essas proposições, a perseguição haveria de ter início, e a porção que lhes caberia seria a morte certa.

A cada uma dessas proposições, os valdenses responderam com nobreza da seguinte maneira, respectivamente:

1. Bens e propriedades não os fariam renunciar à sua religião.
2. Jamais consentiriam em submeter seus melhores e mais respeitáveis amigos à vontade e à custódia de seus piores e mais inveterados inimigos.
3. Valorizavam a aprovação do Rei dos reis, que reina no céu, mais do que a qualquer autoridade temporal.
4. Suas almas eram mais preciosas que seus corpos.

As resolutas e contundentes respostas exasperaram grandemente o parlamento de Turim. Eles continuaram, com mais avidez do que nunca, a capturar os valdenses que não agiam com a devida precaução, os quais certamente sofriam as mortes mais impiedosas. Entre eles, infelizmente, detiveram Jeffery Varnagle, ministro de Angrogne, a quem lançaram às chamas como herege.

Solicitaram então um volumoso corpo de tropas ao rei da França, a fim de exterminar por completo os reformados dos vales de Piemonte. Contudo, quando as tropas marcharam, os príncipes protestantes da Alemanha se interpuseram e ameaçaram enviar tropas para ajudar os valdenses, se fossem atacados. O rei da França, buscando evitar o início de uma guerra, deteve as tropas e enviou uma mensagem ao parlamento de Turim, dizendo que não podia autorizar que nenhuma tropa atuasse em Piemonte naquele momento. Os membros do parlamento irritaram-se muito com tamanho dissabor, e a perseguição cessou gradualmente, pois, como só podiam matar os reformados que capturavam por acaso, e os valdenses se tornavam cada vez mais cautelosos, sua crueldade foi obrigada a diminuir, por falta de objetos sobre quem exercê-la.

Após desfrutarem de alguns anos de tranquilidade, os valdenses foram novamente perturbados: o núncio do papa veio a Turim para encontrar o duque de Saboia a negócios. Disse que o príncipe estava surpreso por ele ainda não haver erradicado por completo os valdenses da região dos vales de Piemonte ou havê-los compelido a entrar no seio da Igreja de Roma; não podia deixar de olhar com receio para tal conduta, pois se sentia um verdadeiro benfeitor daqueles hereges, e deveria relatar o caso à Sua Santidade, o papa.

Atormentado por esse pensamento e temendo ser mal visto pelo papa, o duque decidiu agir com grande severidade, a fim de demonstrar seu zelo e compensar sua negligência passada com um futuro cheio de crueldade. Portanto, emitiu ordens expressas para que todos os valdenses comparecessem à missa regularmente sob pena de morte. Eles, por sua vez, se recusaram a cumprir tal ordem, o que levou o duque a adentrar os vales piemonteses junto a um formidável corpo de tropas e iniciar uma perseguição ainda mais furiosa. Nela, inúmeros foram enforcados, afogados, eviscerados, amarrados a árvores e perfurados, jogados de precipícios, queimados, apunhalados, torturados até a morte, crucificados com a cabeça para baixo, dilacerados por cães etc.

Aqueles que fugiram tiveram seus bens saqueados e suas casas queimadas. Os inimigos eram particularmente cruéis quando capturavam um ministro ou um professor, a quem submetiam a torturas demasiado violentas para serem concebidas. Se alguém a quem levavam consigo parecia vacilar em sua fé, não era morto, antes, era enviado às galés, para que, em meio às dificuldades, fossem convertidos.

Os perseguidores mais cruéis que acompanharam o duque nessa ocasião eram três: Thomas Incomel, um apóstata, fora criado na religião reformada, mas renunciou à sua fé, abraçou os erros do papado e se tornou monge. Era um grande libertino, dado a crimes insólitos e sordidamente solícito em saquear os valdenses. O segundo era Corbis, um homem de natureza muito feroz e cruel, cuja tarefa era interrogar os prisioneiros. Além desses, havia o preboste, que ansiava pela execução dos valdenses, pois cada uma delas lhe punha dinheiro no bolso.

Os três eram impiedosos ao mais alto nível. Onde quer que fossem, era certo que sangue inocente seria derramado. Além das crueldades exercidas pelo duque, por estes três homens e pelo exército, muitas barbáries locais foram cometidas. Em Pignerol, uma cidade situada nos vales, havia um mosteiro, cujos monges, ao descobrir que podiam prejudicar os reformados impunemente, começaram a saquear suas casas e a derrubar as igrejas dos valdenses. Não encontrando nenhuma oposição, aprisionaram os infelizes cidadãos, assassinaram os homens, confinaram as mulheres e entregaram as crianças a enfermeiras católicas romanas.

Da mesma forma, os habitantes católicos romanos do vale de St. Martin fizeram todo o possível para atormentar os valdenses vizinhos: destruíram suas igrejas, queimaram suas casas, tomaram suas propriedades, roubaram seu gado, converteram suas terras ao próprio uso, lançaram os ministros às chamas e levaram os valdenses para a floresta, onde estes não dispunham de nada para sobreviver além de frutos silvestres, raízes e cascas de árvores.

Alguns rufiões católicos romanos, ao capturarem um ministro enquanto ia pregar, decidiram levá-lo a um lugar propício para o queimarem. Ao tomarem conhecimento da situação, seus paroquianos se armaram e perseguiram os rufiões, determinados a resgatar seu ministro. Os rufiões, por sua vez, ao perceberem o movimento, apunhalaram o pobre cavalheiro, deixando-o encharcado de sangue e retirando-se rapidamente. Os paroquianos, atônitos, em vão fizeram tudo o que podiam para o reanimar, mas a arma o havia ferido em partes vitais; expirou quando o carregavam para casa.

Os monges de Pignerol, muitos inclinados a capturar o ministro de uma das cidades situada nos vales, chamada St. Germain, contrataram um bando de rufiões com o objetivo de prendê-lo. Eram conduzidos por um homem traiçoeiro, que antes servia ao clérigo e conhecia perfeitamente um caminho secreto para a casa, pelo qual poderia conduzi-los sem alarmar a vizinhança. O guia bateu à porta e, quando perguntaram quem chamava, respondeu em seu próprio nome. O clérigo, sem esperar qualquer injúria de alguém a quem tanto beneficiara, imediatamente abriu. Quando, porém, notou a presença dos rufiões, recuou e fugiu para a porta dos fundos, até que entraram correndo, seguiram-no e o prenderam. Havendo assassinado toda a sua família, fizeram com que o ministro seguisse em direção a Pignerol, incitando-o com piques, lanças, espadas etc. Foi mantido por um longo tempo na prisão, depois atado à estaca para ser queimado. Duas mulheres pertencentes ao povo valdense, que haviam renunciado à sua religião para salvar as próprias vidas, receberam ordens de levar lenha para a fogueira a fim de queimá-lo e de, ao lançá-las, dizerem: "Aqui está, herege perverso, tua recompensa pelas doutrinas perniciosas que nos ensinaste". Tais palavras repetiram as mulheres ao ministro, ao que ele respondeu calmamente: "Eu, antes, vos ensinei o bem, mas, desde então, aprendestes o mal". Assim, atearam fogo à lenha e rapidamente foi consumido o ministro, invocando o nome do Senhor enquanto sua voz lhe permitiu.

Devido à grande maldade causada pelas tropas de rufiões, pertencentes aos monges, sobre a cidade de St. Germain, que assassinavam e saqueavam muitos dos habitantes, os reformados de Lucerna e Angrogne enviaram alguns grupos de homens armados para assistirem seus irmãos. Os grupos armados costumavam atacar os rufiões e derrotá-los, o que aterrorizou os monges e os fez abandonar o mosteiro de Pignerol por certo tempo, até conseguirem um corpo de tropas profissionais para protegê-los.

O duque, ao perceber que não fora tão bem-sucedido como a princípio imaginou que seria, aumentou suas forças; ordenou que os rufiões, pertencentes aos monges, se juntassem a ele, e ordenou que fossem abertas as portas das prisões, desde que os libertos portassem armas e formassem pequenas comitivas para ajudar no extermínio dos valdenses.

Os valdenses, informados dos procedimentos, protegeram ao máximo suas propriedades e abandonaram os vales, retirando-se para as rochas e cavernas entre os Alpes, pois os vales de Piemonte estão situados ao pé daquelas prodigiosas montanhas.

O exército começou a saquear e queimar as cidades e vilas por onde passavam, mas as tropas não podiam forçar as passagens que davam para os Alpes, pois estavam sendo bravamente defendidas pelos valdenses, que sempre afastavam seus inimigos. Entretanto, qualquer um que caísse nas mãos das tropas estava certo de ser tratado com a mais bárbara severidade.

Um soldado que capturou um dos valdenses mordeu sua orelha direita, arrancando-a, e disse: "Levarei o membro deste herege perverso comigo para meu país e o preservarei como uma raridade". Então, esfaqueou o homem e o jogou em uma vala.

Um grupo das tropas encontrou em uma caverna um respeitável homem, com mais de 100 anos de idade, junto à sua neta, uma donzela com cerca de 18 anos de idade. Massacraram o pobre senhor da maneira mais desumana possível e tentaram violentar a moça, que se afastou e fugiu deles; os homens, contudo, a perseguiram. A moça se jogou de um precipício e pereceu.

Para que com mais eficácia pudessem repelir força com força, os valdenses uniram-se a uma liga junto às autoridades protestantes da Alemanha e aos reformados de Delfinado e Pragelato. Assim o fizeram a fim de unir tropas; de modo que, após receberem reforços, os valdenses decidiram abandonar as montanhas dos Alpes (onde logo haveriam de perecer com a chegada do inverno) e forçar o exército do duque a abandonar seus vales.

O duque de Saboia se cansou da guerra; custara-lhe grande fadiga e angústia a perda de inúmeros homens e altas quantias de dinheiro. A empreitada fora muito mais tediosa e sangrenta do que esperava, além de mais cara do que imaginara a princípio, pois pensou que os saques pagariam as despesas da expedição; enganara-se, no entanto, pois o núncio do papa, os bispos, os monges e outros eclesiásticos que se uniram ao exército e incentivaram a guerra tomaram a maior parte da riqueza, que foi surrupiada sob diversos pretextos. Por essas razões, além da morte de sua duquesa, notícia que havia acabado de receber, e por temer que os valdenses se tornassem mais poderosos do que nunca devido aos tratados que haviam firmado, decidiu voltar a Turim com seu exército e fazer as pazes com os valdenses.

A decisão foi executada, embora contra a vontade dos eclesiásticos, aqueles que mais se beneficiavam e se satisfaziam com a vingança. Antes que os artigos de paz pudessem ser ratificados, o duque morreu, logo após o retorno a Turim; em seu leito de morte, ordenou estritamente ao filho que realizasse o que pretendia e fosse o mais favorável possível aos valdenses.

O filho do duque, Charles Emmanuel, o sucedeu nos domínios de Saboia e ratificou a paz aos valdenses, conforme as últimas injunções de seu pai, embora os eclesiásticos tenham tentado fazer o impossível para convencê-lo do contrário.

Um relato das perseguições em Veneza

Enquanto o estado de Veneza esteve livre de inquisidores, um grande número de protestantes fixou residência lá. Muitos se converteram devido à pureza das doutrinas que os protestantes professavam e à gentileza de seu discurso.

O papa, ao ser informado do grande aumento do protestantismo, no ano de 1542 enviou inquisidores a Veneza para instaurarem um inquérito sobre o assunto e prender aqueles que fossem considerados vis. Então, teve início uma severa perseguição, e muitas pessoas dignas foram martirizadas por servirem a Deus com pureza e desprezarem as armadilhas da idolatria.

Várias foram as maneiras pelas quais os protestantes foram privados de suas vidas; mas um método em particular, inventado nessa ocasião, será aqui descrito. Assim que a sentença era proferida, uma corrente de ferro que corria através de uma grande pedra era presa ao corpo do prisioneiro. Ele era, então, deitado sobre uma prancha, com o rosto voltado para cima, e levado entre dois barcos a uma certa distância mar adentro. Quando os dois barcos se separavam, a vítima afundava até o fundo do mar devido ao peso da pedra.

Os que negassem a jurisdição dos inquisidores em Veneza eram enviados a Roma, onde eram trancafiados propositalmente em prisões úmidas. Por jamais serem convocados para uma audiência e devido ao ambiente em que permaneciam, sua carne necrosava, e morriam supliciados na prisão.

Um cidadão de Veneza, Anthony Ricetti, preso como protestante, foi condenado a ser afogado da maneira que já descrevemos. Alguns dias antes da hora marcada para a execução, seu filho foi vê-lo e implorou que se retratasse, para que sua vida fosse salva e ele próprio não fosse deixado sem pai. Ao que o pai respondeu: "Um bom cristão é obrigado a abandonar não apenas seus bens e filhos, mas a própria vida, para a glória de seu Redentor;

portanto, estou decidido a sacrificar tudo neste mundo transitório pela salvação em um mundo que durará por toda a eternidade".

Os senhores de Veneza também lhe enviaram a notícia de que, se adotasse a religião católica romana, não somente lhe dariam a vida, mas também resgatariam um patrimônio considerável que ele hipotecara e lhe dariam de bom grado. No entanto, o homem se recusou absolutamente a concordar, enviando uma mensagem aos nobres de que valorizava, sobretudo, sua alma. Ao ser informado de que um companheiro de prisão chamado Francis Sega havia se retratado, respondeu: "Se ele abandonou a Deus, tenho pena dele; mas continuarei firme em meu dever". Constatando a ineficácia de todos os esforços para convencê-lo a renunciar à sua fé, foi executado conforme a sentença, morrendo alegremente e encomendando sua alma fervorosamente ao Todo-Poderoso.

O que haviam dito a Ricetti sobre a apostasia de Francis Sega era absolutamente falso, pois ele nunca pedira para se retratar; antes, persistiu firmemente em sua fé e foi executado, alguns dias depois de Ricetti, da mesma maneira.

Francis Spinola, um cavalheiro protestante de grande erudição, foi preso por ordem dos inquisidores e levado perante seu tribunal. Um tratado sobre a Ceia do Senhor foi então colocado em suas mãos e lhe perguntaram se conhecia o autor. Ao que ele respondeu: "Confesso que sou o autor e solenemente afirmo que não há uma linha nele que não seja autorizada pelas sagradas Escrituras e não esteja de acordo com elas". Por essa confissão, foi preso em uma masmorra e vigiado cuidadosamente por vários dias.

Ao ser trazido para um segundo interrogatório, acusou o núncio do papa e os inquisidores de serem bárbaros impiedosos, depois expôs as superstições e a idolatria praticadas pela Igreja de Roma sob uma luz tão ofuscante que, incapazes de refutar seus argumentos, o enviaram de volta à masmorra para fazê-lo se arrepender do que havia dito.

No terceiro interrogatório, perguntaram-lhe se iria retratar-se de seu erro. Ao que respondeu que as doutrinas que defendia não eram errôneas, sendo puramente as mesmas que Cristo e seus apóstolos haviam ensinado e que nos foram transmitidas pelos escritos sagrados. Os inquisidores o sentenciaram ao afogamento, que foi executado da maneira já descrita.

Foi ao encontro da morte com a mais sublime serenidade, parecendo desejar o ocaso, e declarou que o prolongamento de sua vida apenas tendia a retardar a verdadeira felicidade, que só se poderia esperar no mundo vindouro.

Um relato de vários indivíduos notáveis, que foram martirizados em diferentes partes da Itália, por causa de sua religião

John Mollius nasceu em Roma, de pais respeitáveis. Aos 12 anos de idade, colocaram-no no mosteiro dos Frades Cinzentos[7], onde progrediu tão rapidamente no estudo das artes, das ciências e das línguas que, aos 18 anos, foi ordenado sacerdote.

Foi, então, enviado para Ferrara, onde, após prosseguir com seus estudos por mais seis anos, foi nomeado professor adjunto de teologia na universidade daquela cidade. Mas, infelizmente, exercia seus grandes talentos em encobrir as verdades do evangelho e disfarçar os erros da Igreja de Roma. Após alguns anos de residência em Ferrara, mudou-se para a universidade de Behonia, onde se tornou professor titular. Depois de ler alguns tratados escritos por ministros da religião reformada, conscientizou-se quanto aos erros do papado e logo se tornou um zeloso protestante em seu coração.

Ele estava decidido a expor, de acordo com a pureza do Evangelho, a Epístola de São Paulo aos Romanos, em uma série de piedosos sermões. Uma surpreendente multidão continuamente assistia à sua pregação, mas, quando os sacerdotes descobriram o teor de seus ensinamentos, expediram um relato do caso a Roma. Então o papa enviou a Bononia um monge chamado Cornelius, para expor a mesma epístola, de acordo com os princípios da Igreja de Roma. Os ouvintes, no entanto, encontraram tanta disparidade entre os dois pregadores que o público de Mollius aumentou, enquanto Cornelius foi forçado a pregar para bancos vazios.

Cornelius escreveu um relato de seu péssimo resultado ao papa, que imediatamente enviou uma ordem para prender Mollius, o qual foi prontamente preso e confinado. O bispo de Bononia enviou a ele a mensagem de que

---

7. Originado do inglês *Gray Friars*, termo usado em alusão à cor do hábito comumente utilizado pelos membros da Ordem dos Frades Menores Conventuais, também conhecida como Ordem dos Franciscanos Conventuais. (N.T.)

deveria retratar-se ou ser queimado; ele, contudo, apelou a Roma e para lá foi removido.

Em Roma, implorou por um julgamento público, mas o papa lhe negou terminantemente, e ordenou que relatasse suas opiniões por escrito, o que fez nos seguintes tópicos:

Pecado original. Livre-arbítrio. A infalibilidade da igreja de Roma. A infalibilidade do papa. Justificação pela fé. Purgatório. Transubstanciação. Missa. Confissão auricular. Orações pelos mortos. A hóstia. Orações pelos santos. Partir em peregrinações. Extrema-unção. Realizar cultos em uma língua desconhecida etc.

Todos esses temas ele confirmou pela autoridade das Escrituras. O papa, nessa ocasião, por razões políticas, poupou-o naquele momento, mas logo depois ordenou que fosse preso e executado; assim, foi enforcado e teve seu corpo queimado e reduzido a cinzas, em 1553.

No ano seguinte, Francis Gamba, um lombardo de fé protestante, foi preso e condenado à morte pelo senado de Milão. No local da execução, um monge apresentou a ele uma cruz, ao que retorquiu: "Minha mente está tão repleta dos verdadeiros méritos e bondades de Cristo que não preciso de um pedaço de pau sem sentido para lembrar-me Dele". Por essa manifestação, teve a língua trespassada e em seguida foi queimado.

Em 1555, Argélio, um estudante da universidade de Pádua, homem de grande erudição, tendo adotado a religião reformada, fez todo o possível para converter a outros. Por essa atitude, foi acusado de heresia pelo papa e, sob custódia, foi levado para a prisão em Veneza.

O papa, informado da grande erudição e dos surpreendentes dons de Argélio, achou que seria de incomensurável serviço à Igreja de Roma se pudesse induzi-lo a abandonar a causa protestante. Portanto, enviou-o a Roma e tentou, por meio das mais profanas promessas, convertê-lo à sua causa. Mas, percebendo a ineficácia de seus esforços, ordenou que Argélio fosse queimado, sentença que foi prontamente executada.

Em 1559, João Alloysius, enviado de Genebra para pregar na Calábria, foi preso como protestante, levado para Roma e queimado por ordem do papa; e James Bovelius, pela mesma razão, foi queimado em Messina.

Em 1560, o Papa Pio IV ordenou que todos os protestantes fossem implacavelmente perseguidos nos estados italianos, o que resultou num grande número de martirizados de todas as idades, sexo e posições sociais. No que diz respeito às crueldades praticadas nesa ocasião, um católico romano erudito e humano se pronunciou a respeito, em carta a um nobre senhor:

"Não posso, meu senhor, deixar de revelar meus sentimentos com relação à perseguição que ainda perdura. Acho cruel e desnecessário; estremeço com a forma como os matam, pois mais se assemelha ao abate de bezerros e ovelhas do que à execução de seres humanos. Relatarei a Vossa Senhoria uma cena terrível, da qual fui testemunha ocular: setenta protestantes foram presos juntos em uma imunda masmorra. O carrasco entrou, escolheu um dentre os demais, vendou-o, levou-o a um local aberto diante da prisão e cortou sua garganta com a mais absoluta fleuma. Ele então retornou calmamente à prisão, ensanguentado como estava, e com a faca na mão selecionou outra vítima e a executou da mesma maneira; e isso, meu senhor, repetiu até que todos ali fossem mortos. Deixo que Vossa Senhoria julgue meus sentimentos nessa ocasião; minhas lágrimas agora lavam o papel sobre o qual lhe escrevo. Outra coisa devo mencionar: a paciência com que encontraram a morte. Refletiam resignação e piedade, orando fervorosamente a Deus e indo alegremente ao encontro de seu destino. Não consigo pensar sem tremer em como o carrasco segurava a faca ensanguentada entre os dentes; que figura terrível ele projetava, todo coberto de sangue, e com que despreocupação executou seu bárbaro ofício."

Um jovem inglês que estava em Roma passava um dia por uma igreja quando a procissão da hóstia saía. Um bispo carregava a hóstia, que o jovem, tão logo percebeu, tomou de suas mãos, atirou contra o chão e a pisoteou, gritando: "Sois miseráveis idólatras, que negligenciam o verdadeiro Deus, para adorar um pedaço de pão". Essa ação provocou o povo ali presente de tal maneira que o teriam despedaçado imediatamente; mas os sacerdotes os convenceram a deixá-lo submeter-se à sentença do papa.

Quando o caso foi apresentado ao papa, ele se exasperou tão intensamente que ordenou que o prisioneiro fosse queimado de imediato; mas um cardeal o dissuadiu da precipitada sentença, dizendo que era melhor castigá-lo lentamente e torturá-lo, para que pudessem descobrir se ele havia sido instigado por alguém a cometer um ato tão atroz.

Autorizado o plano, ele foi torturado com a mais exemplar severidade, apesar de conseguirem extrair dele apenas estas palavras: "Era a vontade de Deus que eu fizesse o que fiz".

O papa então o condenou à seguinte sentença.

1. Que seja levado pelo carrasco, seminu, pelas ruas de Roma.
2. Que use a imagem do diabo em sua cabeça.
3. Que suas calças sejam pintadas com a representação de chamas.
4. Que sua mão direita seja cortada.
5. Depois de assim ser levado em procissão, que seja queimado.

Ao ouvir a sentença proferida, ele rogou a Deus que lhe desse força e coragem para passar por ela. Ao caminhar pelas ruas, foi extremamente ridicularizado pelo povo, a quem disse coisas severas a respeito da superstição romana. Mas um cardeal que se encontrava na procissão, ouvindo-o, ordenou que fosse amordaçado.

Quando chegou à porta da igreja onde pisara a hóstia, o carrasco cortou-lhe a mão direita e a fincou em um poste. Então dois algozes, com tochas acesas, chamuscaram e queimaram sua carne pelo resto do caminho. No local da execução, ele beijou as correntes que logo o prenderiam à estaca. Rechaçou a imagem de um santo que um monge lhe apresentava, e, sendo então acorrentado à estaca, a fogueira foi acesa, e logo foi queimado até tornar-se cinzas.

Logo após a última execução mencionada, um venerável senhor, que era prisioneiro da Inquisição por um longo tempo, foi condenado a ser queimado e trazido a público para sua execução. Quando foi preso à estaca, um padre segurou um crucifixo diante dele, ao que disse: "Se não tirar esse ídolo da minha vista, irá me obrigar a cuspir nele". O padre o censurou por isso com grande severidade; mas ele pediu que se lembrasse do primeiro e do segundo mandamentos e se abstivesse de idolatria, assim como Deus havia ordenado. Foi amordaçado, para que não mais falasse e, com a fogueira acesa, sofreu o martírio nas chamas.

Um relato das perseguições no Marquesado de Saluzzo

O Marquesado de Saluzzo, no lado sul dos vales de Piemonte, em 1561, era habitado principalmente por protestantes, quando o marquês, proprietário daquelas terras, levantou uma perseguição contra eles por instigação do papa. Começou exilando os ministros e, se algum deles se recusava a deixar seus rebanhos, certamente era preso e torturado com rigor. Ainda assim, não chegou a ponto de causar morte alguma.

Logo depois, o marquesado passou para o duque de Saboia, que enviou circulares a todas as cidades e vilas, exigindo que todo o povo se conformasse em ir à missa. Os habitantes de Saluzzo, ao receberem a carta, devolveram uma epístola geral em resposta.

O duque, após ler a carta, não ameaçou os protestantes de imediato. Entretanto, mandou-lhes dizer que deveriam estar em conformidade com a missa ou deixar seus domínios dentro de quinze dias. Os protestantes, diante desse inesperado édito, enviaram um representante ao duque para obter sua revogação, ou ao menos para moderá-lo. Todavia, seus protestos foram em vão, e foi dado a entender que o édito era absoluto.

Alguns foram fracos o suficiente para passarem a frequentar a missa, a fim de evitar o banimento e preservar suas propriedades; outros foram exilados, com todos os seus bens, para diferentes países; muitos deles se atrasaram tanto em resolver o que fariam que foram obrigados a abandonar tudo o que possuíam de valor e partir às pressas. Aqueles que infelizmente ficaram para trás foram presos, saqueados e mortos.

Um relato das perseguições nos vales do Piemonte, no século XVII

O Papa Clemente VIII enviou missionários para os vales do Piemonte, a fim de induzir os protestantes a renunciarem à sua religião. Os missionários, tendo erguido mosteiros em várias partes dos vales, tornaram-se extremamente problemáticos para os reformados, pois os mosteiros não apareciam apenas como fortalezas para dominar, mas também como refúgio para todos os que causassem algum dano a eles.

Os protestantes fizeram um apelo ao duque de Saboia contra esses missionários, cujo tratamento cruel e insolência se tornaram intoleráveis;

contudo, em vez de obterem qualquer reparação, o interesse dos missionários prevaleceu de tal maneira que o duque publicou um decreto no qual declarava que uma testemunha era suficiente em um processo contra um protestante, e qualquer um que condenasse um protestante por algum crime teria direito a cem coroas.

Pode-se facilmente imaginar que, com a publicação de um decreto de tal natureza, muitos protestantes caíram mártires por perjúrio e avareza, pois vários papistas perversos afirmariam qualquer coisa contra os protestantes visando obter a recompensa, e então correriam para seus padres pedindo por absolvição de seus falsos juramentos. Se algum católico romano mais consciente do que os outros culpava os companheiros por seus crimes atrozes, corria o risco de ser denunciado e punido como favorecedor de hereges.

Os missionários fizeram todo o possível para tomar os livros dos protestantes em suas mãos, a fim de queimá-los; quando os protestantes, por sua vez, fizeram o que estava ao seu alcance para esconder os livros, os missionários escreveram ao duque de Saboia. Pelo hediondo crime de não entregarem suas Bíblias, seus livros de oração e tratados religiosos, o duque enviou várias tropas para se aquartelarem onde estavam os protestantes. Os nobres militares promoveram grande desordem nas casas deles e destruíram tamanha quantidade de provisões que muitas famílias foram arruinadas.

Para incentivar ao máximo a apostasia dos protestantes, o duque de Saboia publicou uma proclamação em que dizia: "É nosso desejo e nosso prazer encorajar os hereges a se tornarem católicos; por isso, decretamos expressamente que todos os que abraçarem a santa fé católica romana gozarão de uma isenção de todo e qualquer imposto durante o período de cinco anos, a partir do dia de sua conversão". O duque também estabeleceu um tribunal e convocou o concílio para extirpar os hereges. A função do tribunal era investigar os antigos privilégios das igrejas protestantes e os decretos que, de tempos em tempos, eram feitos em favor deles. No entanto, as investigações foram realizadas com notável parcialidade. Estatutos antigos eram distorcidos e o tribunal usava de sofismas para perverter o significado de tudo o que tendia a favorecer os reformados.

Como se tais gravidades não fossem suficientes, o duque, logo depois, publicou outro decreto, no qual ordenou que nenhum protestante poderia atuar como professor nem tutor, fosse em público ou em particular, ou se atrever a ensinar arte, ciência e idiomas, direta ou indiretamente, a qualquer indivíduo.

Esse édito foi imediatamente seguido por outro, que decretou a proibição de protestantes em cargos de remuneração, confiança ou honra. E, para rematar, o claro sinal de que uma perseguição se aproximava veio na forma de um édito final, pelo qual foi ordenado que todos os protestantes frequentassem diligentemente a missa.

A publicação de um decreto contendo tal injunção pode ser comparada ao desfraldar de uma bandeira sangrenta, pois morte e rapina certamente viriam a seguir. Um dos primeiros objetos da atenção dos papistas foi o sr. Sebastian Basan, um zeloso protestante, que foi preso pelos missionários, confinado, atormentado por quinze meses e depois queimado.

Antes da perseguição, os missionários contratavam sequestradores para roubar os filhos dos protestantes, a fim de que pudessem ser criados em secreto como católicos romanos. Mais tarde, porém, levavam as crianças à força diante de todos e, se encontrassem qualquer resistência, davam cabo dos pais.

Para dar ainda mais vigor à perseguição, o duque de Saboia convocou a nobreza católica romana para uma assembleia geral, quando um solene édito foi publicado contra os reformados, o qual incluía muitos itens e várias razões para extirpar os protestantes, entre os quais havia os seguintes:

1. Para que seja preservada a autoridade papal.
2. Para que a vida da igreja esteja sob um único modo de governo.
3. Para criar união entre todas as partes.
4. Para dar honra a todos os santos e às cerimônias da Igreja de Roma.

Este severo édito foi seguido de uma ordem ainda mais cruel, publicada em 25 de janeiro de 1655, sob a sanção do duque, por Andrew Gastaldo, doutor em leis civis. A ordem estabelecia: "Todos os chefes de família e seus membros, de religião reformada, de todos os níveis, classes e condições que possuírem propriedades em Lucerna, St. Giovanni, Bibiana, Campiglione, St. Secondo Lucernetta, La Torre, Fenile e Bricherassio tomem seus pertences e se retirem, dentro de três dias a partir da data de publicação, e se dirijam para os lugares e limites tolerados por Sua Alteza, de acordo com sua vontade, em particular Bobbio, Angrogne, Vilario, Rorata e o condado de Bonetti. Assim sucederá sob pena de morte e confisco de propriedades e bens, a menos que, dentro do prazo-limite, se tornem católicos romanos".

Uma fuga tão repentina, no meio do inverno, não podia ser concebida, sobretudo em um país cercado por montanhas. A súbita ordem afetou a todos, e aquilo que dificilmente seria notado em outra época agora aparecia sob a mais conspícua luz. Mulheres grávidas, ou que há pouco haviam dado à luz, não recebiam misericórdia quanto à ordem de remoção repentina, pois todos estavam incluídos.

Infelizmente, o inverno foi demasiado severo e rigoroso. Os papistas, no entanto, expulsaram as famílias de suas habitações no dia marcado para tal, sem sequer lhes permitir levar roupas suficientes para se aquecerem. Muitos pereceram nas montanhas devido à severidade do clima ou à falta de alimento. Alguns, porém, que ficaram para trás após a publicação do decreto, receberam tratamento ainda mais cruel, sendo assassinados pelos habitantes papistas ou mortos pelas tropas que estavam alojadas nos vales.

Uma carta, escrita por um protestante que estava no local e felizmente escapou da carnificina, descreve as crueldades executadas: "Quando o exército se preparava para a guerra, tornou-se muito numeroso ao somar uma multidão de habitantes papistas vizinhos, que, ao descobrirem que éramos presas destinadas aos saqueadores, caíram sobre nós com uma fúria impetuosa. Além das tropas do duque de Saboia e dos habitantes papistas, havia vários regimentos de auxiliares franceses, alguns companheiros das brigadas irlandesas e vários grupos formados por foras da lei, contrabandistas e prisioneiros, os quais haviam recebido a promessa de perdão e liberdade neste mundo e de absolvição no mundo vindouro, caso ajudassem a exterminar os protestantes de Piemonte.

"A multidão armada, encorajada pelos bispos e monges católicos romanos, caiu sobre os protestantes de maneira furiosa. Nada mais se via senão a face do horror e do desespero, o sangue que manchava o chão das casas, os corpos sem vida espalhados pelas ruas, gritos e gemidos por todas as partes. Alguns se armaram e enfrentaram as tropas; e muitos fugiram para as montanhas com suas famílias. Em certa aldeia, atormentaram cruelmente cento e cinquenta mulheres e crianças depois que os homens fugiram, decapitando as mulheres e esmagando os cérebros das crianças. Nas cidades de Vilario e Bobbio, a maioria dos que se recusavam a ir à missa, tendo mais de 15 anos de idade, eram crucificados de cabeça para baixo; a maior parte dos que tinham idade inferior foi estrangulada".

Sarah Ratignole des Vignes, uma mulher de 60 anos de idade, ao ser presa, recebeu a ordem dos soldados para fazer uma oração a alguns santos. Quando ela se recusou a fazê-lo, trespassaram-lhe a barriga com uma foice, rasgaram-na, e depois cortaram-lhe a cabeça.

Martha Constantine, uma bela jovem, foi tratada com grande indecência e crueldade por várias tropas que primeiro a violentaram e depois a mataram, cortando-lhe os seios fora. Então, cozinharam os membros e os puseram diante de alguns de seus companheiros, que, ignorantes acerca do que viam, os comeram. Ao terminarem a refeição, foram informados pelos outros do que haviam comido. Seguiu-se um conflito, sacaram as espadas, e uma batalha aconteceu. Vários foram mortos, dentre os quais a maior parte havia se envolvido no terrível massacre da mulher e depois praticado tão desumana fraude com seus companheiros.

Alguns dos soldados prenderam um homem de Thrassiniere e atravessaram seus ouvidos e pés com a ponta das espadas. Então, arrancaram-lhe as unhas dos dedos das mãos e pés com pinças em brasa, ataram-no ao rabo de um burro e o arrastaram pelas ruas. Finalmente, amarraram uma corda ao redor de sua cabeça e a torceram com uma haste, de maneira tão violenta que a arrancaram de seu corpo.

Peter Symonds, protestante de cerca de 80 anos de idade, teve uma corda atada ao pescoço e aos tornozelos e depois o jogaram de um precipício. Na queda, as cordas que o atavam ficaram presas ao galho de uma árvore e o suspenderam no meio do caminho, de modo que assim permaneceu por vários dias e, finalmente, pereceu miseravelmente de fome.

Esay Garcino, recusando-se a renunciar à sua religião, foi cortado em pequenos pedaços; os soldados, em tom de chacota, diziam que o haviam picado. Uma mulher, chamada Armand, teve todos os membros separados do corpo, os quais foram pendurados em uma sebe. Duas senhoras foram rasgadas e deixadas nos campos sobre a neve, onde pereceram. Outra, muito idosa, foi deformada e teve o nariz e as mãos cortados, sendo deixada para sangrar até a morte dessa forma.

Inúmeros homens, mulheres e crianças foram arremessados de penhascos e, assim, despedaçados. Madalena Bertino, uma protestante de La Torre, foi completamente despida, teve a cabeça amarrada entre as pernas e foi jogada de um precipício. Mary Raymondet, da mesma cidade, teve a carne arrancada de seus ossos até expirar.

Madalena Pilot, de Vilario, foi cortada em pedaços na caverna de Castolus; Ann Charboniere teve a ponta de uma estaca atravessada em seu corpo, enquanto a outra ponta estava fixa ao chão, e ali foi deixada para perecer; Jacob Perrin, o ancião da igreja de Vilario, e David, seu irmão, foram esfolados vivos.

Um morador de La Torre chamado Giovanni Andrea Michialm foi preso com quatro de seus filhos, três dos quais foram cortados em pedaços diante dele; enquanto matavam cada uma das crianças, os soldados lhe perguntavam se renunciaria à sua religião, ao que se recusava constantemente. Um dos soldados tomou o último filho, o mais novo, pelas pernas e, questionando ao pai outra vez, recebeu a mesma resposta; então, com desumana brutalidade, o soldado esmagou o cérebro da criança. O pai, no entanto, no mesmo instante conseguiu escapar deles e fugiu; os soldados dispararam atrás dele, mas o perderam de vista. O homem escapou e se escondeu nos Alpes.

Outras perseguições nos vales do Piemonte, no século XVII

Giovanni Pelanchion, por se recusar a tornar-se um papista, foi amarrado pela perna ao rabo de uma mula e arrastado pelas ruas de Lucerna, em meio aos clamores de uma multidão desumana, que o apedrejava e gritava: "Está possuído pelo diabo! Nem o apedrejar nem o arrastar pelas ruas dará cabo de sua vida, pois o diabo o mantém vivo". Então, levaram-no para o lado do rio, cortaram-lhe a cabeça e deixaram-na junto ao seu corpo, ambos desenterrados, à margem do rio.

Madalena, filha de Peter Fontaine, uma linda criança de 10 anos de idade, foi violentada e assassinada pelos soldados. Outra menina da mesma idade foi assada viva em Villa Nova. E uma pobre mulher, ao ouvir que os soldados estavam vindo em direção à sua casa, tomou nos braços o berço em que seu filho dormia e fugiu em direção à floresta. Os soldados, no entanto, a viram e a perseguiram; quando a mulher pôs ao chão o berço e a criança para se aliviar do peso, os soldados chegaram, mataram a criança e, continuando a perseguição, encontraram a mãe em uma caverna, onde primeiro a violentaram e depois a cortaram em pedaços.

Jacob Michelino, ancião-chefe da igreja de Bobbio, e vários outros protestantes foram pendurados por ganchos presos às suas barrigas e deixados para morrer após as mais excruciantes torturas.

Giovanni Rostagnal, um admirável protestante com mais de 80 anos de idade, teve o nariz e as orelhas cortados e as partes carnudas do corpo fatiadas, sangrando até a morte.

Sete pessoas, Daniel Seleagio e sua esposa, Giovanni Durant, Lodwich Durant, Bartholomew Durant, Daniel Revel e Paul Reynaud, tiveram suas bocas cheias com pólvora e, ao atearem fogo a elas, suas cabeças explodiram em pedaços.

Jacob Birone, um professor de Rorata, por se recusar a mudar de religião, foi completamente despido e, depois de ter sido exposto com muita indecência, arrancaram-lhe as unhas dos dedos dos pés e das mãos com pinças em brasa e furaram suas mãos com a ponta de uma adaga. Então, amarraram-lhe uma corda ao tronco e o conduziram pelas ruas, acompanhado por dois soldados, um de cada lado. A cada volta, o soldado do seu lado direito fazia um corte em sua carne, enquanto o soldado do seu lado esquerdo o golpeava, ambos dizendo ao mesmo tempo: "Irás à missa? Irás à missa?". Ao que continuava a responder negativamente, e, quando por fim o levaram à ponte, cortaram-lhe a cabeça nas balaustradas e a jogaram ao rio, junto ao seu corpo.

Paul Garnier, um protestante muito piedoso, teve os olhos arrancados, foi esfolado vivo e dividido em quatro partes, das quais cada uma foi colocada em quatro das principais casas de Lucerna. Suportou todos os sofrimentos com a mais exemplar paciência, louvou a Deus até quando pôde falar e evidenciou claramente a confiança e a renúncia que um bom caráter é capaz de inspirar.

Daniel Cardon, de Rocappiata, ao ser preso por alguns soldados, teve a cabeça cortada e, depois de fritarem seu cérebro, o comeram. Duas pobres senhoras cegas, de São Giovanni, foram queimadas vivas, e uma viúva de La Torre, junto à filha, foi levada ao rio e apedrejada até a morte.

Paul Giles, ao tentar fugir de alguns soldados, foi atingido no pescoço; depois, cortaram-lhe o nariz, o queixo, apunhalaram-no e deram sua carcaça aos cães.

Algumas das tropas irlandesas, tendo tomado onze homens de Garcigliana como prisioneiros, aqueceram ardentemente uma fornalha e os forçaram a empurrar uns aos outros até o último homem, a quem os próprios soldados empurraram.

Michael Gonet, um homem de 90 anos, foi queimado até a morte; Baptista Oudri, outro senhor idoso, foi esfaqueado; e Bartolomeu Frasche teve os calcanhares perfurados, buracos pelos quais foram colocadas cordas e, então, foi arrastado por elas até a prisão, onde seus ferimentos o levaram à morte.

Madalena de la Piere, ao ser perseguida por alguns dos soldados e capturada, foi lançada ao precipício e despedaçada ao cair. Margaret Revella e Mary Pravillerin, duas mulheres muito idosas, foram queimadas vivas; Michael Bellino, junto a Ann Bochardno, foram decapitados.

O filho e a filha de um conselheiro de Giovanni foram juntos empurrados de uma colina íngreme e deixados para perecer no profundo abismo onde caíram. Os membros da família de um comerciante, a saber, ele, a esposa e um bebê em seus braços, foram lançados de um penhasco e despedaçados ao cair; Joseph Chairet e Paul Carniero foram esfolados vivos.

Quando perguntaram a Cypriania Bustia se renunciaria à sua religião e se tornaria católico romano, ele respondeu: "Prefiro renunciar à vida ou tornar-me um cachorro", ao que um sacerdote respondeu: "Por tal manifestação, tanto renunciará à vida como será entregue aos cães". Eles o arrastaram para a prisão, onde permaneceu por um longo tempo sem alimento, até morrer de fome; então jogaram seu cadáver na rua em frente à prisão, onde foi devorado por cães de maneira chocante.

Margaret Saretta foi apedrejada até a morte e depois lançada ao rio; Antonio Bartina teve a cabeça aberta; Joseph Pont teve o corpo cortado ao meio.

Daniel Maria e toda a sua família, doentes e ardendo em febre, tiveram sua casa invadida por vários rufiões papistas que alegavam serem médicos e proveriam a toda a família um alívio imediato, o que fizeram ao golpear cada um deles na cabeça.

Três filhos pequenos de um protestante chamado Peter Fine foram cobertos com neve e sufocados; uma viúva idosa, chamada Judith, foi decapitada, e uma bela jovem foi despida e teve uma estaca trespassada em seu corpo, motivo pelo qual expirou.

Lucy, esposa de Peter Besson, já grávida, morava em uma das aldeias dos vales piemonteses e decidiu, se possível, escapar das tão terríveis cenas que se repetiam em todos os lugares ao seu redor. Assim, levou consigo duas crianças, uma em cada mão, e partiu em direção aos Alpes. Todavia, no terceiro dia da jornada, entrou em trabalho de parto em meio às montanhas e deu à luz um bebê, que morreu pelo extremo rigor do clima, assim como as outras duas crianças; foram as três encontradas mortas, além da mulher, prestes a expirar, pela pessoa que relatou os detalhes mencionados anteriormente.

Francis Gros, filho de um clérigo, teve sua carne lentamente cortada em pequenos pedaços e colocada em um prato diante dele; dois de seus filhos foram moídos diante de seus olhos, e sua esposa foi atada a um poste, para que contemplasse todas as crueldades executadas contra o marido e os filhos. Os atormentadores, por fim, cansados de aplicar suas crueldades, cortaram a cabeça do marido e da esposa e, depois, entregaram a carne de toda a família aos cães.

Sir Thomas Margher fugiu para uma caverna, cuja entrada foi fechada pelos soldados, até que, preso, morreu de fome. Judith Revelin e seus sete filhos foram barbaramente assassinados enquanto dormiam; e uma viúva de quase 80 anos de idade foi cortada em pedaços pelos soldados.

Jacob Roseno recebeu a ordem de orar aos santos, o que se recusou a fazer; então, alguns dos soldados o espancaram violentamente com varas para fazê-lo ceder, mas, por continuar a se recusar, recebeu diversos disparos que lhe perfuraram todo o corpo. Quando estava prestes a morrer, perguntaram-lhe: "Invocarás os santos? Orarás aos santos?". Ao que respondeu: "Não! Não! Não!", quando um dos soldados, segurando uma espada, cravou-a em sua cabeça e a partiu, pondo um fim aos seus sofrimentos neste mundo; não há dúvidas de que para ele há gloriosa recompensa no mundo vindouro.

Um dos soldados tentou violentar uma jovem chamada Susanna Gacquin, mas a moça resistiu bravamente; na luta, empurrou-o para um precipício, e o soldado despedaçou-se ao cair. Seus companheiros, em vez de admirarem a virtude da jovem e a aplaudirem por defender sua castidade com tanta dignidade, caíram sobre ela com suas espadas e a cortaram em pedaços.

Giovanni Pulhus, um pobre camponês de La Torre, ao ser preso pelos soldados como protestante, foi sentenciado pelo marquês de Pianesta a ser executado em um local próximo ao convento. Ao chegar à forca, vários monges compareceram e fizeram todo o possível para convencê-lo a renunciar à sua religião. Mas ele lhes disse que nunca abraçaria a idolatria e que se alegrava em ser considerado digno de sofrer pelo nome de Cristo. Então os monges o lembraram de que sua esposa e filhos, dependentes de seu trabalho, sofreriam após sua morte; ao que respondeu: "Gostaria de que minha esposa e filhos, assim como eu, considerassem suas almas e o mundo vindouro mais do que seus corpos; quanto à angústia em que posso deixá-los, digo que Deus é misericordioso e os proverá enquanto forem dignos de sua proteção". Ao perceberem a inflexibilidade desse pobre homem, os monges gritaram: "Matem-no! Matem-no!", ordem essa que o carrasco cumpriu no mesmo instante, sendo o corpo, depois de abatido, lançado ao rio.

Paul Clement, um ancião da igreja de Rossana, ao ser preso pelos monges de um mosteiro vizinho, foi levado para o mercado da cidade, onde alguns protestantes haviam acabado de ser executados pelos soldados. Mostraram-lhe, então, os cadáveres, para que a cena o intimidasse. Ao contemplar a terrível situação, ele disse com calma: "Podeis matar o corpo, mas não podeis ferir a alma de um verdadeiro crente; e, quanto aos terríveis espetáculos que me mostrastes aqui, estai certos de que a vingança de Deus alcançará os assassinos daqueles pobres cidadãos e os castigará pelo sangue inocente que derramaram". Os monges se exasperaram de tal maneira com a resposta que ordenaram que fosse enforcado sem demora. Então, depois de o pendurarem, os soldados se divertiram atingindo a certa distância seu corpo com disparos, como se atirassem em um alvo.

Daniel Rambaut, de Vilario, pai de uma numerosa família, foi encarcerado junto a vários outros na prisão de Paysana. Vários sacerdotes o visitaram, importunando-o continuamente, fazendo todo o possível para convencê-lo a renunciar à religião protestante e a tornar-se papista; contudo, ele se recusou peremptoriamente. Os sacerdotes, ao se depararem com sua resolução, fingiram ter pena de sua numerosa família e lhe disseram que ainda poderia ter sua vida poupada se concordasse com a crença nos seguintes artigos:

1. A presença real na eucaristia.
2. Transubstanciação.
3. Purgatório.
4. A infalibilidade do papa.
5. Que as missas feitas pelos mortos libertarão suas almas do purgatório.
6. Que orar aos santos nos faz alcançar a remissão de pecados.

O sr. Rambaut disse aos sacerdotes que nem sua religião, nem seu entendimento, nem sua consciência lhe permitiriam assinar qualquer um dos artigos, pelas seguintes razões:

1. Acreditar na presença real na eucaristia é uma união chocante de blasfêmia e idolatria.
2. Imaginar que as palavras de consagração realizam o que os papistas chamam de transubstanciação, convertendo a hóstia e o vinho no corpo e no sangue reais e idênticos aos de Cristo, que foi crucificado e depois ascendeu ao céu, é um absurdo extremamente grosseiro até mesmo para que uma criança iluminada pelo mais ínfimo sinal de razão possa nisso acreditar; nada além da mais cega superstição poderia fazer com que os católicos romanos confiassem em algo tão ridículo.
3. A doutrina do purgatório era mais inconsistente e absurda que um conto de fadas.
4. A infalibilidade do papa era impossível, e o papa arrogantemente reivindicava o que poderia pertencer somente a Deus, um ser perfeito.
5. O ato de celebrar missas pelos mortos era ridículo e pretendia apenas manter a crença na fábula do purgatório, como se o destino de todos fosse finalmente decidido na saída da alma do corpo.

6. Orar aos santos pela remissão de pecados é uma adoração inadequada, pois os próprios santos precisam da intercessão de Cristo. Portanto, como somente Deus pode perdoar nossos erros, somente a Ele devemos pedir perdão.

Os sacerdotes ficaram tão ofendidos com as respostas do sr. Rambaut aos artigos que decidiram empenhar-se em abalar sua resolução pelo método mais cruel que se possa imaginar: ordenaram que uma junta de cada dedo lhe fosse cortada todos os dias, até que todos os dedos se fossem. Assim procederam também com os dedos dos pés; depois, alternadamente, cortaram-lhe, dia após dia, uma mão e um pé. Contudo, ao perceberem que suportava os sofrimentos com a mais admirável paciência, que tanto sua firmeza quanto sua resignação só aumentavam e que mantinha sua fé firme e com inabalável constância, apunhalaram-lhe o coração e, depois, jogaram seu corpo para ser devorado pelos cães.

Peter Gabriola, um eminente cavalheiro protestante, ao ser preso por uma tropa de soldados e recusar-se a renunciar à sua religião, teve uma grande quantidade de pequenas bolsas de pólvora penduradas em seu corpo; em seguida, atearam fogo a elas e o explodiram.

Anthony, filho de Samuel Catieris, um pobre rapaz mudo, de todo inofensivo, foi cortado em pedaços por um grupo das tropas; logo depois, os mesmos rufiões entraram na casa de Peter Moniriat e cortaram as pernas de toda a família, deixando-os sangrar até a morte, pois não eram capazes de ajudar a si mesmos ou uns aos outros.

Daniel Benech, ao ser preso, teve as orelhas e o nariz cortados, depois foi dividido em quatro partes, cada uma das quais foi pendurada em uma árvore; Mary Monino teve os ossos da mandíbula quebrados e foi abandonada para sofrer até morrer de fome.

Mary Pelanchion, uma bela viúva da cidade de Vilario, foi presa por um grupo da brigada irlandesa. Os homens a espancaram e a violentaram, depois a arrastaram até uma alta ponte que atravessava o rio e a despiram indecorosamente, pendurando-a na ponte pelas pernas, com a cabeça virada para a água; então, subiram em barcos e dispararam na mulher até que expirasse.

Mary Nigrino e sua filha, deficiente mental, foram cortadas em pedaços em uma floresta, e seus corpos foram deixados para ser devorados por animais selvagens; Susanna Bales, uma viúva da cidade de Vilario, foi enclausurada até perecer de fome; Susanna Calvio, ao fugir de alguns soldados e se esconder em um celeiro, morreu queimada quando atearam fogo à palha.

Paul Armand foi cortado em pedaços; uma criança chamada Daniel Bertino foi queimada; Daniel Michialino teve a língua arrancada e foi deixado para perecer nessa condição; Andreo Bertino, um senhor coxo de avançada idade, foi mutilado de forma chocante, teve a barriga aberta e as entranhas carregadas na ponta de uma alabarda.

Constantia Bellione, uma senhora protestante, ao ser presa por causa de sua fé, foi questionada por um sacerdote se renunciaria ao diabo e iria à missa, ao que respondeu: "Fui criada em uma religião que sempre me ensinou a renunciar ao diabo; no entanto, se eu cumprir vosso desejo e for à missa, certamente o encontrarei lá de várias formas". O sacerdote irou-se com o que ouviu e deu-lhe a chance de se retratar, ou ela iria sofrer cruelmente. A senhora, no entanto, respondeu com ousadia que não se importava com nenhum sofrimento que lhe pudesse ser infligido e, apesar de todos os tormentos que pudessem inventar, manteria a consciência pura e a fé inviolável. O sacerdote ordenou então que lhe fatiassem a carne em várias partes do corpo, crueldade essa que ela suportou com paciência singular, somente dizendo ao sacerdote: "Quão terríveis e duradouros tormentos sofrerás no inferno, pelas insignificantes e temporárias dores que eu agora sofro". Exasperado com a manifestação da mulher e ansiando calá-la, o sacerdote ordenou que um grupo de mosqueteiros se preparasse e disparasse contra ela, pelo que logo foi morta e selou seu martírio com sangue.

Uma jovem chamada Judith Mandon, por se recusar a mudar de religião e abraçar o papado, foi presa a uma estaca para que, a distância, lançassem contra ela pedaços de madeira, do mesmo modo que no bárbaro arremesso de paus contra galos, costume antes praticado na terça-feira de Carnaval. Por meio desse processo desumano, os membros da pobre criatura foram golpeados e mutilados de uma maneira terrível, até que seu cérebro foi, finalmente, esmagado por um dos golpes.

David Paglia e Paul Genre, ao tentarem fugir para os Alpes, cada um com seu filho, foram perseguidos pelos soldados em uma ampla campina. Eles os caçavam por diversão, provocando-os com suas espadas e fazendo-os correr até caírem de cansaço. Quando se sentiram bastante exaustos e já não aguentavam continuar correndo e praticando esse bárbaro esporte, os soldados os cortaram em pedaços e deixaram seus corpos mutilados no local.

Um jovem de Bobbio, chamado Michael Greve, foi preso na cidade de La Torre e levado à ponte, onde foi lançado ao rio. Por ser um exímio nadador, nadou rio abaixo, pensando em fugir, mas os soldados e a turba o seguiram em ambos os lados do rio e continuaram apedrejando-o, até que, golpeado em uma das têmporas, ficou atordoado, e consequentemente afundou e se afogou.

David Armand recebeu ordens para deitar a cabeça sobre um bloco, quando um soldado, segurando um grande martelo, esmagou-lhe o cérebro. David Baridona, preso em Vilario, foi levado para La Torre, onde, recusando-se a renunciar à sua religião, foi atormentado com fósforos de enxofre amarrados entre os dedos das mãos e dos pés, aos quais atearam fogo; então, teve sua carne arrancada com pinças em brasa, até que expirasse; Giovanni Barolina, junto com sua esposa, foram lançados a um tanque cheio com água parada e obrigados, por meio de forcados e pedras, a mergulhar a cabeça até se afogarem.

Vários soldados foram à casa de Joseph Garniero e, antes de entrarem, dispararam contra a janela para sinalizar sua aproximação. Uma bala de mosquete perfurou um dos seios da sra. Garniero, enquanto amamentava uma criança com o outro. Ao dar-se conta das intenções dos soldados, ela implorou que poupassem a vida da criança, o que eles prometeram fazer, e imediatamente enviaram a criança a uma enfermeira católica romana. Então, enforcaram o marido na porta da própria casa. Após dispararem contra a cabeça da esposa, deixaram seu corpo mergulhado no próprio sangue e o marido pendurado na forca.

Isaiah Mondon, senhor idoso e protestante piedoso, fugiu dos implacáveis perseguidores e escondeu-se na fenda de uma rocha, onde sofreu as mais terríveis dificuldades, pois foi forçado a deitar-se nu sobre uma pedra, sem nada que o cobrisse em pleno inverno. Alimentava-se das raízes que cavoucava com as próprias mãos, perto de sua miserável habitação. A única forma de obter alguma bebida era colocar um punhado de neve na boca e esperar que derretesse. No entanto, alguns dos desumanos soldados o encontraram e, depois de espancá-lo sem piedade, o levaram a Lucerna, espicaçando-o com a ponta de suas espadas. Extremamente enfraquecido por sua condição e exausto devido aos golpes que havia recebido, caiu no meio da estrada. Então, de novo o espancaram a fim de fazê-lo prosseguir; então, de joelhos, ele implorou que pusessem um fim em sua miséria e o matassem. Os soldados acabaram por concordar em fazê-lo; um deles, aproximando-se do pobre senhor, atirou em sua cabeça com uma pistola, dizendo: "Aqui está, herege, seu pedido foi concedido".

Mary Revol, uma valorosa protestante, foi atingida por um tiro nas costas, enquanto caminhava pela rua. Caiu ao ser ferida, mas, ao recuperar as forças, ajoelhou-se e, erguendo as mãos ao céu, orou fervorosamente ao Todo-Poderoso, quando vários soldados que estavam por perto, desataram a disparar contra ela, de modo que muitos dos tiros a acertaram, pondo fim às suas misérias em um instante.

Vários homens, mulheres e crianças se esconderam em uma grande caverna, onde permaneceram por algumas semanas em segurança. Era costume que dois homens fossem, quando necessário, buscar suprimentos. Até que um dia, os homens foram vistos enquanto saíam e a caverna foi descoberta; pouco depois, uma tropa de católicos romanos apareceu diante dela. Os papistas que se reuniram nessa ocasião eram vizinhos e conhecidos íntimos dos protestantes na caverna; alguns eram parentes entre si. Os protestantes, portanto, saíram e imploraram que considerassem os laços de hospitalidade e de sangue, por serem velhos conhecidos e vizinhos, e não os matassem. Mas a superstição supera todo o sentimento natural de humanidade, de modo que os papistas, cegos pelo fanatismo, disseram que não podiam demonstrar misericórdia para com os hereges e, portanto, ordenaram que se preparassem para morrer. Ao ouvir isso, e conhecendo a obstinação fatal dos católicos romanos, todos os protestantes caíram prostrados, ergueram as mãos aos céus, elevaram seus corações a Deus e oraram com grande sinceridade e fervor; em seguida, curvaram-se, colocaram o rosto no chão e esperaram pacientemente seu destino, que logo foi decidido, pois os papistas caíram sobre eles com fúria incessante e, depois de cortá-los em pedaços, deixaram os corpos e membros mutilados na caverna.

Giovanni Salvagiot, ao passar por uma igreja católica romana sem tirar o chapéu em reverência, foi seguido por alguns membros da congregação, que se lançaram sobre ele e o mataram; Jacob Barrel e sua esposa foram aprisionados pelo conde de St. Secondo, um dos oficiais do duque de Saboia, que os entregou a um soldado, o qual cortou os seios da mulher e o nariz do homem e depois disparou contra a cabeça de ambos.

Anthony Guigo, protestante, mas vacilante na fé, foi a Periero com a intenção de renunciar à sua religião e adotar o papado. Comunicou suas intenções a alguns sacerdotes, que muito o elogiaram, e uma data foi marcada para sua retratação pública. Antes que chegasse o dia, Anthony se deu conta de sua perfídia, e sua consciência tanto o atormentou dia e noite, que decidiu não se retratar, mas fugir. Assim o fez, contudo logo perceberam sua ausência e o perseguiram, trazendo-o de volta. As tropas, no caminho, fizeram todo o possível para fazê-lo retomar os planos de retratar-se, mas, ao perceberem que seus esforços eram ineficazes, espancaram-no violentamente. Quando, então, aproximaram-se de um precipício, o homem aproveitou a oportunidade para pular e morreu despedaçado.

Um cavalheiro protestante, detentor de vasta fortuna, em Bobbio, ao ser provocado dia após dia pela insolência de um sacerdote, retrucou com grande severidade; disse, entre outras coisas, que o papa era o Anticristo, a missa era idolatria, o purgatório era uma farsa e a absolvição era uma trapaça. Para se vingar, o sacerdote contratou cinco rufiões violentos que, na mesma noite, invadiram a casa do cavalheiro e o atacaram ferozmente. Terrivelmente assustado, o homem caiu de joelhos e implorou misericórdia; os rufiões, porém, deram cabo de sua vida sem a menor hesitação.

Uma narrativa da guerra piemontesa

Os massacres e assassinatos já mencionados foram cometidos nos vales de Piemonte, quase devastando a maioria das cidades e vilarejos. Apenas um lugar não fora atacado, o que se devia à dificuldade de se aproximar; essa era a pequena comuna de Roras, situada sobre uma rocha.

À medida que a carnificina se abrandava em outros lugares, o conde de Christople, um dos oficiais do duque de Saboia, decidiu, se possível, dominar aquele local; e, com isso em mente, destacou trezentos homens para um ataque-surpresa.

Os habitantes de Roras, no entanto, tinham informações sobre a aproximação dessas tropas, e o capitão Joshua Gianavel, um corajoso e destemido oficial protestante, apresentou-se para liderar um pequeno regimento de cidadãos e preparou uma emboscada para atacar o inimigo em um pequeno desfiladeiro.

Quando as tropas apareceram e entraram no desfiladeiro, o único local pelo qual a cidade poderia ser alcançada, os protestantes os mantiveram sob um fogo inteligente e bem direcionado, mantendo-se ainda escondidos atrás dos arbustos, longe da vista do inimigo. Um grande número de soldados foi morto e o restante permaneceu sob fogo contínuo; não vendo ninguém a quem pudessem contra-atacar, acharam por bem recuar.

Os membros da pequena comunidade enviaram um memorando ao marquês de Pianessa, um dos oficiais gerais do duque, declarando: "Lamentamos, em qualquer situação, encontrarmo-nos na necessidade de portar armas; mas a abordagem secreta de um regimento de tropas, sem qualquer motivo ou qualquer aviso prévio nos informando o objetivo de sua vinda, alarmou-nos grandemente. Como é nosso costume nunca permitir que nenhum militar entre em nossa pequena comunidade, repelimos força pela força, e o faremos de novo, se necessário for. Mas, em todos os outros aspectos, somos súditos obedientes, favoráveis e leais ao nosso soberano, o duque de Saboia".

O marquês de Pianessa, para ter mais chances de iludir e surpreender os protestantes de Roras, enviou-lhes uma resposta: "Estou perfeitamente satisfeito com vosso comportamento, pois fizeram bem e até prestaram um serviço a seu país, pois os homens que tentaram passar pelo desfiladeiro não eram tropas minhas, ou por mim enviadas, mas um terrível bando de ladrões, que durante algum tempo infestaram essas regiões e foram um terror para o país vizinho". Para dar mais substância à sua traição, ainda publicou uma proclamação ambígua, aparentemente favorável aos habitantes.

No entanto, apenas um dia após essa proclamação plausível e conduta capciosa, o marquês enviou quinhentos homens para tomarem Roras, enquanto o povo, como ele pensava, era embalado em perfeita segurança por seu comportamento ilusório.

O capitão Gianavel, no entanto, não seria enganado com tanta facilidade; portanto, preparou uma emboscada para esse regimento, como havia feito para o primeiro, e os obrigou a recuarem com perdas consideráveis.

Embora tenha sido frustrado nessas duas tentativas, o marquês de Pianessa determinou uma terceira, que deveria ser ainda mais formidável; mas, primeiro, publicou imprudentemente outra proclamação, negando qualquer conhecimento da segunda tentativa.

Logo depois, setecentos excelentes soldados foram enviados à campanha, e, apesar do fogo dos protestantes, forçaram a passagem pelo desfiladeiro, entraram em Roras e começaram a assassinar todos os que cruzavam seu caminho, sem distinção de idade ou sexo. O capitão protestante Gianavel, à frente de um pequeno regimento, apesar de ter perdido o desfiladeiro, decidiu resistir à passagem deles em um acesso fortificado que levava à melhor e mais rica parte da cidade. Ali, teve êxito, mantendo um fogo contínuo, graças aos seus homens, todos exímios atiradores. O comandante católico romano ficou bastante surpreso com essa oposição, pois imaginava já ter superado todas as dificuldades. No entanto, esforçou-se para forçar a passagem, mas, sendo capaz de colocar apenas doze homens lado a lado de cada vez, e com os protestantes sendo protegidos por um parapeito, ficou perplexo com o punhado de homens que a ele se opunham.

Enfurecido pela perda de tantas tropas e com medo da desgraça, caso persistisse em tentar o que parecia tão impraticável, achou que o mais sábio seria recuar. Não desejando, no entanto, retirar seus homens pelo desfiladeiro pelo qual entrara, devido à dificuldade e perigo da empreitada, decidiu recuar em direção a Vilario, por outra passagem chamada Piampra, que, apesar de difícil acesso, era de fácil descida. Mas teve outro contratempo, pois o capitão Gianavel havia postado seu pequeno bando ali e feriu muito as tropas ao passarem, até mesmo perseguindo-as até entrarem em campo aberto.

O marquês de Pianessa, ao perceber que todas as suas tentativas foram frustradas e que todo artifício que usava servia apenas como um sinal de alarme para os habitantes de Roras, decidiu agir abertamente, e, assim, determinou que grandes recompensas seriam oferecidas a qualquer um que levantasse armas contra os obstinados hereges de Roras, como os chamava. Ainda determinou que qualquer oficial que os exterminasse seria recompensado esplendidamente.

Então contratou o capitão Mario, um católico romano fanático e um terrível rufião, para conduzir a campanha. Ele, portanto, obteve licença para criar um regimento nas seis cidades a seguir: Lucerna, Borges, Famolas, Bobbio, Begnal e Cavos.

Ao completar seu regimento, que consistia em mil homens, o capitão estabeleceu seu plano de não passar pelos desfiladeiros ou pelas passagens, mas tentar alcançar o cume de uma rocha, de onde imaginou poder espalhar suas tropas na cidade sem muita dificuldade ou oposição.

Os protestantes permitiram que as tropas católicas romanas quase conquistassem o cume do rochedo, sem lhes fazer nenhuma oposição ou sequer aparecer à vista; mas, quando as tropas estavam quase alcançando o topo, os protestantes empreenderam um ataque furioso contra elas, uma parte mantendo um fogo bem direcionado e constante, e outra parte rolando pedras enormes em sua direção.

Isso interrompeu a investida das tropas papistas: muitos foram mortos pelos mosquetes, e muitos mais pelas pedras, que os derrubaram do precipício. Vários caíram vítimas da própria pressa, pois, ao tentarem um recuo precipitado, caíram e foram despedaçados. O próprio capitão Mario por pouco escapou com vida, pois caiu de uma escarpa em um rio que banhava a base da rocha. Foi levado sem sentidos e mais tarde veio a recobrá-los, mas adoeceu devido aos ferimentos por um longo tempo. Por fim, sua saúde se deteriorou em Lucerna, onde morreu.

Outro regimento recebeu ordens para fazer um ataque contra Roras a partir do acampamento de Vilario; mas estes também foram derrotados, por meio de uma emboscada dos protestantes, e obrigados a recuar novamente para o acampamento de Vilario.

Depois de cada uma dessas esmagadoras vitórias, o capitão Gianavel proferia o devido discurso a seus homens, fazendo-os ajoelhar-se e render graças ao Todo-Poderoso por sua proteção providencial; então, costumava concluir com o décimo primeiro Salmo no qual o indivíduo deposita sua confiança em Deus.

O marquês de Pianessa encolerizou-se profundamente por ter sido tão rechaçado pelos poucos habitantes de Roras. Portanto, decidiu tentar a expulsão de uma maneira que dificilmente poderia fracassar.

Com isso em mente, ordenou que todas as milícias católicas romanas do Piemonte fossem convocadas e treinadas. Cumpridas as suas ordens, juntou às milícias oito mil soldados profissionais e, dividindo o todo em três regimentos distintos, planejou que três importantes ataques ocorressem simultaneamente, a menos que o povo de Roras, a quem enviou relato de seus grandes preparativos, cumprisse as seguintes condições:

1. Pedir perdão por pegar em armas.
2. Pagar as despesas de todas as incursões enviadas contra eles.
3. Reconhecer a infalibilidade papal.
4. Ir à missa.
5. Orar aos santos.
6. Usar barba.
7. Entregar seus ministros.
8. Entregar seus professores.
9. Adotar a confissão.
10. Pagar empréstimos para a libertação de almas do purgatório.
11. Entregar o capitão Gianavel, para que fizessem com ele conforme lhes aprouvesse.
12. Entregar os presbíteros de sua igreja, para que fizessem com eles conforme lhes aprouvesse.

Os habitantes de Roras, ao tomarem conhecimento de tais condições, foram tomados por justa indignação e, em resposta, enviaram mensagem ao marquês dizendo que muito mais preferiam sofrer três das coisas mais desagradáveis à humanidade, como:

1. Terem suas propriedades apreendidas.
2. Terem suas casas queimadas.
3. Serem assassinados.

Exasperado com essa mensagem, o marquês lhes enviou esta lacônica epístola:

"Para os rebeldes hereges que habitam Roras,

Logo tereis o que desejais, pois as tropas enviadas contra vós têm ordens rigorosas para saquear, queimar e matar.

PIANESSA."

Os três exércitos foram então acionados e instruídos a atacarem da seguinte maneira: o primeiro, pelas rochas do Vilario; o segundo, pela passagem de Bagnol; e o terceiro, pelo desfiladeiro de Lucerna.

As tropas entraram à força graças à sua superioridade numérica e, tendo conquistado as rochas, a passagem e o desfiladeiro, começaram a fazer as mais horríveis depredações e a perpetrar as maiores crueldades. Homens foram enforcados, queimados, torturados até a morte ou esquartejados; mulheres foram rasgadas, crucificadas, afogadas ou atiradas de precipícios; e crianças foram atacadas por lanças, cortadas em pedaços, tiveram a garganta cortada ou o cérebro esmagado. Cento e vinte e seis morreram dessa maneira, no dia em que conquistaram a cidade.

Segundo as ordens do marquês de Pianessa, também saquearam as propriedades e queimaram as casas dos habitantes. Vários protestantes, no entanto, escaparam, sob a liderança do capitão Gianavel, cuja esposa e filhos infelizmente foram feitos prisioneiros e enviados sob forte guarda para Turim.

O marquês de Pianessa escreveu uma carta para o capitão Gianavel e libertou um prisioneiro protestante para que pudesse entregá-la. A carta dizia que, se o capitão adotasse a religião católica romana, seria indenizado por todas as suas perdas desde o início da guerra; sua esposa e filhos seriam de imediato libertos e ele próprio seria honrosamente promovido no exército do duque de Saboia. Mas, caso se recusasse, sua esposa e filhos seriam mortos, e uma recompensa tão generosa seria dada a quem o trouxesse, vivo ou morto, que até alguns de seus amigos em quem mais confiasse seriam tentados a traí-lo, pela enormidade da soma.

A essa epístola, o corajoso Gianavel enviou a seguinte resposta:

"Meu senhor marquês,

Não há tormento tão grande ou morte tão cruel quanto abjurar minha religião: assim, vossas promessas são ineficazes, e as ameaças apenas me fortalecem em minha fé.

A respeito de minha esposa e filhos, meu senhor, nada pode me afligir mais do que pensar em seu confinamento, ou ser mais terrível à minha imaginação do que concebê-los sofrendo uma morte violenta e cruel. Sinto profundamente toda a ternura de marido e pai; meu coração está repleto de compaixão. Sofreria qualquer tormento para resgatá-los do perigo e morreria para preservá-los.

Mas, tendo dito isso, senhor, garanto-vos que suas vidas não custarão minha salvação. Vós os tendes em vosso poder, é verdade; mas meu consolo é que vosso poder é apenas uma autoridade temporária sobre seus corpos: podeis destruir a parte mortal, mas suas almas imortais estão fora de vosso alcance e viverão para prestar testemunho contra vós por vossas crueldades na outra vida. Portanto, eu os confio e a mim mesmo a Deus e oro para que vosso coração seja redimido.

JOSHUA GIANAVEL."

Esse bravo oficial protestante, após escrever a carta acima, retirou-se para os Alpes, junto a seus seguidores; e, após um grande número de outros protestantes fugitivos se juntarem a ele, fizeram contínuas incursões contra seus inimigos.

Um dia, após deparar com um regimento de tropas papistas perto de Bibiana, embora em número inferior, atacou-os com grande ferocidade e fez com que debandassem, sem perder um único homem sequer, embora ele próprio tenha sido atingido na perna durante o combate, por um soldado que se escondera atrás de uma árvore; mas Gianavel, percebendo a origem do disparo, apontou a arma para o local e liquidou a pessoa que o havia ferido.

O capitão Gianavel, ao ouvir que um certo capitão chamado Jahier havia reunido um considerável corpo de protestantes, escreveu a ele uma carta, propondo uma junção de suas forças. O capitão Jahier imediatamente concordou com a proposta e marchou diretamente para encontrar Gianavel.

Com a junção de forças concluída, planejaram atacar uma cidade (habitada por católicos romanos) chamada Garcigliana. O ataque foi executado com muita coragem, mas, quando na última hora um reforço de cavalaria e infantaria, do qual os protestantes nada sabiam, adentrou a cidade, foram repelidos; contudo, fizeram uma retirada magistral e perderam apenas um homem na ação.

O ataque seguinte das forças protestantes foi contra St. Segundo. Atacaram com grande vigor, mas encontraram uma forte resistência das tropas católicas romanas, que fortificaram as ruas e se entrincheiraram nas casas, de onde derramaram balas de mosquete em números prodigiosos. Os protestantes, no entanto, avançaram, cobertos sob um grande número de tábuas, que alguns seguravam sobre suas cabeças, para protegê-los dos tiros do inimigo nas casas, enquanto outros mantinham um fogo bem direcionado, de modo que as casas e os entrincheiramentos logo foram arrombados e a cidade, tomada.

Na cidade, encontraram uma quantidade prodigiosa de saques, que haviam sido tomados dos protestantes em diferentes momentos e lugares, e que foram acumulados em armazéns, igrejas, habitações etc. Logo foram removidos para um local seguro, para serem distribuídos, com a maior isonomia possível, entre os necessitados.

Esse ataque bem-sucedido foi feito com tanta habilidade e coragem que custou muito pouco à parte vencedora, com apenas dezessete mortos e vinte e seis feridos entre os protestantes; enquanto os papistas sofreram uma perda de nada menos que quatrocentos e cinquenta mortos e quinhentos e onze feridos.

Cinco oficiais protestantes, Gianavel, Jahier, Laurentio, Genolet e Benet, engendraram um plano para surpreender Biqueras. Para esse fim, marcharam liderando seus cinco respectivos regimentos e, de acordo com o plano, deveriam fazer o ataque ao mesmo tempo. Os capitães Jahier e Laurentio passaram por dois desfiladeiros na floresta e chegaram ao local em segurança, ocultos; mas os outros três regimentos marcharam através de campo aberto e, consequentemente, ficaram mais expostos a ataques.

Quando os católicos romanos soaram o alarme, um grande número de tropas foi enviado para socorrer Biqueras, vindas de Cavors, Bibiana, Feline, Campiglione e alguns outros lugares vizinhos. Ao se unirem, decidiram atacar os três grupos de protestantes que marchavam através do campo aberto.

Os oficiais protestantes, percebendo a intenção do inimigo, não muito distantes um do outro, uniram forças com grande presteza e se dispuseram em formação de batalha.

Enquanto isso, os capitães Jahier e Laurentio haviam assaltado a cidade de Biqueras e queimado todas as dependências externas para fazer suas incursões com maior facilidade. Contudo, não sendo apoiados como esperavam pelos outros três capitães protestantes, enviaram um mensageiro em um cavalo veloz, em direção ao campo aberto, para saber o motivo.

O mensageiro logo retornou e informou que os três capitães protestantes não poderiam apoiar seus procedimentos, pois eles próprios foram atacados por uma força muito superior na planície, e mal podiam suportar o desigual conflito.

Os capitães Jahier e Laurentio, ao tomarem conhecimento disso, decidiram interromper o ataque a Biqueras e prosseguir, com a maior rapidez possível, em socorro de seus amigos na planície. Esse plano se provou essencial para socorrê-los, pois, assim que chegaram ao local onde os dois exércitos se enfrentavam, as tropas papistas começaram a prevalecer e estavam a ponto de flanquear a ala esquerda, comandada pelo capitão Gianavel. A chegada dessas tropas virou o jogo em favor dos protestantes, e as forças papistas, embora lutassem com a mais obstinada intrepidez, foram totalmente derrotadas. Houve grande número de mortos e feridos, de ambos os lados, e as fardagens, provisões militares etc. levadas pelos protestantes foram consideráveis.

O capitão Gianavel, de posse de informações de que trezentos homens do inimigo iriam transportar uma grande quantidade de mantimentos, provisões etc., de La Torre ao castelo de Mirabac, decidiu atacá-los no caminho. Iniciou o ataque em Malbec, embora dispusesse de uma força muito inadequada. A disputa foi longa e sangrenta, mas os protestantes foram obrigados a ceder à superioridade numérica e recuar, o que fizeram com muita ordem e poucas perdas.

O capitão Gianavel avançou para um posto elevado, situado próximo à cidade de Vilario, e depois enviou as seguintes informações e comandos aos seus habitantes.

1. Que atacaria a cidade em vinte e quatro horas.
2. Que, a respeito dos católicos romanos que portavam armas, pertencentes ou não ao exército, agiria segundo a lei da retaliação e iria matá-los pelas numerosas depredações e muitos assassinatos cruéis que cometeram.
3. Que todas as mulheres e crianças, qualquer que fosse sua religião, estariam seguras.
4. Que todos os protestantes saíssem da cidade e se juntassem a ele.
5. Que todos os apóstatas, que por fraqueza tivessem abjurado sua religião, seriam considerados inimigos, a menos que renunciassem à sua abjuração.
6. Todos os que retornassem ao seu dever para com Deus e para consigo mesmos deveriam ser recebidos como amigos.

Os protestantes deixaram imediatamente a cidade e se juntaram ao capitão Gianavel com grande satisfação, e os poucos que, por fraqueza ou medo, haviam abjurado sua fé, retrataram-se de sua abjuração e foram recebidos no seio da Igreja. Como o marquês de Pianessa havia removido o exército e acampado em uma parte bastante diferente do país, os católicos romanos de Vilario julgaram que seria tolice tentar defender o local com a pequena força que tinham. Portanto, fugiram com a maior urgência, deixando a cidade e a maior parte de suas propriedades ao critério dos protestantes.

Os comandantes protestantes, após convocarem um conselho de guerra, decidiram organizar um ataque contra a cidade de La Torre.

Os papistas, ao serem informados do plano, destacaram algumas tropas para defender um desfiladeiro, através do qual os protestantes deveriam marchar; mas foram derrotados, obrigados a abandonar o desfiladeiro e forçados a recuar para La Torre.

Os protestantes prosseguiram em sua marcha, e as tropas de La Torre, em resposta à sua aproximação, fizeram uma furiosa arremetida, mas foram repelidos com grandes perdas e obrigados a procurar abrigo na cidade. O governador agora pensava apenas em defender o local, que os protestantes começaram a atacar em formação; mas, depois de muitos ataques corajosos e furiosas investidas, os comandantes decidiram abandonar a empreitada por várias razões, sobretudo por julgarem o local bem protegido, seus próprios números muito fracos e sua artilharia inadequada para a tarefa de derrubar suas muralhas.

Ao tomarem essa decisão, os comandantes protestantes iniciaram uma retirada magistral e a conduziram com tal formação que o inimigo optou por não os perseguir, nem atacou sua retaguarda, o que poderia ter feito enquanto passavam pelo desfiladeiro.

No dia seguinte, reagruparam-se, inspecionaram o exército e descobriram que eram um total de quatrocentos e noventa e cinco homens. Então, organizaram um conselho de guerra e planejaram uma empreitada mais fácil: atacariam a comunidade de Crusol, um lugar habitado pelos mais fanáticos católicos romanos e que haviam praticado, durante as perseguições, as mais inauditas crueldades contra os protestantes.

O povo de Crusol, ao tomar conhecimento do plano contra eles, fugiu para uma fortaleza vizinha, situada em uma rocha, onde os protestantes não podiam alcançá-los, pois poucos homens podiam barrar seu acesso mesmo contra um numeroso exército. Assim, protegeram seu povo, mas estavam com muita pressa para proteger suas propriedades, da qual a maior parte havia sido saqueada dos protestantes, e agora, felizmente, caíra novamente na posse dos proprietários por direito. Consistia em muitos artigos valiosos, bem como o que, na época, era de muito mais importância, a saber, uma grande quantidade de provisões militares.

No dia seguinte à partida dos protestantes, oitocentas tropas chegaram em auxílio do povo de Crusol, tendo sido despachadas de Lucerna, Biqueras, Cavors etc. Mas, percebendo que era tarde demais e que a busca seria inútil, para não voltar de mãos vazias, começaram a saquear as aldeias vizinhas, embora o que tenham saqueado fosse de seus amigos. Depois de coletar um saque considerável, começaram a dividi-lo, mas, discordando da divisão, passaram de palavras a socos, causaram grande estrago e depois saquearam uns aos outros.

No mesmo dia em que os protestantes foram tão bem-sucedidos em Crusol, alguns papistas marcharam com o intuito de saquear e queimar a pequena vila protestante de Rocappiatta, mas no caminho se encontraram com as forças protestantes pertencentes aos capitães Jahier e Laurentio, que estavam postados na colina de Angrogne. O embate que se seguiu foi banal, pois os católicos romanos, ao primeiro ataque, recuaram em grande desordem e foram perseguidos com muitas perdas. Depois que a perseguição terminou, algumas das tropas papistas dispersadas encontraram um pobre camponês protestante, amarraram uma corda ao redor de sua cabeça e a esticaram até que seu crânio fosse completamente esmagado.

O capitão Gianavel e o capitão Jahier organizaram um plano para atacar Lucerna; mas, como o capitão Jahier não conseguiu reunir suas forças a tempo, o capitão Gianavel decidiu executar o plano sozinho.

Dirigiu-se, portanto, em marcha forçada, ao local durante toda a noite, e estava perto de chegar ao amanhecer. Cuidou primeiramente de cortar os canos que levavam água para a cidade e depois quebrar a ponte, a única pela qual as provisões do país poderiam entrar.

Então, atacou o local e logo se apoderou de dois dos postos avançados; mas, ao descobrir que não poderia tomar o local, prudentemente recuou com pouquíssimas perdas, culpando o capitão Jahier pelo grande fracasso da empreitada.

Os papistas foram informados de que o capitão Gianavel estava em Angrogne com sua própria companhia apenas e decidiram surpreendê-lo, se possível. Portanto, um grande número de tropas foi destacado de La Torre e de outros lugares: um grupo deles subiu ao topo de uma montanha, sob a qual estava acampado; e a outra parte pretendia tomar o portão de São Bartolomeu.

Os papistas estavam certos de que capturariam o capitão Gianavel e cada um de seus homens, pois estes eram apenas trezentos, e os papistas contavam com dois mil e quinhentos. Seus planos, no entanto, foram providencialmente frustrados, pois um dos soldados papistas tocou uma trombeta de maneira imprudente antes que o sinal de ataque fosse dado. O capitão Gianavel fez soar o alarme e posicionou sua pequena companhia tão vantajosamente no portão de São Bartolomeu e no desfiladeiro pelo qual o inimigo deveria descer a partir das montanhas que as tropas católicas romanas falharam em ambos os ataques e foram rechaçadas com perdas bastante consideráveis.

Logo depois, o capitão Jahier chegou a Angrogne e juntou suas forças às do capitão Gianavel, dando razões suficientes para justificar seu fracasso mencionado anteriormente. O capitão Jahier agora fazia várias incursões secretas com grande sucesso, sempre selecionando as tropas mais atuantes, pertencentes a Gianavel e a ele próprio. Um dia, quando liderava quarenta e quatro homens em uma expedição, ao entrar em uma planície perto de Ossac, foi de repente cercado por uma grande cavalaria. O capitão Jahier e seus homens lutaram desesperadamente, embora oprimidos pelas condições adversas, e mataram o comandante em chefe, três capitães e cinquenta e sete soldados do inimigo. Mas o próprio capitão Jahier foi morto, com trinta e cinco de seus homens, enquanto o restante se rendeu. Um dos soldados cortou a cabeça do capitão Jahier, levou-a para Turim e a apresentou ao duque de Saboia, que o recompensou com seiscentos ducados.

A morte desse cavalheiro foi uma perda significativa para os protestantes, pois era um verdadeiro amigo e companheiro da Igreja reformada. Possuía um espírito destemido, de modo que nenhuma dificuldade o impedia de levar uma empreitada a cabo, e nenhum perigo o aterrorizava em sua missão. Era piedoso sem presunção e humano sem fraqueza, ousado no campo de batalha, manso na vida doméstica, de um gênio penetrante, ativo em espírito e resoluto em todos os seus intentos.

Para aumentar a aflição dos protestantes, o capitão Gianavel foi, logo depois, ferido de tal maneira que foi obrigado a se recolher ao leito. Os infortúnios, no entanto, concederam-lhes nova coragem, e eles decidiram não deixar sua determinação se abalar, atacando um corpo de tropas papistas com grande intrepidez. Os protestantes eram muito inferiores em número, mas lutaram com mais bravura que os papistas e, finalmente, os dispersaram, com considerável massacre. Durante a ação, um sargento chamado Michael Bertino foi morto, ao que seu filho, que estava logo atrás dele, saltou para seu lugar e disse: "Perdi meu pai; mas coragem, companheiros soldados, Deus é um pai para todos nós".

Da mesma maneira, ocorreram várias escaramuças entre as tropas de La Torre e Tagliaretto e as forças protestantes, que em geral terminavam em favor destas.

Um cavalheiro protestante, chamado Andrion, formou um regimento de cavalaria e assumiu seu comando. *Sir* John Leger convenceu um grande número de protestantes a se organizarem em batalhões voluntários; e um excelente oficial, chamado Michelin, estabeleceu vários contingentes de tropas leves. Todos estes se juntaram aos remanescentes das tropas protestantes veteranas (pois grande número se perdeu nas várias batalhas, escaramuças, cercos etc.), constituindo um exército respeitável, que os oficiais achavam adequado para montar acampamento próximo a St. Giovanni.

Os comandantes católicos romanos, alarmados com a aparência formidável e o aumento da força dos contigentes protestantes, decidiram desalojá-los de seu acampamento. Seguindo esse plano, reuniram um grande batalhão, consistindo na maior parte das guarnições das cidades católicas romanas, os recrutados das brigadas irlandesas, um grande número de soldados profissionais enviados pelo marquês de Pianessa, tropas auxiliares e batalhões independentes.

Tais grupos, tendo formado uma aliança, acamparam próximo aos protestantes e passaram vários dias convocando conselhos de guerra e debatendo sobre o modo mais apropriado de proceder. Alguns eram favoráveis a saquear a região, a fim de atrair os protestantes para longe de seu acampamento; outros preferiam esperar pacientemente até serem atacados; e um terceiro grupo era favorável a atacar o acampamento protestante e tentar dominar tudo o que nele havia.

O último plano prevaleceu, e a manhã seguinte à decisão foi escolhida para executá-lo. As tropas católicas romanas foram separadas em quatro divisões, três das quais deveriam fazer ataques em diferentes pontos; a quarta deveria permanecer como reserva para agir conforme a ocasião exigisse.

Um dos oficiais católicos romanos, antes do ataque, ordenou a seus homens:

"Companheiros soldados, vós agora entrareis em uma grande batalha, que vos trará fama e riquezas. Os motivos de agirdes com bravura são igualmente da mais importante natureza: a honra de mostrar lealdade a vosso soberano, o prazer de derramar sangue herético e a perspectiva de saquear o campo protestante. Então, meus bravos companheiros, atacai, não deis trégua, matai todos que encontrarem e levai tudo o que alcançardes."

Após esse desumano discurso, a batalha começou e o campo protestante foi atacado em três lugares com fúria inconcebível. A batalha foi travada com grande obstinação e perseverança de ambos os lados, prosseguindo sem cessar por quatro horas, pois os vários batalhões de ambos os lados se revezavam alternadamente e, dessa forma, mantinham um fogo contínuo durante todo o combate.

Durante o engajamento dos exércitos principais, foi enviado um destacamento do corpo de reserva para atacar o posto de Castelas, que, se os papistas tivessem conquistado, teria lhes dado o controle sobre os vales de Perosa, São Martinho e Lucerna, mas foram repelidos com grandes perdas e obrigados a retornar ao corpo de reserva, de onde haviam sido destacados.

Logo após o retorno desse destacamento, as tropas católicas romanas, pressionadas duramente na batalha principal, pediram que o batalhão reserva viesse em seu apoio. Estes marcharam em seu auxílio e por algum tempo mantiveram a contenda incerta, mas no final prevaleceu o valor dos protestantes, e os papistas foram derrotados, com perdas de mais de trezentos homens mortos e muitos outros feridos.

Quando o síndico de Lucerna, que era de fato um papista, mas não um fanático, viu o grande número de homens feridos trazidos para aquela cidade, exclamou: "Ah! Pensei que os lobos costumavam devorar os hereges, mas agora vejo os hereges comerem os lobos". Essa expressão foi relatada ao sr. Marolles, comandante em chefe da Igreja Católica Romana em Lucerna, que enviou uma carta muito séria e ameaçadora ao síndico. Este ficou tão apavorado que o susto o deixou com febre, e ele morreu alguns dias depois.

Essa grande batalha foi travada pouco antes do início da colheita, quando os papistas, exasperados com sua desgraça e decididos a qualquer tipo de vingança, espalharam-se à noite em grupos dispersos entre os melhores campos de milho dos protestantes e atearam fogo em diversos pontos. Alguns desses dispersos grupos, no entanto, sofreram por sua conduta, pois os protestantes, alarmados à noite pelo fogo que ardia em meio ao milho, perseguiram os fugitivos de manhã cedo e, alcançando a muitos, os mataram. Da mesma forma, o capitão protestante Bellin, em retaliação, foi com um regimento de tropas leves e incendiou os subúrbios de La Torre, fazendo sua retirada em seguida com pouquíssimas perdas.

Alguns dias depois, o capitão Bellin, com um regimento muito mais forte, atacou a cidade de La Torre e, ao fazerem uma abertura em uma parede do convento, seus homens entraram, dirigindo-se para a cidadela e queimando tanto a cidade como o convento. Depois de terem feito isso, bateram em retirada ordenadamente, pois não podiam capturar a cidadela por falta de artilharia.

Um relato das perseguições de Miguel de Molinos, um nativo da Espanha

Miguel de Molinos, um espanhol de linhagem rica e honrada, foi ordenado sacerdote quando jovem, mas não aceitou usar de qualquer privilégio na Igreja. Possuía grandiosas habilidades naturais, que dedicou ao serviço de seus semelhantes, sem nunca ter em vista o próprio emolumento. Seu procedimento era piedoso e constante; jamais exerceu as austeridades comuns entre as ordens religiosas da Igreja de Roma.

Possuía uma mentalidade contemplativa, por isso seguiu a trilha dos teólogos místicos e, tendo adquirido excelente reputação na Espanha, desejoso de propagar seu sublime modo de devoção, deixou seu próprio país e se estabeleceu em Roma. Ali, logo se conectou com alguns dos mais ilustres dentre os literatos, os quais aprovavam tanto suas máximas religiosas que concordaram em ajudá-lo a propagá-las. Em pouco tempo, obteve muitos seguidores, que, devido ao sublime modo de ser de sua religião, foram distinguidos pelo nome de quietistas.

Em 1675, Molinos publicou um livro intitulado *Il Guida Spirituale* (O Guia Espiritual), ao qual foram acrescentadas cartas de recomendação de vários grandes personagens. Entre eles, estavam o arcebispo de Reggio, o general dos franciscanos e o padre Martin de Esparsa, um jesuíta, que havia sido professor de teologia em Salamanca e Roma.

Assim que publicado, o livro foi amplamente lido e muito prestigiado, tanto na Itália quanto na Espanha. Tal ocasião elevou a reputação do autor de tal maneira que o contato com ele era cobiçado pelos mais respeitáveis nomes. Foram-lhe enviadas cartas por parte de várias pessoas, para que se estabelecesse uma comunicação entre ele e os que aprovavam seu método em diferentes partes da Europa. Alguns sacerdotes seculares, tanto em Roma como em Nápoles, declararam-se abertamente a favor de suas ideias e o consultavam, como uma espécie de oráculo, em muitas ocasiões. Mas aqueles que se apegaram a ele com maior sinceridade foram alguns dos pais da oratória; em particular três dos mais eminentes, a saber, Caloredi, Ciceri e Petrucci. Muitos dos cardeais também buscavam conhecê-lo e se sentiam contentes quando incluídos entre seus amigos. O mais distinto deles foi o cardeal d'Estrees, um homem de grande erudição, o qual aprovou tão fortemente as máximas de Molinos que estabeleceu uma estreita ligação com ele. Conversavam todos os dias e, apesar da desconfiança natural que um espanhol tem de um francês, Molinos, que era sincero em seus princípios, manteve a mente aberta sem reservas para o cardeal; assim, estabeleceu-se uma relação entre Molinos e algumas personalidades distintas na França.

Enquanto Molinos trabalhava para propagar seu método religioso, o padre Petrucci escreveu vários tratados relativos a uma vida contemplativa. Contudo, não só misturou neles uma série de regras para as devoções da Igreja romana como mitigou a censura em que poderia ter incorrido. Foram escritos principalmente para o uso das freiras e, portanto, os tratados foram enunciados em um estilo fácil e familiar.

Molinos adquirira tamanha reputação que os jesuítas e dominicanos começaram a ficar bastante alarmados e decidiram interromper o progresso de seu método. Para tal, era necessário condenar o autor; como a heresia é a acusação que causa a impressão mais forte em Roma, Molinos e seus seguidores foram considerados hereges. Alguns dos jesuítas também escreveram livros contra Molinos e seu método; entretanto, todos eles foram respondidos com sagacidade por Molinos.

Essas disputas causaram tanta perturbação em Roma que o caso chegou ao conhecimento da Inquisição. Molinos e seu livro, bem como o padre Petrucci, com seus tratados e cartas, foram submetidos a um exame severo, cujos acusadores eram os jesuítas. Um dos membros da sociedade, de fato, aprovara o livro de Molinos, mas o restante cuidava para que não fosse visto em Roma. No decorrer do exame, Molinos e Petrucci se saíram tão bem que seus livros foram aprovados de novo, e as respostas escritas pelos jesuítas, censuradas e consideradas escandalosas.

A conduta de Petrucci em tal ocasião foi tão satisfatória que não apenas aumentou a credibilidade da causa, como também contribuiu para seu próprio emolumento, pois logo foi nomeado bispo de Jesus, o que foi uma nova declaração do papa a seu favor. Seus livros tornaram-se mais valorizados do que nunca, seu método ganhou mais seguidores, e a novidade trazida com a nova aprovação dada após tão vigorosa acusação por parte dos jesuítas contribuiu para aumentar o crédito e o número de seus partidários.

A conduta do padre Petrucci em sua nova dignidade contribuiu tanto para aumentar sua reputação que seus inimigos não estavam mais dispostos a lhe causar outras perturbações; aliás, havia menos razão de censura em seus escritos que nos de Molinos. Algumas passagens nos escritos de Molinos não foram expressas com tanta cautela, mas davam espaço para os que fizessem objeções. Por outro lado, Petrucci se expressava de forma completa, embora dispusesse da mesma facilidade para remover as objeções feitas a alguns trechos de seus escritos.

A grandiosa reputação adquirida por Molinos e Petrucci causou um aumento diário na quantidade de quietistas. Todos os que eram considerados sinceramente devotos, ou ao menos afetavam sê-lo, eram contabilizados entre os números. Notava-se que essas pessoas se tornaram mais rigorosas em sua vida e devoção mental, no entanto pareciam ter menos zelo em sua conduta quanto a todas as cerimônias da Igreja. Não eram tão assíduas à missa, nem tão diligentes em realizar missas por seus amigos; tampouco eram vistas se confessando ou participando de procissões.

Embora a nova aprovação dada pela Inquisição ao livro de Molinos tenha detido o procedimento de seus inimigos, eles ainda se opunham fortemente a ele em seus corações e se mantinham determinados a, se possível, arruiná--lo. Insinuavam que seus desígnios eram ruins e que ele era, em seu coração, um inimigo da religião cristã; que, sob o pretexto de elevar os homens a uma sublime espécie de devoção, pretendia apagar de suas mentes o sentido dos mistérios do cristianismo. Além disso, diziam que, por ser espanhol, descendia de uma raça judaica ou maometana e poderia carregar em seu sangue ou em sua primeira educação algumas sementes daquelas religiões, que poderia haver cultivado com a mesma arte e semelhante zelo. Essa última calúnia ganhou pouco crédito em Roma, embora se diga que uma ordem foi enviada para que examinassem os registros do local onde Molinos havia sido batizado.

Molinos, que se viu intensamente atacado e cercado pela mais implacável malícia, tomou todas as precauções necessárias para impedir que essas acusações lhe fossem creditadas. Escreveu um tratado, intitulado "Comunhão frequente e diária", que também foi aprovado por alguns dos mais instruídos do clero romano. Tal texto foi impresso com seu *Guia Espiritual*, no ano de 1675; e, no prefácio, ele declarou que não o havia escrito com nenhum objetivo de se envolver em questões de controvérsia, mas que ele nascera pelas solicitações sinceras de muitas pessoas piedosas.

Os jesuítas, fracassando em suas tentativas de esmagar o poder de Molinos em Roma, apelaram à corte da França, onde, em pouco tempo, conseguiram que uma ordem fosse enviada ao cardeal d'Estrees, ordenando que este processasse Molinos com todo o rigor possível. O cardeal, embora fortemente ligado a Molinos, decidiu sacrificar tudo o que há de mais sagrado em uma amizade para cumprir a vontade de seu mestre. Ao perceber, no entanto, que não havia acusações suficientes contra ele, decidiu suprir a necessidade com as próprias mãos. Foi, portanto, aos inquisidores e os informou de acerca de vários detalhes, não apenas em relação a Molinos, mas também a Petrucci, os quais, com vários de seus amigos, foram submetidos à Inquisição.

Quando apresentado aos inquisidores (no começo de 1684), Petrucci respondeu às perguntas que lhe foram dirigidas com tanto discernimento e disposição que logo foi dispensado. E, embora o exame de Molinos tenha sido muito mais longo, era de esperar que fosse igualmente dispensado; contudo, não foi assim que aconteceu. Embora os inquisidores não tivessem nenhuma acusação justa contra ele, esforçaram-se ao máximo para considerá-lo culpado de heresia. Primeiro contestaram que mantivesse correspondência em diferentes partes da Europa; mas disso foi absolvido, pois o assunto dessa correspondência não constituía crime. Então, voltaram sua atenção para alguns documentos suspeitos encontrados em seus aposentos; todavia, Molinos explicou tão claramente o que eram, que nada poderia ser feito por causa deles que o prejudicasse. Por fim, o cardeal d'Estrees, depois de apresentar a ordem enviada pelo rei da França para processar Molinos, disse que tinha contra ele mais provas do que o necessário para convencê-los de que era culpado de heresia. Para fazê-lo, perverteu o significado de algumas passagens nos livros e jornais de Molinos e relatou muitas circunstâncias falsas e agravantes em relação ao prisioneiro. Reconheceu que havia vivido com ele sob a aparência de amizade, mas que o havia feito apenas para descobrir seus princípios e intenções; disse que os considerava de natureza má e que provavelmente resultariam em consequências perigosas.

Contudo, a fim de fazer uma apuração completa, consentiu em várias coisas que, em seu coração, detestava; e que, por esses meios, descobriu os segredos de Molinos, mas decidiu não lhes dar atenção até que uma oportunidade adequada se apresentasse, para que pudesse esmagar a ele e a seus seguidores.

Em consequência das evidências de d'Estrees, Molinos foi confinado pela Inquisição, e assim permaneceu por algum tempo, período em que tudo ficou quieto, e seus seguidores continuaram a seguir seu método sem interrupção alguma. Até que, de repente, os jesuítas decidiram extirpá-los, e a tempestade eclodiu com a mais inveterada veemência.

O conde Vespiniani e sua esposa, bem como Dom Paulo Rocchi, confessor do príncipe Borghese, e parte de sua família, com vários outros (um total de setenta pessoas), foram submetidos à Inquisição, entre os quais muitos eram altamente estimados por sua erudição e piedade. A acusação lançada contra o clero foi a negligência em recitar o breviário; os outros foram acusados de irem à Comunhão sem antes observarem a confissão. Em suma, dizia-se que negligenciavam todas as partes externas da religião e se entregavam inteiramente ao isolamento e à oração íntima.

A condessa Vespiniani se manifestou de maneira muito particular em seu exame perante os inquisidores. Disse que nunca havia revelado seu método de devoção a nenhum mortal além de seu confessor e que era impossível que soubessem disso sem que este revelasse o segredo; que, portanto, era hora de abandonar a confissão, uma vez que os padres faziam uso dela para descobrir os pensamentos mais secretos que lhes eram confiados; e que, no futuro, confessaria apenas a Deus.

A partir desse discurso espirituoso e do grande tumulto causado pela situação da condessa, os inquisidores acharam prudente dispensar a ela e ao marido, para que o povo não se irritasse e sua fala não diminuísse a credibilidade da confissão. Foram, portanto, ambos dispensados, mas obrigados a comparecer sempre que chamados.

Além dos já mencionados, mais de duzentas pessoas foram submetidas à Inquisição no período de um mês, tal era a persistência dos jesuítas contra os quietistas. E esse método, que havia passado pela Itália como o mais elevado método de devoção que um mortal pudesse almejar, era considerado herético, e os principais promotores dele estavam confinados a uma miserável masmorra.

Ansiosos por extirpar o quietismo, os inquisidores enviaram uma carta circular ao cardeal Cibo, ministro-chefe, para divulgá-la pela Itália. Ela foi endereçada a todos os prelados, informando-os de que, visto que muitas escolas e fraternidades foram estabelecidas em várias partes da Itália, algumas pessoas, sob o pretexto de guiar a outros nos caminhos do Espírito por meio de orações íntimas, instilaram muitas heresias abomináveis; portanto, foi expressa uma ordem para dissolver todas essas sociedades e obrigar o guia espiritual a seguir os caminhos convencionais, zelando especialmente para que nenhum desses tipos chegasse a cuidar da direção dos conventos.

Da mesma forma, foram dadas ordens para proceder, no caminho da justiça, contra aqueles que deveriam ser considerados culpados desses equívocos abomináveis.

Depois disso, foi feita uma investigação rigorosa em todos os conventos de Roma, quando se descobriu que a maioria dos diretores e confessores estava envolvida nesse novo método. Verificou-se que os carmelitas, as freiras da Conceição e as de vários outros conventos entregavam-se totalmente à oração e à contemplação, e que, em vez de se dedicarem aos seus terços e a outras devoções aos santos ou imagens, passavam longos períodos em isolamento, amiúde aplicando-se ao exercício da oração silenciosa. Quando lhes perguntaram por que haviam deixado de lado o uso de seus terços e formas antigas, a resposta foi que seus diretores os haviam aconselhado a fazê-lo. Dadas essas informações à Inquisição, enviaram ordens para que todos os livros escritos na mesma linha de pensamento de Molinos e Petrucci fossem retirados deles e que fossem obrigados a retornar à sua forma original de devoção.

A carta circular enviada ao cardeal Cibo surtiu pouco efeito, pois a maioria dos bispos italianos estava inclinada ao método de Molinos. Pretendia-se que isso, assim como todas as outras ordens dos inquisidores, fosse mantido em segredo; mas, apesar de todos os cuidados, cópias foram impressas e espalhadas na maioria das principais cidades da Itália. Isso causou grande inquietação aos inquisidores, que usavam todos os métodos possíveis para ocultar seus procedimentos do conhecimento do mundo. Culparam o cardeal e o acusaram de ser o causador do tumulto, mas ele devolveu a acusação, e seu secretário culpou a ambos.

Durante essas transações, Molinos sofreu grandes injúrias dos oficiais da Inquisição; o único conforto que recebia era ser às vezes visitado pelo padre Petrucci.

Embora tenha tido a mais alta reputação em Roma por alguns anos, ele se tornara tão desprezado quanto fora antes admirado, sendo considerado um dos piores hereges.

A maior parte dos seguidores de Molinos, que haviam sido submetidos à Inquisição, tendo abandonado seu método, foram dispensados; mas um destino mais difícil aguardava seu líder.

Depois de passar um tempo considerável na prisão, ele foi levado novamente aos inquisidores para responder a vários artigos apresentados contra ele a partir de seus escritos. Assim que compareceu ao tribunal, uma corrente foi colocada em volta de seu corpo e uma vela de cera foi posta em sua mão, e então dois frades leram em voz alta os artigos de acusação. Molinos respondeu a cada uma delas com grande firmeza e resolução; apesar de seus argumentos sobrepujarem totalmente a relevância das acusações, foi considerado culpado de heresia e condenado à prisão perpétua.

Ao sair da corte, contou com a presença de um padre, que lhe manifestara o maior respeito. Chegando à prisão, entrou na cela destinada ao seu confinamento com grande tranquilidade; ao despedir-se do padre, disse-lhe: "Adeus, padre, nos encontraremos novamente no Dia do Julgamento, e então se saberá de que lado está a verdade, do meu lado ou do vosso".

Durante seu confinamento, foi torturado várias vezes de formas muito cruéis, até que, por fim, a severidade dos castigos sobrepujou sua força e encerrou sua existência.

A morte de Molinos impressionou tanto seus seguidores que a maior parte deles logo abandonou seu método. Pela persistência dos jesuítas, o quietismo foi totalmente extirpado em todo o país.

CAPÍTULO 7

UM RELATO DA VIDA E DAS PERSEGUIÇÕES DE JOHN WYCLIFFE

É apropriado dedicar algumas páginas deste trabalho a uma breve exposição da vida de alguns dos primeiros homens que deram um passo à frente – apesar do poder preconceituoso que se opunha a toda reforma – para impedir o tempo da corrupção papal e selar as doutrinas puras do evangelho com seu sangue. Entre eles, a Grã-Bretanha tem a honra de assumir a liderança, primeiro mantendo a liberdade na controvérsia religiosa que assombrou a Europa e demonstrou que as liberdades política e religiosa são também o progresso dessa favorecida ilha. Entre as primeiras dessas pessoas eminentes estava:

John Wycliffe

Esse célebre reformador, denominado "Estrela da Manhã da Reforma", nasceu por volta de 1324, no reinado de Eduardo II. Sua origem, não sabemos ao certo. Seus pais, planejando que se dedicasse à Igreja, o enviaram ao Queen's College, Oxford, na época fundado por Robert Eaglesfield, confessor da Rainha Felipa. Todavia, não encontrou as vantagens que esperava em estudar naquela escola recém-criada, por isso se mudou para o Merton College, então considerado uma das sociedades de maior erudição da Europa.

A primeira coisa que o levou destacar-se em público foi sua defesa da universidade contra os frades que, naquela época, desde seu estabelecimento em Oxford em 1230, eram vizinhos problemáticos da universidade. Contendas eram continuamente fomentadas, os frades apelando ao papa, os estudiosos, ao poder civil. Por vezes, prevalecia uma parte, por vezes outra. Os frades eram entusiastas da ideia de que Cristo era um mendigo comum, assim como seus discípulos também o eram, e que a mendicância era uma instituição do Evangelho. Promoviam essa doutrina no púlpito e em qualquer lugar a que tivessem acesso.

Wycliffe há muito tempo desprezava esses frades religiosos pelo seu modo de vida preguiçoso, e agora tinha uma oportunidade justa de expô-los. Publicou um tratado contra a mendicância de pessoas capazes, no qual atacou os frades e demonstrou que não eram apenas um opróbrio à religião, mas também à sociedade humana. A universidade passou a considerá-lo um de seus primeiros defensores, e ele logo foi promovido a mestre do Baliol College.

Nessa época, o arcebispo Islip fundou o Canterbury Hall, em Oxford, onde instituiu um diretor e onze estudiosos. Wycliffe foi eleito pelo arcebispo para esse cargo; contudo, após a morte do arcebispo, o sucessor dele, Stephen Langham, bispo de Ely, o destituiu. Como havia um certo grau de manifesta injustiça no caso, Wycliffe recorreu ao papa, que posteriormente deliberou contra ele pela seguinte causa: Eduardo III, então rei da Inglaterra, retirou a tribuna que desde a época do rei João vinha sendo concedida ao papa. O papa ameaçou; Eduardo apelou para o parlamento. O parlamento decidiu que o rei João havia feito algo ilegal, abrindo mão dos direitos da nação, e aconselhou o rei a não se submeter, quaisquer que fossem as consequências.

O clero passou a escrever a favor do papa. Um monge erudito publicou um tratado espirituoso e plausível, que tinha muitos defensores. Wycliffe irritado ao ver uma causa tão ruim sendo tão bem defendida, se opôs ao monge e o fez com tanta maestria que a defesa do monge não podia mais ser considerada incontestável. Seu processo em Roma foi imediatamente decidido contra ele; ninguém duvidava de que sua oposição ao papa, em um período tão crítico, era a verdadeira causa de haver perdido o processo em Roma.

Wycliffe foi posteriormente eleito para o cargo de professor de teologia. Por já estar convencido dos erros da Igreja romana e da vileza de seus agentes monásticos, decidiu expô-los. Em palestras públicas, atacava seus vícios e se opunha às suas loucuras. Revelou uma variedade de abusos encobertos pela escuridão da superstição. A princípio, começou a desfazer os preconceitos da plebe e prosseguiu com lentos avanços; mesclou opiniões teológicas aparentemente novas com as indagações metafísicas da época. As usurpações da corte de Roma eram um dos tópicos favoritos. Sobre isso, discorria com argumentos perspicazes, unidos ao raciocínio lógico. Isso logo provocou o clamor do clero, que, por meio do arcebispo da Cantuária, o privou de seu cargo.

Nessa época, a administração dos negócios estava nas mãos do duque de Lancaster, conhecido pelo nome de John de Gaunt. Esse príncipe tinha noções de religião muito livres e era inimigo do clero. Quando as exações da corte de Roma se tornaram demasiado onerosas, decidiu enviar o bispo de Bangor e Wycliffe para protestar contra esses abusos, e ficou acordado que o papa não mais disporia de quaisquer benefícios pertencentes à Igreja da Inglaterra. Nessa embaixada, a mente observadora de Wycliffe perscrutou a constituição e a política de Roma, de modo que voltou mais determinado do que jamais estivera a expor aquela avareza e ambição.

Tendo recuperado sua situação anterior, investiu contra o papa em suas palestras – sua usurpação, infalibilidade, orgulho, avareza e tirania. Foi o primeiro a chamar o papa de Anticristo. Depois, voltou-se à pompa, ao luxo e aos ornamentos dos bispos, e os comparava à simplicidade dos bispos primitivos. Suas superstições e enganos eram tópicos em que insistia com energia e precisão lógica.

Wycliffe recebeu um bom benefício do patrocínio do duque de Lancaster; mas, logo que se estabeleceu em sua paróquia, seus inimigos e os bispos começaram a persegui-lo com vigor renovado. O duque de Lancaster era seu aliado nessa época de perseguição, e, por causa de sua presença e da presença de lorde Percy, conde marechal da Inglaterra, teve tanto domínio sobre o julgamento que tudo acabou em desordem.

Após a morte de Eduardo III, seu neto Ricardo II o sucedeu, aos 11 anos de idade. O duque de Lancaster não conseguiu ser o único regente como esperava, e, com o declínio de seu poder, os inimigos de Wycliffe, aproveitando a circunstância, renovaram seus artigos de acusação contra ele. Em consequência, o papa expediu cinco bulas ao rei e a certos bispos, mas a regência e o povo manifestaram desprezo diante dos procedimentos arrogantes do pontífice; a regência, que naquele tempo desejava conseguir dinheiro para enfrentar uma invasão esperada dos franceses, propôs aplicar uma grande quantia, coletada para o uso do papa, para esse fim. A questão foi submetida à decisão de Wycliffe. Os bispos, no entanto, apoiados pela autoridade papal, insistiam em levar Wycliffe a julgamento; ele estava já sendo examinado em Lambeth, quando, devido ao comportamento tumultuado da população do lado de fora, e atemorizados pela ordem de *sir* Lewis Clifford, um cavalheiro da corte, dizendo que não deveriam decidir por nenhuma sentença definitiva, encerraram o caso inteiro, proibindo que Wycliffe pregasse aquelas doutrinas tão desagradáveis ao papa. Isso, porém, foi ridicularizado por nosso reformador, que, andando descalço e em longas vestes frisadas, pregou com mais veemência do que antes.

No ano de 1378, surgiu uma disputa entre dois papas, Urbano VI e Clemente VII, acerca de qual era o papa legítimo, verdadeiro vice-regente de Deus. Foi um período favorável ao exercício dos talentos de Wycliffe; ele logo produziu um tratado contra o papado, que era lido com entusiasmo por todo tipo de cidadão.

Por volta do final do mesmo ano, Wycliffe foi acometido de um distúrbio violento, que temia ser fatal. Os frades mendicantes, acompanhados por quatro dos mais eminentes cidadãos de Oxford, obtiveram a permissão de entrar no quarto onde ele repousava e imploraram que se retratasse, pelo bem de sua alma, das coisas injustas que havia afirmado acerca de sua ordem. Wycliffe, surpreso com a solene mensagem, levantou-se e, com um semblante austero, respondeu: "Não hei de morrer, antes viverei para declarar as más obras dos frades".

Quando Wycliffe se recuperou, deu início a uma obra muito importante: a tradução da Bíblia para o inglês. Antes de dedicar-se a isso, publicou um tratado, no qual mostrava a necessidade de tal trabalho. O zelo dos bispos em suprimir as Escrituras promoveu muito sua venda, e aqueles que não podiam comprar cópias adquiriam transcrições de determinados Evangelhos ou Epístolas. Posteriormente, quando os lollardos[8] cresceram e se acenderam

---

8. O lollardismo foi um movimento político e religioso dos finais do século XIV e inícios do século XV em Inglaterra. Foi inicialmente liderado por John Wycliffe, um teólogo católico que foi demitido da Universidade de Oxford em 1381 por críticas à Igreja Católica Romana.

as chamas, tornou-se uma prática comum prender ao pescoço de um herege condenado fragmentos de Escritura encontrados em sua posse, os quais costumavam ter o mesmo destino do réu.

Imediatamente após essa operação, Wycliffe ousou dar um passo adiante, discorrendo sobre a doutrina da transubstanciação. Essa nova opinião foi concebida por Paschade Radbert e afirmada com incrível ousadia. Wycliffe, em seu discurso na Universidade de Oxford, em 1381, atacou essa doutrina e publicou um tratado sobre o assunto. O dr. Barton, na época vice-chanceler de Oxford, convocando os diretores da universidade, condenou as doutrinas de Wycliffe como heréticas e ameaçou o autor com excomunhão. Wycliffe já não tinha o apoio do duque de Lancaster e, sendo convocado a comparecer diante de seu ex-adversário, William Courteney, agora arcebispo da Cantuária, protegeu-se sob o argumento de que, como membro da universidade, estava isento da jurisdição episcopal. Essa alegação foi aceita, pois a universidade estava convicta a apoiar seu membro.

O tribunal reuniu-se no tempo determinado, finalmente, a fim de julgar suas opiniões. Algumas condenaram como errôneas, outras como heréticas. A publicação sobre esse assunto foi respondida de imediato por Wycliffe, que se tornara o alvo da resoluta malícia do arcebispo. O rei, por solicitação do arcebispo, concedeu uma licença para aprisionar o professor de heresia, mas os comuns fizeram o rei revogar o ato como ilegal. No entanto, o primado recebeu cartas do rei, orientando o chefe da Universidade de Oxford a procurar todas as heresias e livros publicados por Wycliffe; em consequência de tal ordem, a universidade se tornou um cenário de tumulto. Supõe-se que Wycliffe se ocultou da tempestade em uma parte recôndita do reino. As sementes, no entanto, foram espalhadas, e as opiniões de Wycliffe eram tão predominantes que se ouvia dizer que, caso fossem encontradas duas pessoas na estrada, era certo que uma delas se trataria de um lollardo. Nesse período, as disputas entre os dois papas continuavam. Urbano publicou uma bula na qual convocava sinceramente todos os que tivessem alguma consideração pela religião a se esforçarem em sua causa, pegando em armas contra Clemente e seus seguidores em defesa da Santa Sé.

Uma guerra na qual o nome da religião fora prostituído de maneira extremamente vil fez despertar a inclinação de Wycliffe, mesmo em seus anos decadentes. Tomou mais uma vez a pena e escreveu contra a guerra com grande acrimônia. Censurou livremente o papa e lhe perguntou corajosamente: "Como ousa fazer do símbolo de Cristo na cruz (que é o símbolo da paz, da misericórdia e da caridade) uma bandeira para nos incitar a matar homens cristãos, pelo amor de dois falsos sacerdotes, e oprimir a cristandade de modo pior do que Cristo e seus apóstolos foram oprimidos pelos judeus? Quando o orgulhoso sacerdote de Roma concederá indulgências à humanidade para viver em paz e caridade, como agora faz para lutarem e matarem uns ao outros?".

Esse severo trecho atraiu sobre ele o ressentimento de Urbano, e era provável que o fizesse envolver-se em problemas maiores do que havia experimentado antes; contudo, foi providencialmente liberto de suas mãos. Foi acometido por uma paralisia e, embora tenha vivido algum tempo, foi afetado de tal maneira que seus inimigos o consideravam uma pessoa abaixo de seu ressentimento.

Quando Wycliffe retornou após um curto período, seja de seu exílio, seja do lugar onde foi mantido em segredo, foi restabelecido em sua paróquia de Lutterworth, onde era pastor. Ali, silenciosamente partindo desta vida mortal, dormiu em paz no Senhor, no final do ano de 1384, no dia de Silvestre. Parecia estar em avançada idade antes de partir, "e a mesma coisa que lhe agradava na velhice era o que lhe agradara quando jovem".

Wycliffe tinha motivos para agradecer-lhes, pois ao menos o poupariam até que morresse, e também lhe dariam um longo descanso após sua morte: quarenta e um anos jazendo em seu sepulcro antes que o retirassem da terra e o tornassem cinzas, cinzas essas que lançaram ao rio. E, assim, dissolveu-se em três elementos: terra, fogo e água, pensando seus inimigos que dessa forma extinguiriam por completo e para sempre o nome e a doutrina de Wycliffe. Não muito diferente do exemplo dos antigos fariseus e cavaleiros do sepulcro, que, quando levaram o Senhor à sepultura, pensaram em garantir que ele nunca mais se levantasse. Mas esses e todos os outros devem saber que, assim como não há conselho contra o Senhor, não há como esconder a verdade, pois ela brotará e sairá do pó e da cinza, como bem sucedeu com esse homem. Embora tenham desenterrado seu corpo, queimado seus ossos e afogado suas cinzas, a Palavra de Deus e a verdade de sua doutrina, juntamente com seu fruto e sucesso, não puderam queimar.

CAPÍTULO 8

UM RELATO DAS PERSEGUIÇÕES NA BOÊMIA SOB O PAPADO

Os pontífices romanos que usurparam o poder sobre várias igrejas o fizeram de forma particularmente severa com os boêmios. Isso os levou a enviar dois ministros e quatro irmãos leigos a Roma, no ano de 977, para obter reparação do papa. Após um atraso, seu pedido foi atendido e suas queixas, reparadas. Obtiveram permissão para fazer duas coisas em particular, a saber, realizarem o serviço divino em sua própria língua e dar o cálice aos leigos na Eucaristia.

As disputas, no entanto, logo eclodiram novamente, com os papas seguintes exercendo todo o seu poder para impor suas vontades às mentes dos boêmios e estes, com grande coragem, buscando preservar suas liberdades religiosas.

Em 1375, alguns fervorosos protetores do Evangelho solicitaram a Carlos, rei da Boêmia, que convocasse um Concílio ecumênico que investigasse os abusos que haviam impregnado a Igreja e fizesse uma reforma absoluta e total. O rei, sem saber como proceder, solicitou ao papa instruções sobre como agir; mas o pontífice exasperou-se tanto com esse caso que sua única resposta foi: "Castigue severamente aqueles hereges levianos e profanos". O monarca, consequentemente, baniu todos os que demonstraram interesse na solicitação e, para satisfazer o papa, impôs um grande número de restrições adicionais às liberdades religiosas do povo.

As vítimas de perseguição, no entanto, não eram tão numerosas na Boêmia, até depois da queima de John Huss e Jerônimo de Praga. Esses dois eminentes reformadores foram condenados e executados por recomendação do papa e de seus emissários, como o leitor perceberá pelos seguintes breves esboços de suas vidas.

Perseguição a John Huss

John Huss nasceu em Hussenitz, uma vila na Boêmia, por volta de 1380. Seus pais lhe deram a melhor educação que suas condições permitiam. Tendo adquirido razoável conhecimento dos clássicos em uma escola particular, foi transferido para a universidade de Praga, onde logo deu contundentes demonstrações de suas capacidades mentais e se destacou por sua diligência e aplicação aos estudos.

Em 1398, Huss graduou-se no seminário e foi sucessivamente nomeado pastor da Igreja de Belém, em Praga, e deão e reitor da universidade. Nesses postos, cumpria seus deveres com muito esmero; e se tornou, por fim, tão notável por sua pregação, em conformidade com as doutrinas de Wycliffe, que era improvável que escapasse por muito tempo da atenção do papa e de seus partidários, os quais censurou sem medir a rispidez.

O reformista inglês Wycliffe acendera a luz da Reforma com tal intensidade que ela começou a iluminar os cantos mais sombrios do papado e da ignorância. Suas doutrinas se espalharam pela Boêmia e foram bem recebidas por um grande número de pessoas, mas por ninguém tão particularmente quanto John Huss e seu zeloso amigo e mártir Jerônimo de Praga.

O arcebispo de Praga, ao perceber que os reformistas cresciam em número diariamente, emitiu um decreto para suprimir a disseminação dos escritos de Wycliffe; no entanto, isso teve um efeito bem diferente do que ele esperava, pois estimulou os promotores dessas doutrinas a um maior zelo, e quase toda uma universidade se uniu para propagá-los.

Fortemente apegado às doutrinas de Wycliffe, Huss se opôs ao decreto do arcebispo, que, apesar disso, por fim, obteve uma bula papal, dando-lhe anuência para impedir a publicação das doutrinas de Wycliffe em sua província. Em virtude dessa bula, o arcebispo condenou os escritos de Wycliffe. Também procedeu contra quatro mestres que não entregaram as cópias daquele teólogo e os proibiu, apesar de seus privilégios, de pregar a qualquer congregação. O dr. Huss, com alguns outros membros da universidade, protestou contra esses procedimentos e apresentou um recurso contra a sentença do arcebispo.

Sendo o caso conhecido pelo papa, ele concedeu uma procuração ao cardeal Colonna, para convocar John Huss a comparecer à corte de Roma, a fim de responder às acusações feitas contra ele de que pregara erros e heresias. O dr. Huss desejava ser dispensado de uma apresentação pessoal e era tão protegido na Boêmia que o rei Venceslau, a rainha, a nobreza e a universidade desejavam que o papa dispensasse o comparecimento; além disso, que não permitisse que o reino da Boêmia estivesse sob a acusação de heresia, mas que o Evangelho fosse pregado com liberdade em seus locais de culto.

Três procuradores compareceram em nome do dr. Huss diante do cardeal Colonna. Eles se esforçaram para justificar sua ausência e disseram que estavam prontos para responder em seu nome. Mas o cardeal declarou Huss contumaz e por isso o excomungou. Os procuradores apelaram ao papa e nomearam quatro cardeais para examinar o processo; esses comissários confirmaram a sentença anterior e estenderam a excomunhão para além de Huss, a todos os seus amigos e seguidores.

Por essa injusta sentença, Huss apelou para a realização de um novo Concílio, mas sem sucesso; e, apesar de um decreto tão severo e da subsequente expulsão de sua igreja em Praga, retirou-se para Hussenitz, sua terra natal, onde continuou a promulgar sua nova doutrina, através tanto do púlpito quanto da pena.

As cartas que escreveu naquela época eram muito numerosas, e ele compilou um tratado sustentando que ler os livros dos protestantes não poderia absolutamente ser proibido. Escreveu em defesa do livro de Wycliffe sobre a Trindade e corajosamente se pronunciou contra os vícios do papa, dos cardeais e do clero daquela época corrupta. Também escreveu muitos outros livros, todos escritos com um poder de argumentação que facilitou muito a divulgação de suas doutrinas.

No mês de novembro de 1414, um Concílio geral foi reunido em Constança, na Alemanha, com o único objetivo proposto de decidir uma disputa então pendente entre três pessoas que defendiam o papado; o verdadeiro motivo, porém, era esmagar o progresso da Reforma.

John Huss foi convocado a comparecer a esse Concílio. Para encorajá-lo, o imperador enviou-lhe um salvo-conduto: as cortesias e até reverências que Huss encontrou em sua jornada estavam além da imaginação. As ruas, e mesmo as próprias estradas, foram tomadas por pessoas reunidas mais pelo respeito que pela curiosidade que sentiam.

Huss foi levado à cidade com grandes aclamações e pode-se dizer que passou pela Alemanha com uma espécie de triunfo. Não pôde deixar de demonstrar sua surpresa diante do tratamento que recebeu: "Pensei ser um proscrito. Agora, vejo que meus piores inimigos estão na Boêmia".

Assim que Huss chegou a Constança, imediatamente se alojou em uma parte remota da cidade. Pouco tempo depois de sua chegada, Stephen Paletz também chegou, contratado pelo clero em Praga para conduzir a acusação pretendida contra ele. Paletz foi acompanhado por Michael de Cassis, por parte da corte de Roma. Os dois se declararam seus acusadores e elaboraram um conjunto de artigos contra ele, que apresentaram ao papa e aos prelados do Concílio.

Quando souberam que ele estava na cidade, foi preso e encarcerado em uma câmara no palácio. Essa violação do direito comum e da justiça foi notada particularmente por um dos amigos de Huss, que apelou ao salvo-conduto imperial; o papa, por sua vez, respondeu que nunca concedeu nenhum salvo-conduto, nem estava sujeito ao do imperador.

Enquanto Huss estava confinado, o Concílio atuou como Inquisição. Seus membros condenaram as doutrinas de Wycliffe e ordenaram que fossem desenterrados e queimados às cinzas, pedidos estes que foram rigorosamente cumpridos. Enquanto isso, a nobreza da Boêmia e da Polônia intercedia fortemente por Huss; até então, prevaleciam a ponto de impedir que ele fosse condenado sem ser ouvido, o que havia sido decidido pelos comissários designados para julgá-lo.

Quando foi levado ao Concílio, foram lidos os artigos exibidos contra ele. Eram mais de quarenta deles, dos quais a maioria havia sido extraída de seus escritos.

A resposta de John Huss foi a seguinte: "Apelei, sim, ao papa; após sua morte, minha questão permaneceu indeterminada, então apelei igualmente para o seu sucessor, João XXIII, diante de quem não consegui, no período de dois anos, que meus advogados fossem admitidos para defender minha causa; então, apelei a Cristo, sumo juiz".

Quando John Huss pronunciou essas palavras, perguntaram-lhe se havia recebido a absolvição do papa ou não. Ele respondeu: "Não". Outra vez, perguntaram-lhe se era lícito que apelasse a Cristo ou não. Ao que John Huss respondeu: "Em verdade, afirmo aqui diante de todos que não há apelo mais justo ou eficaz do que aquele que é feito a Cristo, na medida em que a lei determina que apelar não é outra coisa senão implorar pela ajuda de um juiz superior em uma causa de pesar ou injustiça cometida por um juiz inferior. Quem seria, então, um juiz superior a Cristo? Quem, digo eu, pode conhecer ou julgar o assunto de maneira mais justa ou com mais equidade, quando Nele não se encontra engano, nem pode ser enganado? Ou quem melhor pode ajudar os miseráveis e oprimidos do que Ele?". Enquanto John Huss, com um semblante devoto e sóbrio, pronunciava tais palavras, foi ridicularizado com zombarias por todo o Concílio.

Seu exímio discurso foi considerado uma manifestação de traição e tendia a inflamar seus adversários. Por conseguinte, os bispos designados pelo Concílio o despojaram de suas vestes sacerdotais, degradando-o, e puseram em sua cabeça uma mitra de papel, sobre a qual havia demônios pintados, com a inscrição: "Um líder de hereges". Ao vê-la, ele disse: "Meu Senhor Jesus Cristo, por minha causa, usou uma coroa de espinhos; por que não deveria eu, então, por Sua causa, usar novamente esta leve coroa, por mais ignominiosa que seja? Eu o farei, sim, e de bom grado". Quando ela finalmente foi colocada em sua cabeça, o bispo disse: "Entregamos agora sua alma ao diabo". "Mas eu", disse John Huss, erguendo os olhos para o céu, "entrego em Tuas mãos, ó Senhor Jesus Cristo, o meu espírito que Tu redimiste".

Quando a corrente foi colocada ao seu redor na estaca, ele disse, com um semblante sorridente: "Meu Senhor Jesus Cristo foi preso por uma corrente mais pesada do que essa, por minha causa; por que, então, deveria eu me envergonhar destes ferros enferrujados?".

Quando empilharam a lenha até o seu pescoço, o duque da Bavária foi importuno a ponto de desejar que abjurasse, ao que respondeu Huss: "Não! Nunca preguei nenhuma doutrina de tendência maligna; o que ensinei com meus lábios agora selo com meu sangue". Ele, então, disse ao carrasco: "Estás prestes a queimar um ganso (pois *huss* significa ganso na língua boêmia), mas em um século encontrarás um cisne que não poderás assar nem ferver". Se disse uma profecia, é possível que tenha se referido a Martinho Lutero, que apareceu cerca de cem anos depois.

Quando atearam fogo à lenha, nosso mártir cantou um hino em voz tão alta e alegre, que foi ouvido através de todos os estalidos e do barulho da multidão. Por fim, sua voz foi interrompida pela severidade das chamas, que logo encerraram sua existência.

Então, com grande diligência, juntando as cinzas, lançaram-nas ao rio Reno, para que nem o menor remanescente daquele homem fosse deixado sobre a terra, cuja memória, não obstante, não pôde ser abolida da mente dos santos, nem pelo fogo, nem pela água, nem por qualquer tipo de tormento.

Perseguição a Jerônimo de Praga

Esse reformador, companheiro do dr. Huss e, pode-se dizer, também co-mártir com ele, nasceu em Praga e foi educado na universidade da cidade, onde se destacou particularmente por suas grandes habilidades e erudição. Também visitou vários outros doutos seminários na Europa, em particular as universidades de Paris, Heidelberg, Colônia e Oxford. No último desses locais, conheceu os trabalhos de Wycliffe e, sendo uma pessoa de incomum diligência, traduziu muitos deles para sua língua nativa, conseguindo, com grande esforço, tornar-se mestre da língua inglesa.

Em seu retorno a Praga, declarou-se um defensor aberto de Wycliffe e, ao descobrir que suas doutrinas haviam feito um progresso considerável na Boêmia e que Huss era o principal promotor delas, tornou-se um assistente dele na grandiosa obra da Reforma.

Em 4 de abril de 1415, Jerônimo chegou a Constança, cerca de três meses antes da morte de Huss. Adentrou a cidade em segredo e, consultando alguns dos líderes de seu partido, os quais encontrara lá, foi facilmente convencido de que não poderia prestar nenhum serviço aos amigos.

Ao descobrir que sua chegada a Constança era conhecida publicamente e que o Concílio pretendia prendê-lo, achou mais prudente se retirar. Assim, no dia seguinte, foi para Iberling, uma cidade imperial a cerca de um quilômetro e meio de Constança. Desse lugar, escreveu ao imperador e se colocou de prontidão para comparecer perante o Concílio, se lhe fosse concedido um salvo-conduto; no entanto, seu pedido foi recusado. Ele, então, enviou uma solicitação ao Concílio, mas recebeu uma resposta tão desfavorável quanto a do imperador.

Em seguida, partiu em retorno à Boêmia. Teve a precaução de levar consigo um certificado, assinado por vários membros da nobreza boêmia, então em Constança, testemunhando que ele usara todos os meios prudentes ao seu alcance para obter uma audiência.

Jerônimo, no entanto, não escapou. Foi capturado em Hirsaw por um oficial do duque de Sultsbach, que, embora não autorizado a agir, não hesitou em aceitar os agradecimentos do Concílio por um serviço tão satisfatório.

O duque de Sultsbach, agora com Jerônimo em seu poder, escreveu ao Concílio buscando instruções acerca de como proceder. O Concílio, depois de expressar seu agradecimento ao duque, pediu que enviasse o prisioneiro imediatamente a Constança. O eleitor Palatino o encontrou no caminho e o conduziu à cidade, estando ele a cavalo, com uma numerosa comitiva, que levou Jerônimo em grilhões, puxando-o por uma longa corrente; assim que chegou, foi encarcerado em uma masmorra repugnante.

Jerônimo foi tratado quase da mesma maneira que fora Huss, mas ficou muito mais tempo confinado e passava de uma prisão a outra. Por fim, ao ser levado ao Concílio, desejou poder defender sua própria causa e se justificar. Ao ter o pedido recusado, Jerônimo exclamou:

"Que barbárie é essa? Durante trezentos e quarenta dias fiquei confinado em uma variedade de prisões. Não há miséria, não há necessidade que eu não tenha experimentado. A meus inimigos, permitistes todo o escopo de acusações; a mim, negais a menor oportunidade de defesa. Agora não me concedereis sequer uma hora para me preparar para o meu julgamento. Engolistes as calúnias mais obscuras contra mim e me representastes como herege, sem conhecer minha doutrina; como inimigo da fé, antes que soubesses que fé eu professava; como perseguidor de sacerdotes, antes que tivesses a oportunidade de entender minhas opiniões acerca da questão. Vós sois um Concílio Geral: por meio de vós, todo este mundo pode comunicar seriedade, sabedoria e santidade. Contudo, ainda sois homens, e homens estão suscetíveis a se deixar seduzir pelas aparências. Quanto mais elevado seja o vosso caráter à sabedoria, maior haverá de ser vosso cuidado para não vos desviardes para a loucura. A causa que agora alego não é a minha causa, é a causa dos homens, a causa dos cristãos; é uma causa que afetará os direitos da posteridade, no entanto o experimento deve ser feito em minha pessoa".

O discurso não surtiu o menor efeito. Jerônimo foi obrigado a ouvir a leitura da acusação, que foi resumida aos seguintes tópicos:

1. Ele era um escarnecedor da dignidade papal.
2. Um opositor do papa.
3. Um inimigo dos cardeais.
4. Um perseguidor dos prelados.
5. Alguém que odeia a religião cristã.

O julgamento de Jerônimo foi instaurado no terceiro dia após sua acusação, e as testemunhas foram interrogadas em apoio à acusação. O prisioneiro estava preparado para sua defesa, o que parecia quase impossível, considerando que passou trezentos e quarenta dias trancado em prisões repugnantes, privado da luz do dia e quase morreu de fome por falta de suprimentos essenciais. Mas seu espírito elevou-se para além dessas desvantagens, às quais um homem com menos ânimo teria sucumbido. Também não se privou de citar os pais e autores antigos, como se estivesse equipado da melhor biblioteca.

Os membros mais fanáticos da assembleia não queriam que ele fosse ouvido, sabendo o tamanho efeito que a eloquência é capaz de surtir na mente dos mais preconceituosos. Por fim, porém, a maioria considerou que o acusado deveria ter liberdade para prosseguir em sua defesa, à qual deu início com tamanha força em sua comovente eloquência que se viam derreter os corações mais cheios de zelo e obstinados, e as mentes supersticiosas pareciam admitir um raio de convicção. Fez uma admirável distinção entre as evidências baseadas em fatos e as que se apoiavam na maldade e na calúnia. Apresentou à assembleia todo o teor de sua vida e conduta. Observou que os maiores e mais santos homens sabiam diferir em pontos de especulação, com o objetivo de distinguir a verdade, e não mantê-la oculta. Expressou um nobre desprezo por todos os seus inimigos, que o teriam induzido a reprimir a causa da virtude e da verdade. Não poupou grandes elogios a Huss, e declarou estar pronto para segui-lo na gloriosa tarefa do martírio. Então, abordou as doutrinas mais defensáveis de Wycliffe e concluiu observando que este não tinha a menor intenção de promover qualquer coisa contra o estado da Igreja de Deus; antes, era apenas contra o abuso do clero de quem se queixava, e não podia deixar de dizer o quão perverso era que o patrimônio da Igreja, originalmente destinado ao propósito de caridade e benevolência universal, fosse prostituído para a concupiscência dos olhos, em festas, vestimentas extravagantes e outras afrontas ao nome e à profissão do cristianismo.

Terminado o julgamento, Jerônimo recebeu a mesma sentença que havia sido anunciada ao seu compatriota martirizado. Em consequência disso, foi, conforme o estilo do engano papal, entregue ao poder civil, mas, por ser um leigo, não teve de passar pela cerimônia de degradação. Haviam lhe preparado um gorro de papel pintado com demônios vermelhos; quando o colocaram em sua cabeça, ele disse: "Nosso Senhor Jesus Cristo, quando sofreu a morte por mim, o mais miserável pecador, usava uma coroa de espinhos em sua cabeça; por amor a Ele, usarei este chapéu".

Deram-lhe dois dias, na esperança de que se retratasse. Durante esse período, o cardeal de Florença se esforçou ao máximo para convencê-lo. Contudo, todos os seus esforços se mostraram ineficazes. Jerônimo estava decidido a selar a doutrina com seu sangue; sofreu a morte com a mais distinta magnanimidade.

A caminho de sua execução, entoou vários hinos e, quando chegou ao local onde Huss havia sido queimado, se ajoelhou e orou com fervor. Abraçou a estaca com muita alegria e, quando se aproximaram por detrás dele a fim de atear fogo à lenha, disse: "Vinde e o acendei diante dos meus olhos; pois, se tivesse medo, não teria vindo até aqui". Quando acenderam o fogo, Jerônimo cantou um hino, mas logo foi interrompido pelas chamas.

As últimas palavras ouvidas de seus lábios foram: "Esta alma em chamas ofereço, Cristo, a Ti".

O elegante Pogge, um culto cavalheiro de Florença, secretário de dois papas, um católico zeloso, mas liberal, em uma carta a Leonard Arotin, prestou amplo testemunho dos extraordinários poderes e virtudes de Jerônimo, a quem enfaticamente denomina como um homem prodigioso!

Perseguição a Zisca

O nome verdadeiro desse zeloso servo de Cristo era João de Trocznow, conhecido como Zisca, uma palavra boêmia que significa caolho, pois ele havia perdido um olho. Era natural da Boêmia, de boa família, e deixou a corte de Venceslau para servir ao rei da Polônia contra os cavaleiros teutônicos. Tendo obtido uma medalha de honra e uma bolsa de ducados como recompensa por sua bravura, ao término da guerra retornou à corte de Venceslau, a quem corajosamente confessou a profunda preocupação que sentia pela sangrenta afronta contra os súditos de sua majestade em Constança, no caso de Huss. Venceslau lamentou não estar em seu poder vingá-lo; e, a partir desse momento, diz-se que Zisca concebeu a ideia de afirmar as liberdades religiosas de seu país. No ano de 1418, o Concílio foi dissolvido, tendo causado mais mal do que bem, e no verão daquele ano foi realizada uma reunião geral dos apoiadores da Reforma religiosa, no castelo de Wisgrade, que, liderados por Zisca, dirigiram-se ao imperador com armas em punho e se ofereceram para defendê-lo contra seus inimigos. O rei ordenou que usassem as armas oportunamente, e essa estratégia política começou a assegurar a Zisca a confiança de seu grupo.

Venceslau foi sucedido por Sigismond, seu irmão, que se tornou odioso aos reformadores; ele removeu todos os que eram desfavoráveis ao seu governo. Zisca e seus aliados, depois disso, imediatamente pegaram em armas, declararam guerra ao imperador e ao papa e sitiaram Pilsen com quarenta mil homens. Logo tomaram a fortaleza, e em pouco tempo toda a parte sudoeste da Boêmia submeteu-se a eles, o que fortaleceu muito os números do exército dos reformistas. Quando os reformistas tomaram a passagem de Muldaw, após um severo conflito de cinco dias e noites, o imperador alarmou-se e retirou suas tropas dos confins da Turquia, para marcharem para a Boêmia. Em Berna, na Morávia, parou e enviou missivas para tratar da paz, um preâmbulo para que Zisca abandonasse Pilsen e todas as fortalezas que havia tomado. Com Sigismond procedendo da maneira que claramente manifestou que agiu, de acordo com a doutrina romana, segundo a qual nenhum compromisso deveria ser mantido com hereges, e tratando alguns dos autores dos últimos distúrbios com severidade, o alarme da revolta soou por toda Boêmia. Zisca tomou o castelo de Praga pelo poder do dinheiro e, em 19 de agosto de 1420, derrotou o pequeno exército que o imperador havia reunido às pressas para se opor a ele. Em seguida, tomou Ausea de assalto e destruiu a cidade com uma barbárie que desonrou a causa pela qual lutava.

Com o inverno se aproximando, Zisca fortaleceu seu acampamento em uma robusta colina a cerca de quarenta quilômetros de Praga, que chamou de Monte Tabor, de onde surpreendeu uma tropa de cavalaria à meia-noite e tomou mil homens como prisioneiros. Logo depois, o imperador tomou posse da sólida fortaleza de Praga, da mesma maneira que Zisca havia feito antes, mas, ao scr bloqueado e ameaçado por ele, o imperador viu-se compelido a bater em retirada.

Determinado a fazer uma tentativa desesperada, Sigismond atacou o acampamento fortificado de Zisca, no monte Tabor, e o fez com grande matança. Muitas outras fortalezas também caíram, e Zisca retirou-se para uma colina escarpada, que reforçou fortemente, e de onde tanto irritou o imperador em suas abordagens contra a cidade de Praga que este constatou que deveria abandonar o cerco ou derrotar seu inimigo. O marquês de Misnia foi designado para executar a operação com um grande regimento de tropas, mas o episódio foi fatal para os imperialistas; eles foram derrotados e o imperador, tendo perdido quase um terço de seu exército, retirou-se do cerco de Praga, atacado pelo inimigo enquanto recuava.

Na primavera de 1421, Zisca iniciou a campanha, como antes, destruindo todos os monastérios em seu caminho. Sitiou o castelo de Wisgrade, e o imperador, vindo para libertar o local, caiu em uma armadilha, foi derrotado em um terrível massacre, e essa importante fortaleza foi tomada. Nosso general tinha agora tempo livre para ocupar-se da Reforma, mas se enojou sobremaneira com a total ignorância e superstição do clero boêmio, que se tornara desprezível aos olhos de todo o exército. Quando percebia quaisquer sintomas de inquietação no acampamento, ele soava o alarme para afastá-los e levar seus homens à ação. Em uma dessas expedições, acampou diante da cidade de Rubi e, enquanto marcava o local para um ataque, uma flecha voou da muralha e o atingiu nos olhos. Em Praga, foi extraída, mas, sendo farpada, arrancou seu olho ao ser removida. Em seguida, teve febre, e sua vida foi preservada com dificuldade. Estava agora totalmente cego, mas ainda desejava participar do exército. O imperador, convocando os estados do império para ajudá-lo, resolveu, com essa ajuda, atacar Zisca no inverno, quando muitas de suas tropas haviam partido até o retorno da primavera.

Os príncipes confederados encarregaram-se do cerco de Soisin, mas, diante da mera aproximação do general boêmio, retiraram-se. No entanto, Sigismond avançou com seu formidável exército, composto por quinze mil cavaleiros húngaros e vinte e cinco mil soldados de infantaria, bem equipados para uma campanha de inverno. Esse exército espalhou terror por todo o leste da Boêmia. Onde quer que Sigismond marchasse, os magistrados o recebiam de portas abertas, e eram tratados com severidade ou favorecimento, de acordo com seu valor para a causa. Zisca, no entanto, com marchas rápidas, se aproximou, e o imperador resolveu testar sua sorte mais uma vez contra o invencível líder. Em 13 de janeiro de 1422, os dois exércitos se encontraram em uma ampla planície perto de Kremnitz. Zisca apareceu ao centro de sua linha de frente, protegido, ou melhor, conduzido por um cavaleiro de cada lado, armado com uma alabarda. Suas tropas, cantando um hino, com resoluta frieza, sacaram as espadas e esperaram por um sinal. Quando seus oficiais o informaram de que todas as fileiras estavam devidamente reagrupadas, acenou com o sabre ao redor da própria cabeça; era o sinal da batalha.

Essa batalha é descrita como um terrível episódio. Toda a extensão da planície era uma cena contínua de caos. O exército imperial fugiu em direção aos confins da Morávia com os taboritas em seu encalço, sendo atacados sem descanso. O rio Igla, na ocasião congelado, barrava a fuga. Com o inimigo pressionando-os furiosamente, muitos da infantaria e quase toda a cavalaria tentaram a passagem pelo rio. O gelo cedeu, e não menos de dois mil foram engolidos pelas águas. Zisca retornou então a Tabor, carregando todos os espólios e troféus que a mais completa das vitórias poderia oferecer.

Zisca voltou a dirigir sua atenção à Reforma; proibiu todas as orações pelos mortos, imagens, vestimentas sacerdotais, jejuns e festivais. Os sacerdotes deveriam ser selecionados por seus méritos, e ninguém seria perseguido por opiniões religiosas. Em tudo Zisca consultou aos de visão liberal, e não fez nada sem um acordo geral. Um desacordo alarmante surgia em Praga entre os magistrados que eram utraquistas, ou receptores dos sacramentos em ambas as espécies, e os taboritas, dos quais nove de seus chefes foram acusados a portas fechadas e condenados à morte. A população, enfurecida, sacrificou os magistrados, e o caso terminou sem nenhuma consequência em particular. Com os utraquistas afundados em desprezo, Zisca foi instado a assumir a coroa da Boêmia, mas recusou-a nobremente e se preparou para a próxima campanha, na qual Sigismond resolveu fazer seu último esforço. Enquanto o marquês de Misnia invadia a Alta Saxônia, o imperador cogitou entrar na Morávia, pelo lado da Hungria. Antes mesmo que o marquês enviasse suas tropas a campo, Zisca posicionou-se diante da forte cidade de Aussig, situada no Elba. O marquês apressou-se em seu auxílio com um exército superior e, após um corajoso embate, foi totalmente derrotado, e Aussig capitulou. Em seguida, Zisca partiu em auxílio de Procópio, um jovem general que havia designado para manter Sigismond sob controle e a quem ele obrigou a abandonar o cerco de Pernitz, que foi mantido por oito semanas antes de ser interrompido.

Zisca, disposto a aliviar o cansaço de suas tropas, entrou em Praga, esperando que sua presença acabasse com qualquer inquietação que pudesse ter restado após a última perturbação, mas foi subitamente atacado pelo povo. Tendo, junto de sua guarda, espancado os cidadãos, bateu em retirada para a guarnição de suas tropas, a quem expôs a conduta traiçoeira dos utraquistas. Todos os esforços diplomáticos foram necessários para apaziguar sua vingativa animosidade e, à noite, em uma conferência particular entre Roquesan, um eclesiástico de grande eminência em Praga, e Zisca, ambos se reconciliaram, e as hostilidades cessaram.

Estando ambos cansados da guerra, Sigismond solicitou a presença de Zisca, pedindo-lhe para embainhar sua espada e expor seus termos. Definido o local da conferência, Zisca, junto a seus dirigentes, partiu para encontrar o imperador. Forçado a atravessar uma parte do país onde a peste se alastrava descontroladamente, foi por ela acometido no castelo de Briscaw e partiu desta vida em 6 de outubro de 1424. Assim como Moisés, morreu tendo diante de si a conclusão de seus trabalhos, e foi enterrado na grande igreja de Czaslow, na Boêmia, onde foi erguido um monumento em sua memória, com a seguinte inscrição: "Aqui jaz John Zisca, que, tendo defendido seu país contra as invasões da tirania papal, repousa neste solo santificado, apesar do papa".

Após a morte de Zisca, Procópio foi derrotado e caiu, juntamente com as liberdades de seu país.

Após a morte de Huss e Jerônimo, o papa, junto com o Concílio de Constança, ordenou que o clero romano em toda parte excomungasse aqueles que adotassem suas opiniões ou lamentassem seu destino.

Essas ordens ocasionaram grandes contendas entre os papistas e os boêmios reformados e causaram uma violenta perseguição contra estes últimos. Em Praga, a perseguição foi extremamente severa, até que, finalmente, os reformados, levados ao desespero, se armaram e atacaram o Senado, atirando doze senadores, mais o orador, pelas janelas do Senado; seus corpos caíram por sobre as lanças empunhadas por outros reformados que os esperavam nas ruas.

Ao ser informado desses eventos, o papa foi a Florença e excomungou publicamente os boêmios reformados, incitando o imperador da Alemanha e todos os reis, príncipes, duques etc. a pegarem em armas, a fim de extirpar toda a raça boêmia, prometendo, a título de encorajamento, remissão total de todos os pecados à pessoa mais perversa, desde que matasse apenas um protestante boêmio.

Isso resultou numa sangrenta guerra, pois vários príncipes papais se comprometeram com a extirpação, ou pelo menos com a expulsão do povo proscrito. Os boêmios se armaram, preparando-se para repelir força por força, da maneira mais vigorosa e eficaz. O exército papal prevaleceu sobre as forças protestantes na batalha de Cuttenburgh; os prisioneiros dentre os reformados foram levados para três profundas minas perto daquela

cidade, e cruelmente atirados em cada uma delas, às centenas, onde pereceram miseravelmente.

Um comerciante de Praga, indo para Breslau, na Silésia, hospedou-se,
por acaso, na mesma estalagem que vários sacerdotes. Ao entrar em conversas sobre temas de controvérsia religiosa, debruçou-se em elogios ao
martirizado John Huss e suas doutrinas. Os sacerdotes, ressentindo-se de
suas opiniões, o denunciaram na manhã seguinte, e foi preso como herege. Tentaram zelosamente convencê-lo a abraçar a fé católica romana, mas
ele permaneceu firme nas puras doutrinas da Igreja reformada. Logo após
sua prisão, um estudante da universidade foi aprisionado na mesma cadeia;
quando lhe foi permitido conversar com o comerciante, consolaram um ao
outro. No dia marcado para a execução, quando o carcereiro começou a
amarrar as cordas em torno dos pés deles, pelos quais seriam arrastados
pelas ruas, o estudante parecia bastante aterrorizado, e propôs abjurar sua
fé e tornar-se católico romano se fosse poupado. A proposta foi aceita, sua
abjuração foi tomada por um padre, e ele foi liberto. Quando um padre recomendou ao comerciante que seguisse o exemplo do aluno, o comerciante
disse nobremente: "Não perca seu tempo esperando por minha abjuração,
suas expectativas serão vãs. Sinceramente, tenho pena desse pobre coitado,
que sacrificou sua alma miseravelmente por mais alguns anos incertos de
uma vida dificultosa; e, longe de ter um mínimo lampejo de seguir seu exemplo, exulto ao meramente pensar em morrer pela causa de Cristo". Ao ouvir
essas palavras, o padre ordenou que o carrasco prosseguisse, e o mercador,
arrastado pela cidade, foi trazido ao local da execução, e lá foi queimado.

Pichel, um intolerante magistrado papista, prendeu 24 protestantes, dentre eles o marido de sua filha. Como todos admitiram que eram da religião
reformada, condenou que fossem afogados no rio Abbis, sem exceções. No
dia marcado para a execução, uma grande multidão compareceu, entre eles
a filha de Pichel. A digna esposa se atirou aos pés do pai, borrifando-os com
lágrimas e, da maneira mais patética, implorou que ele tivesse compaixão de
sua tristeza e perdoasse seu marido. O renitente magistrado respondeu com
severidade: "Não intercedas por ele, criança, ele é um herege, um herege vil".
Ao que ela respondeu com nobreza: "Quaisquer que sejam as falhas dele
ou as opiniões dele que possam diferir das tuas, ele ainda é meu marido,

nome ao qual, em um momento como esse, devo empregar toda a minha consideração". Pichel foi acometido de violenta cólera e disse: "Estás louca! Não podes, após a morte deste, ter um marido muito mais digno?". Ela respondeu: "Não, senhor, minha afeição está nele fixada, e nem a própria morte dissolve meus votos de casamento". Pichel, no entanto, continuou inflexível e ordenou que os prisioneiros fossem amarrados com as mãos e os pés às costas e, assim, fossem atirados no rio. Assim que isso foi feito, a jovem viu uma oportunidade, pulou nas águas e abraçou o corpo de seu marido, ambos afundando juntos em um túmulo aquático. Um exemplo incomum de amor conjugal da esposa e de um apego inviolável e carinho pessoal pelo marido.

O imperador Ferdinando, cujo ódio aos protestantes boêmios não tinha limites, crendo não os ter oprimido o suficiente, instituiu uma suprema corte de reformadores, baseada na Inquisição, com a diferença de que os reformadores deveriam deslocar-se de um lugar para outro, e sempre acompanhados por um regimento de tropas.

Esses reformadores consistiam principalmente em jesuítas, e de sua decisão não havia apelo, por isso podemos facilmente supor que se tratava de um tribunal deveras terrível.

Esta sangrenta corte, escoltada por um regimento de tropas, fez uma ronda pela Boêmia, onde raramente interrogavam ou investigavam um prisioneiro, ordenando que os soldados assassinassem os protestantes como bem quisessem, depois entregassem um relatório do ocorrido.

A primeira vítima de sua crueldade foi um ministro idoso, que mataram quando ficou acamado por uma doença. No dia seguinte, roubaram e mataram outro, e logo depois atiraram em um terceiro, enquanto pregava em seu púlpito.

Um nobre membro do clero, que residia em uma vila protestante, ao ouvir a aproximação da suprema corte de reformadores e suas tropas, fugiu do local e se escondeu. Os soldados, no entanto, ao chegarem, capturaram um professor e lhe perguntaram onde se escondiam o ministro e senhor daquele lugar e onde haviam escondido seus tesouros. O professor respondeu que não podia responder a nenhuma das perguntas. Eles então o despiram, amarraram-no com cordas e o espancaram sem piedade com porretes.

Como essas crueldades não lhe extorquiram nenhuma confissão, fizeram queimaduras em várias partes de seu corpo; então, para obter uma trégua em seus tormentos, ele prometeu lhes mostrar onde estavam escondidos os tesouros. Os soldados ouviram isso com interesse, e o professor os conduziu a uma vala cheia de pedras, dizendo: "Sob essas pedras estão os tesouros que procuram". Ávidos por dinheiro, puseram-se a trabalhar e logo removeram as pedras, mas, sem encontrar o que procuravam, espancaram o professor até a morte, enterraram-no na vala e o cobriram com as mesmas pedras que os havia feito remover.

Alguns dos soldados violentaram as filhas de um digno protestante em sua presença e o torturaram até a morte. Um ministro e sua esposa foram amarrados de costas um para o outro e queimados. Penduraram outro ministro em uma viga cruzada e, fazendo uma fogueira sob ele, queimaram-no até a morte. Um cavalheiro foi cortado em pedaços pequenos; encheram a boca de um jovem com pólvora e, ateando fogo nela, explodiram sua cabeça em pedaços.

Como a ira deles era dirigida principalmente contra o clero, capturaram um devoto ministro protestante e o atormentaram diariamente durante um mês inteiro, da maneira relatada a seguir, praticando sua crueldade de forma regular, sistemática e progressiva.

Colocaram-no entre eles e fizeram dele o alvo de sua zombaria e escárnio, divertindo-se à sua custa durante todo o dia, tentando esgotar sua paciência, mas em vão, pois suportava a tudo com verdadeira determinação cristã. Cuspiram em seu rosto, puxaram seu nariz e o estorceram na maior parte do corpo. Foi caçado como um animal selvagem, até estar prestes a desfalecer pela fadiga. Fizeram-no correr entre duas fileiras deles, cada um golpeando-o com um galho. Foi espancado com os punhos nus. Foi espancado com cordas. Açoitaram-no. Foi espancado com porretes. Amarraram-no pelos calcanhares com a cabeça para baixo, até o sangue começar a escorrer por seu nariz, boca etc. Penduraram-no pelo braço direito até que este fosse deslocado e depois o colocaram de volta no lugar. O mesmo foi feito com o braço esquerdo. Papéis queimados embebidos em óleo foram colocados entre os dedos de suas mãos e pés. Sua carne foi rasgada por pinças em brasa. Foi colocado no cavalete. Arrancaram as unhas de sua mão direita.

O mesmo fizeram com sua mão esquerda. Teve os pés esmagados. Fizeram um rasgo em sua orelha direita. O mesmo se repetiu na orelha esquerda. Seu nariz foi cortado. Chicotearam-no pela cidade sobre o lombo de um burro. Fizeram várias incisões em sua carne. Arrancaram-lhe as unhas do pé direito. O mesmo fizeram com o pé esquerdo. Foi amarrado pelo quadril e suspenso por um tempo considerável. Os dentes de seu maxilar superior foram arrancados. O mesmo fizeram com o maxilar inferior. Chumbo fervente foi derramado sobre seus dedos. O mesmo foi repetido com os dedos dos pés. Uma corda nodosa foi torcida ao redor de sua testa de maneira a forçar seus olhos para fora das órbitas.

Durante todas essas horríveis crueldades, foi tomado um cuidado especial para que suas feridas não necrosassem e não o ferissem mortalmente até o último dia, quando o forçar de seus olhos resultou em sua morte.

Inumeráveis foram os outros assassinatos e depredações cometidos por aqueles brutos insensíveis, e foram chocantes para a humanidade as crueldades que infligiram aos pobres protestantes boêmios. Como o inverno estava muito avançado, no entanto, a suprema corte de reformadores, com seu bando infernal de rufiões militares, achou apropriado retornar a Praga; mas, a caminho, encontrando-se com um ministro protestante, não resistiram à tentação de banquetear seus olhos bárbaros com um novo tipo de crueldade, que acabara de insinuar-se à imaginação diabólica de um dos soldados. Logo despiram o pastor e começaram alternadamente a cobri-lo com gelo e brasas. Esse novo modo de atormentar um indivíduo foi imediatamente posto em prática, e a infeliz vítima expirou sob os tormentos, que pareciam deliciar seus desumanos algozes.

Logo depois, foi emitida uma ordem secreta pelo imperador para capturar todos os nobres e cavalheiros que estavam particularmente interessados em apoiar a causa protestante e em nomear o eleitor Frederico Palatino, do Reno, para ser rei da Boêmia. Estes, em número de cinquenta, foram capturados em uma noite e, em uma hora, levados de onde foram capturados para o castelo de Praga; as propriedades daqueles que estavam ausentes do reino foram confiscadas, eles próprios foram tornados foras da lei, e seus nomes foram fixados em um cadafalso, como marcas de ignomínia pública.

A suprema corte de reformadores passou a julgar os cinquenta que haviam sido presos, e dois protestantes apóstatas foram nomeados para interrogá-los. Esses interrogadores fizeram um grande número de perguntas desnecessárias e impertinentes, que exasperaram tanto um dos nobres que era naturalmente de temperamento quente, que ele exclamou, exibindo o peito ao mesmo tempo: "Corte aqui, busque meu coração. Não encontrarás nada além do amor à religião e à liberdade; esses foram os motivos pelos quais puxei minha espada e pelos quais estou disposto a morrer".

Como nenhum dos prisioneiros mudou de religião ou reconheceu que estava enganado, todos foram declarados culpados; todavia, a sentença foi encaminhada ao imperador. Quando o monarca leu seus nomes e um relato das acusações contra eles, julgou a todos, mas de uma maneira diferente, pois suas sentenças eram de quatro tipos, a saber: morte, banimento, prisão perpétua e prisão a contento do monarca.

Os vinte deles que foram condenados à execução foram informados de que poderiam convocar jesuítas, monges ou frades para se prepararem para a terrível transformação pela qual passariam, mas que nenhum protestante teria permissão para aproximar-se deles. Rejeitaram essa proposta e se esforçaram ao máximo para confortar e animar um ao outro durante essa solene ocasião.

Na manhã do dia designado para a execução, um canhão foi disparado, um sinal para levar os prisioneiros do castelo até o principal mercado, no qual foram montados cadafalsos, e um regimento de tropas foi preparado para assistir ao trágico episódio.

Os prisioneiros deixaram o castelo com tanta alegria quanto se estivessem se dirigindo a uma agradável recreação, em vez de a uma morte violenta.

Na cena reservada a soldados, jesuítas, padres, carrascos, criados etc., uma prodigiosa multidão estava presente para presenciar o fim desses devotos mártires, que foram executados na seguinte ordem:

Lord Schilik tinha cerca de 50 anos de idade e possuía grandes habilidades naturais e adquiridas. Quando lhe disseram que seria esquartejado, e suas partes espalhadas em diferentes lugares, sorriu com grande serenidade, dizendo: "A perda de um sepulcro é apenas um insignificante detalhe". Um cavalheiro que estava por perto, gritava: "Coragem, meu senhor!", ao que ele respondeu: "Eu tenho o favor de Deus, que é suficiente para inspirar coragem a qualquer um. O medo da morte não me incomoda; antes eu o enfrentei em campos de batalha para me opor ao Anticristo; e agora ouso enfrentá-lo em um cadafalso, por causa de Cristo". Depois de fazer uma breve oração, disse ao carrasco que estava pronto. Ele cortou sua mão direita e a cabeça e depois o esquartejou. Sua mão e sua cabeça foram colocadas sobre a mais alta torre de Praga, e seus pedaços espalhados por diferentes partes da cidade.

Lorde Visconde Venceslau, que atingira a idade de 70 anos, era igualmente respeitável por sua erudição, piedade e afabilidade. Seu temperamento era tão extraordinariamente paciente que, quando sua casa foi arrombada, seus bens, tomados e suas propriedades, confiscadas, apenas disse, com grande compostura: "O Senhor deu, e o Senhor tomou". Ao ser perguntado por que se envolver em uma causa tão perigosa como a de tentar apoiar Frederico, o eleitor Palatino, contra o poder do imperador, ele respondeu: "Agi estritamente de acordo com os ditames da minha consciência e, até hoje, considero-o meu rei. Agora estou cheio de anos e desejo dar minha vida, para não ser testemunha dos males que estão por se abater sobre meu país. Há muito tendes sede do meu sangue, tomai-o, pois Deus será meu vingador". Então, aproximando-se do tronco, acariciou sua longa barba grisalha e disse: "Veneráveis cabelos, a maior honra agora será servida, uma coroa de martírio é sua sina". Depois, deitou a cabeça, que foi separada do corpo com um único golpe e colocada em um poste em uma parte visível da cidade.

Lord Harant era um homem com bom discernimento, grande piedade e muita experiência adquirida em viagens, pois havia visitado os principais lugares da Europa, Ásia e África. Portanto, estava livre de preconceitos nacionais e havia acumulado muito conhecimento.

As acusações contra esse nobre eram: era protestante e prestou juramento de fidelidade a Frederico, eleitor Palatino do Reno, como rei da Boêmia. Quando chegou ao cadafalso, ele disse: "Viajei por muitos países e atravessei várias nações bárbaras, mas nunca encontrei tanta crueldade como em minha terra natal. Fugi de inúmeros perigos, tanto por mar quanto por terra, e superei dificuldades inconcebíveis, para vir sofrer inocentemente em minha terra natal. Meu sangue é igualmente procurado por aqueles por quem eu e meus antepassados arriscamos nossas propriedades; mas, Deus Todo-Poderoso! Perdoa-os, porque eles não sabem o que fazem". Dirigiu-se ao tronco, ajoelhou-se e exclamou com grande energia: "Nas tuas mãos, ó Senhor, eu entrego o meu espírito! Em ti sempre confiei; recebe-me, portanto, meu bendito Redentor". Foi então dado o golpe fatal e um fim para as dores temporárias desta vida.

Lord Frederic de Bile sofreu como protestante e apoiador da última guerra; encontrou seu destino com serenidade e apenas disse que desejava o bem aos amigos que deixara para trás, perdoava os inimigos que causaram sua morte, negava a autoridade do imperador daquele país, reconhecia Frederico como o único verdadeiro rei da Boêmia e esperava a salvação pelos méritos de seu bendito Redentor.

Lord Henry Otto, quando chegou ao cadafalso, parecia bastante perturbado e disse, com alguma aspereza, como se se dirigisse ao imperador: "Tirano Ferdinando, teu trono está fundamentado em sangue; mas, ainda que mates meu corpo e disperses meus membros, eles ainda se levantarão em julgamento contra ti". Então ficou em silêncio e, tendo andado por algum tempo, pareceu recuperar sua fortaleza de espírito e, acalmando-se, disse a um cavalheiro que estava perto: "Estava, alguns minutos atrás, bastante perturbado, mas agora sinto meu ânimo renovar-se. Deus seja louvado por me proporcionar tal conforto; a morte não mais se assemelha ao rei dos terrores, mas parece me convidar a participar de algumas alegrias desconhecidas". Ajoelhado diante do quarteirão, disse: "Deus Todo-Poderoso! A Ti entrego minha alma, recebe-a por amor de Cristo e admite-a na glória de Tua presença". O carrasco causou dor considerável a esse nobre, dando vários golpes antes de finalmente separar a cabeça do corpo.

O conde de Rugenia era conhecido por suas extraordinárias habilidades e piedade inabalável. No cadafalso, disse: "Nós, que sacamos nossas espadas, lutamos apenas para preservar as liberdades do povo e para manter nossos valores sagrados. Ao sermos vencidos, fico mais satisfeito com a sentença de morte do que se o imperador tivesse me dado a vida, pois acho que a Deus agrada ter sua verdade defendida não por nossas espadas, mas por nosso sangue". Então foi corajosamente ao tronco, dizendo: "Agora rapidamente estarei com Cristo", e recebeu a coroa do martírio com grande coragem.

Sir Gaspar Kaplitz tinha 86 anos de idade. Quando chegou ao local da execução, dirigiu-se ao alto sacerdote desta forma: "Eis aqui um homem ancião e miserável, que muitas vezes pediu a Deus para levá-lo deste mundo perverso, mas até agora não podia obter seu desejo, pois Deus me reservou até esta idade para ser um espetáculo para o mundo e um sacrifício para si mesmo; portanto, a vontade de Deus será feita". Um dos sacerdotes disse a ele, considerando sua avançada idade, que, se pedisse perdão, o receberia imediatamente. Ele exclamou: "Peça perdão! Pedirei perdão a Deus, a quem ofendi com frequência; mas não ao imperador, a quem nunca ofendi; se devo pedir perdão, pode-se suspeitar que cometi algum crime pelo qual eu mereça esta condenação. Não, não, como morro inocente e com a consciência limpa, não me separaria dessa nobre companhia de mártires". Dizendo isso, entregou alegremente seu pescoço ao tronco.

Procópio Dorzecki, no cadafalso, disse: "Estamos agora sob julgamento do imperador; mas com o tempo ele será julgado e apareceremos como testemunhas contra ele". Depois, tirando uma medalha de ouro do pescoço, que foi cunhada quando o eleitor Frederico foi coroado rei da Boêmia, entregou-a a um dos sacerdotes, ao mesmo tempo em que dizia estas palavras: "Como um homem moribundo, peço, se é que algum dia o rei Frederico for restaurado ao trono da Boêmia, para que lhe entregue essa medalha. Diga a ele que, por sua causa, eu a usei até a morte, e que agora eu voluntariamente entrego minha vida por Deus e meu rei". Então alegremente deitou a cabeça e se submeteu ao golpe fatal.

Dionísio Servius foi criado como católico romano, mas adotou a religião reformada por alguns anos. Quando no cadafalso, os jesuítas se empenharam ao máximo para fazê-lo abjurar e retornar à sua antiga fé, mas ele não prestou a menor atenção às suas exortações. Ajoelhando-se, disse: "Eles podem destruir meu corpo, mas não podem ferir minha alma, que entrego ao meu Redentor". E foi então pacientemente submetido ao martírio, tendo nessa época 56 anos de idade.

Valentine Cockan era uma pessoa de considerável fortuna e eminência, perfeitamente piedoso e honesto, mas com faculdades insignificantes; no entanto, suas ideias pareciam brilhar e suas faculdades melhoravam com a aproximação da morte, como se o perigo iminente lhe refinasse o entendimento. Pouco antes de ser decapitado, expressou-se com tanta eloquência, energia e precisão que surpreendeu enormemente aqueles que conheciam sua antiga deficiência no que tange à intelectualidade.

Tobias Steffick foi notável por sua afabilidade e temperamento sereno. Estava perfeitamente resignado ao seu destino e, poucos minutos antes de sua morte, falou desta maneira singular: "Recebi, durante todo o curso de minha vida, muitos favores de Deus; portanto, não devo alegremente tomar um copo amargo quando Ele acha apropriado oferecê-lo? Ou melhor, não devo me alegrar por ser sua vontade que eu desista de uma vida corrompida por uma de imortalidade!?".

O dr. Jessenius, um habilidoso estudante de física, foi acusado de ter proferido palavras desrespeitosas sobre o imperador, de traição ao jurar lealdade ao eleitor Frederico e de heresia por ser protestante. Pela primeira acusação, teve a língua cortada. Pela segunda foi decapitado. E, pela terceira e última, foi esquartejado e suas partes, expostas em postes.

Christopher Chober, assim que pisou no cadafalso, disse: "Venho em nome de Deus, para morrer por Sua glória. Combati o bom combate e completei minha carreira; então, carrasco, faça seu ofício". O carrasco obedeceu, e ele imediatamente recebeu a coroa do martírio.

Ninguém jamais viveu mais respeitado ou morreu mais lamentado do que John Shultis. As únicas palavras que falou, antes de receber o golpe fatal, foram: "Os justos parecem morrer aos olhos dos tolos, mas apenas descansam. Senhor Jesus! Prometeste que aqueles que vierem a Ti não serão expulsos. Eis que eu vim; olha para mim, tem piedade de mim, perdoa meus pecados e recebe minha alma".

Maximilian Hostialick era famoso por sua erudição, piedade e humanidade. Quando entrou no cadafalso, parecia extremamente aterrorizado com a aproximação da morte. Ao sacerdote, que percebia sua agitação, Hostialick disse: "Ah! Senhor, agora os pecados da minha juventude se amontoam em minha mente, mas espero que Deus me ilumine, para que eu não durma o sono da morte e para que meus inimigos digam que prevalecemos". Logo depois, disse: "Espero que meu arrependimento seja sincero e seja aceito. Nesse caso, o sangue de Cristo me lavará dos meus crimes". Então disse ao sacerdote que iria declamar o cântico de Simeão, na conclusão do qual o carrasco poderia cumprir seu dever. Ele, portanto, disse: "Agora, Senhor, podes despedir em paz o teu servo, segundo a tua palavra; porque os meus olhos já viram a tua salvação"; com essas palavras, sua cabeça foi atingida com um golpe.

Quando John Kutnaur chegou ao local da execução, um jesuíta lhe disse: "Abraça a fé católica romana, que por si só pode salvar-te e armar-te contra os terrores da morte". Ao que ele respondeu: "Tua fé supersticiosa eu abomino, ela leva à perdição, e não desejo outras armas contra os terrores da morte além de uma boa consciência". O jesuíta virou-se, dizendo, sarcasticamente: "Os protestantes são rochas impenetráveis". "Estás enganado", disse Kutnaur, "é Cristo que é a Rocha, e estamos firmemente fixados n'Ele".

Este homem, que não havia nascido na fartura, mas conquistara uma fortuna por meio de seu trabalho braçal, foi sentenciado à forca. Pouco antes de ser executado, disse: "Eu morro não por ter cometido nenhum crime, mas por seguir os ditames de minha própria consciência e defender meu país e religião".

Simeon Sussickey era sogro de Kutnaur e, como ele, foi condenado a ser executado na forca. Morreu alegremente e parecia impaciente para ser executado, dizendo: "Cada momento aqui adia minha entrada no Reino de Cristo".

Nathaniel Wodnianskey foi enforcado por ter apoiado a causa protestante e a eleição de Frederico para a coroa da Boêmia. No cadafalso, os jesuítas fizeram todo o possível para induzi-lo a renunciar à sua fé. Percebendo a ineficácia de suas tentativas, um deles disse: "Se não vais abjurar a tua heresia, pelo menos te arrependerás de tua rebelião?". Ao que Wodnianskey respondeu: "Tirais nossas vidas sob uma pretensa acusação de rebelião; e, não contente com isso, procurais destruir nossas almas. Enchei-vos de sangue e ficai satisfeitos; mas não perturbeis nossas consciências".

O próprio filho de Wodnianskey aproximou-se da forca e disse a seu pai: "Senhor, se a vida vos for oferecida sob condição de apostasia, peço que vos lembreis de Cristo e rejeiteis essas perniciosas propostas". A isso, o pai respondeu: "É muito aceitável, meu filho, ser exortado a constância por ti; mas não suspeites de mim; esforça-te por confirmar em tua fé teus irmãos, irmãs e filhos e a ensiná-los a imitar essa constância da qual lhes darei um exemplo". Assim que concluiu essas palavras foi executado, recebendo a coroa do martírio com grande força moral.

A Winceslaus Gisbitzkey, durante todo o seu confinamento, foram dadas grandes esperanças de vida, o que fez seus amigos temerem pela segurança de sua alma. Ele, no entanto, continuou firme em sua fé, orou fervorosamente no patíbulo e encontrou seu destino com resignação singular.

Martin Foster era um aleijado muito velho; as acusações contra ele eram: ser caridoso com os hereges e emprestar dinheiro ao eleitor Frederico. Sua grande riqueza, no entanto, parecia ter sido seu principal crime, e ser saqueado de seus tesouros foi a oportunidade de ser classificado nessa ilustre lista de mártires.

CAPÍTULO 9

UM RELATO DA VIDA E DAS PERSEGUIÇÕES DE MARTINHO LUTERO

Esse ilustre teólogo alemão e reformador da Igreja era filho de João Lutero e Margaret Ziegler, e nasceu em Eisleben, uma cidade da Saxônia, no condado de Mansfield, em 10 de novembro de 1483. A origem e a condição de seu pai eram humildes a princípio, e ele trabalhava como mineiro. É provável, no entanto, que, por sua dedicação e diligência, tenha melhorado a sorte da família, pois veio a tornar-se um magistrado de alta posição e dignidade. Lutero foi iniciado cedo nas letras e, aos 13 anos, foi enviado para a escola em Magdeburg, depois para Eisenach, na Turíngia, onde permaneceu quatro anos, exibindo os primeiros sinais de sua futura eminência.

Em 1501, foi enviado para a Universidade de Erfurt, onde passou pelos costumeiros cursos de lógica e filosofia. Aos 20 anos formou-se mestre e passou a lecionar física, ética e outros assuntos da filosofia de Aristóteles. Posteriormente, por incitação de seus pais, voltou-se para a lei civil, com o objetivo de dedicar-se ao Direito, mas foi desviado dessa busca por um acidente. Um dia, andando pelos campos, foi atingido por um raio e caiu ao chão, enquanto um companheiro foi morto ao seu lado. Tal evento o afetou de tal forma que, sem comunicar seus desígnios a nenhum de seus amigos, isolou-se do mundo e se retirou para a ordem dos eremitas de Santo Agostinho.

Então, dedicou-se a ler Santo Agostinho e os escolásticos; mas, ao revirar páginas e páginas na biblioteca, encontrou acidentalmente uma cópia da Bíblia em latim, que nunca havia visto antes. Isso elevou sua curiosidade a um alto nível. Lutero a leu com muita avidez e se surpreendeu ao descobrir quão pequena porção das Escrituras era ensinada ao povo.

Fez sua profissão no mosteiro de Erfurt, depois de ter sido noviço por um ano. Tomou as ordens sacerdotais e celebrou sua primeira missa em 1507. No ano seguinte, foi transferido do convento de Erfurt para a Universidade de Wittenberg, pois, por essa universidade ter sido recentemente fundada, pensava-se que nada poderia ser melhor para trazer-lhe reputação e crédito imediatos do que a autoridade e a presença de um homem tão célebre por sua grande erudição como Lutero.

Na Universidade de Erfurt, havia um certo senhor de avançada idade no convento dos agostinianos, com quem Lutero, então pertencente à mesma ordem por ser um frade agostiniano, conversou sobre diversos assuntos, especialmente acerca da remissão de pecados. O idoso frade auxiliou Lutero nesse artigo, declarando que o mandamento expresso de Deus é que todo homem acredite que seus pecados sejam perdoados em Cristo. Disse ainda que essa interpretação foi confirmada por São Bernardo: "Eis o testemunho que o Espírito Santo dá em teu coração, dizendo: teus pecados te são perdoados. Pois esta é a opinião do apóstolo: o homem é gratuitamente justificado pela fé".

Por essas palavras, Lutero não apenas foi fortalecido, mas também instruído acerca do pleno significado do que dizia São Paulo, que tantas vezes repete a frase: "Somos justificados pela fé". Então, depois de ler as exposições de muitos sobre essa passagem, percebeu, também pelo discurso do senhor com quem conversara e pelo conforto que recebeu em seu espírito, a vaidade daquelas interpretações que havia antes lido nos escolásticos. Assim, aos poucos, lendo e comparando os escritos e exemplos dos profetas e apóstolos, com contínua invocação a Deus e com o estímulo da fé pela força da oração, percebeu essa doutrina com mais evidência. Continuou desse modo o seu estudo em Erfurt durante quatro anos, no convento dos agostinianos.

Em 1512, quando sete conventos de sua ordem tiveram um conflito com seu vigário geral, Lutero foi escolhido para ir a Roma a fim de defender sua causa. Em Roma, viu o papa e a corte e teve a oportunidade de observar também as maneiras do clero, cuja forma apressada, superficial e ímpia de celebrar a missa observou severamente. Assim que ajustou a querela que era a motivação de sua viagem, retornou a Wittenberg e foi constituído doutor em teologia, à custa de Frederico, eleitor da Saxônia, que costumava ouvi-lo pregar, conhecia perfeitamente seu mérito e o reverenciava muito.

Continuou na Universidade de Wittenberg, onde, como professor de teologia, se dedicou ao assunto de seu chamado. Ali, então, passou a ler intensamente conferências sobre os livros sagrados. Explicou a seus alunos a Epístola aos Romanos e os Salmos, esclarecendo-os e ilustrando-os de uma maneira totalmente nova e diferente do que havia sido feito pelos antigos comentaristas, de modo que "parecia surgir um novo dia, depois de uma noite longa e escura, a juízo de todos os homens piedosos e prudentes".

Lutero diligentemente dirigia a mente dos homens ao Filho de Deus; como João Batista manifestou o Cordeiro de Deus que tirou os pecados do mundo, assim também Lutero, resplandecendo na Igreja como a luz do dia após uma noite longa e escura, mostrou expressamente que os pecados são livremente redimidos pelo amor do Filho de Deus e que devemos abraçar fielmente esse generoso dom.

Sua vida era correspondente à sua profissão; era evidente que suas palavras não saíam apenas de seus lábios, mas procediam do próprio coração. A admiração por sua vida santa atraiu muito o coração dos que o ouviam.

A fim de tornar-se mais qualificado para a tarefa que empreendera, aplicou-se atentamente ao estudo das línguas grega e hebraica; a isso se dedicava, quando as indulgências gerais foram publicadas em 1517.

Leão X, que sucedeu a Júlio II em março de 1513, concebeu a construção da magnífica Igreja de São Pedro em Roma, que foi, de fato, iniciada por Júlio, mas ainda demandava grandes somas para ser concluída. Leão, portanto, em 1517, publicou indulgências gerais em toda a Europa, em favor daqueles que contribuíssem com qualquer quantia para a construção da Igreja de São Pedro. Havia pessoas designadas em diferentes países para proclamar as indulgências e receber o dinheiro pago por elas. Esses estranhos procedimentos causaram grande escândalo em Wittenberg e inflamaram particularmente o devoto zelo de Lutero, que, por ser naturalmente acalorado e ativo, foi incapaz de se conter diante do caso, e decidiu declarar-se contra as indulgências em todas as circunstâncias.

Portanto, às vésperas do dia de Todos os Santos, em 1517, Lutero fixou publicamente na igreja próxima ao castelo daquela cidade uma tese sobre as indulgências. No início da tese, desafiou qualquer um a se opor, fosse por escrito ou em uma discussão. Assim que as proposições de Lutero sobre indulgências foram publicadas, Tetzel, o frade dominicano e comissionado para vendê-las, defendeu e publicou uma tese em Frankfurt contendo um conjunto de proposições diretamente contrárias àquelas. Fez ainda mais; despertou o clero de sua ordem contra Lutero, anatematizou-o do púlpito como um herege mais do que condenável e queimou sua tese publicamente em Frankfurt. A tese de Tetzel também foi queimada, em troca, pelos luteranos de Wittenberg, mas o próprio Lutero negou ter tido parte nesse procedimento.

Em 1518, Lutero, embora aconselhado do contrário por seus amigos, mas para mostrar obediência à autoridade, foi ao mosteiro de Santo Agostinho, em Heidelberg, enquanto o capítulo era celebrado; ali manteve, em 26 de abril, uma discussão referente à "justificação pela fé", que Bucer, presente, anotou por escrito e depois comunicou a Beatus Rhenanus, não sem as mais altas comendas.

Enquanto isso, o zelo de seus adversários crescia cada dia mais e se tornava mais ativo contra ele. Até que foi, finalmente, acusado como herege por Leão X. Assim que voltou, portanto, de Heidelberg, escreveu uma carta a esse papa, nos termos mais submissos, e enviou-lhe, ao mesmo tempo, uma explicação de suas proposições sobre indulgências. Essa carta é datada do domingo da Trindade, 1518, e foi acompanhada de um protesto, no qual declarou que não pretendia promover ou defender nada contrário às Escrituras Sagradas, ou à doutrina dos pais, recebida e observada pela Igreja de Roma, ou aos cânones e decretos dos papas. No entanto, via-se livre para aprovar ou desaprovar as opiniões de São Tomás, Bonaventure e outros escolásticos e canonistas, que não se baseiam em nenhum texto.

O imperador Maximiliano foi igualmente solícito para com o papa em impedir a propagação das opiniões de Lutero na Saxônia, o que seria problemático tanto para a Igreja como para o império. Maximiliano, portanto, escreveu a Leão, em uma carta enviada no dia 5 de agosto de 1518, implorando que proibisse, por meio de sua autoridade, essas inúteis discussões, precipitadas e perigosas, assegurando-lhe também que executaria estritamente no império tudo o que Sua Santidade ordenasse.

Enquanto isso, Lutero, assim que tomou conhecimento acerca do que acontecia a seu respeito em Roma, usou todos os meios imagináveis para impedir que fosse levado para lá, conseguindo uma audiência de sua causa na Alemanha. O eleitor também era contra a ida de Lutero a Roma e pediu ao cardeal Caetano que ele fosse ouvido diante dele, como legado do papa na Alemanha. Diante de tais discussões, o papa consentiu que a causa fosse julgada perante o cardeal Caetano, a quem dera o poder de decidir.

Lutero, portanto, partiu imediatamente para Augsburg e levou consigo as cartas do eleitor. Chegou à cidade em outubro de 1518 e, com a garantia de sua segurança, foi admitido na presença do cardeal. Mas Lutero logo se convenceu de que deveria temer mais o poder do cardeal do que discussões de qualquer tipo; portanto, temendo ser preso caso não se submetesse, retirou-se de Augsburg no dia 20. Contudo, antes de sua partida, publicou um apelo formal ao papa e, encontrando-se protegido pelo eleitor, continuou a ensinar as mesmas doutrinas em Wittenberg e enviou um desafio a todos os inquisidores que viessem discutir com ele.

A respeito de Lutero, Miltitius, o assistente do papa, tinha ordens para exigir que o eleitor o obrigasse a se retratar ou que lhe negasse sua proteção; no entanto, a situação não podia ser conduzida com demasiada soberba, pois o crédito de Lutero estava firmemente estabelecido. Além disso, o imperador Maximiliano morreu no décimo segundo dia desse mesmo mês, evento que alterou drasticamente o rumo das questões e tornou o eleitor mais hábil em determinar o destino de Lutero. Miltitius achou melhor, portanto, fazer o que poderia ser feito por meios justos e amigáveis e, com essa finalidade, começou a conversar com Lutero.

Durante todos esses tratados, a doutrina de Lutero se espalhava e prevalecia grandemente; ele próprio recebeu grande incentivo em seu país e no exterior. Os boêmios da época enviaram a ele um livro do célebre John Huss, que havia sido um mártir na obra da Reforma, além de cartas nas quais o exortavam à constância e à perseverança, reconhecendo que a teologia que ensinava era a teologia pura, sã e ortodoxa. Muitos homens grandiosos e eruditos se juntaram a ele.

Em 1519, Lutero protagonizou uma famosa discussão em Leipzig com John Eccius. Mas essa discussão terminou como todas as outras: as partes não menos distantes em opinião, mas mais inimigas pessoais uma da outra.

Por volta do final desse ano, Lutero publicou um livro no qual defendia que a Comunhão fosse celebrada sob ambas as espécies, o que foi condenado pelo bispo de Misnia, em 24 de janeiro de 1520.

Enquanto Lutero trabalhava para justificar-se diante do novo imperador e dos bispos da Alemanha, Eccius foi a Roma para solicitar sua condenação, algo que, como se poderia facilmente conceber, já não era tão difícil de ser alcançado. De fato, as importunações contínuas dos adversários de Lutero diante de Leão o levaram a publicar uma condenação formal contra ele, o que fez em uma bula, datada de 15 de junho de 1520. Tal bula foi levada para a Alemanha e publicada por Eccius, que a havia solicitado em Roma. A Eccius, juntamente com Jerônimo Alexander, um homem eminente por sua erudição e eloquência, foi confiada pelo papa a execução da tarefa. Enquanto isso, Carlos V da Espanha, depois de nos Países Baixos, dirigiu-se à Alemanha e foi coroado imperador, no dia 21 de outubro, em Aix-la-Chapelle.

Martinho Lutero, depois de haver sido acusado a primeira vez em Roma pela censura do papa em uma quinta-feira santa, dirigiu-se pouco depois da Páscoa para Worms, onde, apresentando-se diante do imperador e dos governadores de todos os estados da Alemanha, manteve-se constante na verdade, defendeu-se e respondeu a seus adversários.

Permaneceu alojado, bem agasalhado e recebeu a visita de muitos condes, barões, cavaleiros da ordem, nobres, sacerdotes e pessoas comuns, que frequentavam sua hospedagem até a noite.

Ele veio, ao contrário das expectativas de muitos, tanto dos adversários como de outros. Seus amigos deliberaram juntos, e muitos tentaram convencê-lo a não se arriscar em tão eminente perigo, considerando as tantas vezes em que não cumpriam a promessa feita. Ele, por sua vez, depois de ouvir suas persuasões e conselhos, respondeu desta maneira: "No que a mim diz respeito, desde que fui chamado, estou certamente decidido a entrar em Worms, em nome de nosso Senhor Jesus Cristo; sim, embora eu saiba que existem tantos demônios para resistir a mim quanto existem telhas para cobrir as casas em Worms".

No dia seguinte, o arauto o levou de seu alojamento para a corte do imperador, onde permaneceu até as seis horas, pois os príncipes estavam ocupados em reuniões importantes. Cercado por uma grande quantidade de pessoas enquanto aguardava, quase foi sufocado pela multidão que o pressionava. Depois, quando os príncipes se mostraram prontos, Lutero entrou, e Eccius, o oficial, falou da seguinte maneira: "Responda agora à exigência do imperador. Manterás todos os livros que reconheceste serem de tua autoria, ou revogarás qualquer parte deles e te submeterás?".

Martinho Lutero respondeu com modéstia e humildade, sem deixar de demonstrar firmeza e constância cristãs: "Considero que vossa soberana majestade e vossos honoráveis exigem uma resposta clara; digo isto e professo com toda a determinação, sem dúvidas ou sofisticações, que, se não me convencerdes a fazê-lo pelos testemunhos das Escrituras (pois não creio no papa, nem em seus concílios gerais, que erraram muitas vezes e se contradisseram), minha consciência está tão atada e escravizada a essas Escrituras e à Palavra de Deus que não irei nem poderei retratar-me de qualquer coisa, considerando ser um ato ímpio ou ilícito fazer algo contrário à minha consciência. Nisso me sustento e descanso; não tenho mais o que dizer. Deus tenha misericórdia de mim!".

Os príncipes consultaram-se entre si acerca dessa resposta dada por Lutero; quando o interrogaram cuidadosamente, o porta-voz passou a refutá-lo assim: "A majestade do imperador exige de ti uma resposta simples, negativa ou afirmativa, se desejas defender todas as tuas obras como cristãs ou não".

Lutero, voltando-se para o imperador e os nobres, rogou que não o obrigassem a ceder contra sua consciência, confirmada pelas Sagradas Escrituras, sem argumentos manifestos sustentados em contrário por seus adversários. "Estou amarrado pelas Escrituras."

Antes da conclusão da Dieta[9] de Worms, como fora chamada aquela reunião, Carlos V fez com que fosse redigido um édito, datado de 8 de maio, decretando que Martinho Lutero fosse, de acordo com a sentença do papa, visto de agora em diante como um membro separado do Igreja, um cismático e claramente um herege obstinado. Enquanto a bula de Leão X, executada por Carlos V, trovejava por todo o império, Lutero foi colocado em segurança no castelo de Wittenberg; no entanto, cansado de ficar isolado, apareceu publicamente outra vez em Wittenberg, em 6 de março de 1522, depois de estar ausente por cerca de dez meses.

Lutero declarou uma guerra aberta contra o papa e os bispos; e, para conseguir que o povo menosprezasse a autoridade deles o máximo possível, escreveu um livro contra a bula do papa e outro contra a ordem falsamente chamada "A Ordem Episcopal". Publicou também uma tradução do Novo Testamento na língua alemã, que foi posteriormente revisada por ele e por Melâncton.

Havia agora grande confusão na Alemanha e na Itália, pois aconteceu uma briga entre o papa e o imperador, durante a qual Roma foi tomada duas vezes e o papa foi preso. Enquanto os príncipes estavam, assim, ocupados com conflitos entre si, Lutero persistiu em continuar o trabalho da Reforma, bem como sua oposição aos papistas, combatendo os anabatistas e outras seitas fanáticas que, aproveitando-se das suas discussões com a Igreja de Roma, surgiram e se estabeleceram em vários lugares.

Em 1527, Lutero foi subitamente acometido por um coágulo no coração, que quase pôs um fim à sua vida. Sem quaisquer perspectivas de resolver os problemas da Alemanha, o imperador foi forçado a convocar uma Dieta em Spires, em 1529, a fim de exigir a assistência dos príncipes do império contra os turcos. Os reformadores em quatorze cidades, Estrasburgo, Nuremberg, Ulm, Constança, Retlingen, Windsheim, Memmingen, Lindow, Kempten, Hailbron, Isny, Weissemburg, Nortlingen, S. Gal, se uniram contra o decreto da Dieta e emitiram um protesto, escrito e publicado em abril de 1529. Esse foi o célebre documento que deu aos reformadores na Alemanha o nome de "protestantes".

---

9. Assembleia política ou legislativa de alguns Estados europeus. (N.T.)

Depois disso, os príncipes protestantes trabalharam para formar uma aliança firme e instruíram o eleitor da Saxônia e seus aliados que haviam aprovado o que a Dieta havia feito; mas os deputados redigiram uma apelação, e os protestantes logo apresentaram uma apologia à sua "Confissão" – a famosa confissão elaborada pelo moderado Melâncton, bem como a apologia. Os documentos foram assinados por uma variedade de príncipes, e Lutero mais nada tinha a fazer senão sentar-se e contemplar a poderosa obra que havia terminado. Sendo somente um monge, pôde impactar a Igreja de Roma com tamanha intensidade que seria necessário outro igual a ele para derrubar sua obra, que pode ser justamente avaliada como poderosa.

Em 1533, Lutero escreveu uma epístola consoladora aos cidadãos de Oschatz, que haviam sofrido algumas dificuldades por aderir à confissão de fé de Augsburgo. Em 1534, a Bíblia traduzida por ele para o alemão foi impressa pela primeira vez, como o protótipo do antigo acordo selado em Bibliópolis, pelas mãos do próprio eleitor, e publicada no ano seguinte. Publicou também, no mesmo ano, um livro *Contra as Missas e a Consagração de Sacerdotes*.

Em fevereiro de 1537, foi realizada uma assembleia em Smalkald sobre questões religiosas, para as quais Lutero e Melâncton foram convocados. Durante a reunião, Lutero foi acometido por uma doença tão grave que já não havia esperança de sua recuperação. Ao ser transportado, escreveu seu testamento, no qual legou seu desprezo ao papa a seus amigos e irmãos. Assim, permaneceu ativo até sua morte, em 1546.

Naquele ano, acompanhado por Melâncton, visitou seu país natal, aonde não ia há muitos anos, e voltou em segurança. Mas, logo depois, foi chamado para retornar outra vez pelos condes de Manfelt, a fim de resolver algumas diferenças que surgiram sobre suas fronteiras, onde foi recebido por cem cavaleiros, ou mais, e conduzido de maneira muito honrosa; no entanto, estava, ao mesmo tempo, tão doente que temiam sua morte. Lutero disse que esses ataques de enfermidade costumavam acontecer quando tinha grandes negócios a empreender. Deste, porém, não se recuperou; morreu em 18 de fevereiro, em seu sexagésimo terceiro ano. Um pouco antes de expirar, advertiu os que estavam a seu redor a orar a Deus pela propagação do Evangelho: "Pois", disse ele, "o Concílio de Trento, que se reuniu por uma

ou duas vezes, e o papa, inventariam coisas estranhas contra o evangelho".
Sentindo que sua hora fatal se aproximava, antes das nove horas da manhã,
entregou-se a Deus com esta oração devota: "Meu Pai celestial, Deus eterno
e misericordioso! Tu manifestaste a mim o Teu querido Filho, nosso Senhor
Jesus Cristo. Ensinei sobre Ele e o conheci; eu o amo como minha vida, minha saúde e minha redenção; amo Aquele a quem os ímpios perseguiram,
difamaram e afligiram com insultos. Toma a minha alma para Ti".

Então, repetiu por três vezes: "Em Tuas mãos entrego o meu espírito, tu
me redimiste, Ó Deus da verdade! 'Deus amou o mundo de tal maneira que
deu o seu Filho unigênito, para que todo aquele que nEle crê não pereça,
mas tenha a vida eterna'". Tendo orado repetidas vezes, foi chamado diante
de Deus. Então, orando, seu inocente espírito pacificamente foi separado do
corpo terreno.

CAPÍTULO 10

PERSEGUIÇÕES GERAIS NA ALEMANHA

As perseguições gerais na Alemanha foram ocasionadas principalmente por causa das doutrinas e do ministério de Martinho Lutero. O papa ficou tão aterrorizado diante do sucesso daquele corajoso reformador que decidiu envolver o imperador Carlos V, a qualquer custo, no projeto de tentativa de sua extirpação.

Para esse fim,

1. Deu ao imperador duzentas mil coroas em dinheiro.
2. Prometeu manter doze mil infantes e cinco mil tropas de cavalaria, pelo período de seis meses ou durante uma campanha.
3. Permitiu que o imperador recebesse metade das receitas do clero durante a guerra.
4. Permitiu que o imperador hipotecasse as terras da abadia por quinhentas mil coroas, para ajudar nas hostilidades contra os protestantes.

Conforme a solicitação e o apoio recebidos, o imperador empreendeu a extirpação dos protestantes, com quem, de fato, estava particularmente enfurecido. Para tal, um exército formidável foi criado na Alemanha, na Espanha e na Itália.

Os príncipes protestantes, entretanto, formaram uma poderosa confederação, a fim de repelir o golpe iminente. Um grande exército foi formado, e o comando foi dado ao eleitor da Saxônia e ao landgrave[10] de Hesse. As forças imperiais foram comandadas pessoalmente pelo imperador da Alemanha, e os olhos de toda a Europa se voltaram para o evento da guerra.

Por fim, os exércitos se encontraram, e uma terrível batalha foi travada, na qual os protestantes foram derrotados e o eleitor da Saxônia e o landgrave de Hesse foram presos. O golpe fatal foi sucedido por uma horrenda perseguição, cujo rigor foi de tal ordem que o exílio poderia ser considerado um destino mais leve, e esconder-se em um bosque sombrio passaria por felicidade. Nesses tempos, uma caverna é um palácio, uma rocha é uma cama de plumas, e raízes selvagens são iguarias.

Os que foram levados sofreram as torturas mais cruéis que uma mente infernal poderia conceber; e por sua constância evidenciavam que um verdadeiro cristão pode superar todas as dificuldades e, apesar de todo perigo, alcançar uma coroa de martírio.

Henrique Voes e John Esch, ao serem presos como protestantes, foram levados ao interrogatório. Voes, respondendo por si e pelo outro, deu as seguintes respostas a algumas perguntas feitas por um padre, que os examinou por ordem da magistratura.

Sacerdote: Fostes, há alguns anos, frades agostinianos?
Voes: Sim.
Sacerdote: Por que saístes do seio da Igreja em Roma?
Voes: Por causa de suas abominações.
Sacerdote: No que credes?
Voes: No Antigo e no Novo Testamento.
Sacerdote: Acreditais nos escritos dos padres e nos decretos dos Concílios?
Voes: Sim, se estiverem em concordância com as Escrituras.

---

10. Landgrave (do alemão *landgraf*) foi um título nobiliárquico usado por vários condes do Sacro Império Romano-Germânico. (N.T.)

Sacerdote: Martinho Lutero vos seduziu?

Voes: Ele nos seduziu da mesma maneira que Cristo seduziu os apóstolos; isto é, nos fez conscientes da fragilidade de nosso corpo e do valor de nossa alma.

O exame foi suficiente. Ambos foram condenados às chamas e logo depois padeceram com aquela coragem viril que se apodera dos cristãos quando recebem uma coroa de martírio.

Henry Sutphen, um pregador eloquente e piedoso, foi tirado da cama no meio da noite e obrigado a andar um longo caminho descalço, de modo que seus pés já estavam terrivelmente cortados. Pediu por um cavalo, mas seus condutores lhe disseram, em tom de escárnio: "Um cavalo para um herege! Não, não, hereges devem andar descalços". Quando chegou ao local de seu destino, foi condenado a ser queimado; no entanto, durante a execução, foram-lhe infligidas inúmeras dores, pois, não satisfeitos com o sofrimento causado pelas chamas, o cortaram e rasgaram da maneira mais terrível.

Muitos foram assassinados em Halle; Middleburg foi tomada de assalto e todos os protestantes foram feridos; um grande número foi queimado em Viena.

Um oficial enviado para matar um ministro, ao chegar à casa do clérigo, fingiu que suas intenções eram apenas lhe fazer uma visita. O ministro, sem suspeitar da crueldade de suas intenções, recebeu seu suposto convidado de maneira muito cordial. Tão logo terminou o jantar, o oficial disse a alguns de seus assistentes: "Pegai este clérigo e enforcai-o". Os próprios assistentes ficaram tão atônitos com a civilidade que haviam testemunhado que hesitaram em executar as ordens de seu mestre. O ministro disse: "Pensai no aguilhão que permanecerá em vossa consciência por violar as leis da hospitalidade". O oficial, no entanto, insistiu em ser obedecido, e os atendentes, com relutância, exerceram o ofício execrável como carrascos.

Peter Spengler, um piedoso teólogo da cidade de Schalet, foi lançado ao rio e se afogou. Antes de ser levado às margens do rio que se tornaria sua sepultura, levaram-no ao mercado onde seus crimes seriam proclamados, que consistiam em: não frequentar a missa, não confessar e não acreditar na transubstanciação. Terminada a cerimônia, fez um extraordinário discurso para o povo e concluiu com um doce hino, de natureza muito edificante.

Um cavalheiro protestante que foi sentenciado à decapitação por não renunciar à sua religião dirigiu-se alegremente ao local da execução. Um frade veio até ele e lhe disse, em voz baixa: "Por teres grande relutância em abjurar tua fé publicamente, sussurra tua confissão em meu ouvido, e eu absolverei teus pecados". A isso, o cavalheiro respondeu em alta voz: "Não me perturbes, frade, confessei meus pecados a Deus e obtive absolvição pelos méritos de Jesus Cristo". Então, voltando-se para o carrasco, disse: "Não me incomodem com esses homens, antes cumpram seu dever"; então, sua cabeça foi cortada com um único golpe.

Wolfgang Scuch e John Huglin, dois dignos ministros, foram queimados, assim como Leonard Keyser, um estudante da Universidade de Wertembergh; e George Carpenter, um bávaro, foi enforcado por se recusar a renegar o protestantismo.

Tendo as perseguições na Alemanha diminuído por muitos anos, vieram a eclodir outra vez em 1630, devido à guerra entre o imperador e o rei da Suécia, pois este era um príncipe protestante e, consequentemente, os protestantes da Alemanha defendiam sua causa, o que exasperou grandemente o imperador contra eles.

Os imperialistas que sitiaram a cidade de Passewalk (que fora defendida pelos suecos) a invadiram e cometeram as mais horríveis crueldades. Derrubaram as igrejas, queimaram as casas, saquearam as propriedades, massacraram os ministros, passaram a guarnição à espada, enforcaram os habitantes da cidade, violentaram as mulheres, sufocaram as crianças etc.

Uma tragédia ainda mais sangrenta foi realizada em Magdeburg, no ano de 1631. Os generais Tilly e Pappenheim, tendo tomado a cidade protestante de assalto, massacraram mais de vinte mil pessoas, sem distinção de classe, sexo ou idade, e seis mil morreram afogadas na tentativa de escapar pelo rio Elba. Após acalmar-se a fúria, os habitantes restantes foram despidos, severamente açoitados, tiveram as orelhas cortadas e, amarrados em jugos como bois, ficaram à deriva.

A cidade de Hoxter foi tomada pelo exército papista, e todos os habitantes e a guarnição foram mortos à espada; as casas foram incendiadas e os corpos, consumidos pelas chamas.

Em Griphenberg, quando as forças imperiais prevaleceram, trancafiaram os senadores na câmara do Senado e atearam fogo à palha ao redor dela, sufocando-os.

Franhendal se rendeu sob artigos de capitulação, mas os habitantes sofreram tão cruéis abusos quanto em outros lugares; em Heidelberg, muitos foram encarcerados e morreram de fome.

As crueldades aplicadas pelas tropas imperiais sob o conde Tilly na Saxônia foram:

Estrangular as vítimas até que ficassem inconscientes, fazê-las se recobrarem e novamente estrangulá-las. Passar rodas afiadas sobre os dedos das mãos e dos pés. Prender os polegares das vítimas em um torno. Forçar os objetos mais imundos pela garganta, sufocando-as. Amarrar cordões em volta da cabeça com tamanha força que fizesse jorrar o sangue pelos olhos, nariz, ouvidos e boca. Atar fósforos acesos aos dedos das mãos, dos pés, às orelhas, aos braços, às pernas e até mesmo à língua. Colocar pólvora na boca das vítimas e atear fogo a ela, despedaçando-lhes a cabeça. Amarrar bolsas de pólvora a todas as partes do corpo da vítima, explodindo-a. Amarrar e puxar cordas para frente e para trás, até lhes atravessar a carne. Fazer incisões na pele com punhais e facas. Passar fios pelo nariz, pelas orelhas, pelos lábios etc. Pendurar os protestantes pelas pernas, com a cabeça sobre o fogo, fazendo-os desidratar com a fumaça. Pendurar as vítimas por um braço até que este fosse deslocado. Pendurá-las em ganchos pelas costelas. Forçá-las a beber até explodirem. Assá-las em fornos quentes. Prender-lhes pesos aos pés, elevando várias vítimas de uma vez, com polias. Enforcá-las, sufocá-las, assá-las, esfaqueá-las, fritá-las, torturá-las, arrebentá-las, rasgá-las, quebrar-lhes os ossos, raspar-lhes a carne, despedaçá-las com cavalos selvagens, afogá-las, estrangulá-las, queimá-las, crucificá-las, imergi-las, envenená-las, cortar-lhes a língua, o nariz, as orelhas etc., serrar-lhes os membros, cortá-las em pedaços e arrastá-las pelas ruas, presas pelos calcanhares.

As enormes crueldades serão uma eterna mancha na memória do conde Tilly, que não apenas as cometeu, como também ordenou que as tropas as colocassem em prática. Por onde quer que passasse, as mais terríveis barbaridades e cruéis depredações se seguiam: fome e conflagração marcavam seu avanço, pois destruía todas as provisões que não podia levar consigo e queimava todas as cidades antes de deixá-las, de modo que o resultado de suas conquistas foram assassinato, pobreza e desolação.

A um piedoso senhor teólogo, despiram, amarraram de costas sobre uma mesa e prenderam à sua barriga um grande e feroz felino. Então, instigaram e atormentaram o animal de tal maneira, que a criatura furiosa rasgou sua barriga e roeu suas entranhas.

Outro ministro e sua família foram presos por esses monstros desumanos; violentaram sua esposa e filha diante de seus olhos, fincaram seu filho pequeno na ponta de uma lança, e depois, cercando-o com toda a sua biblioteca, atearam fogo aos livros, de modo que as chamas o consumiram.

Em Hesse-Cassel, quando algumas das tropas entraram em um hospital, cujos pacientes eram, em sua maioria, mulheres mentecaptas, despiram as pobres vítimas e as obrigaram a correr pelas ruas para entretê-los; então, deram cabo de todos.

Na Pomerânia, algumas das tropas imperiais que entraram em uma cidade pequena prenderam todas as moças e meninas de mais de dez anos e, depois, colocando seus pais em círculo, ordenaram que entoassem Salmos enquanto violentavam suas filhas, dizendo que, se não o fizessem, as cortariam em pedaços. Então, tomaram todas as mulheres casadas com filhos pequenos e as ameaçaram, dizendo que, se não consentissem em satisfazer suas luxúrias, queimariam seus filhos diante de seus olhos em uma grande fogueira que haviam acendido com essa finalidade.

Um grupo de soldados do conde Tilly, ao encontrar alguns comerciantes da Basileia que voltavam do grande mercado de Estrasburgo, tentou cercá-los. Quase todos escaparam, menos dez deles, abandonando seus bens. Os dez que foram pegos imploraram intensamente por suas vidas, mas os soldados os mataram, dizendo: "Deveis morrer porque sois hereges e não tendes dinheiro".

Os mesmos soldados encontraram duas condessas que, na companhia de algumas jovens, filhas de uma delas, passeavam em um landau[11]. Os soldados

---

11. Carruagem de quatro rodas e dois bancos de passageiros que se defrontam, coberta com capota em fole dividida em duas seções que se podem arriar, levantar ou remover independentemente uma da outra. (N.T.)

pouparam suas vidas, mas as trataram com a maior indecência e, despindo-as por completo, ordenaram que o cocheiro prosseguisse.

Com a mediação da Grã-Bretanha, a paz foi finalmente restaurada na Alemanha, e os protestantes permaneceram livres de males por vários anos, até que alguns novos tormentos eclodiram no Palatino, provocados da forma narrada a seguir.

A grande Igreja do Espírito Santo, em Heidelberg, havia sido compartilhada por muitos anos igualmente pelos protestantes e católicos romanos desta maneira: os protestantes prestavam culto na nave ou no corpo da igreja, enquanto os católicos romanos celebravam a missa no coro. Embora esse fosse o costume há muito tempo, o eleitor Palatino decidiu não permitir que isso permanecesse, declarando que, por ser Heidelberg o local de sua residência, e a Igreja do Espírito Santo, a catedral de sua cidade principal, o serviço divino deveria ser realizado apenas de acordo com os ritos da Igreja da qual ele era membro. Então, proibiu os protestantes de entrarem na igreja e colocou os papistas em posse de toda a catedral.

O povo, ultrajado, apelou aos poderes protestantes por reparação, ato que exasperou o eleitor de tal forma que este suprimiu o catecismo de Heidelberg[12]. As potências protestantes, no entanto, concordaram por unanimidade em exigir satisfação, pois o eleitor, com essa conduta, havia quebrado um artigo do tratado de Vestfália. Os tribunais da Grã-Bretanha, Prússia, Holanda etc. enviaram embaixadores ao eleitor, a fim de mostrar-lhe a injustiça de seus procedimentos e ameaçá-lo: a menos que mudasse seu comportamento para com os protestantes no Palatino, também tratariam seus súditos católicos romanos com grande severidade. Muitas discussões violentas ocorreram entre as potências protestantes e as do eleitor, as quais se agravaram devido ao seguinte incidente: no momento em que a carruagem do ministro holandês estava parada diante da porta do embaixador residente enviado pelo príncipe de Hesse, aconteceu de chegar uma companhia, levando a hóstia a um enfermo. O cocheiro não deu a mínima atenção ao fato, levando aqueles que estavam observando a hóstia a puxarem-no de

---

12. Publicado pela primeira vez em 1563, o Catecismo de Heidelberg tem sido desde então usado por cristãos no mundo inteiro. Sumariza os principais ensinos da Sagrada Escritura em cento e vinte e nove perguntas e respostas. (N.T.)

seu assento e obrigarem-no a se ajoelhar. Essa violência contra um empregado de um ministro público foi muito ofensiva a todos os embaixadores protestantes; e, para aumentar ainda mais as diferenças, os protestantes apresentaram aos deputados três artigos adicionais de denúncia.

1. Foram ordenadas execuções militares contra todos os sapateiros protestantes que se recusassem a contribuir para as missas de St. Crispin.
2. Os protestantes foram proibidos de trabalhar nos dias santos papistas, mesmo na época da colheita, sob penas muito pesadas, o que ocasionou grandes inconvenientes e prejudicou consideravelmente os negócios públicos.
3. Vários ministros protestantes foram desapropriados de suas igrejas, sob o pretexto de terem sido originalmente fundadas e construídas por católicos romanos.

Por fim, os embaixadores protestantes tornaram-se tão taxativos em intimar o eleitor a ponto de insinuar que a força das armas o obrigaria a fazer a justiça que negava às suas embaixadas. Essa ameaça o levou à razão, pois sabia da impossibilidade de manter uma guerra contra os estados poderosos que o ameaçavam. Portanto, concordou que o corpo da Igreja do Espírito Santo deveria ser restituído aos protestantes. Restaurou o catecismo de Heidelberg, colocou os ministros protestantes novamente em posse das igrejas das quais haviam sido destituídos, permitiu que os protestantes trabalhassem nos dias sagrados dos papas e ordenou que ninguém fosse molestado por não se ajoelhar quando passasse a hóstia.

Tais coisas ele fez motivado pelo medo; contudo, para mostrar seu ressentimento para com seus súditos protestantes, em outras circunstâncias em que os estados protestantes não teriam o direito de interferir, abandonou totalmente Heidelberg, realocando todos os tribunais de justiça em Mannheim, inteiramente habitada por católicos romanos. Da mesma forma, construiu um novo palácio ali, tornando-o seu local de residência; e, por haver sido seguido pelos católicos romanos de Heidelberg, Mannheim tornou-se um lugar próspero.

Enquanto isso, os protestantes de Heidelberg afundaram na pobreza e muitos deles ficaram tão preocupados que deixaram o país de origem e buscaram asilo nos estados protestantes. Um grande número desses que chegaram à Inglaterra, na época da rainha Ana, foi cordialmente recebido e recebeu assistência humanitária, tanto por meio de doações públicas quanto privadas.

Em 1732, mais de trinta mil protestantes foram, contrariamente ao tratado da Vestfália, expulsos do arcebispado de Salzburgo. Foram embora no período mais rigoroso do inverno, com roupas que mal eram suficientes para cobri-los, sem provisões e sem permissão para levar nada consigo. Por não ter sido acolhida a causa dessas pobres pessoas por estados que pudessem obter reparação, elas emigraram para vários países protestantes e se estabeleceram em lugares onde podiam desfrutar do livre exercício de sua religião, sem ferir suas consciências, vivendo livres dos embaraços da superstição papista e das correntes da tirania papal.

CAPÍTULO 11

UM RELATO DAS PERSEGUIÇÕES NOS PAÍSES BAIXOS

Quando a luz do Evangelho se espalhou com sucesso pelos Países Baixos, o papa instigou o imperador a iniciar uma perseguição contra os protestantes. Quando muitos milhares caíram, mártires da malícia supersticiosa e do fanatismo bárbaro, os mais notáveis entre eles foram os seguintes:

Wendelinuta, uma piedosa viúva protestante, foi detida por causa de sua religião, quando vários monges tentaram, sem sucesso, convencê-la a se retratar. Como não conseguiam subjugá-la, uma dama católica romana que a conhecia pediu para ser admitida na masmorra em que estava confinada e prometeu se esforçar arduamente para induzir a prisioneira a abjurar da religião reformada. Quando foi admitida na masmorra, ela fez o possível para executar a tarefa que havia assumido; mas, ao ver que seus esforços eram ineficazes, disse: "Querida Wendelinuta, se tu não abraçares nossa fé, pelo menos mantém as coisas que professas em segredo dentro teu próprio coração e esforça-te para prolongar tua vida". Ao que a viúva respondeu: "Senhora, não sabes o que dizes; porque, embora com o coração creiamos na justiça, com a língua é que é feita a confissão para a salvação". Como se recusou decisivamente a se retratar, seus bens foram confiscados, e ela foi condenada à fogueira. No local da execução, um sacerdote entregou-lhe uma cruz e ordenou que a beijasse e adorasse a Deus. Ao que ela respondeu: "Não adoro a um deus de madeira, mas ao Deus eterno que está no céu". Foi então executada, mas, por intercessão da senhora católica romana mencionada anteriormente, foi-lhe concedida a clemência de ser estrangulada antes de as chamas serem acesas.

Dois clérigos protestantes foram queimados em Colen: um comerciante da Antuérpia chamado Nicholas foi amarrado em um saco, lançado ao rio e afogou-se; e Pistorius, um erudito estudante, foi levado ao mercado de uma vila holandesa vestindo um sambenito e lançado às chamas.

Um ministro protestante foi convocado para atender à execução de dezesseis protestantes condenados à decapitação. Esse cavalheiro desempenhou as funções de seu cargo com notável propriedade, exortando-os ao arrependimento e dando-lhes consolo na misericórdia de seu Redentor. Assim que os dezesseis foram decapitados, o magistrado gritou para o carrasco: "Ainda falta um corte. Deves decapitar o ministro; não poderia morrer em melhor momento do que com tão formidáveis preceitos em sua boca e tão louváveis exemplos diante de si". E assim foi decapitado, embora muitos dos próprios católicos romanos reprovassem esse ato de traiçoeira e desnecessária crueldade.

George Scherter, ministro de Salzburgo, foi detido e condenado à prisão por instruir seu rebanho no conhecimento do Evangelho. Enquanto estava confinado, escreveu uma confissão de sua fé, logo após a qual foi condenado, primeiro a ser decapitado e depois queimado até as cinzas. No caminho para o local da execução, disse aos presentes: "Para que saibam que sou um verdadeiro cristão, vos darei um sinal". Sua palavra foi de fato cumprida da maneira mais singular; pois, depois de cortada sua cabeça, seu corpo repousou brevemente com a barriga no chão, e então virou-se repentinamente, agora com as costas rentes ao solo, o pé direito cruzado por sobre o esquerdo, bem como o braço direito sobre o esquerdo; e assim permaneceu até ser lançado às chamas.

Em Louviana, um homem erudito chamado Percinal foi assassinado na prisão; e Justus Insparg foi decapitado por ter em seu poder os sermões de Lutero.

Giles Tilleman, um cuteleiro de Bruxelas, era um homem de expressiva humanidade e piedade. Foi preso, em meio a outros, como protestante, e muitos esforços foram empregados pelos monges para convencê-lo a se retratar. Teve uma vez, por acidente, uma oportunidade justa de escapar da prisão e, perguntado por que não se valeu disso, respondeu: "Eu não ousaria causar tanto dano aos guardiões quanto eles sofreriam ao responder pela minha ausência caso eu tivesse fugido". Quando foi condenado a ser queimado, agradeceu fervorosamente a Deus por lhe conceder uma oportunidade, através do martírio, de glorificar Seu nome. Percebendo, em seu local de execução, uma grande quantidade de lenha, requisitou que a maior parte dela fosse dada aos pobres, dizendo: "Uma pequena quantidade será suficiente para me consumir". O carrasco propôs estrangulá-lo antes de as chamas serem acesas, mas ele não consentiu, dizendo que desafiava as chamas; e, de fato, sua alma deixou o corpo com tal compostura em meio às chamas, que ele mal parecia senti-las.

Nos anos de 1543 e 1544, a perseguição continuou em toda a Flandres da mais violenta e cruel maneira. Alguns foram condenados à prisão perpétua, outros ao banimento perpétuo; mas a maioria dos perseguidos foram mortos por enforcamento, afogamento, emparedados, queimados, por meio de tortura no cavalete ou enterrados vivos.

John de Boscane, um protestante fervoroso, foi preso por conta de sua fé, na cidade de Antuérpia. Em seu julgamento, declarou ser da religião reformada, o que resultou em sua condenação imediata. O magistrado, no entanto, temia matá-lo publicamente, pois ele era popular por sua grande generosidade e quase universalmente amado por sua vida irrepreensível e piedade exemplar. Determinaram uma execução em sigilo, e foi dada ordem para afogá-lo na prisão. O carrasco o colocou em uma banheira grande; mas Boscane lutou e colocou a cabeça acima da água. Com isso, o carrasco o esfaqueou com uma adaga em vários pontos, até que expirou.

John de Buisons, outro protestante, foi, por volta do mesmo período, secretamente detido e executado em sigilo na Antuérpia. Como o número de protestantes era grande naquela cidade e o prisioneiro, muito respeitado, os magistrados temiam uma insurreição e, por esse motivo, ordenaram que fosse decapitado na prisão.

Em 1568, três pessoas foram presas em Antuérpia, e seus nomes eram Scoblant, Hues e Coomans. Durante o confinamento, comportaram-se com grande firmeza e alegria, confessando que a mão de Deus se revelara naquilo que lhes acontecera e se curvaram diante do trono de sua providência. Em uma epístola a alguns veneráveis protestantes, expressaram-se nas seguintes palavras: "Visto que é a vontade do Todo-Poderoso que soframos por Seu nome e sejamos perseguidos por causa de Seu Evangelho, nós pacientemente nos submetemos e nos alegramos na ocasião; embora a carne possa se opor ao espírito e dar ouvidos ao conselho da antiga serpente, as verdades do Evangelho impedirão que tais conselhos sejam seguidos, e Cristo esmagará a cabeça da serpente. Não estamos desamparados em nosso confinamento, pois temos fé; não temos medo da aflição, pois temos esperança; e perdoamos nossos inimigos, porque temos caridade. Não fiqueis sob apreensões por nós, somos felizes em nosso confinamento pelas promessas de Deus, glorificados em nossos grilhões, e exultamos em sermos considerados dignos de sofrer por causa de Cristo. Desejamos não ser libertos, mas ser abençoados com coragem; pedimos não liberdade, mas o poder da perseverança; e não desejamos nenhuma mudança em nossa condição senão aquela que pousa uma coroa de martírio sobre nossas cabeças".

Scoblant foi primeiramente levado a julgamento; quando persistiu na profissão de sua fé, recebeu a sentença de morte. Ao voltar para a prisão, pediu sinceramente ao carcereiro que não permitisse que nenhum frade se aproximasse dele; dizendo: "Eles não podem me fazer o bem, somente me perturbar bastante. Espero que minha salvação já esteja selada no céu e que o sangue de Cristo, no qual eu confio firmemente, tenha me lavado das minhas iniquidades. Agora me desfaço deste manto de argila, para ser coberto por vestes de glória eterna, cujo brilho celestial me livrará de todos os erros. Espero que possa ser o último mártir da tirania papal e que o sangue já derramado seja suficiente para saciar a sede da crueldade dos papas; para que a Igreja de Cristo descanse aqui, como seus servos de agora em diante". No dia da execução, despediu-se emocionadamente de seus companheiros de prisão. Na fogueira, entoou com fervor a oração do Senhor e cantou o Salmo 40, depois, entregando sua alma a Deus, foi queimado vivo.

Hues morreu logo depois na prisão; ocasião na qual Coomans escreveu o seguinte a seus amigos: "Agora estou privado de meus amigos e companheiros; Scoblant foi martirizado, e Hues, morto, mas, graças às manifestações do Senhor, não estou sozinho, pois tenho comigo o Deus de Abraão, de Isaque e de Jacó; Ele é meu consolo e será minha recompensa. Orai a Deus para me fortalecer até o fim, pois anseio, a cada hora, ser liberto desta morada de barro".

Em seu julgamento, confessou livremente ser da religião reformada, respondeu com firmeza viril a todas as acusações contra ele e provou a parte bíblica de suas respostas com o Evangelho. O juiz disse a ele que as únicas alternativas eram retratação ou morte, e concluiu dizendo: "Morrerás pela fé que professas?". Ao que Coomans respondeu: "Não estou apenas disposto a morrer, mas a sofrer os mais excruciantes tormentos por isso; após o que minha alma receberá sua aprovação do próprio Deus, por meio da glória eterna". Condenado, foi alegremente para o local da execução e morreu com a mais viril fortaleza e resignação cristã.

Guilherme de Nassau caiu vítima de uma traição, assassinado no quinquagésimo primeiro ano de sua idade, por Beltazar Gerard, natural de Ranche Compte, na província da Borgonha. Esse assassino, na esperança de uma recompensa aqui e no futuro por matar um inimigo ao rei da Espanha e da religião católica, comprometeu-se a eliminar o príncipe de Orange. Uma vez em posse de armas de fogo, observou-o passar pelo grande salão de seu palácio para jantar e exigiu um passaporte. A princesa de Orange, notando que o assassino falava com uma voz vazia e confusa, perguntou a ele quem era, dizendo não ter gostado de sua postura. O príncipe também respondeu que era ele quem exigia um passaporte, e que o assassino deveria tê-lo em sua posse.

Nada mais aconteceu antes do jantar, mas, quando o príncipe e a princesa regressavam pelo mesmo salão após o término do jantar, o assassino, escondido o máximo possível por um dos pilares, disparou contra o príncipe, os projéteis entrando pelo lado esquerdo e passando pela direita, ferindo em sua passagem seu estômago e outras partes vitais. Ao ser alvejado, o príncipe apenas disse: "Senhor, tenha piedade de minha alma e dessas pobres pessoas", e expirou imediatamente.

As lamentações em todas as províncias unidas foram gerais, devido à morte do príncipe de Orange; e o assassino, que foi imediatamente levado, recebeu sentença para ser morto da maneira mais exemplar; ainda assim, tal foi seu ímpeto, ou sua tolice, que, enquanto sua carne era rasgada por pinças em brasa, disse friamente: "Se estivesse em liberdade, eu o faria novamente".

O funeral do príncipe de Orange foi o maior já visto nos Países Baixos, e talvez a tristeza por sua morte tenha sido a mais sincera, pois deixou para trás reputação que lhe fazia jus, a saber, a de pai do seu povo.

Para concluir, multidões foram assassinadas em diferentes partes de Flandres; na cidade de Valença, em particular, cinquenta e sete dos principais habitantes foram cruelmente assassinados em um dia, por se recusarem a abraçar a superstição romana; e muitos deles foram condenados a definhar em confinamento, até que perecessem devido à inclemência de suas masmorras.

CAPÍTULO 12

A VIDA E A HISTÓRIA DO VERDADEIRO SERVO E MÁRTIR DE DEUS, WILLIAM TYNDALE

Adentraremos agora a história do bom mártir de Deus William Tyndale. Ele foi um instrumento especial do Senhor, a enxada usada por Deus para abalar as raízes e os fundamentos da orgulhosa prelazia do papa, de modo que o grande príncipe das trevas, com seus ímpios diabretes, nutrindo contra ele uma espécie singular de maldade, nada deixou de esquadrinhar a fim de astuciosamente prendê-lo, traí-lo com falsidade e derramar sua vida com maldade, como se poderá notar pelo curso de sua história a seguir.

William Tyndale, o fiel ministro de Cristo, nasceu nas fronteiras do País de Gales e foi criado na Universidade de Oxford, onde, por um longo período, ampliou também seu conhecimento sobre as línguas e outras artes liberais, especialmente acerca das Escrituras, pelas quais havia se apaixonado de maneira singular, a ponto de ler para alguns alunos e colegas em oculto, encontrando-se na época em Magdalen Hall, trechos de teologia, instruindo-os no conhecimento e na verdade das Escrituras. Suas maneiras e sua conduta, correspondentes ao que pregava, eram tais que todos os que o conheciam o consideravam um homem de virtuosa disposição e imaculada forma de vida.

Assim, na Universidade de Oxford, tornou-se cada vez mais erudito e foi ascendendo cada vez mais nos graus acadêmicos. Ao perceber que chegara o tempo de se retirar dali, dirigiu-se para a Universidade de Cambridge, onde se estabeleceu. Mais amadurecido no conhecimento da Palavra de Deus, deixou aquela universidade e recorreu ao Mestre Welch, um cavaleiro de Gloucestershire, de cujos filhos se tornou professor, sob o favor de seu mestre. Esse cavalheiro costumava promover hospitaleiras reuniões em sua mesa, por isso, recebia a visita de diversos abades, decanos, arquidiáconos, com muitos outros doutores e grandes homens privilegiados. Sentados à mesma mesa que o mestre Tyndale, aproveitavam a oportunidade para conversar acerca de homens instruídos, como Lutero e Erasmo, bem como a respeito de diversas outras controvérsias e questões sobre as Escrituras.

Então, mestre Tyndale, instruído e familiarizado com os assuntos de Deus como era, não se abstinha de mostrar-lhes simples e claramente sua opinião; e, quando a qualquer momento dela divergiam, mostrava-lhes o Livro e apresentava com clareza diante deles as passagens reveladas e manifestas das Escrituras, a fim de refutar os erros dos que dele discordavam e confirmar suas palavras. Assim seguiram por um certo período, discutindo e debatendo repetidamente, até que, por fim, se cansaram e passaram a nutrir em seus corações um secreto ressentimento contra Tyndale.

Conforme crescia dentro deles o rancor, os sacerdotes do país, reunidos, passaram a atacar Tyndale, criticando-o em tavernas e muitos outros lugares, afirmando que suas declarações eram heresia. Acusaram-no secretamente ao chanceler e a outros oficiais do bispo.

Pouco tempo depois, foi convocada uma reunião junto ao chanceler do bispo e dado o aviso aos sacerdotes para que comparecessem, dentre os quais foi requisitado, também, o mestre Tyndale. Não se sabe se ele temia suas ameaças ou se foi informado acerca das acusações que fariam contra ele, mas é certo (como ele próprio declarou) que receava as acusações, de modo que, no caminho, clamou sinceramente em espírito a Deus, para que lhe desse forças para permanecer firme na verdade de Sua Palavra.

Ao chegar a hora de seu comparecimento diante do chanceler, foi gravemente ameaçado, insultado e tratado como um cão. Fizeram contra ele muitas acusações para as quais não foram capazes de apresentar nenhuma testemunha, embora os sacerdotes do país estivessem todos presentes. Assim, o mestre Tyndale, escapando das mãos do chanceler, partiu para casa e retornou ao seu senhor.

Não muito distante, habitava um certo doutor, que havia sido chanceler de um bispo, que conhecia há muito tempo o Mestre Tyndale e o favorecia. Diante dele, Tyndale revelou sua opinião acerca de diversas questões das Escrituras, pois para ele ousava abrir seu coração. Então, o doutor lhe disse: "Não sabes que o papa é o próprio Anticristo de quem falam as Escrituras? Mas toma cuidado com o que dizes, pois, se descobrirem que manténs tal opinião, ela lhe custará tua própria vida".

Pouco tempo depois, estava o Mestre Tyndale na companhia de um certo teólogo, considerado um homem instruído, e, conversando e discutindo com ele, levou-o a essa questão, de modo que o referido grande doutor irrompeu com as seguintes infames palavras: "Melhor é ficarmos sem as leis de Deus do que sem as leis do papa". Mestre Tyndale, ouvindo isso, tomado por um piedoso zelo, não suportou tamanha blasfêmia e respondeu: "Desprezo o papa e todas as suas leis"; e acrescentou que, se Deus lhe poupasse a vida, em poucos anos faria com que um garoto que opera o arado conhecesse mais acerca das Escrituras do que o papa.

O ressentimento dos sacerdotes contra Tyndale aumentava cada vez mais. Jamais deixavam de vociferar contra ele e lançar-lhe críticas, impondo-lhe acusações sérias e dizendo que era um herege. Ao ver-se tão molestado e atormentado, ele foi compelido a deixar aquele lugar e procurar por outro. Então, dirigindo-se ao Mestre Welch, desejou, por sua boa vontade, afastar-se dele, dizendo: "Senhor, percebo que minha estada nesta região não será permitida por muito tempo, nem tu serás capaz, ainda que o queiras, de manter-me longe do alcance do clero; Deus sabe quantos desagrados podem vir sobre ti ao me acolheres, os quais me trariam amargo arrependimento".

Portanto, Mestre Tyndale, com a boa vontade de seu mestre, partiu, e logo chegou a Londres, onde pregou durante certo tempo, como havia feito no campo.

Lembrando-se de Cuthbert Tonstal, então bispo de Londres, e em especial dos tantos elogios feitos por Erasmo, que, em suas anotações, exalta o referido Tonstal por sua erudição, Tyndale convenceu a si mesmo de que, se pudesse estar a seu serviço, seria um homem feliz. Dirigindo-se a *sir* Henry Guilford, o controlador do rei, e trazendo consigo uma oração de Isócrates que havia traduzido do grego para o inglês, pediu a ele que falasse com o referido bispo de Londres em seu nome, pedido este que lhe foi concedido; além disso, pediu que escrevesse uma epístola ao bispo e fosse ter com ele em sua companhia. Assim o fez; entregou sua epístola a um servo chamado William Hebilthwait, antigo conhecido seu. Mas Deus, que em oculto dispõe o curso das coisas, viu não ser esse o melhor para o propósito de Tyndale, nem para o benefício de Sua Igreja; portanto, concedeu que não achasse favor aos olhos do bispo, que lhe respondeu que sua casa estava cheia e dispunha de mais servos do que podia sustentar; aconselhou-o a procurar ocupação em Londres, onde, segundo ele, não haveria de faltar serviço.

Ao ser recusado pelo bispo, dirigiu-se a Humphrey Mummuth, magistrado de Londres, e implorou por ajuda. No mesmo instante, ele o levou para sua casa, onde Tyndale viveu, segundo Mummuth, como um bom sacerdote, estudando noite e dia. Costumava se alimentar somente de carne assada, conforme a própria boa vontade, e nada bebia senão uma pequena porção de cerveja. Em todo o tempo de sua estada na casa, nunca foi visto vestindo-se de linho.

Assim permaneceu o mestre Tyndale em Londres por quase um ano, observando o curso do mundo e especialmente o comportamento dos pregadores, como se gabavam e estabeleciam sua autoridade. Notava também a pompa dos prelados, além de muitas outras coisas que o desagradavam sobremaneira, e, assim, compreendeu que não havia espaço na casa do bispo para que pudesse traduzir o Novo Testamento, como também não havia lugar para fazê-lo em toda a Inglaterra.

Portanto, tendo pela providência de Deus recebido alguma ajuda por parte de Humphrey Mummuth e de alguns outros homens bondosos, retirou-se do reino e partiu para a Alemanha, onde o bom homem, inflamado com um carinho e zelo por seu país, não poupou esforços nem diligência para, por todos os meios possíveis, direcionar seus irmãos e compatriotas da Inglaterra ao mesmo gosto e entendimento da Santa Palavra e da verdade de Deus com que o Senhor o dotara. Então, ponderando consigo mesmo e conversando com John Frith, Tyndale não concebeu melhor caminho para fazê-lo senão converter as Escrituras para um discurso popular, para que as pessoas pobres pudessem lê-la e enxergar a simples e clara Palavra de Deus. Percebeu que não seria possível firmar os leigos em verdade alguma, a não ser que as Escrituras estivessem tão claramente colocadas diante de seus olhos em sua língua materna, que pudessem enxergar o significado do texto. De outro modo, qualquer verdade que lhes fosse ensinada seria extinta pelos inimigos da verdade, por meio de raciocínios sofistas ou tradições inventadas por eles próprios, os quais não possuem base alguma nas Escrituras; ou, ainda, manipulariam o texto, expondo-o em um sentido impossível de compreendê-lo, escondendo seu significado.

O Mestre Tyndale considerou ser esta a única ou a principal causa de todos os males na Igreja: as Escrituras de Deus estarem sendo escondidas dos olhos das pessoas. Por muito tempo, os abomináveis feitos e idolatrias mantidos pelo clero farisaico não puderam ser descobertos; portanto, seu principal e mais árduo trabalho era manter a Palavra oculta, de modo que não fosse lida de maneira alguma, ou, caso fosse, pudessem obscurecer o seu sentido correto com a névoa de seus sofismas, a fim de enredar aqueles que censurassem ou desprezassem suas abominações. Deturpando a Escritura ao seu próprio propósito, de modo contrário ao significado do texto, iludiriam tanto os leigos indoutos que, embora sentissem em seu coração e tivessem certeza da falsidade em tudo o que lhes diziam, não poderiam desvendar seus sutis enigmas.

Por essas e outras considerações, esse bom homem foi despertado por Deus para traduzir as Escrituras em sua língua materna, para o benefício das pessoas simples de seu país. Primeiro, escreveu à mão o Novo Testamento, impresso por volta de 1525. Cuthbert Tonstal, bispo de Londres, e *sir* Thomas More, sentindo-se profundamente ofendidos, tramaram uma forma de destruir aquela tradução errônea e falsa, como a chamavam.

Acontece que Augustine Packington, um comerciante, encontrava-se na Antuérpia, onde estava o bispo. Este homem era a favor de Tyndale, mas mostrou sentimentos opostos diante do bispo. O bispo, desejoso de levar adiante seu propósito, comunicou-lhe que compraria de bom grado o Novo Testamento. Packington, ouvindo-o, disse: "Meu senhor! Posso fazer mais do que a maioria dos comerciantes que estão aqui, se for da vossa vontade, pois conheço os holandeses e estrangeiros que os trouxeram de Tyndale para vendê-los. Portanto, se for o prazer de Vossa Senhoria, desembolso o dinheiro para pagá-los, pois, ao contrário não posso obtê-los; assim, assegurarei que tenhais todos os livros impressos que ainda não foram vendidos". O bispo, pensando que havia apanhado Deus "pelos dedos dos pés", disse: "Fazei vossa diligência, gentil Mestre Packington! Obtende-os para mim e pagarei o quanto custarem, pois pretendo queimá-los e destruí-los todos na Cruz de Paulo". Então, Augustine Packington foi a William Tyndale e revelou diante dele toda a situação. Assim, mediante acordo firmado entre eles, o bispo de Londres ficou com os livros, Packington com os agradecimentos e Tyndale com o dinheiro.

Depois disso, Tyndale revisou outra vez os mesmos Novos Testamentos e voltou a imprimi-los, de modo que chegaram a ser triplamente numerosos na Inglaterra. Quando o bispo se apercebeu disso, chamou Packington e disse-lhe: "Como pode haver tantos Novos Testamentos no exterior? Vós me prometestes que compraríeis todos eles". Então, respondeu Packington: "Certamente comprei tudo o que poderia ser adquirido, mas percebo que imprimiram mais desde então. Vejo que isso nunca vai melhorar enquanto tiverem letras e imprensas; portanto, bom será se comprardes as imprensas também, e assim estareis mais assegurado", ao que o bispo sorriu, e, assim, o assunto foi encerrado.

Pouco tempo depois, George Constantine foi preso por *sir* Thomas More, então chanceler da Inglaterra, sob suspeita de certas heresias. Mestre More perguntou a ele: "Constantine! Sê claro comigo em uma coisa que te perguntarei, e prometo que te mostrarei favor em todas as outras coisas das quais és acusado. Além-mar estão Tyndale, Joye e muitos de vós. Sei que não podem viver sem ajuda. Há alguns que os socorrem com dinheiro, e tu, sendo um deles, tinhas a tua parte, portanto, sabes de onde ele provém. Ora, dize-me, quem são estes que os ajudam assim?". "Meu senhor", disse Constantine, "direi a verdade: é o bispo de Londres que nos tem ajudado, porquanto nos concedeu uma grande quantia referente aos Novos Testamentos que comprou para que pudesse queimá-los; esse ainda é nosso único socorro e conforto". "Como previ", diz More, "acredito que sim, pois disso mesmo adverti o bispo antes que executasse sua ação".

Depois disso, o Mestre Tyndale se dispôs a traduzir o Antigo Testamento, terminando os cinco livros de Moisés com diversos prólogos mui eruditos e piedosos, dignos de serem lidos e relidos por todo bom cristão. Quando esses livros foram enviados para a Inglaterra, não se pode dizer quão intensa luz se fez diante dos olhos da nação inglesa, antes cerrados na escuridão.

Em sua primeira saída fora do reino, viajou para a Alemanha, onde conferenciou com Lutero e outros homens instruídos; depois de ali permanecer por um certo período, desceu aos Países Baixos e passou a maior parte da sua vida na cidade de Antuérpia.

Depois disso, os piedosos livros de Tyndale, especialmente sua tradução do Novo Testamento, começaram a chegar às mãos dos homens e a se espalhar pelo exterior, gerando grande e singular proveito aos piedosos; mas os ímpios, invejando e desdenhando que o povo se tornasse mais sábio do que eles, e temendo que, pelo resplandecente brilho da verdade, suas obras de trevas fossem reveladas, começaram a se agitar e a gerar grande alvoroço.

Ao traduzir o Deuteronômio, Tyndale pensou em imprimi-lo em Hamburgo, então navegou para lá. Na costa da Holanda, porém, sofreu um naufrágio, pelo qual perdeu todos os seus livros, escritos e cópias, seu dinheiro e seu tempo, sendo obrigado a começar tudo de novo. Embarcou em outro navio para Hamburgo, onde, conforme combinado, o esperava Mestre Coverdale, que o ajudou na tradução dos cinco livros inteiros de Moisés, da Páscoa até dezembro, na casa de uma viúva piedosa, senhora Margaret Van Emmerson, em 1529; a grave doença do suor se espalhava naquele tempo pela cidade. Assim, tendo resolvido seus negócios em Hamburgo, ele voltou para Antuérpia.

Quando foi a vontade de Deus que o Novo Testamento na língua franca fosse publicado no exterior, Tyndale, seu tradutor, acrescentou ao final uma certa epístola, na qual pedia que os eruditos corrigissem sua tradução, caso encontrassem algum erro. Portanto, se houvesse qualquer falha digna de correção, seria um ato de cortesia e gentileza que homens instruídos e possuidores de discernimento mostrassem sua erudição e corrigissem o que precisava ser retificado. Mas o clero, não desejando que o livro prosperasse, afirmaram haver mil heresias nele, de modo que não deveria ser corrigido, mas completamente eliminado. Alguns disseram não ser possível traduzir as Escrituras para o inglês; outros, não ser lícito que os leigos as tivessem em sua língua materna; outros, ainda, diziam que isso os tornaria todos hereges. E, com a intenção de induzir os governantes da época a cumprirem seu objetivo, disseram que os livros fariam o povo se rebelar contra o rei.

Tudo isso relata o próprio Tyndale, em seu prólogo antes do primeiro livro de Moisés, mostrando que houve grande cuidado ao examinar aquela tradução e compará-la com suas próprias concepções, e que, com menos trabalho, supõe que poderiam ter traduzido grande parte da Bíblia. Além disso, mostrou que examinaram e reexaminaram cada título e ponto de maneira tão refinada que não havia sequer uma letra "i" sem pingo que não notassem e enumerassem ao povo ignorante como heresia.

Tantos eram os desonestos artifícios do clero inglês (que deveria ter sido o guia do povo à luz) para afastar o povo do conhecimento da Escritura, que não a traduziriam eles mesmos, nem ainda aceitavam que fosse traduzida por outros. Sua intenção era que, o mundo permanecendo imóvel nas trevas (como diz Tyndale), pudessem dominar a consciência do povo com vãs superstições e falsas doutrinas, a fim de satisfazer sua ambição e cobiça insaciáveis e exaltar sua própria honra acima do rei e imperador.

Os bispos e prelados não descansaram até obter o consentimento do rei para realizar seus desígnios; pelo que, com toda a pressa, foi elaborada e estabelecida sob autoridade pública uma proclamação de que a tradução do Testamento de Tyndale fosse proibida, por volta de 1537 d.C. E, não satisfeitos, continuaram adiante, buscando envolvê-lo em suas redes e destituí-lo de sua vida; resta-nos agora declarar a forma como o fizeram.

Nos registros de Londres consta como os bispos e *sir* Thomas More, cientes do que acontecera em Antuérpia, estudavam e estudavam com mais cuidado tudo o que fosse relacionado a Tyndale: onde e com quem se hospedava, a vizinhança da casa, sua estatura, como se vestia, de quais recursos dispunha; e, após aprenderem tudo com muita diligência, se puseram a trabalhar em suas façanhas.

William Tyndale, estando na cidade de Antuérpia, ficou hospedado por um ano inteiro na casa de Thomas Pointz, um inglês, que mantinha uma casa de comerciantes ingleses. Chegou da Inglaterra um homem chamado Henry Philips, cujo pai era cliente de Poole, um sujeito simpático, como se fosse um cavalheiro que tinha consigo um servo; o motivo de sua vinda, no entanto, ou com que propósito havia sido enviado para lá, ninguém sabia.

Por diversas vezes Tyndale era convidado para jantar e apoiar os comerciantes. Por meio de tais ocasiões, Henry Philips se familiarizou com ele, de modo que, em um curto espaço de tempo, o mestre Tyndale acabou por depositar grande confiança nele, levando-o para seu alojamento, na casa de Thomas Pointz. Levou-o também uma ou duas vezes consigo para comer ou jantar, e envolveu-se em tamanha amizade, que, por solicitação sua, Philips hospedou-se na mesma casa do antes mencionado Pointz; a ele mostrou seus livros e outros segredos de seu estudo; inexistente era a desconfiança de Tyndale para com esse traidor.

Mas Pointz, não tendo muita confiança no rapaz, perguntou ao mestre Tyndale como havia conhecido o tal de Philips. Tyndale, por sua vez, respondeu que se tratava de um homem honesto, belamente instruído e muito agradável. Pointz, percebendo que lhe mostrava tal favor, não disse mais nada, pensando que haviam chegado a se conhecer por intermédio de algum outro amigo. Philips, estando na cidade há três ou quatro dias, pediu a Pointz que o acompanhasse para fora da cidade a fim lhe mostrar suas mercadorias e, caminhando juntos fora da cidade, conversaram sobre diversas coisas, dentre elas alguns dos assuntos do rei; em tais conversas, Pointz ainda de nada suspeitava. Entretanto, ao passar-se algum tempo, Pointz percebeu que essa era a intenção de Philips: saber se Pointz haveria de, por lucro, ajudá-lo em seu propósito, pois percebeu antes que Philips dispunha de muita riqueza e fizera questão de que Pointz soubesse. Pois pedira antes sua ajuda em diversas questões, as quais exigiu que fossem feitas com a melhor qualidade, pois, como ele mesmo disse, "tenho dinheiro suficiente".

Philips foi de Antuérpia para o tribunal de Bruxelas, a cerca de vinte e quatro milhas inglesas. De lá, trouxe consigo para Antuérpia o procurador-geral, advogado do imperador, com alguns outros oficiais.

Dentro de três ou quatro dias, Pointz partiu para a cidade de Barois, a dezoito milhas inglesas de Antuérpia, onde tinha negócios a fazer pelo período de um mês ou seis semanas. Durante sua ausência, Henry Philips voltou novamente a Antuérpia, à casa de Pointz, e, ao falar com sua esposa, perguntou se o Mestre Tyndale se encontrava. Então, voltou a sair e colocou os oficiais que trouxera de Bruxelas na rua e em torno da porta. Por volta do meio-dia, voltou à casa, dirigiu-se a Tyndale e pediu que lhe emprestasse quarenta xelins, justificando: "Perdi minha bolsa hoje de manhã, ao fazer a travessia entre aqui e Mechlin". Então, Mestre Tyndale lhe entregou quarenta xelins, coisa fácil de conseguir dele caso o tivesse, pois nas astutas sutilezas deste mundo era simples e inexperiente. Então, disse Philips: "Mestre Tyndale! Hoje serás meu convidado". "Não", disse Mestre Tyndale, "hoje sairei para jantar e tu virás comigo e serás meu convidado a um lugar onde serás bem-vindo".

Então, quando chegou a hora do jantar, Tyndale saiu com Philips. Na saída da casa de Pointz, havia uma entrada longa e estreita, pela qual os dois não podiam passar juntos. Mestre Tyndale teria dado preferência a Philips, mas este não aceitou, pois fingia mostrar grande humanidade, e deixou que o outro fosse diante dele. Então, Tyndale, sendo um homem sem grande estatura, foi antes, e Philips, homem alto e agradável, seguiu atrás dele; este havia colocado oficiais em ambos os lados da porta em dois assentos, de modo que pudessem ver quem passasse pela entrada. Philips apontou com o dedo sobre a cabeça do mestre Tyndale, para que os oficiais pudessem ver que era ele a quem deveriam levar. Os policiais, posteriormente, disseram a Pointz, quando o colocaram na prisão, que tinham pena de ver sua simplicidade. Eles o levaram ao advogado do imperador, onde jantou. Então, o procurador-geral foi à casa de Pointz e despachou tudo o que pertencia a Tyndale, assim como seus livros, entre outras coisas; dessa forma, Tyndale foi levado ao castelo de Vilvorde, a dezoito milhas inglesas de Antuérpia.

Mestre Tyndale, permanecendo na prisão, recebeu um advogado e um procurador, os quais recusou, dizendo que daria resposta por si mesmo. Ele havia pregado tanto para aqueles que o tinham encarcerado, como para os que conversavam com ele no castelo, que, a respeito dele, relatavam que, se não fosse um bom cristão, não sabiam a quem poderiam considerar bom.

Por fim, depois de muita conversa, quando nenhum motivo se fazia sufi- ciente, embora não merecesse a morte, foi condenado em virtude do decreto do imperador, elaborado na assembleia de Augsburgo. Tyndale foi levado para o local da execução, amarrado à estaca, estrangulado pelo carrasco e depois consumido pelo fogo, na cidade de Vilvoorde, em 1536; na fogueira, clamava com fervoroso zelo em alta voz: "Senhor, abre os olhos do rei da Inglaterra".

Tal era o poder de sua doutrina e a sinceridade de sua vida que, durante o período de sua prisão (que durou um ano e meio), converteu, segundo se diz, seu guardião, a filha do guardião e outros membros de sua família.

A respeito de sua tradução do Novo Testamento, a qual seus inimigos se empenhavam em contrariar, fingindo estar cheia de heresias, escreveu a John Frith, como segue: "Invoco a Deus como testemunha, para o dia em que aparecermos diante de nosso Senhor Jesus, que nunca alterei uma sílaba da Palavra de Deus contra a minha consciência, nem o faria hoje, ainda que tudo o que existe na terra, seja honra, prazer ou riqueza, pudesse me ser dado".

CAPÍTULO 13

UM RELATO DA VIDA DE JOÃO CALVINO

Esse reformador nasceu em Noyon, na Picardia, em 10 de julho de 1509. Foi instruído em gramática, estudando em Paris sob a tutela de Maturinus Corderius, e estudou filosofia no Collège Montaign sob a tutoria de um professor espanhol.

Seu pai, que percebeu muitos indícios de sua prematura devoção, sobretudo em suas reprimendas aos vícios de seus companheiros, designou-o inicialmente para o sacerdócio e o apresentou, em 21 de maio de 1521, à capela de Notre Dame de la Gesine, na igreja de Noyon. Em 1527, foi apresentado à reitoria de Marseville, que trocou em 1529 pela reitoria de Pont-l'Evêque, perto de Noyon. Seu pai posteriormente mudou sua decisão e o fez estudar Direito; ao que Calvino, que, por ter lido as Escrituras e desenvolvido uma antipatia pelas superstições do papado, prontamente consentiu e renunciou à capela de Gesine e à reitoria de Pont-l'Evêque, em 1534. Fez grande progresso nessa ciência, e também no conhecimento da teologia por meio de seus estudos particulares. Em Bourges, dedicou-se ao estudo da língua grega, sob a direção do professor Wolmar.

Com a morte de seu pai, ele voltou para Noyon, ficou lá por um curto período e depois se dirigiu para Paris, onde um discurso de Nicholas Cop, reitor da Universidade de Paris, para o qual Calvino forneceu o material, desagradou bastante à Sorbonne e ao parlamento, que iniciou uma perseguição contra os protestantes. Calvino, que escapou por pouco de ser levado no Colégio de Forteret, foi forçado a se retirar para Xaintonge, depois de ter tido a honra de ser apresentado à rainha de Navarra, que havia iniciado essa primeira onda de ataques contra os protestantes.

Calvino retornou a Paris em 1534. Nesse ano, os reformados foram tratados com severidade, o que o levou à decisão de deixar a França, após publicar um tratado contra aqueles que acreditavam que as almas dos que partiram estariam em uma espécie de sono. Mudou-se para a Basileia, onde estudou hebraico. Nessa época publicou *A Instituição da Religião Cristã*, uma obra bem adequada para espalhar sua fama, embora ele próprio desejasse viver no esquecimento. O livro é dedicado ao rei francês Francis I. A seguir Calvino escreveu um pedido de desculpas pelos protestantes que foram queimados por sua religião na França. Após a publicação desse trabalho, Calvino foi à Itália para visitar a duquesa de Ferrara, uma dama de eminente piedade, por quem foi muito gentilmente recebido.

Da Itália, regressou à França e, tendo resolvido seus assuntos particulares, propôs ir a Estrasburgo ou à Basileia, na companhia de seu único irmão remanescente, Antônio Calvino. Mas, como as estradas não eram seguras por conta da guerra, exceto através do território do duque de Saboia, esse foi o destino escolhido. "Essa foi uma orientação singular da Providência", diz Bayle, "era seu destino que ele se estabelecesse em Genebra, e, quando cstava decidido a distanciar-se, uma ordem dos céus o deteve, se assim posso dizer".

Em Genebra, Calvino foi obrigado a aquiescer à escolha que o consistório e os magistrados fizeram, com o consentimento do povo, para que fosse um de seus ministros e professor de teologia. Desejava assumir apenas esse último cargo, e não o outro; mas, no final, foi obrigado a assumir os dois, em agosto de 1536. No ano seguinte, fez todo o povo declarar, sob juramento, seu consentimento à confissão de fé, que continha uma renúncia ao papado. Em seguida, sugeriu que não poderia se submeter a um regulamento que o cantão de Berna havia adotado recentemente.

Em seguida, os síndicos de Genebra convocaram uma assembleia do povo, e foi ordenado que Calvino, Farel e outro ministro deveriam deixar a cidade em poucos dias, por se recusarem a ministrar o Sacramento.

Calvino retirou-se para Estrasburgo e estabeleceu uma igreja francesa naquela cidade, da qual ele foi o primeiro ministro, e lá também foi indicado como professor de teologia. Enquanto isso, o povo de Genebra implorou-lhe com tanta sinceridade que retornasse a eles que finalmente consentiu e regressou em 13 de setembro de 1541, para grande satisfação do povo e dos magistrados. A primeira coisa que fez após sua chegada foi estabelecer uma forma de disciplina eclesiástica e uma jurisdição consistorial, investida do poder de impor censuras e punições canônicas, até a excomunhão, inclusive.

Há muito tempo tem sido o deleite tanto de infiéis como de alguns cristãos professos, quando desejam execrar as opiniões de Calvino, referir-se à sua atuação na morte de Miguel Servet[13]. Essa ação é usada em todas as ocasiões por aqueles que são incapazes de desmantelar suas opiniões, como um argumento conclusivo contra todo o sistema. "Calvino queimou Servet!, Calvino queimou Servet!" é uma boa prova para uma certa classe de argumentadores de que a doutrina da Trindade não é verdadeira – que a soberania divina é antiescriturística – e o cristianismo é uma fraude.

Não desejamos atenuar qualquer ato de Calvino que seja manifestamente equivocado. Todo o seu comportamento em relação ao infeliz caso de Servet, pensamos, não pode ser defendido. Ainda assim, deve-se lembrar que os verdadeiros princípios da tolerância religiosa eram muito pouco compreendidos nos tempos de Calvino. Todos os outros reformadores então vivos aprovaram a conduta de Calvino. Até o gentil e obsequioso Melâncton se expressou da seguinte maneira em relação a esse caso. Em uma carta dirigida a Bullinger, ele diz: "Li sua declaração a respeito da blasfêmia de Servet e aprovo sua piedade e julgamento. Estou convencido de que o Conselho de Genebra agiu corretamente ao matar esse homem intransigente, que nunca teria cessado suas blasfêmias. Estou surpreso que alguém possa desaprovar esse processo". Farel diz expressamente que "Servet mereceu uma pena capital". Bucer não hesitou em declarar que "Servet merecia algo pior que a morte".

A verdade é que, embora Calvino tenha ajudado na captura e prisão de Servet, não desejava que fosse queimado de modo algum. "Desejo", disse

---

13. Miguel Servet, foi um teólogo, médico e filósofo aragonês, humanista, interessando-se por assuntos como astronomia, meteorologia, geografia, jurisprudência, matemática, anatomia, estudos bíblicos e medicina. Servet foi o primeiro europeu a descrever a circulação pulmonar.

ele, "que a severidade do castigo seja abrandada". "Nós nos esforçamos para comutar o tipo de morte, mas em vão." "Desejando atenuar a severidade da punição", diz Farel a Calvino, "tu revogas o ofício de um amigo em favor de teu maior inimigo". "Que Calvino tenha sido o instigador dos magistrados para que Servet fosse queimado", diz Turritine, "não é afirmado por historiadores em lugar algum, nem consta em nenhuma de suas considerações. Mais que isso, é certo que ele, junto com o colégio de pastores, desaconselhou esse tipo de punição".

Tem sido frequentemente afirmado que Calvino possuía tanta influência com os magistrados de Genebra que poderia ter obtido a libertação de Servet, se não estivesse desejoso de sua destruição. Isso, no entanto, não é verdade. Tanto é que o próprio Calvino foi banido de Genebra por esses mesmos magistrados, e com frequência se opôs, em vão, às suas medidas arbitrárias. Tão pouco desejoso foi Calvino de lograr a morte de Servet que o advertiu do risco que corria e o fez permanecer várias semanas em Genebra, antes de ser preso. Mas sua linguagem, então considerada blasfema, foi a causa de sua prisão. Na prisão, Calvino o visitou e lançou mão de todos os argumentos para convencê-lo a se retratar de suas horríveis blasfêmias, sem menção aos seus próprios sentimentos. Essa foi a extensão da influência de Calvino nesse infeliz caso.

No entanto, não se pode negar que, nesse caso, Calvino agiu contrariamente ao benigno espírito do Evangelho. É melhor derramar lágrimas sobre a inconsistência da natureza humana e lamentar as inconsistências que não podem ser justificadas. Ele declarou que agiu com consciência e justificou publicamente seu ato.

Foi a opinião de que princípios religiosos errôneos seriam puníveis pelo magistrado civil que causou estragos, seja em Genebra, seja na Transilvânia, seja na Grã-Bretanha; e a ela, em vez de ao trinitarismo, ou ao unitarismo, deve ser imputada a culpa.

Após a morte de Lutero, Calvino exerceu grande influência sobre os homens daquele período notável. Foi influente na França, Itália, Alemanha, Holanda, Inglaterra e Escócia. Duas mil cento e cinquenta congregações reformadas foram organizadas, recebendo dele seus pregadores.

Calvino, triunfante sobre todos os seus inimigos, sentiu sua morte se aproximando. No entanto, continuou a se esforçar de todas as maneiras com pujante energia. Quando estava prestes a entrar no descanso, redigiu seu testamento, dizendo: "Testifico que vivo e pretendo morrer nesta fé que Deus me deu através do Seu Evangelho, e que de nada mais dependo para a salvação senão da livre escolha que é feita de mim por ele. Com todo o meu coração, abraço a Sua misericórdia, pela qual todos os meus pecados são cobertos, pelo amor de Cristo e por Sua morte e sofrimento. De acordo com a medida de graça que me foi concedida, ensinei essa Palavra pura e simples, por meio de sermões, de obras e de exposições dessa Escritura. Em todas as minhas batalhas contra os inimigos da verdade, não usei de sofismas, mas lutei a boa luta justa e diretamente".

A data de 27 de maio de 1564 foi o dia de seu livramento e abençoada jornada para casa. Estava com 55 anos.

Que um homem que tenha adquirido tão ilustre reputação e autoridade receba um salário de apenas cem coroas e se recuse a aceitar mais, e, depois de viver cinquenta e cinco anos com a mais absoluta frugalidade, deixar trezentas coroas para seus herdeiros, incluindo o valor de sua biblioteca, que vendera a um elevado preço, é algo tão heroico que é preciso ter perdido todo o sentimento para não admirar.

Quando Calvino se despediu de Estrasburgo para retornar a Genebra, queriam manter seus privilégios de um cidadão livre daquela cidade e o estipêndio de uma prebenda que lhe fora atribuída. A primeira oferta ele aceitou, mas recusou totalmente a outra. Levou um dos irmãos com ele para Genebra, mas nunca se esforçou para fazê-lo ser aceito em um cargo honorável, como qualquer outro possuidor de seu crédito teria feito. Realmente cuidou da honra da família de seu irmão, libertando-o de uma adúltera e obtendo licença para que se casasse novamente; contudo, até seus inimigos relatam que o fez aprender o ofício de encadernador, que seguiu por toda a sua vida.

Calvino como defensor da liberdade civil

O Rev. dr. Wisner, em seu mais recente discurso em Plymouth, no aniversário do desembarque dos Peregrinos, fez a seguinte afirmação: "Por mais que o nome de Calvino tenha sido ridicularizado e encarado com reprovação por muitos filhos da liberdade, não existe uma afirmação histórica mais passível de completa demonstração do que esta: nenhum homem viveu em relação a quem o mundo tenha maiores obrigações pela liberdade de que agora desfruta do que João Calvino".

CAPÍTULO 14

UM RELATO DAS PERSEGUIÇÕES NA GRÃ-BRETANHA E IRLANDA, ANTERIORES AO REINADO DA RAINHA MARIA I

Gildas, o mais antigo escritor britânico existente, que viveu na época em que os saxões deixaram a ilha da Grã-Bretanha, retratou um exemplo profundamente chocante da barbárie desse povo.

Os saxões, ao chegarem, por serem pagãos como os escoceses e pictos, destruíam as igrejas e assassinavam o clero onde quer que passassem; todavia, não podiam destruir o cristianismo, pois aqueles que não se submetiam ao jugo saxão foram residir além do Severn[14]. Também não temos os nomes dos sofredores cristãos transmitidos para nós, especialmente os do clero.

O mais terrível exemplo de barbárie sob o governo saxão foi o massacre dos monges de Bangor, em 586 d.C. Esses monges eram, em todos os aspectos, diferentes daqueles que hoje conhecemos como monges.

No século VIII, os dinamarqueses, uma horda de bárbaros errantes, desembarcaram em diferentes partes da Grã-Bretanha, tanto na Inglaterra quanto na Escócia.

---

14. O maior rio da Grã-Bretanha. (N.T)

No início, foram rechaçados, mas em 857 d.C., um grupo deles chegou em algum lugar perto de Southampton, e não somente roubou a população, mas também incendiou as igrejas e assassinou o clero.

Em 868 d.C., esses bárbaros penetraram até o centro da Inglaterra e se instalaram em Nottingham; mas os ingleses, sob o comando de seu rei, Etelredo, os expulsaram de suas posições e os obrigaram a se retirarem para a Nortúmbria.

Em 870, outro batalhão desses bárbaros desembarcou em Norfolk e travou uma batalha com os ingleses em Hertford. A vitória foi declarada em favor dos pagãos, que levaram Edmundo, rei da Ânglia Oriental, como prisioneiro, e depois de o tratarem com mil atrocidades, transfixaram seu corpo com flechas e depois o decapitaram.

Em Fifeshire, na Escócia, queimaram muitas das igrejas, e, entre as demais, a pertencente aos Culdees[15], em St. Andrews. A piedade desses homens os transformou em alvo de ódio dos dinamarqueses, que, onde quer que fossem, escolhiam primeiramente os sacerdotes cristãos para a destruição, dos quais nada menos que duzentos foram massacrados na Escócia.

O mesmo ocorria na parte da Irlanda agora chamada Leinster, onde os dinamarqueses assassinaram e queimaram vivos os sacerdotes em suas próprias igrejas; traziam consigo a destruição por onde quer que fossem, não poupando idade nem sexo, mas o clero lhes parecia particularmente abominável, porque escarneciam de sua idolatria e exortavam seu povo a não ter nada a ver com eles.

No reinado de Eduardo III, a Igreja Anglicana foi extremamente corrompida por erros e superstições, e a luz do Evangelho de Cristo foi muitíssimo eclipsada e obscurecida por invenções humanas, onerosas cerimônias e idolatria vulgar.

Os seguidores de Wickliffe, então chamados lollardos, tornaram-se extremamente numerosos, e o clero ficou grandemente enfurecido ao vê-los aumentarem em número; mesmo que os membros do clero tivessem poder ou influência para atacá-los clandestinamente, não tinham autoridade por lei para matá-los. No entanto, o clero abraçou a oportunidade favorável e persuadiu o rei a permitir que uma lei fosse levada ao parlamento, por meio

---

15. Monges anacoretas da igreja celta. (N.T.)

da qual todos os lollardos que permanecessem em rebeldia deveriam ser entregues ao poder secular e queimados como hereges. Essa lei foi a primeira na Grã-Bretanha a estabelecer que pessoas fossem queimadas por suas opiniões religiosas; ela foi aprovada no ano de 1401 e, logo depois, posta em execução.

A primeira pessoa a sofrer em consequência dessa lei cruel foi William Santree, ou Sawtree, um padre, que foi queimado até a morte em Smithfield.

Logo depois disso, *sir* John Oldcastle, lorde Cobham, em decorrência de seu apego às doutrinas de Wickliffe, foi acusado de heresia e, condenado a ser enforcado e queimado, foi executado em Lincoln's Inn Fields, em 1419. Em sua defesa por escrito, lorde Cobham disse:

"Quanto às imagens, entendo que não sejam algo para depositarmos nossa fé, mas objetos instituídos desde que a fé de Cristo foi concedida à Igreja, para representar e nos trazer à mente a paixão do nosso Senhor Jesus Cristo, bem como o martírio e a virtuosa vida de outros santos. E qualquer pessoa que renda a imagens mortas a adoração que pertence a Deus, ou nelas deposite a confiança e a esperança que se devem a Deus, ou tenha mais devoção a elas do que a Deus, comete grande pecado de idolatria.

Também creio piamente que todo homem nesta terra é um peregrino em direção à felicidade ou em direção à dor; e aquele que não vivenciar, nem pretende vivenciar nem guardar os santos mandamentos de Deus em sua vida aqui (embora faça peregrinações a todo o mundo) e morrer dessa maneira será condenado. Aquele que conhecer os sagrados mandamentos de Deus e os guardar até o fim será salvo, mesmo que nunca em sua vida parta em peregrinações, como muitos o fazem agora, a Cantuária, Roma ou a qualquer outra parte".

No dia marcado, lorde Cobham foi trazido da Torre com os braços amarrados às costas, com um semblante assaz alegre. Então foi colocado em um estrado, como se fosse um dos mais abomináveis traidores da coroa, e assim levado ao campo de St. Giles. Quando chegou ao local da execução e foi retirado do estrado, caiu de joelhos piedosamente, desejando que o Deus Todo-Poderoso perdoasse seus inimigos. Então se levantou e fitou a multidão, exortando-os, cheio de zelo, a seguirem as leis de Deus manifestas nas Escrituras e a terem cuidado com os mestres que vão contra Cristo em suas conversas e modo de vida. Então foi pendurado pela cintura por correntes de ferro, e assim foi consumido vivo pelo fogo, louvando o nome de Deus, enquanto sua vida durasse. As pessoas ali presentes expressaram grande pesar. E isso foi feito em 1418.

Tomar-se-ia um tempo sobremodo extenso para relatar como os sacerdotes daquela época alardearam, blasfemaram e amaldiçoaram, exigindo que o povo não orasse por ele, mas que o considerassem condenado ao inferno, pois não partiu sob obediência ao papa.

Assim jaz esse resoluto cavaleiro cristão, *sir* John Oldcastle, sob o altar de Deus, que é Jesus Cristo, em piedosa companhia dos que, no domínio da paciência, sofreram grandes tribulações durante a morte de seus corpos, por Sua fiel palavra e testemunho.

Em agosto de 1473, Thomas Granter foi preso em Londres; foi acusado de professar as doutrinas de Wickliffe, pelas quais foi condenado como um herege renitente. Esse homem piedoso, ao ser levado para a casa do xerife, na manhã do dia designado para sua execução, pediu por uma pequena refeição e, depois de comer um pouco, disse aos presentes: "Agora como uma refeição providencial, pois tenho um conflito singular com o qual me envolver antes de cear"; e, tendo comido, voltou a dar graças a Deus pelas bênçãos de Sua benevolente providência, solicitando que fosse imediatamente levado ao local da execução, para testemunhar a verdade dos princípios que professara.

Consequentemente, foi acorrentado a uma estaca em Tower-hill, onde foi queimado vivo, professando a verdade com seu último suspiro.

No ano de 1499, Badram, um homem piedoso, foi levado perante o bispo de Norwich, acusado por alguns dos padres por manter as doutrinas de Wickliffe. Confessou acreditar em tudo o que era alegado contra ele. Por isso, foi condenado como um herege renitente, e um mandado foi concedido para sua execução; consequentemente, foi levado à estaca em Norwich, onde sofreu com grande constância.

Em 1506, William Tilfrey, um homem piedoso, foi queimado vivo em Amersham, em um local chamado Stoneyprat, enquanto sua filha, Joan Clarke, uma mulher casada, foi obrigada a acender a fogueira que queimaria seu próprio pai.

No mesmo ano, padre Roberts foi condenado por ser um lollardo diante do bispo de Lincoln e queimado vivo em Buckingham.

Em 1507, Thomas Norris foi queimado vivo pelo testemunho da verdade do Evangelho, em Norwich. Esse homem era uma pessoa pobre, inofensiva e inocente, mas o padre de sua paróquia, conversando com ele um dia, conjecturou que seria um lollardo. Em consequência dessa suposição, deu informações ao bispo, e Norris foi preso.

Em 1508, Lawrence Guale, que foi mantido na prisão por dois anos, foi queimado vivo em Salisbury, por negar a presença real na eucaristia. Parecia que esse homem mantinha uma loja em Salisbury e recebia alguns lollardos em sua casa, pelo que foi denunciado ao bispo; mas sustentou seu primeiro testemunho e foi condenado a padecer como herege.

Uma mulher piedosa foi queimada em Chippen Sudburne, por ordem do chanceler, dr. Whittenham. Depois que foi consumida pelas chamas, e as pessoas retornavam para casa, um touro se soltou de um abatedouro e, isolando o chanceler do resto da comitiva, atravessou seu corpo, e nos chifres carregou suas entranhas. Isso foi testemunhado por todos, e é notável que o animal não tenha atacado nenhuma outra pessoa.

Em 18 de outubro de 1511, William Succling e John Bannister, que haviam se retratado anteriormente, retornaram à profissão de sua fé e foram queimados vivos em Smithfield.

No ano de 1517, John Brown (que havia se retratado antes, no reinado de Henrique VII, e havia sido condenado a carregar um tronco ao redor da catedral de São Paulo) foi condenado pelo dr. Wonhaman, arcebispo da Cantuária, e queimado vivo em Ashford. Antes de ser acorrentado à estaca, o arcebispo Wonhaman e Yester, bispo de Rochester, fizeram com que seus pés fossem queimados no fogo até que toda a carne se desprendesse, até os ossos. Fizeram isso para que se retratasse novamente, mas ele persistiu em seu apego à verdade até o fim.

Por volta dessa época, Richard Hunn, um comerciante alfaiate da cidade de Londres, foi preso, recusando-se a pagar ao padre suas taxas pelo funeral de uma criança. Foi levado para a Torre dos lollardos, no palácio de Lambeth, e lá foi assassinado em segredo por alguns dos servos do arcebispo.

No dia 24 de setembro de 1518, John Stilincen, que já havia se retratado, foi apreendido e levado perante Richard Fitz-James, bispo de Londres, e no dia 25 de outubro foi condenado como herege. Foi acorrentado à estaca em Smithfield em meio a uma vasta multidão de espectadores e selou seu testemunho à verdade com seu sangue. Declarou que era um lollardo e que sempre acreditou nas opiniões de Wickliffe; e, apesar de ter sido fraco o suficiente para se retratar de suas opiniões, agora se dispunha a convencer o mundo de que estava pronto para morrer pela verdade.

No ano de 1519, Thomas Mann foi queimado em Londres, assim como Robert Celin, um homem simples e honesto, por falar contra o culto às imagens e as peregrinações.

Praticamente ao mesmo tempo, foi executado em Smithfield, Londres, James Brewster, um nativo de Colchester. Seus ideais eram os mesmos que os dos demais lollardos, ou daqueles que seguiam as doutrinas de Wickliffe; mas, apesar de sua vida irrepreensível e de sua conduta ordeira, foi submetido à vingança papal.

Durante esse ano, Christopher, um sapateiro, foi queimado vivo em Newbury, em Berkshire, por negar os artigos papistas que já mencionamos. Esse homem havia adquirido alguns livros em inglês, o que era suficiente para torná-lo execrável ao clero romano.

Robert Silks, que havia sido condenado na corte do bispo como herege, escapou da prisão, mas foi preso dois anos depois e trazido de volta a Covêntria, onde foi queimado vivo. Os xerifes sempre apreendiam os bens dos mártires para uso próprio, de modo que suas esposas e filhos eram abandonados à própria sorte.

Em 1532, Thomas Harding, que com sua esposa havia sido acusado de heresia, foi levado ao bispo de Lincoln e condenado por negar a presença real no Sacramento. Foi acorrentado a uma estaca, erguida para esse fim, em Chesham, no Pell, perto de Botely; e, quando acenderam a lenha, um dos espectadores destroçou seu crânio com uma das toras da fogueira. Os padres disseram ao povo que quem trouxesse lenha para queimar hereges teria indulgência para cometer pecados por quarenta dias.

Durante o final desse ano, Worham, arcebispo da Cantuária, prendeu Hitten, um padre de Maidstone. Depois de ter sido torturado na prisão por muito tempo e interrogado várias vezes pelo arcebispo e por Fisher, bispo de Rochester, foi condenado como herege e queimado vivo diante da porta de sua própria igreja paroquial.

Thomas Bilney, professor de direito civil em Cambridge, foi levado perante o bispo de Londres e vários outros bispos, na sala da Assembleia de

Westminster, e, sendo várias vezes ameaçado com a estaca e as chamas, foi fraco o suficiente para se retratar; mas se arrependeu severamente depois.

Por isso, foi levado ao bispo pela segunda vez e condenado à morte. Antes de ir para a estaca, confessou sua concordância com aquelas opiniões que Lutero defendia; e, quando o fez, sorriu e disse: "Eu tive muitas tempestades neste mundo, mas agora minha embarcação estará em breve aportando no céu". Permaneceu imóvel nas chamas, gritando: "Jesus, eu creio"; e essas foram as últimas palavras que se ouviram dele.

Poucas semanas depois do padecimento de Bilney, Richard Byfield foi atirado na prisão e açoitado por sua adesão às doutrinas de Lutero. Esse sr. Byfield havia sido monge por algum tempo em Barnes, Surrey, mas converteu-se ao ler a versão de Tyndale do Novo Testamento. Os sofrimentos que esse homem padeceu pela verdade foram tão grandes que exigiria um volume para contê-los. Às vezes, era trancafiado em uma masmorra, onde era quase sufocado pelo cheiro repugnante e horrível de imundície e água estagnada. Outras vezes, era amarrado pelos braços, até quase todas as articulações serem deslocadas. Foi chicoteado no poste várias vezes, até que quase nenhuma carne restasse nas costas; e tudo isso foi feito para fazê-lo se retratar. Foi levado para a Torre Lollard no palácio de Lambeth, onde foi acorrentado pelo pescoço à parede e uma vez por dia espancado da maneira mais cruel pelos servos do arcebispo. Por fim, foi condenado, rebaixado e queimado em Smithfield.

A próxima pessoa que sofreu foi John Tewkesbury. Era um homem simples e honesto, que não fora culpado de nenhuma outra ofensa contra o que se chamava a santa Igreja Mãe além de ter lido a tradução de Tyndale do Novo Testamento. A princípio, foi fraco o suficiente para abjurar, mas depois se arrependeu e reconheceu a verdade. Por isso, ele foi levado ao bispo de Londres, que o condenou como herege renitente. Sofreu muito durante o tempo em que ficou preso, de modo que, quando o levaram à execução, estava quase morto. Foi conduzido à estaca em Smithfield, onde foi queimado, declarando sua total aversão ao papado e professando uma firme crença de que sua causa era justa aos olhos de Deus.

A próxima pessoa que sofreu nesse reinado foi James Baynham, um cidadão respeitável de Londres, que se casara com a viúva de um cavalheiro no templo. Quando acorrentado à estaca, ele abraçou as toras e disse: "Oh, papistas, eis que procurais milagres; aqui agora podeis ver um milagre; pois neste fogo não sinto mais dor do que se estivesse na cama; pois é tão doce para mim como um canteiro de rosas". Assim, entregou sua alma nas mãos de seu Redentor.

Logo após a morte desse mártir, Traxnal, um compatriota inofensivo, foi queimado vivo em Bradford, Wiltshire, porque não reconheceu a presença real no Sacramento, nem a supremacia papal sobre a consciência dos homens.

No ano de 1533, John Frith, um mártir conhecido, morreu pela verdade. Quando levado à estaca em Smithfield, abraçou as chamas e exortou um jovem chamado Andrew Hewit, que sofria com ele, a confiar sua alma àquele Deus que a havia redimido. Ambos passaram por enorme tormento, pois o vento soprou as chamas para longe deles, de modo que ficaram por mais de duas horas em agonia antes de expirarem.

No ano de 1538, Collins, um louco, foi morto com seu cachorro em Smithfield. As circunstâncias foram as seguintes: Collins estava na igreja quando o padre ergueu a hóstia; e Collins, zombando do sacrifício da missa, levantou o cachorro acima da cabeça. Por esse crime, Collins, que deveria ter sido enviado a um hospício ou ter sido chicoteado atrás de uma carroça, foi levado ao bispo de Londres; e, embora estivesse realmente louco, ainda assim tal era a força do poder papal, bem como a corrupção na Igreja e no estado, que o pobre louco e seu cachorro foram ambos levados para a estaca em Smithfield, onde foram queimados até as cinzas, em meio a uma vasta multidão de espectadores.

Houve outras pessoas que sofreram no mesmo ano, às quais devemos prestar atenção na ordem em que são apresentadas.

Cowbridge padeceu em Oxford; e, apesar de ter a reputação de ser louco, demonstrou grandes sinais de fé quando foi preso à estaca e depois que as chamas foram acesas em torno dele.

Na mesma época, Purderve foi morto por dizer em particular a um padre, depois de beber o vinho: "Ele abençoou os famintos com o cálice vazio".

Na mesma época, foi condenado William Letton, um monge de idade avançada, no condado de Suffolk, que foi queimado em Norwich por falar contra um ídolo que foi levado em procissão e por afirmar que o Sacramento deve ser administrado nos dois tipos.

Algum tempo antes da queima desses homens, Nicholas Peke foi executado em Norwich; e, quando o fogo foi aceso, ficou tão chamuscado que ficou negro como piche. O dr. Reading, diante dele, com o dr. Hearne e o dr. Spragwell, com uma longa varinha branca na mão, golpeou-o no ombro direito e disse: "Peke, retrata-te e acredita no Sacramento". Ao que respondeu: "Eu desprezo a ti e ao Sacramento também", e com grande violência cuspiu sangue, ocasionado pela severidade de seus sofrimentos. Dr. Reading concedeu uma indulgência de quarenta dias ao mártir, para que pudesse se retratar de suas opiniões. Mas ele persistiu em sua adesão à verdade, sem prestar atenção à malícia de seus inimigos; e foi queimado vivo, regozijando-se por Cristo tê-lo considerado digno de sofrer por causa de Seu nome.

Em 28 de julho de 1540 ou 1541 (pois a cronologia difere), Thomas Cromwell, conde de Essex, foi levado a um cadafalso em Tower-hill, onde foi executado com algumas demonstrações impressionantes de crueldade. Fez um breve discurso para o povo e depois humildemente se resignou ao machado.

Consideramos que é com grande propriedade que esse nobre está classificado entre os mártires; pois, embora as acusações proferidas contra ele não tivessem relação alguma com assuntos religiosos, não fosse por seu zelo em demolir o papado, ele poderia, ao menos, ter mantido o favor do rei. A isso pode-se acrescentar que os papistas planejaram sua destruição, pois ele fez mais para promover a Reforma do que qualquer homem daquela época, exceto o bom dr. Cranmer.

Logo após a execução de Cromwell, o dr. Cuthbert Barnes, Thomas Garnet e William Jerome foram levados à corte eclesiástica do bispo de Londres e acusados de heresia.

Estando diante do bispo de Londres, este perguntou ao dr. Barnes se os santos oravam por nós. A isso ele respondeu: "Deixarei isso para Deus; mas", disse ele, "vou orar por ti".

Em 13 de julho de 1541, esses homens foram trazidos da Torre para Smithfield, onde foram todos acorrentados a uma estaca; e foram mortos exibindo uma constância que nada menos que uma firme fé em Jesus Cristo poderia inspirar.

Thomas Sommers, um comerciante honesto, com três outros, foi jogado na prisão por ler alguns dos livros de Lutero; e foram condenados a levar esses livros ao fogo em Cheapside. Lá deveriam atirá-los às chamas, mas Sommers jogou seu livro para longe, motivo pelo qual foi enviado de volta à Torre, onde foi apedrejado até a morte.

Terríveis perseguições foram realizadas naquele tempo em Lincoln, pelo dr. Longland, bispo daquela diocese. Em Buckingham, Thomas Bainard e James Moreton, aquele que leu a Oração do Senhor em inglês e o outro que leu as epístolas de São Tiago em inglês, foram ambos condenados e queimados vivos.

Anthony Parsons, um padre, junto a outros dois, foi enviado a Windsor para ser interrogado a respeito de heresia, e vários artigos foram oferecidos a eles para que assinassem, o que recusaram. Isso foi mantido pelo bispo de Salisbury, que era o perseguidor mais violento de todos naquela época, com a exceção de Bonner. Quando foram levados à estaca, Parsons pediu algo para beber, no que foi atendido, e bebeu para seus colegas mártires, dizendo: "Alegrai-vos, meus irmãos, e ergam seus corações para Deus; pois, após este café da manhã, confio que teremos um bom jantar no Reino de Cristo, nosso Senhor e Redentor". Com essas palavras, Eastwood, um dos mártires, ergueu os olhos e as mãos para o céu, desejando que o Senhor que está nos céus recebesse seu espírito. Parsons puxou um punhado de palha para perto de si e disse aos espectadores: "Esta é a armadura de Deus, e agora sou um soldado cristão preparado para a batalha. Não procuro piedade senão pelos méritos de Cristo; Ele é meu único Salvador, nele confio para a salvação". E logo depois acenderam os fogos, que queimaram seus corpos, mas não puderam ferir suas preciosas e imortais almas. Sua constância triunfou sobre a crueldade, e seus martírios serão mantidos em lembrança eterna.

Assim, o povo de Cristo foi traído de todas as maneiras, e suas vidas, compradas e vendidas. Pois, no referido parlamento, o rei fez com que esse ato mais blasfemo e cruel fosse uma lei para sempre: que todos os que lessem as Escrituras na língua materna (que então era chamada de "aprendizado de Wickliffe") deveriam abrir mão da terra, do gado, do corpo, da vida e dos bens de seus herdeiros para sempre, e assim serem condenados por hereges a Deus, inimigos da coroa e os mais notórios traidores da nação.

CAPÍTULO 15

UM RELATO DAS PERSEGUIÇÕES NA ESCÓCIA DURANTE O REINADO DO REI HENRIQUE VIII

Assim como não havia lugar na Alemanha, na Itália ou na França em que não houvesse ramos nascidos da mais frutífera raiz de Lutero, do mesmo modo, a ilha da Grã-Bretanha apresentava também seus frutos e ramos. Entre estes havia Patrick Hamilton, um escocês nascido da alta nobreza, de sangue real, excelente caráter e 23 anos de idade, chamado abade de Ferne. Saiu de seu país com três companheiros a fim de buscar uma educação religiosa e se dirigiu à Universidade de Marburg, na Alemanha, a qual fora recém-fundada por Filipe I, landgrave de Hesse.

Durante sua residência ali, tornou-se íntimo daquelas eminentes luzes do Evangelho, Martinho Lutero e Filipe Melâncton, cujos escritos e doutrinas o fizeram apegar-se fortemente à religião protestante.

O arcebispo de St. Andrews, um papista rígido, ao saber dos procedimentos do sr. Hamilton, fez com que fosse preso e levado até ele. Depois de um breve exame sobre seus princípios religiosos, colocou-o preso no castelo e ordenou que fosse confinado na parte mais repugnante da prisão.

Na manhã seguinte, o sr. Hamilton foi levado ao bispo e a vários outros para ser interrogado. Os principais artigos expostos contra ele foram sua reprovação pública às peregrinações, ao purgatório, às orações aos santos e pelos mortos etc.

Hamilton reconheceu esses artigos como verdadeiros, pelos quais foi imediatamente condenado a ser queimado. Para que sua condenação tivesse maior autoridade, fizeram com que fosse assinada por todos os que estavam presentes e, para tornar o número o mais considerável possível, admitiram até mesmo a assinatura de meninos descendentes da nobreza.

O fanático e perseguidor prelado estava tão ansioso pela destruição do sr. Hamilton que ordenou que sua sentença fosse executada na tarde do mesmo dia em que foi pronunciada. Ele foi conduzido ao local designado para a horrível tragédia e contou com a presença de um prodigioso número de espectadores. A maior parte da multidão não acreditava que se pretendia matá-lo, mas que tudo fora montado apenas para amedrontá-lo e, assim, fazê-lo abraçar os princípios da religião romana.

Quando chegou à estaca, ajoelhou-se e, por algum tempo, orou com grande fervor. Depois disso, foi preso à estaca, e a lenha foi colocada ao seu redor. Ao colocarem certa quantidade de pólvora debaixo de seus braços, atearam-lhe fogo pela primeira vez, queimando sua mão esquerda e um lado do rosto, mas sem causar maiores danos, nem incendiar a lenha posta à sua volta. Em consequência disso, mais pólvora e matéria combustível foram trazidas e incendiadas, de modo que, sendo acesa a lenha, ele clamou em alta voz: "Senhor Jesus, recebe meu espírito! Até quando as trevas dominarão este reino? E por quanto tempo Tu sofrerás a tirania destes homens?".

O fogo que ardia lentamente o atormentava; mas ele suportou o tormento com admirável magnanimidade cristã. O que mais lhe causava dor era o clamor de alguns homens perversos provocados pelos frades, que amiúde choravam: "Retrata-te, herege! Invoca Nossa Senhora! Dize Salve Regina etc.". A quem respondia: "Afastai-vos de mim e não me perturbais, mensageiros de Satanás". Mas frade Campbell, o líder, ainda continuava a interrompê-lo com insultos, dizendo: "Homem mau, que Deus te perdoe". Depois disso, impedido de prosseguir falando devido à violência da fumaça e à rapidez das chamas, entregou sua alma às mãos daquele que a deu.

Esse fiel crente em Cristo sofreu o martírio no ano de 1527.

Henry Forest, um inofensivo jovem beneditino, acusado de falar respeitosamente sobre Patrick Hamilton, foi lançado na prisão e, confessando-se a um frade, afirmou que achava Hamilton um bom homem e que os artigos pelos quais este fora condenado a morrer eram dignos de defesa. Isso revelado pelo frade foi recebido como evidência, e o pobre beneditino recebeu a sentença de ser queimado.

Enquanto era realizada uma reunião a respeito da maneira como seria executado, John Lindsay, um dos cavalheiros do arcebispo, ofereceu sua sugestão de que queimassem Friar Forest em alguma adega, dizendo: "pois a fumaça de Patrick Hamilton tem infectado a todos aqueles em quem soprou".

A sugestão foi aceita e a pobre vítima morreu por asfixia, antes de ser queimada.

As próximas vítimas a professar a verdade do Evangelho foram David Stratton e Norman Gourlay.

Quando chegaram ao lugar fatal, ambos se ajoelharam e oraram por algum tempo com grande fervor. Então se levantaram, quando Stratton, dirigindo-se aos espectadores, exortou-os a deixar de lado suas noções supersticiosas e idólatras e aplicar seu tempo na busca da verdadeira luz do Evangelho. Teria dito mais, não fosse impedido pelos oficiais que compareceram.

Sua sentença foi então executada, e eles alegremente entregaram suas almas ao Deus que as concedera, esperando, pelos méritos do grande Redentor, uma gloriosa ressurreição para a vida imortal. Foram martirizados no ano de 1534.

Os martírios das duas pessoas acima mencionadas foram logo seguidos pelo do sr. Thomas Forret, que, por muito tempo, foi reitor da Igreja Romish; Killor e Beverage, dois ferreiros; Duncan Simson, um padre; Robert Forrester, um cavalheiro. Todos foram queimados juntos, na colina do castelo de Edimburgo, no último dia de fevereiro de 1538.

No ano seguinte aos martírios das pessoas mencionadas anteriormente, 1539, outros dois foram presos sob suspeita de heresia; Jerome Russell e Alexander Kennedy, um jovem de cerca de 18 anos de idade.

Esses dois, depois de algum tempo confinados na prisão, foram levados ao arcebispo para serem interrogados. No decurso do exame, Russell, sendo um homem muito sensato, argumentou com sabedoria contra seus acusadores, enquanto eles, em troca, faziam uso de linguagem demasiado opressiva.

Terminado o exame, ambos foram considerados hereges, o arcebispo pronunciou a terrível sentença de morte e eles foram imediatamente entregues ao poder secular para execução.

No dia seguinte, foram levados ao local designado para serem mortos. No caminho, Russell, ao ver que seu companheiro parecia sofrer com temor em seu semblante, assim se dirigiu a ele: "Irmão, não temas; maior é Aquele que está em nós do que Aquele que está no mundo. A dor que devemos sofrer é breve e será leve, mas nossa alegria e consolação nunca terão fim. Então, esforcemo-nos por entrar no gozo de nosso Mestre e Salvador, no mesmo caminho de retidão que Ele tomou antes de nós. A morte não pode nos ferir, pois já foi destruída por Ele, por cuja causa agora haveremos de sofrer".

Quando chegaram ao lugar fatal, ambos se ajoelharam e oraram por algum tempo; depois de serem presos à estaca e os feixes serem acesos, eles alegremente entregaram suas almas às mãos daquele que as concedeu, na esperança de uma recompensa eterna nas mansões celestiais.

Um relato da vida, dos sofrimentos e da morte do sr. George Wishart, que foi estrangulado e depois queimado, na Escócia, por professar a verdade do Evangelho

Por volta do ano 1543 do nosso Senhor, havia na Universidade de Cambridge um mestre de nome George Wishart, comumente chamado de mestre George do Benet's College, um homem de alta estatura e cabelos curtos, que usava na cabeça uma boina redonda francesa da melhor qualidade. Julgava-se parecer melancólico por sua fisionomia: barba preta e comprida, personalidade amigável, de boa reputação em seu país, Escócia, cortês, humilde, amável, feliz em ensinar, desejoso de aprender e bem viajado. Vestia uma túnica de frisa até os pés, um gibão preto de fustão milanês, calças pretas lisas, uma camisa de tecido rústico, fitas brancas e abotoaduras nos punhos.

Era um homem modesto, circunspecto, temente a Deus, que odiava a cobiça, pois era dotado de uma caridade infinda, praticando-a noite e dia. Abstinha-se de uma refeição em três e jejuava um dia em quatro, na maioria das vezes, exceto caso precisasse tomar algo para fortalecer o corpo. Dormia sobre um amontoado de palha e grossos lençóis de lona, que, ao trocar, dava a alguém. Costumava manter ao lado da cama uma banheira de água, na qual se banhava, quando seus alunos já dormiam e as velas estavam apagadas e tudo quieto. Amava-me ternamente, e eu a ele. Ensinava com grande modéstia e seriedade, de modo que alguns alunos o consideravam severo e desejaram matá-lo; mas o Senhor foi sua defesa. Após a devida correção diante de tal maldade, por boa exortação os emendou e seguiu seu caminho. Oh, houvesse o Senhor o deixado para mim, seu pobre menino, para que pudesse terminar o que havia começado! Pois foi para a Escócia com vários da nobreza para elaborar um tratado com o rei Henrique.

Em 1543, o arcebispo de St. Andrews fez visitas a várias partes de sua diocese, durante as quais muitas pessoas em Perth foram denunciadas por heresia. Entre estes, foram condenados a morrer William Anderson, Robert Lamb, James Finlayson, James Hunter, James Raveleson e Helen Stark.

As acusações feitas contra essas pessoas foram as seguintes: os quatro primeiros foram acusados de haver pendurado a imagem de São Francisco, pregar chifres de carneiro em sua cabeça e amarrar uma cauda de vaca em seu traseiro; a principal razão, porém, pela qual foram condenados, foi terem se regalado ao comer um ganso em dia de jejum.

James Reveleson foi acusado de ter decorado sua casa com a tríplice coroa esculpida em madeira, que o arcebispo imaginou ter sido feita como forma de escárnio ao seu cardeal.

Helen Stark foi acusada de não nutrir o hábito de orar à Virgem Maria, principalmente durante o período em que estava grávida.

Diante dessas acusações, todos foram considerados culpados e imediatamente receberam uma sentença de morte; os quatro homens, por comerem o ganso, a de serem enforcados; James Raveleson, a de ser queimado; e a mulher, com seu bebê a quem ainda amamentava, a ser colocada em um saco e afogada.

Os quatro homens, com a mulher e o filho, foram mortos ao mesmo tempo, mas James Raveleson foi executado somente alguns dias depois.

Os mártires foram carregados por um grande grupo de homens armados até o local da execução (pois temiam uma rebelião na cidade caso não dispusessem de homens de guerra), que era o comum para os ladrões, a fim de fazer sua causa parecer mais odiosa às pessoas. Então, confortando e assegurando uns aos outros de que haveriam todos de jantar juntos no Reino dos Céus naquela noite, entregaram-se a Deus e morreram fielmente no Senhor.

A mulher desejava sinceramente morrer com o marido, mas isso não lhe foi permitido. Contudo, seguindo-o até o local da execução, ela o confortou, exortando-o a perseverar com paciência por amor de Cristo, e, despedindo-se dele com um beijo, disse: "Marido, regozija-te, pois vivemos juntos muitos dias alegres; mas este dia em que haveremos morrer será o mais alegre de todos para nós dois, pois nos alegraremos para sempre. Portanto, não lhe darei boa noite, porquanto logo nos encontraremos com alegria no Reino dos Céus". Depois disso, a mulher foi levada para o lugar onde seria afogada. Carregava consigo uma criança de peito, mas isso não comoveu os corações impiedosos dos inimigos. Então, após entregar seus filhos aos vizinhos da cidade, por amor a Deus, e o bebê à sua cuidadora, selou a verdade com sua morte.

Desejoso de propagar o verdadeiro Evangelho em seu próprio país, George Wishart deixou Cambridge em 1544 e, ao chegar à Escócia, primeiro pregou em Montrose, depois em Dundee. Nessa última cidade, fez uma exposição pública da Epístola aos Romanos, a qual abordou com tanta graça e liberdade, que sobremodo alarmou os papistas.

Em consequência disso, por instigação do cardeal Beaton, arcebispo de St. Andrews, Robert Miln, homem principal de Dundee, foi à igreja onde Wishart pregava e, no meio de seu discurso, ordenou-lhe publicamente que parasse de perturbar a cidade, pois estava determinado a impedir que o fizesse.

O repentino repúdio surpreendeu Wishart, que, após uma breve pausa, olhando com tristeza para o homem e para a plateia, disse: "Deus é testemunha de que nunca tive a intenção de vos importunar, mas vos confortar. Pois o vosso incômodo dói mais em mim que em vós mesmos; contudo, estou certo de que recusar a Palavra de Deus e afastar de vós o Seu mensageiro não os preservará da angústia, antes os trará para ela; porquanto Deus vos enviará ministros que não temerão fogo nem exílio. Ofereci a vós a Palavra da salvação. Com minha vida em risco, permaneci entre vós, mas, agora me recusais; devo deixar que minha inocência seja declarada por meu Deus. Se tiverdes longa prosperidade, não sou guiado pelo Espírito da verdade, mas, se dificuldades inesperadas vierem sobre vós, reconhecei a causa e voltai-vos para Deus, que é gracioso e misericordioso. Pelo que, se não voltardes no primeiro aviso, Ele vos visitará com fogo e espada". No final desse discurso, deixou o púlpito e se retirou.

Depois disso, dirigiu-se para o Oeste da Escócia, onde pregou a Palavra de Deus, que foi recebida com alegria por muitos.

Pouco tempo depois, o sr. Wishart recebeu informações de que a praga havia eclodido em Dundee. Tudo começou quatro dias depois de ser proibido de pregar naquela cidade, e a praga se levantou de tal forma que era quase inacreditável o número de mortos no período de vinte e quatro horas. Quando tais notícias lhe foram dadas, apesar da insistência de seus amigos em detê-lo, decidiu ir para Dundee, dizendo: "Eles agora estão em dificuldades e precisam de consolo. Talvez esta mão de Deus os faça agora enaltecer e reverenciar a Palavra Dele, a qual tão pouco estimavam antes".

Com alegria foi recebido pelos piedosos. Escolheu o portão Leste para o local de sua pregação, de modo que os sãos estavam do lado de dentro e os doentes do lado de fora do portão. Retirou seu texto das seguintes palavras: "Enviou-lhes a sua palavra, e os sarou"[16]. Nesse sermão, levou-os a meditar principalmente no benefício e no conforto da Palavra de Deus, no juízo que sucede o desprezo ou a rejeição dela, na liberdade contida na graça de Deus para todo o Seu povo e na felicidade dos seus eleitos, a quem Ele toma para Si deste mundo miserável. O coração de seus ouvintes foi tão elevado ao céu pela divina força desse discurso que nem mesmo se importaram com a morte, antes julgaram mais felizes os que haveriam de ser chamados, pois não sabiam se teriam tamanha consolação caso voltassem para eles.

Depois disso, a praga abrandou; ainda assim, em meio à situação, Wishart visitava constantemente aqueles que se encontravam em estado gravíssimo e os confortava com suas exortações.

Quando se despediu do povo de Dundee, disse que Deus estava prestes a extinguir a tal praga e que agora fora chamado para outro lugar. Partiu dali

---

16. Sl 107.20, ARA. (N.T.)

para Montrose, onde às vezes pregava, mas passava a maior parte do tempo em meditação e orações íntimas.

Dizem que, antes de deixar Dundee e enquanto esteve envolvido na obra de amor tanto para com os corpos quanto para com as almas dos pobres e aflitos, o cardeal Beaton convocou um terrível sacerdote, chamado John Weighton, para matá-lo; assim ocorreu a tentativa de execução: um dia, após o término do sermão de Wishart e a partida do povo, um sacerdote se pôs a aguardá-lo ao pé da escada, com uma adaga nua em sua mão sob o vestido. Mas o sr. Wishart, com um olhar expressivo e penetrante, observando o sacerdote sair do púlpito, disse-lhe: "Meu amigo, o que desejas?" e imediatamente, batendo a mão na adaga, pegou-a dele. O sacerdote, aterrorizado, caiu de joelhos, confessou sua intenção e implorou por perdão. Logo correu a notícia e, chegando aos ouvidos daqueles que estavam doentes, gritaram: "Entrega-nos o traidor, ou o levaremos à força"; e invadiram pelo portão. Mas Wishart, segurando o sacerdote nos braços, disse: "Tudo o que o machuca, me machucará; pois ele não me causou nenhum dano, antes fez-me bem, ensinando-me a ter mais atenção no futuro". Por meio de tal conduta, apaziguou o povo e salvou a vida do perverso sacerdote.

Logo após seu retorno a Montrose, o cardeal conspirou novamente sua morte, fazendo com que lhe fosse enviada uma carta como que escrita por seu amigo próximo, o lorde de Kennier, na qual pedia que o visitasse com a máxima urgência, pois fora acometido por uma doença repentina. Enquanto isso, o cardeal havia providenciado que sessenta homens armados ficassem à espreita a uma milha e meia de Montrose, a fim de matá-lo quando passasse por ali.

A carta chegou à mão de Wishart por meio de um menino, que também lhe trouxe um cavalo para que iniciasse a jornada. Wishart, acompanhado por alguns honrados homens, seus amigos, seguiu viagem; mas algo em particular lhe veio à mente, de modo que decidiu voltar. Quando lhe perguntaram a causa, respondeu: "Não irei; fui proibido por Deus de fazê-lo, pois tenho certeza de que há traição. Vão alguns de vós até lá e me digam o que encontraram". Conforme acordado, seguiram viagem e descobriram o plano. Voltando às pressas, contaram tudo ao sr. Wishart, que disse: "Sei que terminarei minha vida pelas mãos daquele homem sedento de sangue, mas não será dessa maneira".

Pouco tempo depois, deixou Montrose e seguiu para Edimburgo, a fim de propagar o Evangelho naquela cidade. Com esse propósito, se alojou junto a um irmão fiel, chamado James Watson, de Inner-Goury. No meio da noite, levantou-se e se dirigiu para o jardim, quando dois homens o ouviram passar e o seguiram em silêncio. No jardim, caiu de joelhos e orou por algum tempo com intenso fervor, depois se levantou e voltou para a cama. Aqueles que o haviam seguido, fingindo estar alheios ao que ocorrera, aproximaram-se dele e perguntaram onde estivera. Ele, por sua vez, não respondeu. No dia seguinte, importunaram-no pedindo que lhes respondesse, dizendo: "Sê sincero conosco, pois ouvimos teus gemidos e vimos tuas expressões".

Então, com um semblante abatido, disse: "Preferia que estivésseis em vossas camas". Mas nada os fazia parar de insistir em pressioná-lo a contar-lhes algo, ao que disse: "Eu vos direi o que pedis: estou certo de que minha guerra está chegando ao fim. Portanto, orai comigo a Deus, para que eu não vacile quando a batalha se intensificar".

Logo depois, o cardeal Beaton, arcebispo de St. Andrews, sendo informado de que o sr. Wishart estava na casa do sr. Cockburn, de Ormistohn, em East Lothian, solicitou ao regente que ordenasse sua prisão; desse modo, após muito persuadi-lo, acabou por ceder, mesmo que contra a própria vontade.

Em consequência disso, o cardeal imediatamente deu início ao julgamento de Wishart, contra quem foram exibidos nada menos do que dezoito artigos. O sr. Wishart respondeu a cada um deles com tamanha compostura, de forma tão culta e clara, que muito surpreendeu a maioria dos presentes.

Após o término do interrogatório, o arcebispo tentou persuadir o sr. Wishart a se retratar; ele, porém, estava fundamentado em seus princípios religiosos com tanta firmeza e iluminado pela verdade do Evangelho com tanta intensidade que não pôde ser de modo algum demovido.

Na manhã de sua execução, aproximaram-se dele dois frades do cardeal; um deles o vestiu com um casaco de linho preto, enquanto o outro trazia vários sacos de pólvora, os quais amarraram em diferentes partes do seu corpo.

Assim que se achegou à estaca, o carrasco colocou uma corda em seu pescoço e uma corrente em seu tronco, quando caiu de joelhos e exclamou:

"Ó tu Salvador do mundo, tende piedade de mim! Pai do céu, entrego meu espírito nas tuas santas mãos".

Depois, orou por seus acusadores, dizendo: "Peço-te, Pai do Céu, que perdoes aos que, por ignorância ou maldade, forjaram mentiras contra mim. Eu os perdoo de todo o coração. Peço a Cristo que perdoe aqueles que me condenam por ignorância".

Então, foi preso à estaca. Ao acenderem a lenha, imediatamente atearam fogo também à pólvora amarrada a ele, que explodiu em chamas e fumaça.

O governador do castelo, que se encontrava tão perto que acabou chamuscado pelo fogo, exortou o mártir, em poucas palavras, a ter bom ânimo e a pedir perdão a Deus por suas ofensas. Ao que Wishart respondeu: "As chamas, de fato, atormentam o meu corpo, mas de modo algum destruíram meu espírito. Aquele, porém, que agora com tanta altivez me observa de sublime trono (dirigindo-se ao cardeal) em breve haverá de ser derrubado com grande ignomínia, embora agora se refestele em seu poder". Tal previsão foi logo cumprida.

O carrasco, seu atormentador, ficou de joelhos e disse: "Senhor, peço que me perdoeis, pois não sou culpado da vossa morte". A quem ele respondeu: "Vem até mim". Ao fazê-lo o carrasco, Wishart beijou-lhe a face e disse: "Eis aqui um sinal de que te perdoo. Meu amigo, exerce teu ofício". Então, colocaram-no no patíbulo e o penduraram, depois o queimaram até tornar-se pó. Quando o povo contemplou tamanho tormento, não pôde conter o piedoso clamor e as queixas diante do massacre desse inocente cordeiro.

Não muito tempo depois do martírio do bem-aventurado homem de Deus, mestre George Wishart, morto por David Beaton no primeiro dia de março de 1546, foi morto esse sangrento arcebispo e cardeal da Escócia dentro do próprio castelo de St. Andrews, pela justa vingança do poderoso juízo de Deus, às mãos de Leslie e outros senhores, que, pelo Senhor despertados, atacaram-no de assalto e o assassinaram em sua cama no último dia de maio daquele mesmo ano, enquanto gritava: "Não! Não! Não me mateis! Sou um sacerdote!". E assim, como um carniceiro viveu, e como um carniceiro morreu. Passaram-se sete meses, ou mais, antes que fosse sepultado, até que, finalmente, como carniça foi enterrado em um monturo.

O último a sofrer o martírio na Escócia pela causa de Cristo foi Walter Mill, que foi queimado em Edimburgo no ano de 1558.

Em sua juventude, havia viajado pela Alemanha e, ao retornar, foi ordenado sacerdote da Igreja de Lunan em Angus, mas, sendo denunciado por cometer heresia, na época do cardeal Beaton, foi forçado a abandonar seu cargo e fugir. No entanto, logo foi preso e encerrado na prisão.

Ao ser interrogado por *sir* Andrew Oliphant se renunciaria a suas opiniões, respondeu que não o faria, dizendo que "preferia perder mais de dez mil vidas antes de abandonar uma partícula dos princípios celestiais que havia recebido dos sufrágios de seu bendito Redentor".

Como consequência, a sentença de condenação foi imediatamente proferida contra ele, e então foi levado à prisão para ser executado no dia seguinte.

Esse corajoso crente em Cristo tinha 82 anos de idade e encontrava-se extremamente enfermo, de modo que se supunha que mal podia ser ouvido. No entanto, quando foi levado ao lugar da execução, expressou suas convicções religiosas com tanta coragem, e ao mesmo tempo tanta compostura, que surpreendeu até mesmo seus inimigos. No instante em que foi preso à estaca e atearam fogo à lenha, dirigiu-se aos espectadores da seguinte maneira: "O motivo pelo qual sofro hoje não é nenhum crime, embora eu me reconheça um pecador miserável; antes, sofro apenas pela defesa da verdade tal como ela é em Jesus Cristo, e louvo a Deus que me chamou, por Sua misericórdia, para selar a verdade com a minha vida. Como a recebi Dele, voluntária e alegremente a ofereço à Sua glória. Portanto, se esperais escapar da morte eterna, não sejais mais seduzidos pelas mentiras do trono do Anticristo, mas dependei somente de Jesus Cristo e de Sua misericórdia, para que sejais libertos da condenação". E acrescentou que confiava ser ele o último a sofrer a morte na Escócia por motivos religiosos.

Assim, esse piedoso cristão renunciou alegremente à própria vida em defesa da verdade do Evangelho de Cristo, sem duvidar de que seria feito participante de seu Reino celestial.

CAPÍTULO 16

PERSEGUIÇÕES NA INGLATERRA DURANTE O REINADO DA RAINHA MARIA

A morte prematura do célebre jovem monarca, Eduardo VI, resultou nas ocorrências mais extraordinárias e maravilhosas que já existiram desde os tempos da encarnação de nosso abençoado Senhor e Salvador em forma humana. Esse melancólico evento tornou-se rapidamente tema de desgosto geral. A sucessão ao trono britânico logo esteve envolta em disputa, e as cenas que se seguiram foram uma demonstração da grave calamidade em que o reino estava envolto. À medida que sua perda para a nação se desenrolava cada vez mais, as lembranças de seu governo eram cada vez mais base para recordações cheias de gratidão. A assaz terrível perspectiva, que logo foi apresentada aos apoiadores da administração de Edward, sob a direção de seus conselheiros e servos, era uma ideia que suas contemplativas mentes foram obrigadas a considerar com as mais alarmantes apreensões. As rápidas abordagens que foram feitas no sentido de uma total reversão das melhorias do reinado do jovem rei denotaram os avanços que foram assim propostos em uma resolução completa na gestão dos assuntos públicos, tanto na Igreja quanto no Estado.

Alarmada com a condição em que o reino provavelmente se envolveria com a morte do rei, uma comitiva para evitar as consequências, que eram nitidamente previsíveis, produziu os mais graves e fatais efeitos. O rei, em seu longo e prolongado sofrimento, foi induzido a fazer um testamento, por meio do qual legou a coroa inglesa a Lady Joana, filha do duque de Suffolk, casada com lorde Guilford, filho do duque da Nortúmbria, e neta da segunda irmã do rei Henry, por Charles, duque de Suffolk. Por esse testamento, a sucessão de Maria e Elisabete, suas duas irmãs, foi totalmente substituída, por temor ao retorno do sistema papal; e o conselho do rei, com a maior parte da nobreza, o prefeito da cidade de Londres e quase todos os juízes e os principais advogados do reino assinaram seus nomes nessa diretiva, sancionando a medida. O ministro-chefe de justiça Hale, apesar de ser um verdadeiro protestante e um juiz honesto, se recusou a unir seu nome em favor de Lady Joana, porque já havia expressado sua opinião de que Maria tinha o direito de assumir as rédeas do governo. Outros se opuseram ao fato de Maria ser empossada no trono, por temerem que ela pudesse se casar com um estrangeiro e, assim, colocar a coroa em considerável perigo. Sua inclinação ao papado também deixava pouca dúvida nas mentes de todos de que ela seria induzida a reviver os latentes interesses do papa e a mudar a religião usada nos dias de seu pai, o rei Henrique, e naqueles de seu irmão Eduardo: pois manifestara a maior teimosia e inflexibilidade de temperamento durante todo esse período, como foi explicitado em sua carta aos lordes do conselho, por meio da qual reivindicou a coroa, na morte de seu irmão.

Quando isso aconteceu, os nobres, que se associaram para impedir a sucessão de Maria e foram fundamentais no empreendimento, talvez seguindo as medidas de Eduardo, rapidamente proclamaram Lady Joana Gray a rainha da Inglaterra, na cidade de Londres e em várias outras cidades populosas do reino. Embora jovem, ela possuía talentos da mais elevada natureza, e as aulas com um excelente professor lhes deram muitas vantagens.

Seu reinado durou apenas cinco dias, pois Maria, tendo obtido a coroa por meio de falsas promessas, rapidamente iniciou a execução de sua intenção declarada de extirpar e queimar todos os protestantes. Foi coroada em Westminster seguindo a tradição, e sua alçada ao poder foi o sinal para o início da sangrenta perseguição que se seguiu.

Uma vez obtida a espada da autoridade, ela não se conteve em seu exercício. Os apoiadores de Lady Joana Gray estavam fadados a sentir sua força. O duque da Nortúmbria foi o primeiro a experimentar seu feroz ressentimento. Um mês depois de seu confinamento na Torre, foi condenado e levado ao cadafalso para ser executado como traidor. Por seus muitos crimes, resultantes de uma ambição sórdida e desenfreada, morreu sem condolências ou lamentações.

As mudanças, que se seguiram rapidamente, foram uma inequívoca declaração de que a rainha estava descontente com as atuais condições da religião. O dr. Poynet foi afastado para dar espaço para Gardiner se tornar bispo de Winchester, a quem ela também deu o importante cargo de lorde-chanceler. O dr. Ridley foi demitido da sé de Londres e Bonne, anunciado em seu lugar. J. Story foi expulso do bispado de Chichester, para que o dr. Day fosse admitido. J. Hooper foi enviado prisioneiro para a marinha, e o dr. Heath foi levado à sé de Worcestor. Miles Coverdale também foi excluído de Exeter, e o dr. Vesie foi colocado nessa diocese. O dr. Tonstall também foi promovido à sé de Durham. Com essas coisas sendo notadamente percebidas, pesar e desconforto cresceram cada vez mais no coração de todos os bons homens; mas, nos dos ímpios, grande júbilo. Os que conseguiram ignorá-las não se preocuparam muito com o desenrolar dos eventos; mas aqueles cujas consciências se uniram à verdade perceberam que já se acendiam brasas, que depois viriam a ser a destruição de muitos verdadeiros cristãos.

As palavras e a postura de Lady Joana no cadafalso

A vítima seguinte foi a amável Lady Joana Gray, que, pela aceitação da coroa pelas solicitações sinceras de seus apoiadores, incorreu no implacável ressentimento da sangrenta Maria. Quando subiu ao cadafalso pela primeira vez, falou aos espectadores da seguinte maneira: "Meu bom povo, vim aqui para morrer e, por uma lei, estou condenada a esta sina. A ação contra a Alteza Real era ilegal, e foi por mim consentida; mas, no tocante à tentativa ou ao desejo de que tal ação ocorresse por mim, ou em meu nome, lavo minhas mãos em inocência diante de Deus e diante de vós, bom Povo cristão, neste dia". E assim torceu as mãos, onde segurava seu livro. Então disse: "Peço a todos vocês, bom povo cristão, que prestem testemunho que eu morro como uma boa mulher cristã e que procuro ser salva por nenhum outro meio, mas apenas pela misericórdia de Deus no sangue de Seu único Filho Jesus Cristo. E confesso que, quando conheci a Palavra de Deus, negligenciei-a, amei a mim mesma e ao mundo e, portanto, essa praga e flagelo recaem feliz e merecidamente sobre mim por meus pecados; e ainda assim agradeço a Deus que, por Sua bondade, me deu tempo e descanso para me arrepender. E agora, meu bom povo, enquanto vivo, rezo para que me auxiliem com suas orações". E então, ajoelhando-se, se virou para Feckenham, dizendo: "Poderia recitar este Salmo?", e ele disse: "Sim". Então ela recitou o Salmo de Miserere, meu Deus, em inglês, com intensa devoção, até o fim; depois levantou-se e deu à criada, a sra. Ellen, suas luvas e lenço, e seu livro ao sr. Bruges; e então desamarrou o vestido, e o carrasco pressionou-a para ajudá-la: mas, desejando ser deixada em paz, virou-se para suas duas damas, que a ajudaram com isso, e também com seu vestido e gorjal, dando a ela um belo lenço para colocar sobre os olhos.

Então o carrasco se ajoelhou e pediu perdão, a quem ela perdoou de boa vontade. Em seguida pediu que ela se apoiasse na palha, e, ao fazê-lo, avistou o tronco. Então ela disse: "Rogo que me despacheis rapidamente". A seguir se ajoelhou, dizendo: "Vós o tirareis antes que me deite?". E o carrasco disse: "Não, senhora". Então ela amarrou um lenço nos olhos e, tateando em busca do tronco, disse: "O que faço? Onde está? Onde está?". Um dos presentes a guiou, e ela deitou a cabeça no tronco, depois esticou seu corpo e disse: "Senhor, em Tuas mãos entrego meu espírito". E assim terminou sua vida, no ano 1554 de nosso Senhor, no décimo segundo dia de fevereiro, aproximadamente no décimo sétimo ano de sua idade.

Assim morreu Lady Joana; e no mesmo dia lorde Guilford, seu marido, um dos duques dos filhos de Nortúmbria, também foi decapitado, dois inocentes em comparação com os que se abateram sobre eles. Pois ambos eram muito jovens e, ignorantemente, aceitaram maquinações de outros, e por proclamação aberta consentiram em tirar de outros e dar a eles.

No que toca à condenação dessa piedosa dama, deve-se notar que o juiz Morgan, que a condenou, logo depois de condená-la enlouqueceu, e em seu delírio gritava continuamente para que afastassem Lady Joana dele, e então acabou com a própria vida.

No vigésimo primeiro dia do mesmo mês, Henry, duque de Suffolk, foi decapitado em Tower-hill, no quarto dia após sua condenação: nessa época foram condenados muitos senhores e homens-livres, alguns dos quais foram executados em Londres e outros no interior. Na questão de quem era lorde Thomas Gray, irmão do referido duque, foi preso pouco tempo depois no norte de Gales e executado por ele. *Sir* Nicholas Throgmorton também escapou por muito pouco.

John Rogers, Vigário de Santo Sepulcro e Leitor de São Paulo, Londres

John Rogers foi educado em Cambridge e, por muitos anos, foi capelão da companhia dos aventureiros mercantis em Antuérpia, Brabante. Ali, encontrou-se com o célebre mártir William Tyndale e com Miles Coverdale, ambos voluntariamente exilados de seu país por sua aversão à superstição e à idolatria papais. Eles foram os instrumentos de sua conversão. Rogers se uniu a eles naquela tradução da Bíblia para o inglês intitulada *A Tradução de Thomas Matthew*. Pelas Escrituras, ele sabia que votos ilegítimos podiam ser violados legitimamente. Então, casou-se e se dirigiu para Wittenberg, na Saxônia, a fim de aprofundar seus conhecimentos. Lá, aprendeu a língua holandesa e recebeu o encargo de uma congregação, a qual direcionou fielmente por muitos anos. Com a ascensão do rei Eduardo, deixou a Saxônia para promover o trabalho da Reforma na Inglaterra. Depois de algum tempo, Nicholas Ridley, então bispo de Londres, lhe concedeu a função de cônego na Catedral de São Paulo, até que o deão e o capítulo o nomearam Leitor da aula de teologia. Assim continuou até a sucessão da Rainha Maria ao trono, quando o Evangelho e a verdadeira religião foram banidos, e o Anticristo de Roma, com sua superstição e idolatria, foi introduzido.

A circunstância em que o sr. Rogers pregou na cruz de Paulo, após ter a rainha Maria chegado à Torre, já foi relatada. Ele confirmou em seu sermão a verdadeira doutrina ensinada na época do rei Eduardo e exortou o povo a tomar cuidado com as pragas papais: a idolatria e a superstição. Por isso, foi chamado a prestar contas, mas se defendeu com tanta habilidade que, dessa vez, foi dispensado. A proclamação da rainha, no entanto, para proibir a verdadeira pregação, deu a seus inimigos um novo pretexto contra ele. Então, foi novamente convocado perante o concílio e sentenciado à prisão domiciliar. Assim o fez, embora pudesse ter escapado e embora enxergasse o terrível estado da verdadeira religião. Rogers sabia que não poderia viver na Alemanha; não podia esquecer, ainda, de sua esposa, seus dez filhos e de que deveria prover meios de sustentá-los. Contudo, todas essas coisas foram insuficientes para induzi-lo a partir, pois, uma vez chamado para responder pela causa de Cristo, defendeu-a com firmeza e arriscou sua vida com esse propósito.

Após um longo período preso em sua própria casa, o incansável Bonner, bispo de Londres, o fez ser encarcerado em Newgate, onde foi preso entre ladrões e assassinos.

Após sofrer um longo e estrito encarceramento, convivendo com ladrões em Newgate, passando por diversos interrogatórios e sendo tratado de maneira nada bondosa, Rogers foi enfim condenado, injusta e cruelmente, por Stephen Gardiner, bispo de Winchester, no quarto dia de fevereiro do ano 1555 de nosso Senhor. Em uma segunda-feira de manhã, foi advertido de súbito pelo guardião de Newgate a se preparar para a fogueira; ele, porém, profundamente adormecido, mal podia ser despertado. Por fim, desperto e de pé, ao receber a ordem de se apressar, disse: "Se é assim, não preciso amarrar meus sapatos". E assim aconteceu. Primeiro foi levado ao bispo Bonner a fim de ser degradado. Ao fazê-lo, pediu ao bispo apenas uma coisa, ao que Bonner perguntou de que se tratava. O sr. Rogers, por sua vez, lhe pediu permissão para falar algumas palavras com a esposa antes de ser queimado; no entanto, seu pedido foi recusado.

Quando chegou a hora de ser trazido de Newgate para Smithfield, o local de sua execução, o sr. Woodroofe, um dos xerifes, aproximou-se do sr. Rogers e perguntou-lhe se haveria de retratar-se de sua abominável doutrina e de sua vil opinião acerca do Sacramento do altar. Ao que ele respondeu: "O que preguei selarei com o meu sangue". Então o sr. Woodroofe disse:

"Tu és um herege". "Isso saberemos no dia do julgamento", respondeu Rogers. "Bem", replicou o sr. Woodroofe, "nunca orarei por ti". "Mas eu orarei por vós", concluiu Rogers.

Assim, foi trazido no mesmo dia pelos xerifes, em 4 de fevereiro, para Smithfield, recitando o Salmo Miserere[17] pelo caminho, enquanto todos se regozijavam maravilhosamente em sua firmeza, com muitos louvores e graças a Deus. E ali, na presença do sr. Rochester, controlador da casa da rainha, *sir* Richard Southwell, ambos os xerifes e um grande número de pessoas, John Rogers foi queimado às cinzas, lavando as mãos nas chamas enquanto queimava. Um pouco antes de ser martirizado, ofereceram-lhe o perdão, caso aceitasse se retratar; ele, porém, recusou em absoluto. Foi o primeiro mártir de toda a bendita companhia a sofrer no tempo da Řainha Maria. Sua esposa e filhos, onze em número, dez já crescidos e um bebê o qual ela ainda amamentava, o encontraram pelo caminho, enquanto seguia em direção a Smithfield. O triste momento em que viu sua própria carne e sangue não o pôde demover, antes, constante e alegremente enfrentou sua morte com impressionante paciência, na defesa e luta pelo Evangelho de Cristo.

O Rev. Lawrence Saunders

O sr. Saunders, após passar algum tempo na escola de Eaton, foi escolhido para ser enviado ao King's College em Cambridge, onde permaneceu por três anos e muito se beneficiou em conhecimento e erudição durante esse período. Logo após sair da universidade, juntou-se aos pais, mas logo voltou a Cambridge outra vez para estudar, onde começou a aprofundar seu conhecimento do latim, bem como do estudo das línguas grega e hebraica, e se dedicou ao estudo das Escrituras Sagradas, a fim de melhor se qualificar para o cargo de pregador.

No início do reinado do Rei Eduardo, quando foi introduzida a verdadeira religião de Deus, depois de conseguir licença, começou a exercer o ofício da pregação, e era tão apreciado pelos que possuíam autoridade que o designaram para ministrar uma conferência de teologia no Colégio de

---

17. O Salmo 51 (na numeração grega, Salmo 50), tradicionalmente chamado de Miserere (seu *incipit* em latim), é um dos salmos penitenciais. (N.T.)

Forthringham. Quando o Colégio de Fothringham foi dissolvido, Saunders foi designado como Leitor na igreja de Litchfield. Depois de um certo tempo, partiu de Litchfield para uma prebenda em Leicestershire chamada Church-Langton, onde residiu, ensinou com diligência e manteve a casa sempre aberta. Então, foi chamado a tomar uma prebenda na cidade de Londres, a saber, All-hallows em Bread-street. Depois, pregou em Northhampton, nunca interferindo nos assuntos do Estado, mas expressando ousadamente sua opinião contra as doutrinas papistas que provavelmente surgiriam novamente na Inglaterra, como uma praga justa pelo pouco amor que a nação inglesa então nutria para com a bendita Palavra de Deus, oferecida a eles em abundância.

O partido da rainha, que se encontrava lá e o ouviu, muito se desagradou com o pregador por seu sermão, motivo pelo qual o levaram entre eles como prisioneiro. Mas, em parte por amor a seus irmãos e amigos, que eram os principais agentes da rainha entre eles, e em parte por não haver sido infringida lei alguma em sua pregação, o dispensaram.

Alguns de seus amigos, percebendo tão assustadora ameaça, aconselharam-no a sair do reino, o que Saunders se recusou a fazer. Mas, encontrando-se violentamente impedido de fazer o bem naquele lugar, voltou para Londres, a fim de visitar seu rebanho.

Na tarde de domingo, em 15 de outubro de 1554, enquanto lia em sua igreja para exortar seu povo, o bispo de Londres o interrompeu, enviando até ele um oficial.

Disse o bispo que sua caridade havia deixado escapar por certo tempo a traição e sedição do pregador, mas que estava disposto a provar serem hereges ele e todos aqueles que, segundo ele, ensinavam e acreditavam que a administração dos Sacramentos e todas as ordens da Igreja são mais puras à medida que se aproximam da ordem da Igreja primitiva.

Após muito discutirem acerca do assunto, o bispo pediu que escrevesse sobre o que acreditava a respeito da transubstanciação. Lawrence Saunders o fez, dizendo: "Meu Senhor, buscais o meu sangue, e o tereis. Oro a Deus para que sejais batizado nele a ponto de odiar o derramamento de sangue e venhais a tornar-vos um homem melhor". Saunders foi acusado de contumácia, pois suas severas respostas ao bispo (que antes, para obter o favor de Henrique VIII, havia escrito e impresso um livro de verdadeira obediência, no qual declarava abertamente que a rainha Maria era uma bastarda) o irritaram de tal maneira que exclamou: "Levem esse tolo frenético para a prisão".

Depois que esse bom e fiel mártir foi mantido na prisão por quinze meses, os bispos finalmente o chamaram, como fizeram aos seus companheiros de prisão, para serem examinados abertamente perante o conselho da rainha.

Terminado o exame, os oficiais o levaram para fora do local e aguardaram até que o restante de seus companheiros de prisão fossem examinados da mesma forma, a fim de levá-los todos juntos à prisão.

Após sua excomunhão e entrega ao poder secular, foi levado pelo xerife de Londres ao Compter, uma prisão em sua própria paróquia de Bread-street, na qual muito se regozijou, tanto por ali ter encontrado um companheiro de prisão, o sr. Cardmaker, com quem manteve muitas conversas cristãs e de consolo, como porque, fora da prisão, como antes em seu púlpito, teria a oportunidade de pregar aos paroquianos. Em 4 de fevereiro, Bonner, bispo de Londres, foi à prisão para degradá-lo; no dia seguinte, de manhã, o xerife de Londres o entregou a alguns da guarda da rainha, que foram designados para levá-lo à cidade de Coventry, a fim de ser queimado.

Quando chegaram a Coventry, um pobre sapateiro, que costumava servi-lo, aproximou-se dele e disse: "Ó meu bom mestre, Deus vos fortaleça e console". "Bom sapateiro", o sr. Saunders respondeu, "desejo que ores por mim, pois sou o homem mais inapto dentre todos os já designados para este alto cargo; mas meu gracioso Deus e querido Pai é capaz de fazer-me forte o suficiente". No dia seguinte, em 8 de fevereiro de 1555, foi levado ao local da execução, no parque fora da cidade. Vestia uma túnica gasta, uma camisa, tinha os pés descalços, e muitas vezes lançava-se ao chão para orar. Quando chegaram próximo ao local, o oficial designado para cuidar da execução disse ao sr. Saunders que ele era um daqueles que manchavam o reino da rainha, mas que, caso se retratasse, haveria perdão para ele. "Não eu", respondeu o santo mártir, "antes vós manchais o reino. O que sustento é o Evangelho de Cristo; neste acredito, ensinei e nunca revogarei!".

O sr. Saunders, então, se moveu lentamente em direção ao fogo, prostrou-se em terra e orou; depois se levantou, abraçou a estaca e disse por repetidas vezes: "Bem-vinda, cruz de Cristo! Bem-vinda, vida eterna!". O fogo foi então posto na lenha, quando o pregador foi dominado pelas terríveis chamas e dormiu docemente no Senhor Jesus.

História, prisão e exame do sr. John Hooper, Bispo de Worcester e Gloucester

John Hooper, estudante graduado na Universidade de Oxford, foi de tal maneira tomado por um ardente desejo de amar e conhecer as Escrituras que se viu obrigado a retirar-se da universidade, e foi acolhido na casa de *sir* Thomas Arundel como seu mordomo, até que este tomou conhecimento das opiniões e religião de Hooper, as quais não favorecia de forma alguma, apesar de beneficiar sobremaneira sua pessoa, auxiliá-lo e desejar tê-lo como amigo. O sr. Hooper prudentemente saiu da casa de *sir* Thomas e chegou a Paris, mas em pouco tempo retornou à Inglaterra e foi acolhido pelo sr. Sentlow, até o momento em que foi novamente molestado e procurado. Então, passou pela França até as regiões mais altas da Alemanha, onde passou a conhecer homens instruídos, e foi espontânea e carinhosamente recebido pelo sr. Bullinger, seu amigo particular, tanto na Basileia como em Zurique. Ali também se casou com uma mulher da Borgonha e se dedicou com muito zelo à língua hebraica.

Por fim, quando aprouve a Deus terminar o sangrento período do Ato dos Seis artigos e dar-nos o Rei Eduardo para governar esse reino, a Igreja teve um pouco de paz e descanso, e muitos exilados ingleses retornaram às suas casas, entre os quais estava o sr. Hooper, que, movido por sua consciência, decidiu não se ausentar; antes, observando que o tempo e a ocasião eram oportunos, ofereceu-se para ajudar a transmitir a obra do Senhor com toda a sua capacidade.

Quando o sr. Hooper se despediu do sr. Bullinger e de seus amigos em Zurique, voltou para a Inglaterra sob o reinado do rei Eduardo VI e, chegando a Londres, habituou-se a pregar continuamente, na maioria das vezes duas ou pelo menos uma vez ao dia.

Em seus sermões, conforme costumava fazer, corrigia o pecado e combatia duramente a iniquidade do mundo e os corruptos abusos da Igreja. As pessoas, em grandes grupos e companhias, todos os dias vinham ouvi-lo pregar, como se sua voz fosse o som e a melodia mais agradáveis da harpa de Orfeu, de modo que muitas vezes, enquanto pregava, a igreja tornava-se tão repleta que mais ninguém era capaz de passar pelas portas. Em sua doutrina, era sincero; em sua linguagem, eloquente; nas Escrituras, excelente; em suas dores, incansável; em sua vida, exemplar.

Havendo ele pregado diante da majestade do rei, logo foi nomeado bispo de Gloucester. Naquele cargo, permaneceu por dois anos e se saiu tão bem que seus próprios inimigos não encontraram nenhuma falha nele. Depois, foi nomeado bispo de Worcester.

O dr. Hooper executou seu ofício como o mais cuidadoso e vigilante pastor pelo período de dois anos ou mais, enquanto o estado da religião no tempo do rei Eduardo era seguro e próspero.

Após ter sido convocado a comparecer perante Bonner e o dr. Heath, Hooper foi levado ao Concílio, acusado falsamente de dever dinheiro à rainha e, no ano seguinte, em 1554, escreveu um relato acerca do tratamento severo que recebeu durante o confinamento de quase dezoito meses em Fleet. Após seu terceiro exame, em 28 de janeiro de 1555, em St. Mary Overy's, foi conduzido ao Compter em Southwark junto ao Rev. sr. Rogers, onde permaneceriam até o dia seguinte às nove horas, a fim de esperar que se retratassem. "Vem, irmão Rogers", disse o dr. Hooper, "devemos nós tomar a frente neste assunto e colocar-nos para assar nessa fogueira?". "Sim, doutor", disse Rogers, "pela graça de Deus". "Não duvides", disse o dr. Hooper, "Deus nos dará forças". O povo aplaudiu de tal maneira a constância de ambos os mártires, que as palmas duraram longo tempo.

No dia 29 de janeiro, o bispo Hooper foi degradado e condenado, e o Rev. Rogers foi tratado da mesma maneira. Ao anoitecer, o dr. Hooper foi levado pela cidade até Newgate; apesar do sigilo, muitas pessoas saíram às suas portas com lamparinas e o saudaram, louvando a Deus por sua firmeza.

Durante os poucos dias em que esteve em Newgate, foi amiúde visitado por Bonner e outros, que em vão tentaram fazê-lo retratar-se. Como Cristo foi tentado, eles também o tentaram, e depois relataram maliciosamente que havia se retratado. Sendo o local de seu martírio fixado em Gloucester, alegrou-se muito, erguendo os olhos e as mãos para o céu e louvando a Deus por ter se agradado em enviá-lo para o meio daqueles a quem havia antes pastoreado, a fim de, com sua morte, confirmar a verdade que tanto lhes ensinara.

Em 7 de fevereiro, chegou a Gloucester, por volta das cinco horas, e alojou-se na casa de Ingram. Depois de dormir um pouco, continuou em oração até a manhã seguinte, e assim seguiu no decorrer de todo o dia, exceto durante o curto tempo que gastava em suas refeições, ou quando conversava com o guarda, quando este, gentilmente, permitia que falasse com ele. Não fosse isso, passava todo o tempo em oração.

Sir Anthony Kingston, que havia sido um bom amigo do dr. Hooper, foi chamado por meio de uma das cartas da rainha para comparecer à sua execução. Ao ver o bispo, pôs-se a chorar copiosamente. Com ternas súplicas, exortou-o a viver. "É verdade", disse o bispo, "que a morte é amarga e a vida é doce; mas, ai! Considera que a morte vindoura é ainda mais amarga, e a vida vindoura ainda mais doce".

No mesmo dia, um garoto cego conseguiu licença para ser trazido à presença do dr. Hooper. O mesmo garoto, pouco tempo antes, havia sido preso em Gloucester por confessar a verdade. "Ah, pobre menino", disse o bispo, "embora Deus tenha tirado de ti a tua visão exterior, cujo motivo só Ele sabe, dotou a tua alma com os olhos do discernimento e da fé. Deus te dê contínua graça para orar a Ele, a fim de que não percas essa visão, pois, então, serias cego de corpo e alma".

Quando o prefeito ordenou que ele se preparasse para sua execução, manifestou perfeita obediência e apenas pediu que o fogo o consumisse rapidamente e terminasse seus tormentos. Depois de se levantar pela manhã, solicitou que não permitissem a entrada de ninguém em sua câmara, para que pudesse ficar sozinho até a hora da execução.

Por volta das oito horas, em 9 de fevereiro de 1555, foi levado adiante, e milhares de pessoas se reuniram, pois era o dia de mercado. Durante todo o caminho, foi rigorosamente proibido de falar, e, ao ver o povo que chorava amargamente por ele, por vezes levantava os olhos para o céu e olhava com muita alegria para os que conhecia: nunca o haviam visto, durante o tempo em que esteve entre eles, com um semblante tão alegre e corado como naquele dia. Quando chegou ao local designado para sua morte, contemplou sorridente a estaca e os preparativos feitos para sua morte, junto ao grande olmo, atrás do colégio de sacerdotes, onde costumava pregar.

Então, após fazer uma oração, uma caixa foi trazida e colocada diante dele sobre um banquinho, com o perdão da rainha, caso se retratasse. À vista disso, exclamou: "Se amais minha alma, afastai isso de mim!". Levando a caixa, lorde Chandois disse: "Vejo que não há remédio; matem-no rapidamente".

Foi dado o comando para que acendessem o fogo. Mas, como não havia mais lenha do que podiam carregar dois cavalos, o fogo não acendeu de pronto e demorou um bom tempo até que se acendessem os juncos sobre a lenha. Por fim, queimaram ao seu redor, mas o vento, soprando com toda a força naquele local, sendo ainda uma manhã muito fria, afastava dele a chama, de modo que fora apenas tocado pelo fogo.

Momentos mais tarde, trouxeram lenha seca e, ao jogarem-na, um novo fogo se acendeu (pois já não havia mais juncos), queimando-lhe as partes inferiores do corpo, embora pouco tenham afetado a região superior, por causa do vento, de modo que somente seu cabelo foi queimado e a pele um pouco chamuscada. Enquanto ardia o fogo, desde a primeira chama, ele orava, dizendo tranquilamente e em voz baixa, como alguém que não sente dor: "Ó Jesus, filho de Davi, tem piedade de mim e recebe minha alma!". Depois que o segundo fogo foi aceso, enxugou os dois olhos com as mãos e, vendo o povo, exclamou em alta voz: "Pelo amor de Deus, povo bondoso, concedei-me mais fogo!", enquanto a parte inferior de seu corpo queimava; mas era tão escassa a lenha, que a chama apenas chamuscava suas partes superiores.

O terceiro fogo foi aceso um tempo depois, o qual se mostrou mais extremo que os outros dois. Nesse fogo, orou em voz alta: "Senhor Jesus, tem piedade de mim! Senhor Jesus, recebe meu espírito!". E essas foram as últimas palavras que dele se pôde ouvir. Contudo, ainda quando sua boca tornou-se escurecida, sua língua tão inchada que não podia mais falar, e seus lábios encolheram-se junto às gengivas, Hooper bateu no peito com as mãos até que um de seus braços caiu. Bateu ainda com o outro, enquanto a gordura, a água e o sangue escorriam-lhe pelas pontas de seus dedos, até que, renovando-se o fogo, suas forças se esvaíram e sua mão se prendeu ao bater no ferro sobre o peito. Então, imediatamente curvando-se para a frente, entregou seu espírito.

Assim permaneceu por quarenta minutos, ou mais, no fogo. Semelhante a um cordeiro, pacientemente suportou o tormento, sem se mover para a frente, nem para trás, nem para nenhum lado. Antes, morreu tão silenciosamente quanto uma criança dormindo em sua cama. Agora reina, não duvido, como um bendito mártir no gozo celeste, que fora preparado para os fiéis em Cristo antes da fundação do mundo. Por sua firmeza, louvem a Deus todos os cristãos.

A vida e a conduta do dr. Rowland Taylor, de Hadley

O dr. Rowland Taylor, vigário de Hadley, em Suffolk, era um homem de eminente erudição, graduado como doutor nas leis civil e canônica.

Seu apego aos princípios puros e incorruptos do cristianismo o recomendou ao favor e à amizade do dr. Cranmer, arcebispo da Cantuária, com quem viveu durante um longo tempo, até que, por seu próprio interesse, passou a viver em Hadley.

Não apenas de palavras era feita sua pregação, mas toda a sua vida e conduta eram um exemplo de vida cristã, livre de hipocrisia, de verdadeira santidade. Nele não havia sinal de orgulho, era humilde e manso como uma criança, de modo que ninguém era tão pobre que não pudesse recorrer a ele com confiança, como se o fizesse a um pai. E sua humildade não era infantil ou covarde; quando exigiam a ocasião, o tempo e o lugar, era firme em repreender os pecadores e os malfeitores. Ninguém era tão rico que não pudesse ter expostas diante de si com clareza as próprias culpas, com repreensões sinceras e graves, como devem ser vindas de um bom coadjutor e pastor. Era um homem muito gentil, livre de qualquer rancor, ressentimento ou ojeriza; antes, sempre pronto a fazer o bem a todos os homens, perdoando seus inimigos e nunca buscando o mal de ninguém.

Era para os pobres cegos, coxos, doentes, decrépitos, ou que tiveram muitos filhos, um verdadeiro pai, um patrono cuidadoso e um provedor diligente, de modo que movia os paroquianos a reunirem as provisões necessárias a eles. Ele próprio (além do alívio contínuo que sempre encontravam em sua casa) contribuía com uma honesta porção anualmente à caixa de esmolas comum. Sua esposa era, também, uma matrona honesta, discreta e sóbria, e seus filhos bem nutridos, criados no temor de Deus e na boa instrução.

Era um eficaz sal da terra, mordaz às maneiras corruptas dos homens perversos, uma luz na casa de Deus, posta sobre um castiçal para que todos os homens bons a imitassem e seguissem.

Assim continuou esse bom pastor entre seu rebanho, governando-o e conduzindo-o pelo deserto deste mundo perverso, durante todos os dias do governo do rei mais pacífico e santo da bendita história, Eduardo VI. Mas, com a morte deste e a sucessão da Rainha Maria ao trono, Taylor não escapou à negra nuvem que sobrepujou a tantos irmãos. Pois dois de seus paroquianos, Foster, advogado, e Clark, comerciante, direcionados pelo zelo cego, decidiram que a missa deveria ser celebrada, em todas as suas formas supersticiosas, na igreja paroquial de Hadley, na segunda-feira antes da Páscoa. O dr. Taylor, entrando na igreja, proibiu estritamente que o fizessem; mas Clark forçou o doutor a sair da igreja, celebrou a missa e no mesmo instante informou o senhor chanceler, bispo de Winchester, acerca de seu comportamento, ato que o fez ser convocado a comparecer e responder às queixas alegadas contra ele.

O doutor, ao receber a convocação, preparou-se com alegria para obedecer a ela, rejeitando o conselho de seus amigos de fugir para além-mar. Quando Gardiner o viu, injuriou-o, como era seu costume. O dr. Taylor ouviu o abuso com paciência e, quando o bispo disse: "Como ousas olhar-me na face? Não sabes quem sou eu?". Ao que o dr. Taylor respondeu: "Vós sois o dr. Stephen Gardiner, bispo de Winchester e senhor-chanceler, e ainda assim um homem mortal. Mas, se eu deveria temer vossa nobre aparência, por que não temeis vós a Deus, o Senhor de nós todos? Com que semblante aparecereis diante do tribunal de Cristo e respondereis ao juramento que fizestes primeiro perante o rei Henrique VIII e depois perante o rei Eduardo VI, seu filho?".

Seguiu-se uma longa conversa, durante a qual o dr. Taylor foi tão piedosamente comedido e austero para com seu antagonista que este exclamou: "Tu és um herege blasfemo! De fato, blasfemas contra o bendito Sacramento (disse tirando o chapéu) e falas contra a Santa Missa celebrada em sacrifício pelos vivos e pelos mortos". Então, o bispo o entregou ao tribunal real.

Quando o dr. Taylor chegou ali, encontrou o pregador virtuoso e vigilante da Palavra de Deus, sr. Bradford; ambos agradeceram igualmente a Deus por ter-lhes proporcionado um companheiro de prisão tão agradável. Juntos, louvaram a Deus e continuaram em oração, lendo e exortando um ao outro.

Depois de passar algum tempo na prisão, o dr. Taylor foi convocado a comparecer sob as arcadas da igreja de Bow.

Condenado, o dr. Taylor foi enviado a Clink, e os guardas foram encarregados de tratá-lo brutalmente; à noite, foi levado a Poultry Compter.

O dr. Taylor estava no Compter há cerca de uma semana, no dia 4 de fevereiro, quando Bonner chegou para degradá-lo, trazendo consigo os ornamentos que pertenciam à ridícula cerimônia da missa, mas o doutor recusou tais armadilhas, até que lhe foram forçadas.

Na noite seguinte à degradação, sua esposa chegou na companhia de John Hull, seu servo, e seu filho Thomas, e, devido à gentileza dos guardiões, foi-lhes permitido jantar com ele.

Depois do jantar, caminhando de um lado para o outro, agradeceu a Deus por Sua graça, que lhe dera forças para cumprir Sua santa Palavra. Com lágrimas, oraram juntos e se despediram com beijos. A seu filho Tomás deu um livro em latim, contendo as notáveis declarações dos velhos mártires, e no final escreveu seu testamento:

"Digo a minha esposa e a meus filhos: O Senhor vos deu a mim, e o Senhor me tirou de vós, e a vós de mim: bendito seja o nome do Senhor! Creio que são felizes os que morrem em Deus. Ele cuida dos pardais e dos cabelos de nossa cabeça. Eu o tenho descoberto mais fiel e favorável do que qualquer pai ou marido. Portanto, confiai nele, por meio dos méritos de nosso querido Salvador Cristo. Amai, temei e obedecei a Ele: a Ele orai, porque Ele prometeu socorro. Quanto a mim, não me considereis morto, pois certamente viverei e nunca morrerei. Vou na frente, e vós me seguireis depois para o nosso lar perene".

No dia seguinte, o xerife de Londres e seus oficiais chegaram ao Compter às duas horas da manhã para buscar o dr. Taylor. Sem nenhuma luz, levaram-no ao Woolsack, uma estalagem fora de Aldgate. A esposa do dr. Taylor, suspeitando que o marido haveria de ser levado naquela noite, ficou à espreita a noite toda no alpendre da igreja de St. Botolph, ao lado de Aldgate, junto às duas filhas, Elizabeth, de 13 anos de idade (a qual, órfã de pai e mãe, foi adotada por dr. Taylor aos três anos de idade), e Mary, filha do próprio dr. Taylor.

Então, quando o xerife e seu grupo chegaram em frente à igreja de St. Botolph, Elizabeth clamou, dizendo: "Ó meu querido pai! Mãe, mãe, aqui está meu pai sendo levado embora". Então, sua esposa gritou: "Rowland, Rowland, onde estás?", pois era uma manhã muito escura, de modo que um não podia ver o outro. O dr. Taylor respondeu: "Querida esposa, estou aqui"; e parou. Os homens do xerife o teriam levado adiante, mas o xerife disse: "Aguardai um pouco, senhores, peço-vos; deixai que fale com a esposa"; e, então, pararam todos.

A esposa veio até o dr. Taylor, que pegou a filha Mary nos braços; ele, a esposa e Elizabeth ajoelharam-se e fizeram a Oração do Senhor, diante da qual o xerife chorou copiosamente, bem como vários outros do grupo. Terminada a oração, ele se levantou e beijou a esposa, apertou-a pela mão e disse: "Adeus, minha querida esposa; consola-te, pois minha consciência está tranquila. Deus proverá um pai para minhas filhas".

Durante todo o caminho, o dr. Taylor caminhava regozijante, como quem se dirige a um agradável banquete ou noivado. Disse muitas coisas notáveis ao xerife e aos homens da guarda que o conduzia, e em várias delas os levou às lágrimas, pelo muito pedir fervorosamente que se arrependessem e corrigissem sua vida má e perversa. Com frequência também lhes causava admiração e alegria, quando o viam tão constante e firme, vazio de todo medo, com o coração contente e feliz por morrer.

Quando o dr. Taylor chegou a Aldham Common, o lugar onde haveria de sofrer, vendo uma grande multidão reunida, perguntou: "Que lugar é esse e por que há tantas pessoas reunidas aqui?". Ao que responderam: "É Aldham Common, o lugar onde você deve sofrer; e o as pessoas vieram olhar para você. "Então ele disse: "Graças a Deus, estou em casa"; e ele desceu de seu cavalo e com as duas mãos arrancou o capuz de sua cabeça.

Seus cabelos haviam sido raspados como se usava fazer com os cabelos dos loucos, e essa missão fora do bispo Bonner. Mas, quando o povo viu seu rosto reverente e ancião, com uma longa barba branca, irrompeu em lágrimas e clamou, dizendo: "Deus te salve, bom dr. Taylor! Jesus Cristo te fortaleça e te ajude! O Santo Espírito te console!", entre outros bons desejos a ele.

Tendo ele orado, caminhou até a estaca e a beijou, depois colocou-se dentro de um barril, o qual haviam preparado para que ficasse de pé. Com as costas contra a estaca, as mãos atadas uma à outra e os olhos voltados para o céu, orava continuamente.

Depois, amarraram-no com correntes e, após prepararem a lenha, Warwick cruelmente lançou uma delas em sua direção, atingindo-lhe a cabeça e cortando sua face, de modo que o sangue escorreu. Então, disse o dr. Taylor: "Ó amigo, já sofri o suficiente; por que isso?".

Sir John Shelton passou perto quando o dr. Taylor estava recitando o Salmo Miserere em inglês, ao que o golpeou nos lábios, dizendo: "Patife! Fala latim ou te farei falar". Por fim, acenderam o fogo, e o dr. Taylor, segurando as duas mãos, clamou a Deus, dizendo: "Pai misericordioso do céu! Por Jesus Cristo, pelo amor de meu Salvador, recebe minha alma em Tuas mãos!". Então, permaneceu parado, sem chorar ou se mexer, com as mãos cruzadas, até Soyce atingi-lo na cabeça com uma alabarda, esmagando-lhe os miolos, ao que o cadáver caiu no fogo.

Assim, entregou este homem de Deus sua bendita alma nas mãos de seu Pai misericordioso e ao seu querido Salvador Jesus Cristo, a quem mais amava, sobre quem fiel e sinceramente pregava, a quem seguiu com obediência na vida e o todo tempo glorificara na morte.

Martírio de William Hunter

William Hunter havia sido instruído nas doutrinas da Reforma desde a mais tenra idade, sendo descendente de pais piedosos que o educaram cuidadosamente nos princípios da verdadeira religião.

Hunter, aos 19 anos de idade, ao recusar-se a receber a comunhão na missa, foi ameaçado de ser apresentado ao bispo, a quem esse jovem mártir valente foi conduzido por um policial.

Bonner fez com que William fosse levado a uma câmara, onde se pôs a conversar com ele, prometendo-lhe segurança e perdão, caso se retratasse. Aliás, ter-se-ia dado por satisfeito se ele tivesse apenas concordado em receber a comunhão e se confessado, mas William não o faria por nada no mundo.

Com isso, o bispo ordenou que seus homens colocassem William em um tronco na portaria do castelo, onde permaneceu por dois dias e noites, somente com a casca de um pão de centeio e um copo de água, que não tocou.

Ao final dos dois dias, o bispo foi até ele e, encontrando-o firme na fé, enviou-o para a prisão onde ficavam os condenados e ordenou ao guardião que lhe prendesse ao máximo de grilhões que pudesse suportar. Continuou na prisão por nove meses, período em que esteve cinco vezes diante do bispo, além do tempo em que foi condenado no consistório de São Paulo, em 9 de fevereiro, quando seu irmão Robert Hunter estava presente.

Então, o bispo, chamando William, perguntou-lhe se agora se retrataria e, percebendo que o rapaz era inalterável, pronunciou sobre ele a sentença de ser transferido daquele lugar para Newgate por um tempo, depois para Brentwood, a fim de ser queimado.

Cerca de um mês depois, William foi enviado para Brentwood, onde seria executado. Ao chegar à estaca, ajoelhou-se e leu o Salmo 51, até chegar a estas palavras: "Sacrifícios agradáveis a Deus são o espírito quebrantado; coração compungido e contrito, não o desprezarás, ó Deus". Permanecendo firme em recusar o perdão da rainha, caso se tornasse apóstata, finalmente chegou Richard Ponde, um oficial de justiça, e o amarrou a uma corrente.

William, então, lançou seu saltério nas mãos de seu irmão, que disse: "William, pensa na santa paixão de Cristo e não temas a morte". "Eis que", respondeu William, "não tenho medo". Assim, levantou as mãos para o céu e disse: "Senhor, Senhor, Senhor, recebe meu espírito"; e, lançando de novo a cabeça na fumaça sufocante, entregou sua vida pela verdade, selando-a com seu sangue ao louvor de Deus.

Dr. Robert Farrar

Esse honrado e erudito prelado, o bispo de St. David's no País de Gales, tendo sido no reinado anterior extraordinariamente zeloso em promover as doutrinas reformadas e expor os erros da idolatria papista, bem como desde a ascensão da rainha Maria, foi convocado, entre outros, a comparecer perante o bispo perseguidor de Winchester e outros comissários designados para o trabalho abominável de devastação e massacre.

Seus principais acusadores e perseguidores, sob a acusação de traição à coroa durante o reinado de Eduardo VI, foram George Constantine Walter, seu servo, Thomas Young, dignitário da catedral, bem como o bispo de Bangor etc. O dr. Farrar respondeu prontamente às cópias de informações colocadas contra ele, que consistiam em 56 artigos. Todo o processo desse julgamento foi longo e tedioso. Atrasos geravam atrasos, e, após o dr. Farrar estar há tempos injustamente detido, acusado de, no reinado do Rei Eduardo, haver sido promovido pelo duque de Somerset, que depois de sua queda encontrou menos amigos para apoiá-lo contra aqueles que queriam seu bispado com a chegada da rainha Maria, foi acusado e examinado não por qualquer questão de traição, mas por sua fé e doutrina. Porquanto foi chamado perante o bispo de Winchester, junto ao bispo Hooper, os senhores Rogers, Bradford, Saunders e outros, em 4 de fevereiro de 1555. Nesse dia, seria condenado com eles. No entanto, sua condenação foi adiada e acabou outra vez preso, como continuou até o dia 14 de fevereiro. Depois, foi enviado ao País de Gales para receber sentença. Foi por seis vezes levado diante de Henry Morgan, bispo de St. David's, que exigiu sua abjuração; ele, porém, zelosamente discordou e apelou ao cardeal Pole; não obstante, o bispo, com raiva, pronunciou-o como um herege excomungado e o rendeu ao poder secular.

Não demorou muito até que o dr. Farrar, condenado e degradado, fosse levado ao local de execução na cidade de Carmathen, em cujo mercado, ao sul da cruz do mercado, no dia 30 de março de 1555, um sábado, véspera do domingo da Paixão, suportou com firmeza os tormentos do fogo.

Quanto à sua constância, diz-se que Richard Jones, filho de um cavaleiro, veio ao Dr. Farrar a pouco antes de sua morte, parecia lamentar a dor da morte que ele teve que sofrer; para quem o bispo respondeu que se o visse uma vez se mexer nas dores de sua queimação, ele não poderia dar crédito à sua doutrina; e como ele disse, ele manteve sua promessa, pacientemente permanecendo sem emoção, até que um Richard Gravell com um bastão o derrubou.

Martírio de Rawlins White

Rawlins White era por sua vocação e profissão um pescador, vivendo continuamente de tal ofício por, pelo menos, vinte anos, na cidade de Cardiff, onde carregava muito boa reputação entre seus vizinhos.

Embora o homem de bem fosse totalmente ignaro, e, portanto, muito simples, ainda assim Deus escolheu removê-lo do erro e da idolatria pelo conhecimento da verdade, graças à abençoada Reforma no reinado de Eduardo. Ensinou seu filho a ler em inglês e, depois que o menino aprendeu a ler muito bem, seu pai todas as noites, após o jantar, de modo a testá-lo, fazia o menino ler uma parte das Escrituras Sagradas e, de vez em quando, parte de algum outro bom livro.

Ao completar cinco anos da sua profissão de fé, o rei Edward morreu. Após sua morte, a rainha Maria o sucedeu, e com ela todos os tipos de superstição se infiltraram. White foi conduzido pelos oficiais da cidade, como um homem suspeito de heresia, levado ao bispo Llandaff e preso em Chepstow, e, por fim, transferido para o castelo de Cardiff, onde permaneceu pelo espaço de um ano inteiro. Ao ser trazido diante do bispo em sua capela, este o orientou, por meio de ameaças e promessas. Mas, como Rawlins de maneira alguma se retratou de suas opiniões, o bispo disse-lhe claramente que deveria, por lei, instaurar processo contra ele e condená-lo como herege.

Antes de chegarem a esse extremo, o bispo propôs que fosse feita uma oração por sua conversão. "Isso", disse White, "faz jus a um bispo piedoso, e se vosso pedido for piedoso e correto, e orardes como deveríeis, sem dúvida Deus vos ouvirá. Orai, portanto, ao vosso Deus, e eu orarei ao meu Deus". Depois que o bispo e seu grupo fizeram as orações, perguntou a Rawlins se ele agora voltaria atrás. "Sabeis", disse o pescador, "vossa oração não vos foi concedida, pois permaneço o mesmo; e Deus me fortalecerá em anuência a essa verdade". Depois disso, o bispo tentou convencê-lo, dizendo que a missa o convenceria; mas Rawlins chamou a todos para testemunharem que não se curvara à hóstia. Terminada a missa, Rawlins foi chamado novamente, contra quem o bispo lançou mão de muitas persuasões, mas o abençoado homem continuou tão firme em sua fé original que o discurso do bispo foi sem efeito. O bispo, então, fez com que a sentença definitiva fosse lida, logo após o que Rawlins foi levado novamente a Cardiff, em uma prisão repugnante na cidade, chamada Cockmarel, onde passou seu tempo em oração e entoando Salmos. Em cerca de três semanas, veio da cidade a ordem para sua execução.

Quando chegou ao local, onde sua pobre esposa e filhos estavam chorando, a súbita visão deles partiu seu coração de tal maneira que as lágrimas escorreram por seu rosto. Chegando ao altar de seu sacrifício, indo em direção à estaca, ajoelhou-se e beijou o chão; e, levantando-se novamente, com um pouco de terra grudada em seu rosto, disse: "Terra à terra, e pó ao pó; tu és minha mãe e a ti voltarei".

Quando todas as coisas estavam prontas, bem em frente à estaca, diante de Rawlins White, foi erguida uma plataforma, na qual subiu um padre, dirigindo-se ao povo; mas, ao falar das doutrinas romanas dos sacramentos, Rawlins gritou: "Ah! hipócrita imoral, presumirás provar a tua falsa doutrina pelas Escrituras? Veja o texto que se segue; Cristo não disse: 'Faça isso em memória de mim'"?.

Então alguns que estavam ali gritaram: "Ateiem fogo! Incendeiem-no!", o que, ao ser feito, resultou em uma chama grande e repentina, lançada pela palha e pelos juncos. Nessa chama esse bom homem banhou suas mãos por tanto tempo, até que seus tendões se encolheram, e a gordura caiu, evitando que, uma vez que o fizesse, arruinasse seu rosto com uma delas. Durante todo esse tempo, que demorou um pouco, gritou com uma voz alta: "Ó Senhor, recebe meu espírito!", até que não conseguiu mais abrir a boca. Por fim, a extrema temperatura do fogo foi tão veemente contra suas pernas que elas foram consumidas quase antes que o resto de seu corpo fosse alcançado, o que fez todo seu corpo cair por sobre as correntes dentro das chamas mais cedo do que o normal. Assim morreu este bom velho por seu testemunho da verdade de Deus, e agora é recompensado, sem dúvida, com a coroa da vida eterna.

O Reverendo George Marsh

George Marsh, nascido na paróquia de Deane, no condado de Lancaster, recebeu boa educação e ofício de seus pais; por volta de seu vvigésimo quinto ano, casou-se e viveu abençoado com vários filhos, em sua fazenda, até a morte de sua esposa. Foi então estudar em Cambridge e tornou-se o pároco auxiliar do Rev. Lawrence Saunders, ocupando-se em constantemente e zelosamente expor a verdade da Palavra de Deus e as falsas doutrinas do Anticristo moderno.

Sendo confinado pelo dr. Coles, o bispo de Chester, aos arredores de sua própria casa, foi impedido de manter qualquer comunicação com seus amigos durante quatro meses; seus amigos e mãe desejavam sinceramente que ele tivesse fugido da "ira vindoura"; mas o sr. Marsh achava que tal conduta não seria compatível com a profissão da fé que exercera durante nove anos abertamente. No entanto, escondeu-se, embora tenha sido muito difícil, e em oração secreta implorou que Deus o orientasse através dos conselhos de seus melhores amigos, para sua própria glória e para o que era melhor. Por fim, determinado por uma carta que recebeu a corajosamente confessar a fé em Cristo, despediu-se da sogra e de outros amigos, recomendando seus filhos aos cuidados deles, e partiu para Smethehills, de onde foi, com outros, conduzido a Lathum, para ser interrogado perante o conde de Derby, *sir* William Nores, sr. Sherburn, o pároco de Garpnal e outros. Às várias perguntas feitas a ele, respondeu com boa consciência, mas, quando o sr. Sherburn o interrogou sobre sua crença no sacramento do altar, o sr. Marsh respondeu como um verdadeiro protestante que a essência do pão e do vinho não era alterada de forma alguma, e, portanto, depois de receber ameaças terríveis de alguns e palavras justas de outros por suas opiniões, foi mandado para a cadeia, onde ficou duas noites sem ter onde dormir.

No Domingo de Ramos, foi submetido a um segundo inquérito, e o sr. Marsh lamentou muito que seu medo o induzisse a prevalecer e a buscar sua segurança, desde que não negasse abertamente a Cristo; e novamente clamou com mais veemência a Deus por força, para que não fosse vencido pelas argúcias daqueles que se esforçavam por anular a pureza de sua fé. Passou por três exames perante o dr. Coles, que, vendo-o firme na fé protestante, começou a ler sua sentença; mas foi interrompido pelo chanceler, que rogou para que o bispo protelasse a sentença antes que fosse tarde demais. O padre então rogou ao sr. Marsh, mas este, ao ser novamente solicitado a se retratar, disse que não negava seu Salvador Cristo, para não perder Sua misericórdia eterna, obtendo assim a morte eterna. O bispo prosseguiu na sentença. Foi confinado em uma sombria masmorra e ficou privado do conforto de qualquer um (pois todos tinham medo de ajudar ou de se comunicar com ele) até que chegasse o dia marcado para ser martirizado. Os xerifes da cidade, Amry e Couper, com seus oficiais, foram até o portão norte e tiraram da masmorra o sr. George Marsh, que andou todo o caminho com o livro na mão, observando-o, de onde as pessoas disseram: "Esse homem não morre como ladrão, nem como alguém que merece morrer".

Quando chegou ao local da execução, fora da cidade, perto de Spittal-Boughton, o sr. Cawdry, vice-camareiro de Chester, mostrou ao sr. Marsh uma escrita sob um grande selo, dizendo que era um perdão para o caso de ele se retratar. Respondeu que o aceitaria com alegria, caso não fosse privá-lo do perdão de Deus.

Depois disso, começou a falar com as pessoas, explicando a causa de sua morte, e as exortava a se apegarem a Cristo, mas um dos xerifes o impediu. Ajoelhado, fez suas orações, tirou a roupa, vestiu a camisa e foi acorrentado ao poste, com várias toras sob ele, e um objeto, como um barrilete, com piche e alcatrão, sobre a cabeça. Como o fogo foi feito sem habilidade e o vento o soprava em redemoinhos, sofreu ao extremo, embora tenha suportado a dor com fortaleza cristã.

Quando já havia sido atormentado por muito tempo no fogo, sem se mexer, com a carne tão assada e inchada que os que estavam diante dele não conseguiram ver as correntes com as quais estava preso e, portanto, supuseram que estava morto, de repente estendeu os braços, dizendo: "Pai do céu, tem piedade de mim!" e, assim, entregou seu espírito nas mãos do Senhor. Diante disso, muitas pessoas disseram que era um mártir que morrera pacientemente, de forma gloriosa. Isso fez com que o bispo logo fizesse um sermão na igreja da catedral, no qual afirmou: "Marsh era um herege, queimado como tal, e é um subversivo no fogo do inferno". Marsh foi martirizado em 24 de abril de 1555.

William Flower

William Flower, também conhecido como Branch, nasceu em Snow-hill, no condado de Cambridge, onde estudou alguns anos e depois chegou à abadia de Ely. Depois de lá ter permanecido por um tempo, tornou-se monge professo, sacerdote na mesma casa e lá celebrou e cantou missas. Depois disso, por motivo de uma visita de inspeção e certas injunções pela autoridade de Henrique VIII, assumiu o hábito de um padre secular e retornou a Snow-hill, onde nascera, e ensinou crianças por cerca de meio ano.

Foi então a Ludgate, em Suffolk, e serviu como sacerdote secular por cerca de três meses; de lá foi para Stoniland e, por fim, a Tewksbury, onde casou-se, com quem sempre continuou fiel e honestamente. Após o casamento, residiu em Tewksbury por cerca de dois anos, e depois foi para Brosley, onde praticou medicina e cirurgia; mas, partindo daquela região, chegou a Londres e finalmente se estabeleceu em Lambeth, onde passou a morar junto de sua esposa. No entanto, frequentemente estava no exterior, exceto uma ou duas vezes em um mês, para visitar e ver sua esposa. Estando em casa no domingo de manhã de Páscoa, veio de Lambeth para a Igreja de Santa Margarida em Westminster; ao ver um padre, chamado John Celtham, administrando e dando o Sacramento do altar ao povo, e tendo ficado muito ofendido em sua consciência com o padre por esse motivo, golpeou-o e o feriu na cabeça e também no braço e nas mãos, com sua faca de madeira; o padre tinha nesse momento um cálice na mão com a hóstia consagrada, que foi aspergida com sangue.

O sr. Flower, por esse zelo imprudente, foi pesadamente agrilhoado e colocado na guarita de Westminster; depois, foi convocado perante o bispo Bonner e seu ordenado, quando o bispo, depois de jurar sobre a Bíblia, ministrou artigos e interrogatórios a ele.

Após o interrogatório, o bispo começou a exortá-lo a voltar à unidade de sua mãe, a Igreja Católica, com muitas boas promessas. Estas foram firmemente rejeitadas pelo sr. Flower, fazendo com que o bispo o ordenasse a apresentar-se no mesmo local à tarde e que, entretanto, considerasse bem sua resposta original. Mas ele não se desculpou por ter agredido o padre, nem se desviou de sua fé, e o bispo fixou o dia seguinte, 20 de abril, para dar-lhe a sentença, caso não se retratasse. Na manhã seguinte, o bispo prosseguiu com a sentença, condenando-o e excomungando-o como herege, e, depois de declarar sua degradação, o entregou ao poder secular.

Em 24 de abril, véspera do dia de São Marcos, foi levado ao local do martírio, no cemitério de Santa Margarida, Westminster, onde o fato foi consumado: e, chegando à estaca, orou ao Deus Todo-Poderoso, confessou sua fé e perdoou a todos.

Feito isso, sua mão foi levantada contra a estaca e arrancada, sua mão esquerda sendo presa atrás dele. Atearam fogo sobre ele, que, em meio as chamas, clamou três vezes em altos brados: "Ó Filho de Deus, recebe minha alma!". Agora que sua voz lhe fora retirada, não falou mais, mas, apesar disso, ergueu o outro braço o máximo que pôde.

Assim, suportou a severidade do fogo e foi cruelmente torturado, pois os poucos troncos que foram trazidos eram insuficientes para queimá-lo; então foram obrigados a atirá-lo no fogo, onde, deitado no chão, sua parte inferior foi consumida pelas chamas, enquanto sua parte superior manteve-se pouco ferida, e sua língua se moveu em sua boca por um tempo considerável.

O Rev. John Cardmaker e John Warne

Em 30 de maio de 1555, o Rev. John Cardmaker, também conhecido como Taylor, prebendário da Igreja de Wells, e John Warne, tapeceiro de St. John's, Walbrook, foram juntos martirizados em Smithfield. O sr. Cardmaker de início fora um frade observante antes da dissolução das abadias, depois um ministro casado e, no tempo do rei Edward, foi designado para ser um Leitor na catedral de São Paulo. Prenderam-no no início do reinado da rainha Maria, e, junto ao dr. Barlow, bispo de Bath, foi levado para Londres e colocado na prisão de Fleet, estando as leis do rei Eduardo ainda em vigor. Quando, no reinado de Maria, foram apresentados ao bispo de Winchester, este lhes ofereceu a misericórdia da rainha, caso se retratassem.

Após artigos serem apresentados contra John Warne, ele foi examinado por Bonner, que o exortou sinceramente a se retratar de suas opiniões, a quem respondeu: "Estou convencido de que mantenho a opinião certa e não vejo motivo para me retratar, pois toda a imundície e idolatria estão na Igreja de Roma".

O bispo, vendo que todas as suas justas promessas e terríveis ameaças não podiam convencê-lo, pronunciou a sentença definitiva de condenação e ordenou, em 30 de maio de 1555, a execução de John Cardmaker e John Warne, que foram trazidos pelos xerifes para Smithfield. Aproximando-se da estaca, os xerifes chamaram o sr. Cardmaker em particular e, em segredo, falaram com ele, momento este em que sr. Warne orou, foi acorrentado à estaca e foram postos ao seu redor lenha e juncos.

O povo estava intensamente aflito, pensando que o sr. Cardmaker se retrataria ao ver queimarem o sr. Warne. Por fim, o sr. Cardmaker afastou-se dos xerifes, aproximou-se da estaca, ajoelhou-se e fez uma longa oração em silêncio. Então se levantou, tirou as roupas, ficando somente com a camisa, e com ousadia e coragem se dirigiu até a estaca e a beijou. Segurando o sr. Warne pela mão, consolou-o com sinceridade e foi amarrado à estaca, regozijando-se. Ao testemunharem o ocorrido repentino, contrário às expectativas do povo, começaram a clamar: "Deus seja louvado! Deus te fortaleça, Cardmaker! O Senhor Jesus receba o teu espírito!". E assim prosseguiram, enquanto o carrasco os incendiava; ambos passaram pelo fogo até alcançarem o abençoado descanso e paz entre os santos e mártires de Deus, para desfrutar da coroa de triunfo e vitória preparada para os soldados eleitos e guerreiros de Cristo Jesus em Seu bendito Reino, a quem pertencem a glória e a majestade para sempre. Amém.

John Simpson e John Ardeley

John Simpson e John Ardeley foram condenados no mesmo dia, junto a Cardmaker e John Warne, no dia 25 de maio. Foram logo depois enviados de Londres para Essex, onde foram queimados no mesmo dia, John Simpson em Rochford e John Ardeley em Railey, glorificando a Deus em Seu amado Filho e regozijando-se por terem sido considerados dignos de perecer.

Thomas Haukes, Thomas Watts e Anne Askew

Thomas Haukes, junto a seis outros, foi condenado em 9 de fevereiro de 1555. Era erudito em educação, gracioso e de boa estatura, cavalheiro em suas maneiras e um cristão sincero. Pouco antes de sua morte, vários amigos do sr. Haukes, aterrorizados com a severidade da punição que haveria de perecer, pediram-lhe em particular que, no meio das chamas, lhes mostrasse algum sinal, a fim de expressar se as dores de ser queimado eram tão grandes a ponto de fazer um homem perder a fleuma. Isso ele prometeu fazer; ficou combinado que, se a fúria da dor fosse suportável, ele levantaria as mãos acima da cabeça em direção ao céu, antes de entregar seu espírito.

Pouco tempo depois, o sr. Haukes foi levado ao local designado para sua morte por lorde Rich e, chegando à estaca, preparou-se com calma e paciência para o fogo, tendo uma corrente pesada ao redor de seu tronco e uma multidão cercando-o por todos os lados, a quem chegou a dizer muitas coisas. Havendo ele derramado sua alma diante de Deus, o fogo foi aceso.

Após permanecer por um longo período no fogo, seu discurso foi interrompido pela violência das chamas, sua pele encolheu-se e seus dedos foram consumidos pelo fogo, de modo que todos pensaram que havia partido. Subitamente, ao contrário do que esperavam os espectadores, este bom homem, atento à sua promessa, ardendo em chamas, ergueu as mãos sobre a cabeça ao Deus vivo, e, ao que parece com grande alegria, bateu palmas por três vezes. Um grande grito se seguiu a essa maravilhosa circunstância, e então o bendito mártir de Cristo, mergulhado no fogo, entregou seu espírito, em 10 de junho de 1555.

Thomas Watts, de Billerica, em Essex, da diocese de Londres, era um tecelão de linho. Esperava diariamente ser levado pelos adversários de Deus, o que aconteceu no dia 5 de abril de 1555, quando foi levado diante de lorde Rich e outros comissários de Chelmsford, acusado de não frequentar a igreja.

Entregue ao sangrento bispo, este o submeteu a várias audiências e, como sempre, a muitos argumentos e súplicas para que se tornasse um discípulo do Anticristo; mas sua pregação foi inútil, o que o fez recorrer à sua última vingança: a condenação.

Na estaca, após tê-la beijado, dirigiu-se a lorde Rich, exortando-o ao arrependimento, pois o Senhor vingaria sua morte. Assim, esse bom mártir entregou seu corpo ao fogo, em defesa do verdadeiro Evangelho do Salvador.

Thomas Osmond, William Bamford e Nicholas Chamberlain, todos da cidade de Coxhall foram enviados a passar pelo exame, e depois de várias audiências, Bonner os declarou hereges obstinados e os entregou aos xerifes, sob cuja custódia permaneceram até serem deixados às mãos do xerife do condado de Essex, pelo qual foram executados: Chamberlain em Colchester, no dia 14 de junho; Thomas Osmond em Maningtree, e William Bamford, também conhecido como Butler, em Harwich, no dia 15 de junho de 1555; todos morreram cheios da gloriosa esperança da imortalidade.

Então, Wriotheseley, senhor chanceler, ofereceu a Anne Askew[18] o perdão do rei caso se retratasse; ela, por sua vez, respondeu que não havia chegado ali para negar seu Senhor e Mestre. E assim, a boa Anne Askew, ao ser cercada pelas chamas, como um agradável sacrifício a Deus, dormiu no Senhor, em 1546, deixando para trás um exemplo singular de firmeza cristã, digno de ser seguido por todos os homens.

Rev. John Bradford e John Leaf, um Aprendiz

O Rev. John Bradford nasceu em Manchester, em Lancashire; era um bom estudioso do latim e posteriormente se tornou um servo de *sir* John Harrington, cavaleiro.

Continuou por vários anos trabalhando de maneira honesta e profícua; mas o Senhor o elegeu para uma função melhor. Por isso, despediu-se de seu mestre, deixando o templo, em Londres, para a Universidade de Cambridge, a fim de aprender, pela lei de Deus, a como impulsionar a construção do templo do Senhor. Alguns anos depois, a universidade lhe concedeu o grau de mestre em artes, e veio a tornar-se membro do Pembroke Hall.

Martin Bucer o encorajava a pregar, e, quando modestamente duvidava de sua capacidade para fazê-lo, Bucer costumava responder: "Se não dispões

---

18. Anne Askew foi uma poeta e protestante inglesa. Foi a única mulher de que há rregistro a ter sido torturada no cavalete na Torre de Londres. Acabou condenada, por heresia, a ser queimada viva na fogueira. (N.T.)

de pão de trigo, dê aos pobres pão de cevada, ou qualquer outra coisa que o Senhor lhe tenha confiado". O dr. Ridley, aquele digno bispo de Londres e glorioso mártir de Cristo, o chamou para se formar como diácono e deu-lhe uma prebenda em sua catedral, na igreja de São Paulo.

Nesse ofício de pregação, o sr. Bradford trabalhou diligentemente pelo período de três anos. Reprovou o pecado com vivacidade, pregou a Cristo crucificado com doçura, refutou as heresias e os erros com aptidão, de forma a persuadir outros com sinceridade a seguirem uma vida piedosa. Após a morte do afortunado rei Eduardo VI, o sr. Bradford continuou diligente na pregação, até ser reprimido pela rainha Maria.

Seguiu-se, então, um ato da mais obscura ingratidão, da qual um pagão sentiria vergonha. Relata-se que um tumulto foi causado pela pregação do sr. Bourne (então bispo de Bath) na cruz de São Paulo; a indignação do povo colocou sua vida em perigo iminente, de modo que uma adaga foi lançada contra ele. Nessa situação, o bispo pediu ao sr. Bradford, que estava atrás dele, que falasse em seu lugar a fim de amenizar o tumulto. As pessoas deram as boas-vindas ao sr. Bradford, enquanto o bispo mantinha-se próximo a ele, para que sua presença impedisse a população de renovar seus ataques.

No mesmo domingo à tarde, Bradford pregou na Bow Church, em Cheapside, e reprovou severamente o povo por sua conduta sediciosa. Apesar de sua ação, três dias depois, foi enviado para a Torre de Londres, onde estava a rainha, para comparecer perante o Concílio. Lá, foi acusado de salvar o sr. Bourne, que foi considerado sedicioso, e se opuseram ao seu ato de pregar. Assim, foi aprisionado, primeiro na Torre, depois em outras prisões, e, após sua condenação, no Poultry Compter, onde pregava duas vezes ao dia, a menos que alguma enfermidade o impedisse. Tal era sua reputação diante do guardião do cárcere real, que este lhe permitiu, em uma noite, visitar uma pessoa pobre e doente perto do depósito de aço, com a promessa de voltar a tempo – promessa que não deixou de cumprir.

Na noite antes de ser enviado para Newgate, foi intensamente perturbado durante o sono com sonhos agourentos de que na segunda-feira seguinte haveria de ser queimado em Smithfield. À tarde, a esposa do guardião apareceu e lhe anunciou essa terrível notícia, mas nele havia somente gratidão a Deus. À noite, foi visitado por meia dúzia de amigos, com quem passou a noite toda em oração e exercícios de piedade.

Ao ser transferido para Newgate, uma multidão chorosa o acompanhou e, espalhando-se um boato de que padeceria às quatro horas do dia seguinte, uma imensa multidão compareceu. Às nove horas, o sr. Bradford foi levado a Smithfield. E, agora, a crueldade do xerife merece atenção, pois, quando o cunhado do sr. Bradford, Roger Beswick, o tomou pela mão enquanto passava, o sr. Woodroffe partiu-lhe a cabeça.

O sr. Bradford, chegando ao local, caiu ao chão e, despindo-se, mantendo apenas a camisa, dirigiu-se à estaca e ali padeceu junto a um jovem de 20 anos de idade, cujo nome era John Leaf, aprendiz do sr. Humphrey Gaudy, fabricante de velas da igreja de Cristo, em Londres. Na sexta-feira anterior ao Domingo de Ramos, ele fora preso no Compter em Bread-street, depois examinado e condenado pelo sangrento bispo.

Relata-se que, quando sua ata de confissão foi lida, em vez de uma pena, tomou um alfinete e, furando a própria mão, aspergiu o sangue no documento e pediu que o Leitor mostrasse ao bispo que já o havia selado com sangue.

Os dois encerraram esta vida mortal no dia 12 de julho de 1555, como dois cordeiros, sem nenhuma alteração em seus semblantes, na esperança de obter o prêmio pelo qual há muito vinham lutando; que o Deus Todo-Poderoso possa conduzir a todos nós, pelos méritos de Cristo, nosso Salvador!

Concluiremos este artigo mencionando que o sr. Xerife Woodroffe, segundo se relata, cerca de seis meses depois, foi acometido com uma paralisia no lado direito do corpo e, durante os oito anos seguintes (até seu dia da morte), foi incapaz de virar-se sozinho na cama; assim tornou-se, finalmente, uma terrível criatura de se contemplar.

No dia seguinte ao sofrimento de Bradford e John Leaf em Smithfield, William Minge, um sacerdote, morreu na prisão em Maidstone. Entregou sua vida na prisão com a constância e a ousadia semelhantes às que disporia se aprouvesse a Deus que padecesse no fogo, como outros homens piedosos haviam sofrido antes na estaca, e como ele próprio estava pronto a sofrer, tivesse Deus o chamado para essa provação.

Rev. John Bland, Rev. John Frankesh, Nicholas Shetterden e Humphrey Middleton

Todos esses cristãos foram queimados na Cantuária pelo mesmo motivo. Frankesh e Bland eram ministros e pregadores da Palavra de Deus, sendo um deles pastor de Adesham e o outro, vigário de Rolvenden. O sr. Bland foi convocado a responder por sua oposição ao anticristianismo e foi submetido a vários exames antes do dr. Harpsfield, arquidiácono da Cantuária. Finalmente, no dia 25 de junho de 1555, resistindo novamente ao poder do papa, foi condenado e entregue ao braço secular. No mesmo dia, foram condenados John Frankesh, Nicholas Shetterden, Humphrey Middleton, Thacker e Crocker, dos quais Thacker apenas se retratou.

Ao serem entregues o sr. Bland ao poder secular, ele e os três primeiros foram todos queimados na Cantuária, no dia 12 de julho de 1555, em duas estacas diferentes, mas em um mesmo fogo, quando, à vista de Deus e de Seus anjos e diante dos homens, como verdadeiros soldados de Jesus Cristo, deram um testemunho fiel da verdade do Seu santo Evangelho.

Dirick Carver e John Launder

No dia 22 de julho de 1555, Dirick Carver, cervejeiro, de Brighthelmstone, aos 40 anos, foi queimado em Lewes, e, no dia seguinte, padeceu John Launder, agricultor, aos 25 anos de idade, de Godstone, Surrey, sendo queimado em Stening.

Dirick Carver era um homem que o Senhor havia abençoado tanto com riquezas temporais quanto com tesouros espirituais. Ao chegar à cidade de Lewes para ser queimado, o povo o aclamou, suplicando a Deus que o fortalecesse na fé de Jesus Cristo; e, quando chegou à estaca, ajoelhou-se e orou sinceramente. Então, seu Livro foi lançado ao barril e, ao despir-se, entrou ele também. Assim que o fez, tomou o Livro e jogou-o em meio ao povo, a quem o xerife ordenou, em nome do rei e da rainha, sob pena de morte, que o jogasse novamente no barril. Imediatamente, o santo mártir começou a falar ao povo. Depois de orar um pouco, disse: "Senhor, meu Deus, Tu escreveste que aquele que não deixa esposa, filhos, casa, tudo o que possui, toma a sua cruz e segue a Ti, não é digno de Ti! Mas Tu, Senhor, sabes que deixei tudo para vir a Ti. Senhor, tem piedade de mim, pois a Ti recomendo meu espírito, e minha alma se alegra em Ti!". Essas foram as últimas palavras desse fiel servo de Cristo antes de suportar o fogo. E, quando o fogo o consumiu, clamou: "Ó Senhor, tem piedade de mim!" e lançou-se ao fogo, invocando o nome de Jesus, até que entregou seu espírito.

Quanto a James Abbes, o jovem vagou sem rumo para escapar da prisão, mas foi finalmente denunciado e levado ao bispo de Norwich, que o encorajou a se retratar; para induzi-lo ainda mais à apostasia, o bispo lhe deu uma certa quantia em dinheiro, mas a interferência da Providência foi aqui notável. Esse suborno caiu tão pesadamente em sua consciência, que retornou, devolveu o dinheiro e se arrependeu de sua conduta. Como Pedro, sentira-se contrito, firme na fé, e a selou com seu sangue em Bury, em 2 de agosto de 1555, louvando e glorificando a Deus.

John Denley, John Newman e Patrick Packingham

Certo dia, estavam os senhores Denley e Newman retornando a Maidstone, lugar onde residiam, quando foram recebidos por E. Tyrrel, Esq., um intolerante juiz de paz em Essex e cruel perseguidor dos protestantes. Ele os prendeu sob meras suspeitas. Em 5 de julho de 1555, foram condenados e entregues aos xerifes, que enviaram o sr. Denley a Uxbridge, onde pereceu, no dia 8 de agosto de 1555. Enquanto sofria em agonia e entoava um Salmo, o dr. Story desumanamente ordenou a um dos algozes que lançasse contra ele um pedaço de lenha, o que fez cortar-lhe severamente o rosto, interrompendo seu canto e levando-o a erguer as mãos até o rosto. Tão logo disse o dr. Story, em tom de brincadeira, que o homem havia estragado uma boa música, o piedoso mártir abriu os braços em meio às chamas e, no nome de Cristo Jesus, entregou sua alma nas mãos de seu Criador.

O sr. Packingham padeceu na mesma cidade no vigésimo oitavo dia do mesmo mês.

Newman, trabalhador com metais, foi queimado em Saffron Waldon, em Essex, no dia 31 de agosto, pela mesma causa, e Richard Hook quase na mesma época morreu em Chichester.

W. Coker, W. Hooper, H. Laurence, R. Colliar, R. Wright e W. Stere

Estes, todos de Kent, foram examinados ao mesmo tempo junto aos senhores Bland e Shetterden, por Thornton, bispo de Dover, dr. Harpsfield e outros. Esses seis mártires e testemunhas da verdade foram entregues às chamas na Cantuária, no final de agosto de 1555.

Elizabeth Warne, viúva de John Warne, tapeceira e mártir, foi queimada em Stratford-le-bow, perto de Londres, no final de agosto de 1555.

George Tankerfield, de Londres, cozinheiro, nascido em York, aos 27 anos, fora papista no reinado de Eduardo VI, mas a crueldade da sanguinária Maria o fez suspeitar da verdade daquelas doutrinas que foram impostas por meio do fogo e da tortura. Tankerfield foi preso em Newgate no final de fevereiro de 1555 e, em 26 de agosto, em St. Alban's, enfrentou o fogo excruciante e morreu com alegria pela glória de seu Redentor.

O Rev. Robert Smith prestara serviço a *sir* T. Smith, reitor de Eton; depois foi transferido para Windsor, onde possuía um cargo pelo qual recebia dez libras ao ano.

Foi condenado em 12 de julho de 1555 e padeceu no dia 8 de agosto em Uxbridge. Não duvidava de que Deus daria aos espectadores algum sinal em suporte à sua própria causa; de fato, isso aconteceu. Pois, quando havia sido queimada quase metade do seu corpo e estava supostamente morto, de repente se levantou, moveu o que lhe restava dos braços e louvou a Deus; então, pendurado sobre o fogo, dormiu docemente no Senhor Jesus.

Stephen Harwood e Thomas Fust padeceram na mesma época junto a Smith e Tankerfield, com quem foram condenados. O sr. William Hale também, de Thorp, em Essex, foi enviado para Barnet, onde, mais ou menos na mesma época, juntou-se à sempre abençoada companhia dos mártires.

George King, Thomas Leyes e John Wade, adoecendo na Torre de Lollard, foram transferidos para casas diferentes e morreram. Seus corpos foram lançados em um terreno abandonado como se fossem indignos de sepultamento, e lá permaneceram até que os fiéis os levassem à noite.

O sr. William Andrew, de Horseley, Essex, foi preso em Newgate por heresia; mas Deus escolheu chamá-lo para si devido ao severo tratamento que recebeu em Newgate e, assim, zombar das expectativas sanguinárias de seus perseguidores católicos. Seu corpo foi jogado ao ar livre, mas sua alma foi recebida nas mansões eternas de seu Criador celestial.

O Rev. Robert Samuel

Esse cavalheiro era ministro de Bradford, Suffolk, onde ensinou diligentemente o rebanho confiado aos seus cuidados, enquanto lhe foi permitido cumprir abertamente seu dever. Foi perseguido pelo sr. Foster (de Copdock, perto de Ipswich), um fanático e severo perseguidor dos seguidores de Cristo, de acordo com a verdade no Evangelho. Apesar de o sr. Samuel ter sido expulso de sua casa, continuou a exortar e instruir em oculto; não obedeceu à ordem de repudiar a esposa, com quem se casara no reinado do rei Eduardo; antes, manteve-a em Ipswich, onde Foster o surpreendeu durante a noite com ela, tendo em mãos um mandado. Depois de encarcerado na prisão de Ipswich, foi levado perante o dr. Hopton, bispo de Norwich, e o dr. Dunnings, seu chanceler, dois dos mais sanguinários dentre os fanáticos da época. Para intimidar o digno pastor, aprisionaram-no em um poste de tal maneira que o peso de seu corpo era sustentado pelas pontas dos dedos dos pés; além disso, sua provisão resumia-se a uma quantidade insuficiente para sustentá-lo em suas necessidades, a ponto de estar prestes a devorar a própria carne. Diante de tão terrível e extrema situação, havia um certo grau de misericórdia em sentenciá-lo ao fogo. O sr. Samuel padeceu no dia 31 de agosto de 1555.

O bispo Ridley e o bispo Latimer

Esses reverendos prelados padeceram em 17 de outubro de 1555, em Oxford, no mesmo dia em que Wolsey e Pygot morreram em Ely. Eram pilares da Igreja e brilhantes ornamentos da natureza humana; foram a admiração do reino, amigavelmente respeitáveis em suas vidas e gloriosos em suas mortes.

O dr. Ridley nasceu em Nortúmbria, estudou gramática em Newcastle e depois foi para Cambridge, onde sua aptidão na educação o elevou gradualmente, até que se tornou o diretor do Pembroke College, onde recebeu o título de Doutor em Teologia. Tendo retornado de uma viagem a Paris, foi nomeado capelão por Henrique VIII e bispo de Rochester e, posteriormente, foi transferido para a sé de Londres na época de Eduardo VI.

O povo comparecia para ouvir seus sermões, fervilhando ao redor dele como abelhas, desejando as doces flores e o saudável néctar da frutífera doutrina que ele não apenas pregava, mas mostrava em sua vida, semelhante a uma lanterna resplandecente aos olhos e sentidos de um cego, de forma tão pura que seus próprios inimigos não encontravam nele uma coisa sequer que pudessem reprovar.

Seu terno tratamento para com o dr. Heath, que com ele esteve aprisionado durante um ano, no reinado de Eduardo, prova que nele não havia inclinação para exercer a crueldade católica. Sua pessoa era esguia e bem equilibrada; seu temperamento, perdoador; sua automortificação, rigorosa. Seu primeiro dever pela manhã era a oração íntima; permanecia nesse ofício até as dez horas, depois participava da oração diária costumeira em sua casa. Com a refeição pronta, sentava-se com os seus por cerca de uma hora, conversando agradavelmente ou jogando xadrez. Em seguida, o estudo tornava-se o alvo de sua atenção, a menos que negócios ou visitas ocorressem, por cerca de cinco horas seguidas. Então, voltava a recrear-se no xadrez por cerca de uma hora, retirava-se para estudar mais um pouco até as onze horas, depois ajoelhava-se e orava, como pela manhã. Em resumo, era um modelo de piedade e virtude, e desse modo se esforçou para influenciar os homens onde quer que fosse.

Sua atenta bondade foi demonstrada particularmente à idosa sra. Bonner, mãe do dr. Bonner, o cruel bispo de Londres. O dr. Ridley, quando em sua propriedade em Fulham, sempre a convidava para sua casa, colocava-a na cabeceira da mesa e a tratava como sua própria mãe; fazia o mesmo para com a irmã de Bonner e outros parentes. No entanto, quando o dr. Ridley estava sob perseguição, Bonner seguiu uma conduta diametralmente oposta e decerto teria sacrificado a irmã do dr. Ridley e seu marido, o sr. George Shipside, se a Providência não os tivesse livrado por meio do dr. Heath, bispo de Worcester.

O dr. Ridley foi convertido em parte pela leitura do livro de Bertram sobre o Sacramento e em parte por suas conversas com o arcebispo Cranmer e com Peter Martyr.

Quando Eduardo VI foi destituído do trono e a sanguinária Maria ascendeu, o bispo Ridley foi imediatamente marcado para ser morto. Foi, então, mandado à Torre e, posteriormente, em Oxford, à prisão comum de Bocardo, com o arcebispo Cranmer e o sr. Latimer. Sendo separado deles, foi alocado na casa de um irlandês, onde permaneceu de 1554 até o dia de seu martírio, em 16 de outubro de 1555.

Pode-se facilmente supor o quão rebuscadas, eruditas e instrutivas foram as conversas entre tais chefes dos mártires. Hão de ter sido igualmente frutíferas e espiritualmente consoladoras. As cartas do bispo Ridley a vários irmãos cristãos com os quais mantinha vínculos em toda parte e suas discussões com os inimigos mitrados de Cristo também provaram a clareza de sua mente e a integridade de seu coração. Em uma carta ao sr. Grindal (que veio a tornar-se arcebispo da Cantuária), menciona com afeto aqueles que o haviam precedido na morte pela fé e aqueles que haveriam de padecer; lamenta que o papado tenha se restabelecido em toda a sua abominação, que ele atribui à ira de Deus, manifesta em troca da indiferença do clero e do povo em apreciar com justiça a bendita luz da Reforma.

O velho soldado de Cristo, mestre Hugh Latimer, era filho de um tal Hugh Latimer, de Thurkesson, no condado de Leicester, um lavrador, de boa e rica estima. Lá também nasceu e foi criado até cerca dos 4 anos de idade. Nessa época, seus pais, tendo-o como o único filho, pois tinham outras seis filhas, e reconhecendo sua predisposta, célere e afiada inteligência, tornaram seu propósito educá-lo com erudição e o conhecimento de boa literatura. Foi tão bem-sucedido em sua juventude nas escolas comuns de seu país que, aos 14 anos, foi enviado à Universidade de Cambridge, onde iniciou o estudo da teologia escolástica daquele tempo, e a princípio foi um observador zeloso das superstições romanas da época. Em seu discurso, quando iniciou o bacharelado em teologia, lançou-se contra o reformador Melâncton e se declarou abertamente contra o bom sr. Stafford, professor de teologia em Cambridge.

O sr. Thomas Bilney, movido por uma fraternal compaixão para com o sr. Latimer, implorou para atendê-lo em seu escritório e explicar-lhe as bases de sua fé. Essa abençoada entrevista teve como efeito sua conversão: o perseguidor de Cristo se tornou seu zeloso advogado e, antes da morte do dr. Stafford, se reconciliou com ele.

Uma vez convertido, tornou-se ávido pela conversão de outros e passou a ser pregador público e instrutor particular na universidade. Seus sermões eram tão direcionados contra o absurdo de se fazer orações na língua latina e ocultar os oráculos de salvação daqueles que haveriam de ser salvos ao neles crerem, que atraiu para si a animosidade de diversos frades e líderes, a quem posteriormente silenciou com suas severas críticas e eloquentes argumentos. Tais eventos ocorreram no Natal de 1529. Por fim, o dr. West pregou contra o sr. Latimer na Barwell Abbey e o proibiu de pregar novamente nas igrejas da universidade; apesar disso, Latimer continuou por três anos advogando abertamente a causa de Cristo, e até mesmo seus inimigos confessaram o poder dos talentos que possuía. O sr. Bilney permaneceu ali por algum tempo junto ao sr. Latimer, e, assim, o local por onde andavam com frequência ganhou o nome de Heretics' Hill.

Latimer, nessa época, defendeu a inocência de uma pobre mulher, acusada pelo marido pelo assassinato de seu filho. Tendo pregado diante do rei Henrique VIII em Windsor, obteve o perdão da infeliz mãe. Isso, com muitos outros atos benevolentes, serviu apenas para despertar a má disposição de seus adversários. Foi convocado a comparecer diante do cardeal Wolsey por heresia, mas, sendo um incansável defensor da supremacia do rei, em oposição à do papa, pelo favor de lorde Cromwell e dr. Buts, (médico do rei), conseguiu a habitação de West Kingston, em Wiltshire. Por seus sermões contra o purgatório, a alegação de que a Virgem era imaculada e o culto a imagens, foi convocado a comparecer ante Warham, arcebispo da Cantuária, e John, bispo de Londres. Exigiram que assinasse certos artigos, que expressavam sua conformidade com as práticas sob acusação; e há motivos para se pensar, após repetidos exames semanais, que de fato os assinara, pois não pareciam envolver nenhum artigo importante de fé.

Guiado pela Providência, escapou das sutis armadilhas de seus perseguidores e, finalmente, por meio dos poderosos amigos mencionados anteriormente, tornou-se bispo de Worcester, em cuja função qualificou ou explicitou a maioria das cerimônias papais que era forçado a realizar devido ao sistema. Continuou nesse ativo e digno ofício por alguns anos.

Outra vez lançando mão do arado, trabalhou na colheita do Senhor da mais profícua maneira, aplicando seu talento tanto em diversas partes do reino como diante do rei na corte. No jardim que antes era usado com passatempos lascivos e complacentes, ele disseminou a fecunda Palavra do glorioso Evangelho de Jesus Cristo, pregando diante do rei e de toda a sua corte, para a edificação de muitos.

Permaneceu prisioneiro na Torre até a coroação de Eduardo VI, quando foi novamente chamado à colheita do Senhor em Stamford e em muitos outros lugares: pregou também em Londres, na Casa da Convocação. e diante do jovem rei. Lecionava duas vezes todos os domingos, apesar de sua avançada idade (que já passava dos 67 anos) e de sua fraqueza devido a uma contusão causada pela queda de uma árvore. Infatigável em seus estudos particulares, dedicava-se a eles no inverno e no verão às duas horas da manhã.

Pela força de seu próprio espírito ou de alguma iluminação interior provinda do alto, tinha uma visão profética do que haveria de acontecer à Igreja no reinado de Maria, afirmando que estava condenado a sofrer pela verdade e que Winchester, na Torre, fora preservada para esse fim. Logo após a proclamação da rainha Maria, um mensageiro foi enviado para convocar o sr. Latimer à cidade, e há razões para acreditar que se desejava que ele escapasse.

Assim, o mestre Latimer, a caminho de Londres, passando por Smithfield, foi levado ao Conselho, onde pacientemente suportou todas as zombarias e insultos desferidos pelos desdenhosos papistas. Foi lançado na Torre, onde, assistido pela graça celestial de Cristo, manteve-se firme como prisioneiro por um longo tempo, apesar do tratamento cruel e impiedoso dos nobres papistas, que pensavam que seu reino nunca cairia. Mostrou-se não apenas paciente, mas também alegre diante de tudo o que poderiam causar ou, de fato, causariam contra ele. Sim, tão valente espírito lhe deu o Senhor, que foi capaz não apenas de desprezar a terribilidade de prisões e tormentos, mas também de rir e desprezar as ações de seus inimigos.

Latimer, depois de permanecer muito tempo na Torre, foi transportado para Oxford, com Cranmer e Ridley, cujas discussões já foram mencionadas em uma parte anterior deste trabalho. Permaneceu preso até outubro, e os principais pedidos em todas as suas orações foram três: que permanecesse fiel à doutrina que professava, que Deus restaurasse seu Evangelho na Inglaterra mais uma vez e que preservasse Lady Elizabeth como rainha; todos os pedidos foram concedidos.

Estando ele na estaca, fora dos portões de Bocardo, Oxford, com o dr. Ridley, e o fogo ateado à lenha, ergueu os olhos benignamente para o céu e disse: "Deus é fiel, e não permitirá que sejais tentados acima do que sois capazes de suportar". Seu corpo foi atravessado à força pelo fogo, e o sangue fluiu abundantemente de seu coração, como se quisesse verificar seu desejo constante de que seu coração fosse derramado em defesa do evangelho. Suas cartas, as polêmicas e as amigáveis, são monumentos duradouros de sua integridade e talento. Mencionou-se anteriormente que a discussão pública ocorreu em abril de 1554 e que novos exames foram conduzidos em outubro de 1555, anteriores à degradação e condenação de Cranmer, Ridley e Latimer. Agora, chegamos à conclusão da vida dos dois últimos.

O dr. Ridley, na noite anterior à execução, encontrava-se um tanto espirituoso, fez a barba e chamou sua ceia um banquete de casamento. Ao ver a sra. Irish (esposa do guardião), chorando, disse: "Embora meu café da manhã seja um pouco amargo, minha ceia será mais agradável e doce".

O local da morte situava-se no lado norte da cidade, em frente ao Colégio Baliol. O dr. Ridley vestia uma longa túnica preta de pelos, e o sr. Latimer usava um longo manto, pendurado até os pés. O dr. Ridley, ao passar por Bocardo, ergueu os olhos para ver o dr. Cranmer, mas este estava envolvido em uma conversa com um frade. Quando chegaram à fogueira, o sr. Ridley abraçou Latimer com fervor e disse-lhe: "Tende bom ânimo, irmão, pois Deus há de atenuar a fúria das chamas, ou nos fortalecer para suportá-la". Ele então se ajoelhou junto à estaca e, depois de orarem sinceramente juntos, tiveram uma breve conversa particular. O dr. Smith pregou um breve sermão contra os mártires, que lhe teriam respondido, não houvessem sido impedidos pelo dr. Marshal, o vice-chanceler. O dr. Ridley tirou a túnica, as roupas e as deu ao cunhado, o sr. Shipside. Também deu muitos pertences frívolos a seus amigos chorosos, e a multidão ansiava conseguir um fragmento de suas roupas. Latimer nada deu, e, devido à pobreza de seus trajes, logo foi despido de seu manto e permaneceu ereto e respeitável, sem medo da morte.

Estando o dr. Ridley vestido apenas em sua camisa, o ferreiro colocou-lhe uma corrente de ferro sobre a cintura, quando o dr. Ridley pediu que a prendesse com segurança; seu irmão, tendo amarrado um saco de pólvora no pescoço, deu alguns deles também ao sr. Latimer.

O dr. Ridley, então, solicitou a lorde Williams, de Fame, que defendesse com a rainha a causa de alguns homens pobres a quem ele, quando bispo, fez concessões, mas que o atual bispo se recusara a confirmar. Um pedaço de madeira em chamas estava agora aos pés do dr. Ridley, o que levou o sr. Latimer a dizer: "Tem bom ânimo, Ridley, e sê homem. Hoje, pela graça de Deus, acenderemos uma vela na Inglaterra, e confio que ela nunca será apagada".

Quando o dr. Ridley viu o fogo arder em sua direção, gritou com uma maravilhosa e alta voz: "Senhor, Senhor, recebe meu espírito". Mestre Latimer, clamando com veemência do outro lado: "Ó Pai do céu, recebe minha alma!", recebeu a chama como se a abraçasse. Depois, acariciou o próprio rosto com as mãos e, por assim dizer, as banhou um pouco no fogo. Logo morreu, sentindo pouca ou nenhuma dor.

Bem! Mortos estão, e a recompensa deste mundo já possuem. Qual recompensa restará para eles no céu, declarará o dia da glória do Senhor, quando vier com Seus santos.

No mês seguinte morreu Stephen Gardiner, bispo de Winchester e senhor chanceler da Inglaterra. Esse monstro papista nasceu em Bury, em Suffolk, e foi parcialmente educado em Cambridge. Ambicioso, cruel e intolerante, servia a qualquer causa; abraçou o lado do rei no caso de Ana Bolena. Após o estabelecimento da Reforma, declarou a supremacia do papa um princípio execrável; e, quando a rainha Maria chegou à coroa, adotou todas as suas visões papistas e se tornou bispo de Winchester pela segunda vez. Supõe-se que era sua intenção ter mudado o sacrifício de Lady Elizabeth, mas, quando chegou a esse ponto, agradou a Deus removê-lo.

Na tarde em que esses fiéis soldados de Cristo, Ridley e Latimer, pereceram, Gardiner sentou-se para jantar com um coração alegre. Mal havia começado a comer, quando foi acometido por um mal-estar e levado para sua cama, onde permaneceu quinze dias em grande tormento, incapaz de evacuar de qualquer maneira, queimando em uma febre consumidora que somente teve fim com a morte. Execrado por todos os bons cristãos, oramos ao Pai das misericórdias que esse homem receba no alto a misericórdia que nunca transmitiu aqui.

Sr. John Philpot

Filho de um cavaleiro, nascido em Hampshire e criado em New College, Oxford, onde por vários anos estudou direito civil e tornou-se eminente na língua hebraica. Era um estudioso e um cavalheiro, zeloso na religião, destemido no temperamento e avesso à bajulação. Depois de visitar a Itália, retornou à Inglaterra, quando a situação parecia mais promissora nos dias do Rei Eduardo. Durante esse reinado, continuou a ser o arquidiácono de Winchester sob o comando do dr. Poinet, que sucedeu Gardiner. Após a ascensão de Maria, foi convocada uma assembleia, na qual o sr. Philpot defendeu a Reforma e foi convocado a explicar-se diante de Gardiner, novamente nomeado bispo de Winchester. Logo foi conduzido a Bonner e outros comissários para exame, em 2 de outubro de 1555, após dezoito meses aprisionado. Diante de sua exigência de ver a comissão, o dr. Story disse, cruelmente: "Perderei minhas vestes e meu casaco, mas hei de queimar-te! Encerrem-no na torre de Lollard (uma miserável prisão), pois varrerei o tribunal real e todas as outras prisões desses hereges!".

No segundo exame do sr. Philpot, sugeriram que o dr. Story havia dito que o lorde-chanceler ordenara sua dispensa. É fácil prever o resultado dessa investigação. Foi, portanto, enviado ao depósito de carvão de Bonner, onde ingressou na companhia de um zeloso ministro de Essex, que fora induzido a assinar um documento de retratação; mas depois, atingido pela consciência, pediu ao bispo para voltar a lê-lo, quando o rasgou em pedaços. Por causa de sua atitude, Bonner se acendeu em ira, golpeou-o furiosamente várias vezes e arrancou parte de sua barba. Philpot teve uma entrevista particular com Bonner na mesma noite e foi levado de volta ao seu leito de palha como outros prisioneiros, no depósito de carvão. Depois de sete exames, Bonner ordenou que fosse colocado no tronco e, no domingo seguinte, separou-o de seus companheiros de prisão como semeador de heresia, ordenando-lhe seguir até um cômodo perto das ameias de São Paulo, cujo tamanho era de oito por treze pés, do outro lado da torre de Lollard, e que passaria despercebido por qualquer pessoa na galeria externa do bispo. Ali o sr. Philpot foi revistado, mas, felizmente, conseguiu esconder algumas cartas contendo seus exames.

Na décima primeira investigação diante de vários bispos, o sr. Morgan, de Oxford, foi encurralado de tal forma pela força dos argumentos do sr. Philpot, que lhe disse: "No lugar do espírito do Evangelho que vos vangloriais de possuir, creio que estejais embriagados do espírito das prateleiras da adega, bem como estavam vossos companheiros antes de morrerem, e ébrios caminharam à morte". A essa observação infundada e brutal, o sr. Philpot, indignado, respondeu: "Pelas tuas palavras, pareces estar mais familiarizado com esse espírito do que com o Espírito de Deus; portanto, digo-te, beberrão e hipócrita, em nome do Deus vivo, cuja verdade tenho dito, que Deus fará chover fogo e enxofre sobre os blasfemadores como tu!". Foi, então, detido por Bonner, com a ordem de não lhe permitir que tivesse acesso à Bíblia nem à luz de velas.

Em 4 de dezembro, o sr. Philpot teve sua próxima audiência, seguida por mais duas, totalizando quatorze conferências, anteriores ao exame final no qual foi condenado, tais eram a insistência e a ansiedade dos católicos em trazê-lo para o seio de sua Igreja, auxiliados pelas habilidades argumentativas dos mais ilustres bispos papais. Esses exames, demasiado longos e cultos, foram todos escritos pelo sr. Philpot, e prova mais contundente da estultícia dos doutores católicos não pode ser concebida por uma mente imparcial.

Em 16 de dezembro, no consistório do bispo de São Paulo, Bonner, depois de acrescentar alguns apontamentos triviais à sua acusação, como secretar pó para fazer tinta, escrever algumas cartas particulares etc., passou a proclamar a terrível sentença diante dele, depois que os outros bispos haviam insistido e tentado por todos os meios encorajá-lo a se retratar. Posteriormente, Philpot foi conduzido a Newgate, onde o avarento guardião católico o carregou com ferros pesados, que, graças à humanidade do sr. Macham, por ordem dele foram retirados. Em 17 de dezembro, Philpot recebeu a notícia de que morreria no dia seguinte e, pela manhã, por volta das oito horas, encontrou alegremente os xerifes que haveriam de atendê-lo no local da execução.

Ao entrar em Smithfield, o terreno estava tão enlameado que dois oficiais se ofereceram para carregá-lo até a estaca, mas ele respondeu: "Trataríeis a mim como se eu fosse um papa? Estou contente em terminar minha jornada a pé". Chegando à estaca, disse: "Deveria eu recusar-me a perecer na estaca, quando meu Redentor não se recusou a sofrer a morte mais vil na cruz por mim?". Então, recitou humildemente os Salmos 107 e 108, e, quando terminou suas orações, agarrou-se ao poste, ao que atearam fogo à pilha. Em 18 de dezembro de 1555, pereceu esse ilustre mártir, reverenciado pelos homens e glorificado nos céus!

John Lomas, Agnes Snoth, Anne Wright, Joan Sole e Joan Catmer

Esses cinco mártires pereceram juntos, no dia 31 de janeiro de 1556. John Lomas era um jovem de Tenterden. Foi convocado a comparecer à Cantuária e examinado em 17 de janeiro. Suas respostas eram adversas à doutrina idólatra do papado, por isso foi condenado no dia seguinte e morreu no dia 31 de janeiro.

Agnes Snoth, viúva, da paróquia de Smarden, foi várias vezes convocada perante os fariseus católicos e, rejeitando a absolvição, as indulgências, a transubstanciação e a confissão auricular, foi julgada digna de passar pela morte e sofreu o martírio em 31 de janeiro junto a Anne Wright e Joan Sole, que foram colocadas em circunstâncias semelhantes e morreram ao mesmo tempo, com a mesma resignação. Joan Catmer, a última nessa companhia celestial, da paróquia Hithe, era a esposa do mártir George Catmer.

Raramente em qualquer país, por controvérsia política, quatro mulheres, cujas vidas eram irrepreensíveis e a quem a compaixão dos selvagens teria poupado foram levadas à execução. Não podemos deixar de observar aqui que, quando o poder protestante conquistou a ascensão sobre a superstição católica e foi necessário algum grau de força nas leis para reforçar a uniformidade, por isso algumas pessoas intolerantes sofreram na pele ou foram de alguma forma privadas de seus bens, são poucos os relatos sobre pessoas sendo queimadas, terríveis crueldades sendo exercidas ou pobres mulheres levadas à fogueira, mas é da natureza do erro recorrer à força em vez de argumentar, e silenciar a verdade tirando a existência, situação da qual o próprio Redentor é um exemplo.

As cinco pessoas acima foram queimadas em duas estacas em um único fogo, cantando hosanas ao Salvador glorificado, até que o sopro da vida se extinguiu. *Sir* John Norton, presente, chorou amargamente por seus sofrimentos imerecidos.

Arcebispo Cranmer

O dr. Thomas Cranmer era descendente de uma família antiga e nasceu na vila de Arselacton, no condado de Northampton. Após a educação escolar habitual, foi enviado para Cambridge e escolhido como aluno do Jesus College. Ali se casou com a filha de um cavalheiro, pela qual abdicou de sua vaga e tornou-se Leitor no Buckingham College, colocando sua esposa no Dolphin Inn, cuja senhoria era uma parente dela, de onde surgiu o relato infundado de que ele era um moço de estrebaria. Sua dama logo depois morreu durante o parto; como uma demonstração de reconhecimento, ele foi readmitido como um membro da faculdade antes mencionada.

Alguns anos depois, foi promovido a professor de Teologia e nomeou um dos examinadores sobre aqueles que estavam plenamente qualificados para se tornarem bacharéis ou doutores em Teologia. Era seu princípio julgar as qualificações pelo conhecimento que possuíam das Escrituras, e, portanto, muitos padres papistas foram rejeitados e outros progrediram muito.

Foi fortemente solicitado pelo dr. Capon para ser um dos bolsistas nafundação da faculdade do cardeal Wolsey, em Oxford, oferta que se arriscou a recusar. Enquanto continuou em Cambridge, a questão do divórcio de Henrique VIII com Catharine foi discutida. Naquela época, por causa da praga, o dr. Cranmer foi para a casa do sr. Cressy, na Waltham Abbey, cujos dois filhos eram seus alunos. O caso do divórcio, contrariando a aprovação do rei, permaneceu indefinido por dois ou três anos, devido às intrigas dos canonistas e civis, e, embora os cardeais Campeius e Wolsey tenham sido comissionados de Roma para decidir a questão, eles propositadamente protelaram a sentença.

Aconteceu que o dr. Gardiner (secretário) e o dr. Fox, defensores do rei no processo acima, foram à casa do sr. Cressy para se hospedarem, enquanto o rei se retirou para Greenwich. No jantar, seguiu-se uma conversa com o dr. Cranmer, que sugeriu que a questão de um homem se casar com a esposa de seu irmão ou não poderia ser fácil e rapidamente decidida pela Palavra de Deus, e isso tanto nos tribunais ingleses quanto naqueles de qualquer nação estrangeira. O rei, inquieto com o atraso, pediu que o dr. Gardiner e o dr. Fox os consultassem, lamentando que uma nova comissão devesse ser enviada a Roma, e o processo fosse protelado indefinidamente. Ao relatar a conversa que havia ocorrido na noite anterior com o dr. Cranmer ao rei, Sua Majestade o convocou e lhe falou quanto ao incômodo em sua consciência sobre a quase afinidade que tinha com a rainha. O dr. Cranmer aconselhou que o assunto fosse encaminhado aos mais versados teólogos de Cambridge e Oxford, pois não estava disposto a se intrometer em um caso de tanto peso. Mas o rei ordenou que entregasse sua opinião por escrito e para esse fim se dirigisse ao conde de Wiltshire, que o acomodaria com livros e tudo que fosse necessário para a ocasião.

Cranmer imediatamente o fez, e em sua declaração não citou apenas a autoridade das Escrituras, dos conselhos gerais e dos escritores antigos, mas sustentou que o bispo de Roma não tinha autoridade para dispensar a Palavra de Deus. O rei perguntou se ele sustentaria essa ousada declaração, e, ao responder afirmativamente, foi nomeado vice-embaixador em Roma, em conjunto com o conde de Wiltshire, o dr. Stokesley, o dr. Carne, o dr. Bennet e outros. Antes disso, o casamento foi discutido na maioria das universidades cristãs e em casa.

Quando o papa apresentou o pé para ser beijado, como de costume, o conde de Wiltshire e seu grupo recusaram. De fato, afirma-se que um cão spaniel do conde, atraído pelo dedo mínimo do pé do papa, deu-lhe uma mordidela, ao passo que sua santidade recolheu seu pé sagrado e chutou o agressor com o outro.

Assim que o papa exigiu a causa de sua delegação, o conde apresentou o livro do dr. Cranmer, declarando que seus instruídos associados haviam vindo defendê-lo. O papa tratou a delegação de maneira honrosa e marcou um dia para a discussão, que acabou por adiar, como se estivesse com medo da questão da investigação. O conde retornou, e o dr. Cranmer, por desejo do rei, visitou o imperador e teve sucesso em levar sua opinião a ele. Após o retorno do médico à Inglaterra, o dr. Warham, arcebispo da Cantuária, tendo abandonado essa vida transitória, foi merecidamente, e pelo desejo do dr. Warham, elevado àquela eminente posição.

Nessa função, pode-se dizer que ele seguiu de perto a disposição de São Paulo. Diligente no serviço, levantava-se às cinco da manhã e continuava a estudar e orar até as nove: entre as nove e o almoço, dedicava-se aos assuntos terrenos. Depois da refeição, se algum requerente quisesse ser ouvido, determinaria suas obrigações com tanta afabilidade que até os infratores dificilmente se desagradariam. Depois, jogava xadrez por uma hora, ou via os outros jogarem, e às cinco horas ouvia a leitura do Livro de Oração Comum, e, até o jantar, aproveitava para sair em um passeio. No jantar, sua conversa era animada e divertida. Então novamente caminhava ou se entretinha até as nove horas e depois se dirigia ao seu escritório.

Era tido na mais alta estima pelo rei Henrique, e realmente possuía a pureza e os interesses da Igreja inglesa enraizados profundamente no coração. Seu caráter brando e clemente é demonstrado no exemplo a seguir. Um padre ignorante, do interior, chamou Cranmer de estribeiro e falou muito depreciativamente de sua instrução. Lorde Cromwell, ao ser informado a respeito, enviou um homem a Fleet e seu caso foi relatado ao arcebispo pelo sr. Chertsey, um merceeiro e um contraparente do padre. Sua Graça, tendo convocado o ofensor, discutiu com o padre e solicitou que questionasse Crammer sobre qualquer assunto.

Esse homem, subjugado pela boa índole do bispo, e conhecendo sua própria e flagrante incapacidade, recusou e implorou seu perdão, que foi imediatamente concedido, com a obrigação de empregar melhor seu tempo quando retornasse à sua paróquia. Cromwell ficou muito irritado com a transigência exibida, mas o bispo estava mais disposto a sofrer ferimentos do que retaliar de qualquer outra maneira que não fosse por bons conselhos e bons ofícios.

Na época em que Cranmer foi promovido a arcebispo, era capelão do rei e arquidiácono de Taunton; também foi constituído pelo papa penitenciário-geral da Inglaterra. O rei considerou que Cranmer seria obsequioso. Logo, este casou o rei com Ana Bolena, realizou sua coroação, foi padrinho de Elizabeth, a primeira filha, e divorciou o rei de Catarina. Embora Cranmer recebesse uma confirmação de seu status do papa, sempre protestou contra o reconhecimento de qualquer outra autoridade que não a do rei, e persistiu nos mesmos sentimentos independentes até antes dos comissários de Maria em 1555.

Um dos primeiros passos após o divórcio foi impedir a pregação em toda a sua diocese, mas essa medida restrita tinha uma visão mais política do que religiosa, pois houve muitos que se manifestaram contra a conduta do rei.

Em seu novo cargo, Cranmer agitou a questão da supremacia e, com seus argumentos justos e poderosos, induziu o parlamento a "dar a César o que é de César". Durante a residência de Cranmer na Alemanha, em 1531, ele conheceu Ossiander, em Nuremberg, e casou-se com sua sobrinha, mas a deixou com ele durante seu retorno à Inglaterra. Depois de uma temporada, a chamou em segredo, e ela permaneceu com ele até o ano de 1539, quando os Seis Artigos o obrigaram a enviá-la de volta à sua família por um tempo.

Deve-se lembrar que Ossiander, tendo obtido a aprovação de seu amigo Cranmer, publicou a laboriosa obra da Harmonia dos Evangelhos em 1537. Em 1534, o arcebispo completou o mais querido desejo de seu coração, a remoção de todos os obstáculos à perfeição da Reforma, pela assinatura dos nobres e bispos à única supremacia do rei. Somente o bispo Fisher e *sir* Thomas More fizeram objeções; e, como seu tratado não se opunha à sucessão, Cranmer estava disposto a considerar como suficiente, mas o monarca não aceitaria de outra maneira que não uma concessão por completo.

Pouco tempo depois, Gardiner, em uma conferência privada com o rei, falou de maneira hostil sobre Cranmer (a quem odiava maliciosamente) por assumir o título de primaz de toda a Inglaterra, como aviltante para a supremacia do rei. Isso criou muito ciúme contra Cranmer, e sua tradução da Bíblia foi fortemente contestada por Stokesley, bispo de Londres. Diz-se, após a morte da rainha Catarina, que sua sucessora, Ana Bolena, se alegrou – uma lição para mostrar quão superficial é o julgamento humano, já que sua própria execução ocorreu na primavera do ano seguinte, e o rei, no dia seguinte à decapitação da supliciada dama, casou-se com a bela Jane Seymour, uma dama de honra da falecida rainha. Cranmer sempre foi amigo de Ana Bolena, mas era perigoso se opor à vontade do mundano e tirânico monarca.

Em 1538, as Escrituras Sagradas foram expostas abertamente à venda, e os locais de culto transbordavam por toda parte para ouvir suas santas doutrinas expostas. Após o rei tornar lei os famosos Seis Artigos, que praticamente restabeleceram os princípios essenciais do credo romano, Cranmer brilhou com todo o brilho de um patriota cristão, resistindo às doutrinas que eles continham, postura na qual era apoiado pelos bispos de Sarum, Worcester, Ely e Rochester, sendo que os dois primeiros renunciaram aos seus respectivos bispados. O rei, embora agora em oposição a Cranmer, ainda reverenciava a franqueza que marcou sua liderança. A morte de lorde Cromwell, bom amigo de Cranmer, na Torre, em 1540, foi um duro golpe para a vacilante causa protestante, mas mesmo agora Cranmer, quando viu a maré diretamente adversa à verdade, corajosamente serviu ao rei em pessoa, e por seu sincero e varonil pedido, fez com que o Livro de Artigos fosse deixado de lado, para a grande confusão de seus inimigos, que consideravam sua queda inevitável.

Cranmer agora vivia da maneira mais isolada possível, até que o rancor de Winchester apresentou alguns artigos contra ele, referentes à perigosa opinião que ensinava em sua comunidade, junto a outras acusações de traição. Estas foram entregues a Cranmer pelo próprio rei e, acreditando firmemente na lealdade e afirmações de inocência do prelado acusado, fez com que o assunto fosse profundamente investigado, e Winchester e o dr. Lenden, com Thornton e Barber, da casa do bispo, foram revelados pela investigação serem os verdadeiros conspiradores. O comedido e indulgente Cranmer teria intercedido por toda remissão de suas punições, não fosse Henrique, satisfeito com o subsídio votado pelo parlamento, ter permitido que fossem dispensados. Esses homens nefastos, no entanto, renovando suas conspirações contra Cranmer, foram vítimas do ressentimento de Henrique, e Gardiner perdeu para sempre sua confiança. *Sir* G. Gostwick logo depois apresentou acusações contra o arcebispo, que foram anuladas por Henrique, e o primaz ainda estava disposto a perdoá-las.

Em 1544, o palácio do arcebispo na Cantuária foi queimado e seu cunhado, entre outros, pereceu nele. Essas muitas aflições podem servir para nos reconciliar a uma disposição humilde. Pois qual felicidade esse grande e bom homem poderia ensejar, já que sua vida era constantemente perturbada por cruzes políticas, religiosas ou naturais? De novo, o inveterado Gardfiner apresentou graves acusações contra o manso arcebispo e o teria enviado à Torre; mas o rei era seu amigo, deu-lhe sua aprovação para que pudesse se defender, e no Conselho não apenas declarou o bispo um dos homens mais atacados em seu reino, mas repreendeu veementemente seus acusadores por suas calúnias.

Uma vez que fizeram as pazes, Henrique e o rei francês Henrique, o Grande, foram unânimes em abolir a missa em seus reinos, e Cranmer iniciou essa grande obra; mas a morte do monarca inglês, em 1546, suspendeu o expediente, e o rei Eduardo, seu sucessor, manteve Cranmer nas mesmas funções, sob cuja coroação ele outorgou uma responsabilidade que para sempre honrará sua memória, por sua pureza, liberdade e verdade. Durante esse reinado, ele conduziu a gloriosa Reforma com zelo inabalável, mesmo no ano de 1552, quando foi acometido por uma intensa febre, da qual Deus desejou restaurá-lo para que pudesse testemunhar por meio de sua morte a verdade daquela semente que diligentemente semeara.

A morte de Eduardo, em 1553, expôs Cranmer a toda a fúria de seus inimigos. Embora o arcebispo estivesse entre os que apoiaram a ascensão de Maria, foi detido na reunião do parlamento e, em novembro, foi considerado culpado de alta traição em Guildhall e destituído de seus títulos. Enviou uma humilde carta a Maria, explicando a causa de sua assinatura do testamento em favor de Eduardo, e em 1554 escreveu ao Conselho, a quem pressionou para obter o perdão da rainha, por meio de uma carta entregue ao dr. Weston, que, porém, ao abrir a carta e ver seu conteúdo, covardemente a devolveu.

Traição era uma acusação inaplicável a Cranmer, que apoiava a autoridade da rainha, enquanto outros, que tinham apoiado Lady Joana, foram dispensados mediante pagamento de uma pequena multa. Uma calúnia foi então espalhada contra Cranmer, de que cumprira com algumas das cerimônias papistas para cair nas graças da rainha, acusação que ousou negar publicamente, e justificou seus artigos de fé. O papel ativo que o prelado havia assumido no divórcio da mãe de Maria já havia ferido profundamente o coração da rainha, e a vingança foi um fator preponderante na morte de Cranmer.

Nesse trabalho, vimos os debates públicos em Oxford, nas quais os talentos de Cranmer, Ridley e Latimer brilharam de forma tão conspícua e acabaram levando a suas condenações. A primeira sentença foi ilegal, na medida em que o poder usurpado do papa ainda não havia sido restabelecido por lei.

Mantido na prisão até que o restabelecimento viesse a efeito, uma comissão foi enviada de Roma, nomeando o dr. Brooks como representante de sua santidade e os drs. Story e Martin como os representantes da rainha.

Cranmer estava disposto a se curvar à autoridade dos drs. Story e Martin, mas protestou contra a autoridade do dr. Brooks. Tais foram as observações e respostas de Cranmer, após um longo inquérito, que o dr. Brooks observou: "Viemos para interrogá-lo e acho que você nos interroga".

Ao ser enviado de volta ao confinamento, recebeu uma citação para comparecer em Roma em dezoito dias, mas isso era impraticável, pois estava preso na Inglaterra; e, como havia declarado, mesmo se estivesse em liberdade, era pobre demais para contratar um advogado. Por mais absurdo que pareça, Cranmer foi condenado em Roma e, em 14 de fevereiro de 1556, foi nomeada uma nova comissão, pela qual Thirlby, bispo de Ely, e Bonner, de Londres, foram delegados para serem juízes em Christ Church, Oxford. Em virtude desse dispositivo, Cranmer foi gradualmente destituído, ao lhe vestirem meros trapos para representar o traje de um arcebispo; depois tiraram o traje, tiraram-lhe até mesmo a túnica e, em vez dela, o vestiram com uma túnica velha e gasta. A isso ele suportou imóvel, e seus inimigos, percebendo que sua rigidez o tornava mais determinado, optaram pelo caminho oposto e o colocaram na casa do reitor de Christ Church, onde foi tratado com todas as indulgências.

A situação foi de um contraste tão grande com os três anos de prisão pelos quais havia passado, que o pegou de surpresa. Sua natureza aberta e generosa era mais facilmente seduzida por uma conduta liberal do que por ameaças e grilhões. Quando Satanás encontra fortaleza cristã contra um modo de ataque, ele tenta outro; e que forma seria tão sedutora quanto sorrisos, recompensas e poder depois de uma prisão longa e dolorosa? Assim foi com Cranmer: seus inimigos lhe prometeram sua antiga grandeza caso se retratasse, bem como o favor da rainha, e isso no exato momento em que sabiam que sua morte era determinada em conselho. Para amenizar o caminho da apostasia, o primeiro documento trazido para sua assinatura foi elaborado em termos gerais; depois de assinado, outros cinco foram obtidos como explanatórios do primeiro, até que finalmente chegou a suas mãos o seguinte instrumento execrável:

"Eu, Thomas Cranmer, ex-arcebispo da Cantuária, renuncio, abomino e detesto toda sorte de heresias e erros de Lutero e Zuínglio, e todos os outros ensinamentos que são contrários à sã e verdadeira doutrina. E creio mais invariavelmente em meu coração, e com minha boca reconheço uma evidente e santa igreja católica, sem a qual não há salvação; e, portanto, reconheço que o bispo de Roma é o líder supremo na terra, a quem reconheço ser o mais alto bispo e papa, e vigário de Cristo, a quem todo o povo cristão deve sujeitar-se."

"E, quanto aos sacramentos, creio e adoro no sacramento do altar o corpo e o sangue de Cristo, estando verdadeiramente contidos sob as formas de pão e vinho; o pão, através do veemente poder de Deus, sendo transformado no corpo de nosso Salvador Jesus Cristo, e o vinho em seu sangue."

"E nos outros seis sacramentos, também, (como neste) acredito e sustento como a Igreja universal sustenta, e a Igreja de Roma julga e determina."

"Além disso, acredito que há um purgatório, onde as almas que partiram serão punidas temporalmente, por quem a Igreja ora de maneira piedosa e íntegra, assim como honra aos santos e faz orações a eles."

"Finalmente, em todas as coisas que professo, não creio senão no que a Igreja Católica e a Igreja de Roma sustentam e ensinam. Lamento alguma vez ter sustentado ou pensado o contrário. E imploro a Deus Todo-Poderoso que por Sua misericórdia me conceda o perdão por todas minhas ofensas contra Deus ou Sua Igreja, e também desejo e imploro a todos os cristãos que orem por mim."

"E todos os que foram enganados pelo meu exemplo ou doutrina, exijo pelo sangue de Jesus Cristo que retornem à unidade da Igreja, para que possamos ser todos unânimes, sem cisma ou divisão."

"E, para concluir, assim como me submeto à Igreja Católica de Cristo e à sua liderança suprema, também me submeto às excelentíssimas majestades de Filipe e Maria, rei e rainha deste reino da Inglaterra etc., e a todas suas outras leis e ordenanças, estando sempre pronto, como fiel súdito, a obedecer-lhes. E Deus é minha testemunha, de que não fiz isso por favor ou medo de qualquer pessoa, mas de boa vontade e por minha própria consciência, no que toca à instrução de outras pessoas."

"Aquele que pensa estar em pé veja que não caia!" disse o apóstolo, e aqui se encontrava realmente caindo! Os papistas, por sua vez, haviam agora triunfado: haviam obtido tudo o que queriam, exceto sua vida. Sua retratação foi imediatamente impressa e espalhada, para que pudesse ter o devido efeito sobre os atônitos protestantes. Mas Deus contrariou todos os planos dos católicos na medida em que carregavam a implacável perseguição de suas presas. Sem dúvida, o amor pela vida induziu Cranmer a assinar a declaração acima: ainda assim, pode-se dizer que a morte é preferível à vida para aquele que estiver sob os aguilhões de uma consciência castigada e o desprezo de todo cristão evangélico. Esse axioma foi por ele fortemente sentido em toda a sua força e angústia.

A vingança da rainha seria saciada apenas pelo sangue de Cranmer, e, portanto, ela emitiu uma ordem ao dr. Pole, para que preparasse um sermão a ser pregado em 21 de março, diretamente antes de seu martírio, em St. Mary's, Oxford. O dr. Pole o visitou no dia anterior e foi induzido a acreditar que ele publicaria seus sentimentos em confirmação dos artigos que havia assinado. Por volta das nove da manhã do dia do martírio, os comissários da rainha, acompanhados dos magistrados, conduziram os afáveis desafortunados à Igreja de Santa Maria. Suas roupas rasgadas e sujas, a mesma em que o trajaram em sua destituição, provocaram a comiseração do povo. Na igreja, deparou com um palanque médio baixo, erguido diante do púlpito, no qual, ao ser colocado, virou o rosto e orou fervorosamente a Deus.

A igreja estava cheia de pessoas de ambas as convicções, esperando ouvir a justificativa da recente apostasia: os católicos regozijando-se e os protestantes profundamente feridos de espírito pelo lapso do coração humano. O dr. Pole, em seu sermão, apresentou Cranmer como culpado dos mais atrozes crimes; encorajou o iludido mártir a não temer a morte, a não duvidar que Deus o apoiaria em seus tormentos, nem que missas seriam rezadas em todas as igrejas de Oxford para o repouso de sua alma.

O doutor então anunciou sua conversão, a qual atribuiu à operação evidente do poder do Todo-Poderoso, e, para que o povo pudesse se convencer de sua veracidade, pediu ao prisioneiro que lhes desse um sinal. Cranmer o fez e implorou à congregação que orasse por ele, pois havia cometido muitos pecados graves; mas, de todos, havia um que o afligia terrivelmente, sobre o qual falaria em breve.

Durante o sermão, Cranmer chorou lágrimas amargas, erguendo as mãos e os olhos para o céu e deixando-as cair, como se não merecesse viver; sua dor agora se aliviava por meio das palavras; antes de sua confissão, caiu de joelhos e as seguintes palavras revelaram a profunda contrição e tumulto que atormentavam sua alma.

"Ó Pai do céu! Ó Filho de Deus, Redentor do mundo! Ó Espírito Santo, três pessoas, todos um Deus! Tem piedade de mim, o mais desgraçado patife e infeliz pecador. Ofendi tanto ao céu quanto a terra, mais do que minha língua pode expressar. Para onde devo ir, ou para onde devo fugir? Para o céu, tenho vergonha de erguer os olhos, e na terra não encontro lugar de refúgio ou socorro. A Ti, portanto, ó Senhor, corro; a Ti me humilho, dizendo: Ó Senhor, meu Deus, ainda que meus pecados sejam grandes, tem piedade de mim em Tua grande misericórdia. O grande mistério de que Deus se tornou homem não foi perdido por pequenas ou poucas ofensas. Tu não entregaste Teu Filho, ó Pai Celestial, à morte por meros pecados pequenos, mas por todos os maiores pecados do mundo, para que o pecador retorne a Ti com todo o seu coração, como faço atualmente. Portanto, tem piedade de mim, ó Deus, cuja marca é sempre ter piedade, tem piedade de mim, ó Senhor, em Tua grande misericórdia. Não desejo nada por meus próprios méritos, a não ser por causa de Teu nome, para que assim ele seja santificado, e por Teu querido Filho, por causa de Jesus Cristo. E agora, portanto, ó Pai do Céu, santificado seja o Teu nome etc."

Então, levantando-se, disse que desejava antes de sua morte dar-lhes algumas exortações piedosas pelas quais Deus seria glorificado e edificado. Então discorreu sobre o perigo do amor pelo mundo, o dever de obediência a suas majestades, de amar um ao outro e a necessidade de os ricos administrarem as necessidades dos pobres. Citou os três versículos do quinto capítulo de Tiago e prosseguiu: "Que os ricos ponderem bem essas três frases: pois, se alguma vez tiverem ocasião de mostrar sua caridade, a têm agora neste momento, as pessoas pobres sendo tantas, e o alimento, tão oneroso".

"E agora, já que eu cheguei ao derradeiro final de minha vida, do qual depende toda a minha vida passada e toda a minha vida futura, seja para viver com meu mestre Cristo para sempre em alegria, seja para sentir dor para sempre com os ímpios no inferno, e atualmente vejo, diante dos meus olhos, ou o céu pronto para me receber, ou o inferno pronto para me engolir. Portanto, declararei a minha fé como acredito, sem nenhuma cor de dissimulação: pois agora não há tempo para dissimular tudo o que disse ou escrevi em tempos passados."

"Primeiro, creio em Deus Pai Todo-Poderoso, Criador do céu e da terra etc. E creio em todos os artigos da fé católica, em todas as palavras e frases ensinadas por nosso Salvador Jesus Cristo, Seus apóstolos e profetas, no Novo e Antigo Testamento."

"E agora chego à grande coisa que tanto perturba minha consciência, mais do que qualquer coisa que já fiz ou disse em toda a minha vida, e que é a publicação de uma missiva contrária à verdade, à qual agora aqui renuncio e que rejeito, pois foram coisas escritas por minha mão contrárias à verdade que habitava em meu coração, escritas com medo da morte e para salvar minha vida, se fosse possível; isto é, todas as notas ou papéis que escrevi ou assinei com a mão desde a minha destituição, nas quais escrevi muitas coisas falsas. E, visto que minha mão cometeu tal ofensa, escrevendo contrariamente ao meu coração, então minha mão será a primeira a ser punida; pois, quando eu chegar ao fogo, será queimada primeiro."

"E, quanto ao papa, eu o rejeito, como inimigo de Cristo, e anticristo, e a toda a sua falsa doutrina."

Após a conclusão dessa declaração inesperada, espanto e indignação ficaram evidentes em todas as partes da igreja. Os católicos estavam completamente decepcionados, ao ver seu objetivo frustrado. Cranmer, como Sansão, trouxera uma ruína maior sobre seus inimigos na hora da morte do que em sua vida.

Cranmer teria procedido à exposição das doutrinas papistas, mas os murmúrios dos idólatras afogaram sua voz, e o pregador deu a ordem para "levarem o herege dali!". O selvagem comando foi imediatamente obedecido, e o cordeiro prestes a ser martirizado foi arrancado de sua posição no local do abate, insultado por todo o caminho pelas ofensas e motejos dos pestilentos monges e frades.

Com pensamentos voltados para algo muito mais elevado do que as ameaças vazias do homem, ele chegou ao ponto tingido com o sangue de Ridley e Latimer. Lá, ajoelhou-se por um curto período de sincera devoção e depois se levantou, para poder se despir e se preparar para as chamas. Dois frades que haviam participado da persuasão para que abjurasse agora se esforçavam para afastá-lo da verdade, mas estava firme e imóvel naquilo que acabara de professar e expor publicamente. Uma corrente foi fornecida para prendê-lo à estaca, e, depois que o cingiram firmemente, inflamaram o combustível e as chamas logo começaram a subir.

Então os sentimentos gloriosos do mártir foram manifestos. Foi assim que, estendendo a mão direita, a segurou no fogo, sem piscar, até que fosse reduzida às cinzas, mesmo antes de seu corpo ser ferido, exclamando com frequência: "Esta indigna mão direita".

Seu corpo suportou a fogueira com tanta firmeza que parecia não ter mais do que a estaca à qual estava ligado; seus olhos foram erguidos para o céu e ele repetiu "esta indigna mão direita", desde que sua voz o suportasse; e, com frequência usando as palavras de Estevão: "Senhor Jesus, recebe meu espírito", em meio às intensas chamas, entregou sua alma.

A visão de três escadas

Quando Robert Samuel[19] foi levado para ser queimado, algumas pessoas o ouviram declarar que coisas estranhas lhe haviam acontecido durante o tempo de sua prisão; depois de haver passado fome por dois ou três dias seguidos, passou a estar como se estivesse meio dormindo, momento em que um ser vestido todo de branco apareceu diante dele, ministrando-lhe conforto com estas palavras: "Samuel, Samuel, tem bom ânimo e guarda a boa esperança, pois depois deste dia nunca mais sentirás fome ou sede".

Não menos memorável e digno de nota é o relato das três escadas que subiam ao céu, as quais diz ter visto durante o sono e testemunhou a muitas pessoas. Uma delas era um pouco mais longa que as demais, mas, após certa altura, todas as três se uniam e tornavam-se uma.

Quando esse piedoso mártir caminhava em direção ao fogo, veio a ele uma certa donzela, que o pegou pelo pescoço e o beijou; os que estavam presentes marcaram seu rosto e a procuraram no dia seguinte, a fim de ser lançada na prisão e queimada, como a própria moça me informou. No entanto, Deus, em Sua bondade, permitiu que ela escapasse daquelas ardentes mãos e se mantivesse em segredo na cidade por um bom tempo depois.

Mas, enquanto essa donzela, chamada Rose Nottingham, foi maravilhosamente preservada pela providência de Deus, outras duas mulheres honestas caíram na ira e na fúria das pessoas daquele tempo. A primeira era

---

19. Robert Sanuel foi um padre inglês de East Bergholt em Suffolk, Inglaterra, que foi preso, torturado e queimado até a morte como uma execução judicial durante as perseguições marianas, e é comemorado como um dos Mártires de Ipswich. (N. T.)

a esposa de um cervejeiro, a outra era a esposa de um sapateiro, mas agora ambas desposavam um novo marido: Cristo.

A donzela mencionada tinha com essas duas muita familiaridade; uma vez, ao aconselhar uma delas, dizendo-lhe que deveria se afastar enquanto tivesse tempo e chance de fazê-lo, esta prontamente lhe respondeu: "Bem sei que para ti é mui lícito fugir; deste remédio podes fazer uso, caso desejes. Mas meu caso é diferente. Estou ligada ao meu marido e tenho também crianças pequenas em casa; portanto, estou determinada, pelo amor de Cristo e Sua verdade, a permanecer até as últimas consequências".

E assim, no dia seguinte ao sofrimento de Samuel, essas duas esposas piedosas, uma chamada Anne Potten, a outra chamada Joan Trunchfield, esposa de Michael Trunchfield, sapateiro de Ipswich, foram encarceradas na mesma prisão. Como ambas eram, tanto por sexo como por constituição, um tanto fracas, foram a princípio menos capazes de suportar as dificuldades da prisão. A esposa do cervejeiro, em especial, foi submetida a terríveis e grandes agonias e perturbações. Mas Cristo, vendo a debilidade de sua serva, não deixou de socorrê-la em sua necessidade; assim, ambas padeceram depois de Samuel, em 1556, no dia 19 de fevereiro. Elas, sem dúvida, eram aquelas duas escadas que, unidas à terceira, subiam ao céu, como vira Samuel. Esse bendito servo de Cristo padeceu no dia 31 de agosto de 1555.

Alguns que estavam presentes e o viram queimar relatam que seu corpo em chamas brilhava aos olhos dos que ali estavam, tão resplandecente e alvo quanto prata recém-refinada.

Quando Agnes Bongeor se viu separada de seus companheiros de prisão, exclamou um piedoso lamento, e quão amargamente chorou aquela boa mulher, que insólitos pensamentos vieram à sua mente, quão vulnerável e desolada se encontrava; sua pobre alma ficara mergulhada em desespero e preocupação, de modo que era terrível e penoso de se testemunhar. Todos esses sentimentos lhe sobrevieram porque não pudera ir com seus companheiros entregar sua vida em defesa de Cristo; de todas as coisas do mundo, a vida era o que menos almejava preservar.

Naquela manhã em que foi impedida de ser queimada, ela havia colocado um vestido que preparara apenas para esse fim. E, tendo ela um filho, uma criança pequena ainda de peito, a quem mantinha com ternura o tempo todo em que esteve na prisão, havia naquele mesmo dia mandado a criança embora aos cuidados de uma ama, preparando-se para derramar a própria vida em testemunho do glorioso evangelho de Jesus Cristo. Tão pouco estimava a vida, e os dons de Deus operavam nela de modo tão sobrenatural, que a morte parecia muito mais bem-vinda do que a vida. Depois disso, voltou a si e passou a se aplicar ao exercício da leitura e da oração, onde pôde encontrar consolo.

Em pouco tempo, veio de Londres a ordem para queimá-la e, de acordo com o efeito de tal ordem, foi executada.

Hugh Laverick e John Aprice

Aqui percebemos que nem a impotência da idade nem a aflição da cegueira são suficientes para desviar as garras assassinas desses monstros babilônicos. O primeiro desses dois desafortunados era da paróquia de Barking, tinha 68 anos, exercia o ofício de pintor e era paralítico. O outro era cego, vivia na mais absoluta escuridão em termos de faculdades visuais, mas era intelectualmente iluminado com o brilho do eterno Evangelho da verdade.

Sujeitos inofensivos como esses foram denunciados por alguns dos filhos do fanatismo e arrastados diante do terrível prelado de Londres, onde foram submetidos a exame e responderam aos artigos que lhes foram propostos, como outros mártires cristãos haviam feito antes. No nono dia de maio, no consistório de São Paulo, solicitaram que se retratassem, e, diante de sua recusa, foram enviados para Fulham, onde Bonner, como sobremesa após o jantar, os condenou às agonias do fogo. Entregues aos oficiais seculares em 15 de maio de 1556, foram levados em uma carroça de Newgate a Stratford--le-Bow, onde foram atados à estaca. Quando Hugh Laverick foi preso pela corrente, não podendo mais fazer uso de sua muleta, jogou-a fora, dizendo ao seu companheiro mártir, enquanto o consolava: "Tem bom ânimo, meu irmão, pois meu senhor de Londres é nosso bom médico; em breve ele nos curará a ambos, a ti da tua cegueira e a mim da minha paralisia". E afundaram no fogo a fim de subir à imortalidade!

No dia seguinte aos martírios mencionados, Catharine Hut, de Bocking, viúva; Joan Horns, solteira, de Billerica; Elizabeth Thackwel, solteira, de Great Burstead, sofreram a morte em Smithfield.

A respeito de Thomas Dowry, devemos outra vez registrar um ato de impiedosa crueldade exercido para com esse rapaz, a quem o bispo Hooper havia confirmado no Senhor e no conhecimento de sua Palavra.

Não se sabe quanto tempo esse pobre cavalheiro permaneceu na prisão. Pelo depoimento de John Paylor, escrivão de Gloucester, sabe-se que, quando Dowry foi levado perante o dr. Williams, então chanceler de Gloucester, os artigos de costume foram apresentados a ele para assinatura. Destes discordou e, ao ser questionado pelo doutor acerca de quem e onde havia aprendido tais heresias, o jovem respondeu: "Sr. Chanceler, aprendi convosco naquele mesmo púlpito, naquele dia quando pregáveis sobre o Sacramento, dizendo que deveria ser exercido espiritualmente pela fé, e não carnalmente, como é ensinado pelos papistas". O dr. Williams, então, o convidou a retirar o que acabara de dizer, mas Dowry não havia aprendido dessa forma, pelo que disse: "Embora zombeis tão facilmente de Deus, do mundo e de vossa própria consciência, eu, todavia, não o farei".

A preservação de George Crow e seu Testamento

Esse pobre homem, de Malden, zarpou em 26 de maio de 1556, a fim de obter um carregamento de argila em Lent, mas o barco encalhou e acabou inundado pela água, de modo que se perdeu toda a mercadoria. Crow, no entanto, salvou seu Testamento e mais nada cobiçou. Junto a Crow, havia um homem e um menino; a terrível situação se tornava a cada minuto mais alarmante, pois o barco era já inútil, e estavam a milhas da terra, esperando que a maré subisse em poucas horas. Após orarem a Deus, subiram no mastro e ficaram ali por dez horas, quando o pobre garoto, dominado pelo frio e pela exaustão, caiu e se afogou. Com a maré diminuindo, Crow propôs que derrubassem os mastros e flutuassem sobre eles, o que fizeram, e às dez horas da noite foram levados à mercê das ondas. Na quarta-feira à noite, o companheiro de Crow morreu de fadiga e fome, e ele foi deixado sozinho, pedindo a ajuda de Deus. Por fim, foi apanhado por um tal capitão Morse, com destino a Antuérpia, que quase se afastara dele, pensando se tratar de uma boia de pescador flutuando no mar. Assim que Crow embarcou, colocou a mão no peito e retirou o Testamento, que estava encharcado, mas não completamente danificado. Em Antuérpia, foi bem recebido, e o dinheiro que havia perdido lhe foi mais do que compensado.

Execuções em Stratford-le-Bow

Nesse sacrifício que estamos prestes a detalhar, nada menos que treze foram condenados ao fogo.

Todos os que se recusavam a assinar o documento que lhes feria a consciência foram condenados, de modo que o dia 27 de junho de 1556 foi escolhido para sua execução em Stratford-le-Bow. Sua constância e fé glorificaram seu Redentor, igualmente na vida e na morte.

Rev. Julius Palmer

A vida desse cavalheiro apresenta um exemplo singular de erro e conversão. Na época de Eduardo, fora um rígido e obstinado papista, tão adverso à pregação piedosa e sincera que foi desprezado mesmo por seu próprio partido; entre os eventos da onipotência diante dos quais nos espantamos e admiramos estão a mudança de seu estado de espírito, bem como a perseguição e morte que sofreria no reinado da rainha Maria.

Palmer nasceu em Coventry, onde seu pai fora prefeito. Depois de ser transferido para Oxford, tornou-se, sob tutela do sr. Harley, do Magdalen College, um elegante estudioso de latim e grego. Era apreciador de discussões profícuas, possuidor de um humor espirituoso e uma boa memória. Infatigável em seus estudos particulares, levantava-se às quatro da manhã e, com essa prática, qualificou-se para se tornar Leitor de lógica no Magdalen College. Nos tempos de Eduardo, no entanto, em que se favorecia a Reforma, o sr. Palmer era frequentemente punido por seu desprezo pela oração e pelo comportamento ordeiro, e por fim foi expulso de casa.

Posteriormente, abraçou as doutrinas da Reforma, que ocasionaram sua prisão e condenação final.

Um certo homem nobre ofereceu-lhe a preservação de sua vida caso se retratasse, e disse-lhe: "Se assim for, tu habitarás comigo. E, se quiseres casar, buscarei uma esposa e uma fazenda para ti, e te ajudarei a equipá-la bem. O que dizes?".

Palmer agradeceu-lhe com muita cortesia, mas com modéstia e reverência concluiu que, como já havia em dois lugares renunciado viver por causa de Cristo, assim, com a graça de Deus, estaria pronto para se render e entregar sua vida quando aprouvesse Deus fazê-lo.

Quando *sir* Richard percebeu que de modo algum ele se arrependeria, disse-lhe: "Bem, Palmer, percebo que um de nós dois será condenado, pois temos duas crenças diferentes, e estamos certos de que apenas uma delas leva à vida e salvação".

Palmer: "Ó senhor, espero que nós dois nos salvemos".

Sir Richard: "Como pode tal coisa acontecer?"

Palmer: "Bem, de modo claro, senhor. Como agradara ao nosso misericordioso Salvador, de acordo com a parábola do Evangelho, chamar-me na terceira hora do dia, na época do desabrochar de minha juventude, aos 24 anos de idade, ainda confio que Ele chamou, e vos chamará na décima primeira hora dessa vossa velhice, e vos dará a vida eterna por porção".

Sir Richard: "Assim dizes? Bem, Palmer, gostaria de receber-te por ao menos um mês em minha casa. Não duvido que converteria a ti, ou tu o farias a mim".

Então disse o mestre Winchcomb: "Tem compaixão dos teus anos dourados e das agradáveis flores da vigorosa juventude, antes que seja tarde demais".

Palmer: "Senhor, anseio por aquelas flores que nunca desaparecem".

Ele foi julgado no dia 15 de julho de 1556, juntamente com um tal Thomas Askin, companheiro de prisão. Askin e John Guin haviam sido condenados no dia anterior, e Palmer, no dia quinze, foi levado para julgamento final. A execução foi ordenada a ser cumprida de acordo com a sentença e, às cinco horas da mesma tarde, em um local chamado Sandpits, esses três mártires foram atados a uma estaca. Depois de orarem com devoção juntos, entoaram o Salmo 31.

Quando o fogo foi aceso e tomou seus corpos, sem parecer sentir dor alguma, continuaram a clamar: "Senhor Jesus, fortalece-nos! Senhor Jesus, recebe nossas almas!" até que se retirou deles a vida, e o sofrimento humano cessou. É notável que, quando suas cabeças caíram juntas em uma massa como que pela força das chamas, e os espectadores viram Palmer sem vida, sua língua e lábios se moveram novamente, e pôde-se ouvi-lo pronunciar o nome de Jesus, a quem se devem glória e honra para sempre!

Joan Waste e outros

Essa pobre e honesta mulher, cega desde o nascimento e solteira, aos 22 anos de idade, era da paróquia de Allhallows, em Derby. Seu pai era barbeiro e fabricava cordas para obter seu sustento. Ela o ajudava nesse ofício e aprendeu também a tricotar várias peças de roupa. Recusando-se a se comunicar com aqueles que mantinham doutrinas contrárias às que aprendera nos dias do piedoso Eduardo, foi chamada diante do dr. Draicot, o chanceler do bispo Blaine, e Peter Finch, oficial de Derby.

Com sofismas e ameaças, tentaram confundir a pobre menina; ela, por sua vez, se comprometeu a ceder à doutrina do bispo, caso este respondesse por ela no dia do julgamento (como o piedoso dr. Taylor havia feito em seus sermões) que sua crença na presença real do Sacramento era verdadeira. O bispo a princípio respondeu que sim, mas o dr. Draicot, lembrando-o de que não responderia de modo algum por um herege, retirou a confirmação de seus próprios princípios. Então, a menina respondeu que, se suas consciências não lhes permitiam responder no tribunal de Deus pela verdade que desejavam que ela aceitasse, não responderia a mais nenhuma pergunta. A sentença foi então decretada, e o dr. Draicot foi chamado para pregar seu sermão de condenação, que ocorreu em 1º de agosto de 1556, o dia de seu martírio. Concluído o fulminante discurso, a pobre moça cega foi levada para um lugar chamado Windmill Pit, perto da cidade, onde por um tempo segurou o irmão pela mão e depois se preparou para o fogo, pedindo à compadecida multidão que orassem com ela e intercedessem diante de Cristo para que dela tivesse misericórdia, até que a gloriosa luz do Sol eterno da justiça irradiou seu espírito, que se foi.

Em novembro, quinze mártires foram presos no castelo da Cantuária, sendo que todos foram queimados ou morreram de fome. Entre os últimos estavam J. Clark, D. Chittenden, W. Foster de Stonc, Alice Potkins e J. Archer, de Cranbrooke, tecelão. Os dois primeiros não receberam condenação, mas os outros foram condenados ao fogo. Foster, em seu exame, argumentou acerca da utilidade de carregar círios acesos no dia da Candelária, que semelhante seria carregar um forcado; e que uma forca surtiria um efeito tão bom quanto a cruz.

Mergulharemos agora nas sanguinárias proscrições da impiedosa Maria, no ano de 1556, cujo número ultrapassava os OITENTA E QUATRO!

O início do ano de 1557 foi marcado pela visita do cardeal Pole à Universidade de Cambridge, que parecia precisar de uma boa limpeza de pregadores heréticos e doutrinas reformadas. Um dos objetivos era também executar a farsa papista de julgar Martin Bucer e Paulus Phagius, que haviam sido sepultados há cerca de três ou quatro anos; para esse fim, as igrejas de Santa Maria e São Miguel, onde jaziam, foram interditadas como lugares vis e profanos, impróprios para adorar a Deus, até serem perfumadas e lavadas com a água benta do papa. O torpe ato de citar esses reformadores mortos não surtiu o menor efeito sobre eles; em 26 de janeiro, a sentença de condenação foi proferida, parte da qual foi executada dessa maneira, e pode servir como uma amostra de procedimentos dessa natureza: "Portanto, pronunciamos o referido Martin Bucer e Paulus Phagius excomungados e anatematizados, tanto pela lei comum, como por cartas de processo. Que sua memória seja condenada, bem como seus corpos e ossos (que naquele tempo perverso de cisma e outras heresias que floresciam neste reino foram precipitadamente enterrados em terreno sagrado), os quais devem ser desenterrados e lançados para longe dos corpos e ossos dos fiéis, de acordo com os cânones sagrados. Ordenamos que eles e seus escritos, caso ainda haja algum, sejam queimados publicamente. Proibimos todas as pessoas, quaisquer que sejam, desta universidade, cidade ou local adjacente, que leiam ou ocultem seu livro herético, tanto pela lei comum, como por nossas cartas de processo!".

Depois de assim lida a sentença, o bispo ordenou que seus corpos fossem arrancados de seus túmulos e, depois de degradados por ordens sagradas, os entregaram nas mãos do poder secular, pois não era lícito que pessoas inocentes como eram aqueles papistas, participassem de derramamento de sangue e de assassinato, ou matassem qualquer homem.

Em 6 de fevereiro, os corpos, dentro de seus ataúdes, foram transportados para o mercado em Cambridge, acompanhados por uma vasta multidão. Um grande poste foi rapidamente colocado no chão, no qual os ataúdes foram afixados com uma grande corrente de ferro e amarrados em volta de seu centro, como se os cadáveres estivessem vivos. Quando o fogo começou a subir e atingiu os ataúdes, vários livros condenados também foram lançados nas chamas e queimados. Justiça, no entanto, foi feita com as memórias desses homens piedosos e instruídos no reinado da Rainha Elizabeth, quando o sr. Ackworth, orador da universidade, e o sr. J. Pilkington pronunciaram orações em homenagem a sua memória e em reprovação de seus perseguidores católicos.

O cardeal Pole também infligiu sua ineficaz ira ao corpo da mulher de Peter Martyr, que, por seu comando, foi exumado de seu túmulo e enterrado em um monturo distante, em parte porque seus ossos estavam perto das relíquias de St. Fridewide, uma vez tidos com grande estima naquele colégio, e em parte porque desejava purificar Oxford de vestígios heréticos, bem como Cambridge. No reinado seguinte, no entanto, seus restos mortais foram restaurados ao seu antigo cemitério, e inclusive misturados aos do santo católico, para total espanto e mortificação dos discípulos de sua santidade, o papa.

O cardeal Pole publicou uma lista de cinquenta e quatro artigos, contendo instruções ao clero de sua diocese da Cantuária, algumas das quais são muito ridículas e pueris para suscitar qualquer sentimento além do riso nos dias de hoje.

Perseguições na diocese da Cantuária

No mês de fevereiro, as seguintes pessoas foram presas: R. Coleman, de Waldon, um operário; Joan Winseley, de Horsley Magna, mulher solteira; S. Glover, de Rayley; R. Clerk, da Much Holland, marinheiro; W. Munt, de

Much Bentley, serrador; Marg. Field, de Ramsey, solteira; R. Bongeor, curtidor; R. Jolley, marinheiro; Allen Simpson, Helen Ewire, C. Pepper, viúva; Alice Walley (que se retratou), W. Bongeor, vidraceiro, todos de Colchester; R. Atkin, de Halstead, tecelão; R. Barcock, de Wilton, carpinteiro; R. George, de Westbarhonlt, operário; R. Debnam de Debenham, tecelão; C. Warren, de Cocksall, solteira; Agnes Whitlock, da corte de Dover, solteira; Rose Allen, solteira; e T. Feresannes, menor; ambos de Colchester.

Essas pessoas foram levadas a Bonner, que as teria enviado imediatamente à execução, mas o cardeal Pole fora a favor de medidas mais compassivas, e Bonner, em uma carta sua ao cardeal, parece perceber tê-lo desagradado, por esta expressão: "Pensei em mandá-los todos a Fulham e proclamar contra eles a sentença; no entanto, percebendo que minha última ação ofendera vossa graça, pensei ser meu dever, antes de prosseguir, informar vossa graça". Essa circunstância verifica o relato de que havia no cardeal grande humanidade; e, apesar de ser um católico zeloso, nós, como protestantes, estamos dispostos a dar-lhe a honra que seu misericordioso caráter merece. Alguns dos amargos perseguidores o denunciaram ao papa como sendo a favor dos hereges, o que o levou a ser convocado a Roma, mas a rainha Maria, por um pedido particular, conseguiu sua permanência na Inglaterra. Contudo, antes de seu fim, e um pouco antes de sua última jornada de Roma para a Inglaterra, tornou-se fortemente suspeito de favorecer a doutrina de Lutero.

Como no último sacrifício quatro mulheres honraram a verdade, no auto de fé a seguir temos o mesmo número de mulheres e alguns homens, que sofreram no dia 30 de junho de 1557, na Cantuária. Eram eles: J. Fishcock, F. White, N. Pardue, Barbary Final, que era viúva, a viúva de Bardbridge, a esposa de Wilson e a esposa de Benden.

Desse grupo, notamos mais particularmente Alice Benden, esposa de Edward Bender, de Staplehurst, Kent. Ela foi levada em outubro de 1556 pela falta de assistência, e liberta com estritas ordens de retificar sua conduta. Seu marido era católico fanático e, falando publicamente sobre a contumácia de sua esposa, fez com que fosse levada ao castelo da Cantuária. Sabendo que, ao ser transferida para a prisão do bispo, ficaria prestes a morrer de fome com uma mínima porção de alimento, procurou se preparar para esse sofrimento, vivendo com uma pequeníssima refeição por dia.

Em 22 de janeiro de 1557, seu marido escreveu ao bispo que, se o irmão de sua esposa, Roger Hall, fosse impedido de consolá-la e aliviá-la, talvez viesse a se retratar; por esse motivo, a mulher foi transferida para uma prisão chamada Monday's Hole. Seu irmão procurou com diligência por ela e, ao final de cinco semanas, ouviu providencialmente sua voz na masmorra, mas não pôde aliviá-la senão colocando dinheiro em um pão e entregando-o por meio de uma vara comprida. Terrível há de ter sido a situação dessa pobre vítima, deitada sobre palha, entre paredes de pedra, sem uma muda de roupa ou os mais importantes artigos de limpeza durante o período de nove semanas!

Em 25 de março, foi convocada perante o bispo, que, com recompensas, ofereceu sua liberdade, para que voltasse para casa e se sentisse confortável; mas a sra. Benden havia se habituado ao sofrimento e, mostrando-lhe os membros contraídos e a aparência definhada, recusou-se a desviar-se da verdade. No entanto, foi tirada desse buraco escuro para o Portão Oeste, de onde, por volta do final de abril, foi levada para ser condenada e, em seguida, encarcerada na prisão do castelo até o dia 19 de junho, dia em que seria queimada. Na estaca, deu seu lenço a um tal John Banks, como forma de ser-lhe lembrada; e do cinto tirou uma renda branca, pedindo-lhe que a desse ao irmão, dizendo-lhe que aquela era a última atadura que tinha consigo, exceto a corrente; e ao pai, devolveu um xelim que ele lhe enviara.

O conjunto desses sete mártires despiu-se com vivacidade e, estando cada um deles preparados, ajoelharam-se e oraram com tanta sinceridade e espírito cristãos, que mesmo os inimigos da cruz foram comovidos. Após a invocação em conjunto, foram presos à estaca e, ao serem cercados pelas impiedosas chamas, renderam suas almas às mãos do Senhor vivo.

Matthew Plaise, tecelão, um cristão sincero e perspicaz, de Stone, Kent, foi apresentado a Thomas, bispo de Dover, e outros inquisidores, com quem brincou engenhosamente por meio de suas respostas indiretas, das quais trazemos aqui uma amostra.

Dr. Harpsfield: Cristo chamou o pão de Seu corpo; o que dizes tu que é?

Plaise: Acredito que seja o que Ele lhes deu.

Dr. H.: E o que era?

P.: O que Ele partiu.

Dr. H.: O que ele partiu?

P.: O que antes tomou.

Dr. H.: E o que tomou?

P.: Digo eu que o que Ele lhes deu, o que decerto comeram.

Dr. H.: Bem, então, dizes que era apenas pão que os discípulos comiam.

P.: Digo que o que Ele lhes deu, decerto o comeram.

Uma longa discussão se seguiu, na qual pediram que Plaise se humilhasse diante do bispo; mas a isso se recusou. Se esse zeloso servo morreu na prisão, foi executado ou liberto, a história não menciona.

Rev. John Hullier

O Rev. John Hullier foi educado no Eton College e, com o passar do tempo, tornou-se vigário de Babram, a três milhas de Cambridge, e depois foi para Lynn, onde, opondo-se à superstição dos papistas, foi levado diante do dr. Thirlby, bispo de Ely, e enviado ao castelo de Cambridge. Ali permaneceu durante certo tempo, depois foi enviado para a prisão de Tolbooth, onde, após três meses, foi conduzido à Igreja de Santa Maria e condenado pelo dr. Fuller. Na quinta-feira santa, foi levado à fogueira. Enquanto se despia, pediu ao povo para testemunhar que ele estava prestes a sofrer por uma causa justa, e os exortou a acreditar que não havia outra rocha sobre a qual edificar senão Jesus Cristo. Um padre chamado Boyes, então, solicitou que o alcaide o silenciasse. Após orar, dirigiu-se docilmente à estaca e, amarrado a uma corrente e colocado em um barril, viu o fogo ser aplicado aos juncos e à madeira; o vento, porém, levava o fogo diretamente às suas costas, o que o fez, sob a severa agonia, orar com ainda mais fervor. Seus amigos pediram ao carrasco que acendesse a pilha com o vento contra seu rosto, o que foi feito imediatamente.

Uma certa quantidade de livros foi lançada ao fogo, um dos quais (o Serviço de Comunhão) ele tomou, abriu e continuou alegremente a ler, até que o fogo e a fumaça o privassem de sua visão; ainda assim, em fervorosa oração, apertou o livro contra o peito, agradecendo a Deus por lhe conceder em seus últimos momentos esse precioso presente.

O dia estava quente e o fogo ardia ferozmente. Quando os espectadores supuseram que ele não mais subsistia, de repente exclamou: "Senhor Jesus, recebe meu espírito", e com humildade renunciou à sua vida. Foi queimado em Jesus Green, não muito longe de Jesus College. Recebeu a pólvora, mas estava morto antes que essa pudesse ser inflamada. Esse piedoso sofredor proporcionou um espetáculo singular, pois sua carne foi queimada até os ossos, que continuavam eretos, apresentando desse modo a ideia de uma figura esquelética acorrentada à estaca. Seus restos mortais foram avidamente apreendidos pela multidão e venerados por todos que admiravam sua piedade ou aborreciam a intolerância desumana.

Simon Miller e Elizabeth Cooper

No mês seguinte de julho, esses dois cristãos receberam a coroa do martírio. Miller morava em Lynn e foi para Norwich, onde, colocando-se à porta de uma das igrejas, enquanto as pessoas saíam, perguntou onde deveria ir para receber a Comunhão. Diante disso, um sacerdote o levou perante o dr. Dunning, que o prendeu. Contudo, foi-lhe permitido voltar para casa e organizar seus negócios; depois disso, retornou à casa do bispo para sua prisão, onde permaneceu até o dia 13 de julho, o dia em que foi queimado.

Elizabeth Cooper, esposa de um trabalhador com metais, de St. Andrews, Norwich, se retratou; mas, torturada pelo que havia feito pelo verme que não morre, logo depois entrou voluntariamente em sua igreja paroquial durante o momento do culto papista e, levantando-se, proclamou em alta voz que havia revogado sua retratação anterior, e alertou o povo de que não seguisse seu indigno exemplo. Foi levada de sua própria casa pelo sr. Sutton, o xerife, que com muita relutância cumpriu a letra da lei, pois haviam sido servos juntos e eram amigos. Na fogueira, a pobre sofredora, sentindo o fogo, soltou um forte grito. Diante disso, o sr. Miller, colocando a mão por detrás dele em direção a ela, desejou que tivesse coragem, dizendo: "Porquanto, boa irmã, teremos uma alegre e doce ceia". Encorajada por esse exemplo e exortação, ela resistiu à inflamada provação sem vacilar e, com ele, provou o poder da fé sobre a carne.

Execuções em Colchester

Foi anteriormente mencionado que vinte e duas pessoas haviam sido enviadas de Colchester, as quais, após ligeira submissão, acabaram por ser libertas. Destes, William Munt, de Much Bentley, lavrador, com Alice, sua esposa, e Rose Allin, sua filha, ao voltarem para casa, se abstiveram de frequentar a igreja, o que induziu o intolerante sacerdote a secretamente escrever para Bonner. Por um curto período, puderam se esconder, mas, ao voltarem, em 7 de março, um tal Edmund Tyrrel (parente do Tyrrel que assassinou o Rei Eduardo V e seu irmão), com os oficiais, entrou na casa enquanto Munt e sua esposa estavam na cama, e os informou de que deveriam ir ao castelo de Colchester. A sra. Munt, na época muito doente, pediu à filha que lhe buscasse algo que beber; sendo permitido, Rose pegou uma vela e uma caneca e, ao voltar para casa, foi recebida por Tyrrel, que a advertiu a aconselhar seus pais a se tornarem bons católicos. Rose informou-lhe brevemente que eles tinham por conselheiro o Espírito Santo, e que ela estava pronta para dar a própria vida pela mesma causa. Voltando-se para os que o acompanhavam, lhes declarou que estava disposta a ser queimada; então um deles sugeriu que a provassem a fim de ver como haveria de proceder no futuro. O perverso insensível executou imediatamente esse projeto e, prendendo a jovem pelos punhos, tomou a vela acesa que ela segurava, queimando-a no dorso da mão, até os tendões se separarem da carne, enquanto a insultava com muitos ultrajes. Ela suportou indiferente a raiva do terrível papista e, então, quando este cessou a tortura, pediu que ele continuasse a fazê-lo nos pés ou na cabeça, pois não precisava temer, já que seu chefe haveria de um dia pagar-lhe. Depois disso, levou a bebida para a mãe.

Este ato cruel de tortura não é o único nos registros. Bonner serviu a um pobre cego harpista quase da mesma maneira, pois mantinha firme a esperança de que, se todas as partes de seu corpo fossem queimadas, não haveria de fugir da fé. Bonner, depois disso, fez um sinal em particular para seus homens, para que trouxessem carvão em brasa, o qual colocaram na palma da mão do pobre homem, e então, pela força, a mantiveram fechada, até queimar profundamente sua carne.

George Eagles, alfaiate, foi indiciado por haver orado pedindo a Deus que "convertesse o coração da Rainha Maria ou a levasse embora"; a causa ostensiva de sua morte era sua religião, pois dificilmente se pode conceber que tenha cometido traição ao orar pela reforma de uma alma tão execrável como a de Maria. Sendo condenado por esse crime, foi conduzido ao local da execução em um trenó, junto a dois ladrões, que foram executados com ele. Depois que Eagles subiu a escada e ficou pendurado por um curto período, foi despedaçado, antes mesmo de estar inconsciente; um oficial de justiça, chamado William Swallow, o arrastou de novo para o trenó e, com um cutelo comum, cortou-lhe a cabeça; então, de maneira igualmente desajeitada e cruel, abriu-lhe o corpo e arrancou seu coração.

Em meio a todo esse sofrimento, o pobre mártir não se queixou, antes, invocou seu Salvador até o fim. A fúria desses fanáticos não terminou aí; seus intestinos foram queimados e o corpo foi esquartejado, cada uma das quatro partes sendo enviadas para Colchester, Harwich, Chelmsford e St. Rouse's. Chelmsford teve a honra de ficar com a cabeça, que foi afixada a uma longa vara no mercado. Com o tempo, foi derrubada e ficou vários dias na rua, até ser enterrada à noite no cemitério da igreja. O juízo de Deus não demorou muito para cair sobre Swallow, que na velhice se tornou um mendigo e foi acometido por uma lepra que o fez nocivo até mesmo para os animais; nem Richard Potts, que perturbou Eagles em seus momentos de morte, escapou da mão de Deus.

Senhora Joyce Lewes

Esta senhora era a esposa do sr. T. Lewes, de Manchester. Ela havia tomado a religião romana como verdadeira, até que aquele piedoso mártir, sr. Saunders, foi queimado em Coventry. Compreendendo que a morte dele foi consequência de sua recusa em receber a missa, começou a investigar o motivo pelo qual não aceitava fazê-lo, e sua consciência, quando passou a ser iluminada, tornou-se inquieta e alarmada. Nessa inquietação, recorreu ao sr. John Glover, que morava perto, e lhe solicitou que revelasse aquelas ricas fontes de conhecimento do Evangelho que possuía, particularmente sobre o assunto da transubstanciação. Ele facilmente conseguiu convencê-la de que a farsa do papado e da missa estavam em desacordo com a santíssima Palavra de Deus, e honestamente a reprovou por seguir com tanto afinco as vaidades de um mundo perverso. Aquela fora, para ela, uma palavra oportuna, pois logo se cansou de sua antiga vida pecaminosa e resolveu abandonar a missa e a adoração idólatra. Embora compelida pela violência do marido a ir à igreja, seu desprezo pela água benta e outras cerimônias era tão manifesto que foi acusada perante o bispo por desprezar os sacramentais.

Uma convocação, endereçada a ela, seguiu imediatamente, e foi dada ao sr. Lewes, que, em um acesso de raiva, pôs uma adaga na garganta do policial e o fez comer o documento, dando-lhe ainda água para que a engolisse, depois o mandou embora. Mas, diante disso, o bispo convocou o sr. Lewes para vir diante dele, assim como sua esposa. O marido prontamente se submeteu, mas a esposa afirmou resolutamente que, ao recusar a água benta, não ofendia a Deus, nem a nenhuma de suas leis. Foi enviada para casa por um mês, de modo que seu marido ficou responsável por seu comparecimento. Durante esse período, o sr. Glover a convenceu da necessidade de fazer o que fazia, não por vaidade, mas pela honra e glória de Deus.

Glover e outros exortaram sinceramente Lewes a perder o dinheiro que havia pago de fiança antes de sujeitar sua esposa à morte certa; mas ele, surdo à voz da humanidade, entregou-a ao bispo, que logo encontrou motivos suficientes para levá-la a uma prisão repugnante, onde foi várias vezes submetida a exame. Na última vez, o bispo argumentou com ela acerca da adequação de sua vinda à missa e de receber como sagrado o Sacramento e os sacramentais do Espírito Santo. "Se essas coisas estivessem na Palavra de Deus", disse a sra. Lewes, "eu as receberia de todo o coração, nelas creria e as estimaria". O bispo, com a mais ignorante e ímpia insensatez, respondeu: "Se não acreditares em mais do que o que é garantido pelas Escrituras, estarás em estado de condenação!". Surpreendida por essa declaração, essa digna sofredora replicou que as palavras do bispo eram tão impuras quanto profanas.

Após a condenação, ela permaneceu doze meses na prisão, pois o xerife não estava disposto a matá-la durante o exercício de seu cargo, embora tivesse sido recentemente apontado para tal. Quando sua sentença de morte veio de Londres, a mulher chamou alguns amigos, a quem consultou de que maneira sua morte poderia ser mais gloriosa para o nome de Deus e prejudicial à causa dos inimigos de Deus. Sorrindo, ela disse: "Quanto à minha morte, nela pouco penso. Quando sei que contemplarei o semblante amável de Cristo, meu querido Salvador, o feio rosto da morte não me incomoda muito". Na noite anterior ao sofrimento, dois sacerdotes estavam ansiosos para visitá-la, mas ela, por sua vez, recusou a confissão e a absolvição, pois podia manter uma comunicação mais eficaz com o Sumo Sacerdote de almas. Por volta das três horas da manhã, Satanás começou a disparar seus dardos inflamados, colocando em sua mente a dúvida se havia sido escolhida para a vida eterna e se Cristo havia morrido por ela. Seus amigos prontamente lhe indicaram aquelas passagens consoladoras das Escrituras que confortam o coração cansado e tratam do Redentor que tira os pecados do mundo.

Por volta das oito horas, o xerife anunciou à sra. Lewes sua última hora de vida; inicialmente, sentiu-se abatida pela notícia, mas isso logo se dissipou e ela se pôs a agradecer a Deus por sua vida estar prestes a ser dedicada ao Seu serviço. O xerife concedeu permissão para dois amigos acompanharem-na à estaca, uma indulgência pela qual foi posteriormente tratado com severidade. Reniger e Bernher a levaram ao local da execução; ao dirigir-se à estaca, quase desmaiou, devido à distância, à grande fraqueza que sentia e à pressão do povo que se aglomerava. Por três vezes orou fervorosamente, pedindo a Deus que libertasse aquela terra do papado e da missa idólatra; e o povo, em sua maioria, assim como o xerife, disse amém.

Ao orar, pegou o cálice (que havia sido cheio de água para refrescá-la) e disse: "Bebo a todos os que sem fingimento amam o Evangelho de Cristo e desejam a abolição do papado". Seus amigos e muitas mulheres do lugar beberam com ela, motivo pelo qual a maioria deles posteriormente foi condenada à penitência.

Quando acorrentada à estaca, seu semblante era alegre, e o rubor de suas faces não desapareceu. Suas mãos foram estendidas para o céu até que o fogo as deixou impotentes, quando sua alma foi recebida nos braços do Criador. A duração de sua agonia foi curta, já que o xerife, a pedido de seus amigos, preparara um combustível tão excelente que em poucos minutos ficou sobrecarregada de fumaça e chamas. O caso desta senhora provocou lágrimas de compaixão em todos os que tinham um coração sensível à humanidade.

Execuções em Islington

Por volta do dia 17 de setembro, sofreram em Islington os seguintes quatro confessores de Cristo: Ralph Allerton, James Austoo, Margery Austoo e Richard Roth.

James Austo e sua esposa, de St. Allhallows, Barking, Londres, foram condenados por não acreditarem na presença de Cristo. Richard Roth rejeitou os sete sacramentos e foi acusado de confortar os hereges pela seguinte carta, escrita com seu próprio sangue, a qual pretendia enviar a seus amigos em Colchester:

> Ó queridos irmãos e irmãs,
> Quanta razão tendes para alegrar-vos em Deus, que tanta fé vos tem dado para vencer esse tirano sedento de sangue até agora! E, sem dúvida, Aquele que iniciou essa boa obra em vós a cumprirá até o fim. Oh, queridos corações em Cristo, que coroa de glória recebereis com Ele no reino de Deus! Oh, aprouvesse à boa vontade de Deus que eu estivesse pronto para ir convosco, pois durante o dia sou atormentado pelo meu senhor, e à noite encontro-me no depósito de carvão, afastado de Ralph Allerton, ou de qualquer outro; e todos os dias esperamos quando seremos condenados, pois disseram-me que haveríamos de ser queimados dez dias antes da Páscoa. Permaneço, porém, à beira do tanque, e todo homem entra adiante de mim, mas espero pacientemente a vontade do Senhor, com muitas correntes, em grilhões e cepos, pelos quais temos recebido grande alegria de Deus. E agora, que vos vá bem, queridos irmãos e irmãs, neste mundo, e confio que vos verei nos céus, face a face.
> Ó irmão Munt, com sua esposa e minha irmã Rose, quão bem-aventurados sois vós no Senhor, que Deus vos achou dignos de sofrer

por Sua causa junto a todo o restante de meus queridos irmãos e irmãs conhecidos e desconhecidos, até a morte. Não temais, diz Cristo, porque Eu venci a morte. Ó querido coração, visto que Jesus Cristo será nossa ajuda, esperai na vontade do Senhor. Sede fortes, permiti que vossos corações estejam confortados e esperai ainda pelo Senhor. Ele está próximo. Sim, o anjo do Senhor coloca sua tenda em torno dos que o temem e os livra da maneira que lhe apraz. Pois nossas vidas estão nas mãos do Senhor, e eles nada nos poderão causar se Deus não o permitir. Portanto, dai graças a Deus.

Ó queridos corações, sereis revestidos de longas vestes brancas no monte de Sião, com a multidão de santos e com Jesus Cristo, nosso Salvador, que nunca nos abandonará. Ó bem-aventuradas virgens, vós desempenhais o papel das virgens prudentes por terdes tomado óleo nas vossas lâmpadas, para que entreis com o Noivo na alegria eterna quando este vier. Mas, quanto às tolas, serão excluídas, porque não se dispuseram a sofrer com Cristo, nem tomaram a Sua cruz. Ó queridos corações, quão preciosa será a vossa morte aos olhos do Senhor, pois cara é a morte dos Seus santos. Que vos vá bem, e permanecei em oração. Senhor Jesus Cristo esteja com todos vós. Amém. Amém. Orai, orai, orai!

Escrito por mim, com meu próprio sangue,
RICHARD ROTH.

Essa carta, denominando Bonner o "tirano sedento de sangue", provavelmente não suscitaria sua compaixão. Roth o acusou de levá-los a um exame secreto à noite, porque tinha medo do povo durante o dia. Resistindo a toda tentação de se retratar, foi condenado e, em 17 de setembro de 1557, esses quatro mártires morreram em Islington, pelo testemunho do Cordeiro, que foi morto para que eles fossem os remidos de Deus.

John Noyes, um sapateiro de Laxfield, Suffolk, foi levado para Eye, e, à meia-noite de 21 de setembro de 1557, foi transportado de Eye para Laxfield para ser queimado. Na manhã seguinte, foi conduzido à estaca e preparado para o terrível sacrifício. O sr. Noyes, ao chegar ao local fatal, ajoelhou-se, orou e entoou o Salmo 50. Quando a corrente o envolveu, ele disse: "Não temais os que matam o corpo, mas Aquele que pode matar o corpo e a alma e lançá-los ao fogo eterno!". Quando um tal Cadman colocou um feixe de lenha sobre ele, abençoou a hora em que nasceu para morrer pela verdade; e, confiando apenas nos méritos todo-suficientes do Redentor, o fogo foi ateado, e as chamas da fogueira em pouco tempo sufocaram suas últimas palavras: "Senhor, tem piedade de mim! Cristo, tem piedade de mim!". As cinzas do corpo foram enterradas em uma cova, e com elas um de seus pés, inteiro até todo o tornozelo, com a meia ainda vestida.

A Senhora Cicely Ormes

Essa jovem mártir, de 22 anos, era a esposa do sr. Edmund Ormes, tecelão de estambre de St. Lawrence, Norwich. Com a morte de Miller e Elizabeth Cooper, antes mencionados, ela dissera que desejava tomar do mesmo cálice de que bebiam. Por essas palavras, foi levada ao chanceler, que a teria dispensado caso prometesse ir à igreja e manter sua crença para si. Quando ela não consentiu, o chanceler lhe disse que havia concedido mais indulgência a ela do que a qualquer outra pessoa e não queria condená-la, pois era apenas uma mulher tola e ignorante. A isso, ela respondeu (talvez com mais astúcia do que esperava o chanceler) que, por maior que fosse seu desejo de poupar sua carne pecaminosa, não se comparava à inclinação que tinha em si de entregar-se a tão importante conflito. O chanceler proferiu a ardente sentença e, em 23 de setembro de 1557, ela foi levada à fogueira às oito horas da manhã.

Depois de declarar sua fé ao povo, ela colocou a mão sobre a estaca e disse: "Bem-vinda, tu, ó cruz de Cristo". Sua mão ficara cheia de fuligem ao fazê-lo, pois era a mesma estaca em que Miller e Cooper haviam sido queimados. A princípio, limpou a mão; mas logo depois a recebeu outra vez e a abraçou como a "doce cruz de Cristo". Tendo os atormentadores acendido o fogo, ela disse: "Minha alma engrandece o Senhor, e meu espírito se alegra em Deus, meu Salvador". Depois, cruzando as mãos sobre o peito, e olhando para o alto com imensa serenidade, suportou o ardente fogo. Suas mãos continuaram a se erguer pouco a pouco, até que os tendões secaram e caíram. Não exclamou um suspiro de dor, mas rendeu sua vida, um emblema daquele paraíso celestial em que está a presença de Deus, para sempre bendito.

Poder-se-ia argumentar que essa mártir buscou voluntariamente a própria morte, pois o chanceler mal exigia outra penitência senão que mantivesse sua crença para si mesma; contudo, nesse caso, Deus parecia tê-la escolhido como luz que resplandece, pois, doze meses antes de ser levada, havia se retratado. Contudo, sentira-se miserável, até que o chanceler foi informado, por meio de uma carta, de que se arrependera de sua retratação do fundo do coração. Como que para compensar sua antiga apostasia e convencer os católicos de que estava disposta a comprometer sua segurança pessoal, negou com veemência a amigável oferta de permitir que ela prolongasse a própria vida. Sua coragem em tal causa merece elogios; a causa dAquele que disse: "Aquele que se envergonhar de mim na terra, assim será envergonhado no céu".

Rev. John Rough

Esse piedoso mártir era um escocês. Aos 17 anos de idade, ingressou na Ordem dos Pregadores, em Stirling, na Escócia. Fora deserdado por seus pais e, para vingar-se de tal conduta, deu esse passo. Após dezesseis anos, lorde Hamilton, conde de Arran, o arcebispo de Santo André, que simpatizava com ele, induziu o provincial da casa a dispensar seu hábito e ordem; assim, tornou-se capelão do conde. Permaneceu no exercício desse ofício espiritual por um ano, e naquele tempo Deus o conduziu ao salvador conhecimento da verdade; por essa razão, o conde o enviou para pregar na cidade de Ayr, onde permaneceu durante quatro anos. Contudo, ao se ver em possível perigo devido à aparente situação religiosa da época, sabendo que na Inglaterra havia muita liberdade para se pregar o evangelho, viajou ao encontro do duque de Somerset, então lorde protetor da Inglaterra, que lhe ofereceu um salário anual de vinte libras e o autorizou a pregar em Carlisle, Berwick e Newcastle, onde se casou. Mais tarde, foi removido para uma reitoria em Hull, onde permaneceu até a morte de Eduardo VI.

Em consequência da maré de perseguição que se erguia, fugiu com a esposa para a Frísia, e em Nordon exerceram a ocupação de tecer meias, chapéus etc., a fim de obterem sustento. Impedido de conduzir seus negócios pela falta de fios, foi à Inglaterra para adquirir uma quantidade e, em 10 de novembro, chegou a Londres, onde logo ouviu falar de uma sociedade secreta de fiéis, a quem se juntou. Em pouco tempo foi eleito seu ministro, em cuja ocupação os fortaleceu em todas as boas resoluções.

Em 12 de dezembro, por meio da denúncia de um tal Taylor, membro da sociedade, o sr. Rough, com Cuthbert Symson e outros, foram presos em Saracen's Head, Islington, onde praticavam exercícios religiosos sob o pretexto de assistir apresentações teatrais. O secretário de ajudante de câmara da rainha conduziu Rough e Symson perante o Conselho, em cuja presença foram acusados de se reunir para celebrar a Comunhão. O Conselho escreveu a Bonner, que não perdeu tempo nesse sanguinário assunto. Em três dias, o recebeu diante dele e no dia seguinte (o vigésimo) decidiu condená-lo. As acusações feitas contra ele eram de que, sendo sacerdote, era casado e que havia rejeitado o serviço na língua latina. Não faltaram argumentos a Rough para responder a essas fracas acusações. Em suma, foi degradado e condenado.

O sr. Rough, deve-se notar, quando no Norte, durante o reinado de Eduardo VI, salvou a vida do dr. Watson, que mais tarde veio a sentar-se com o bispo ʙᴏɴɴᴇʀ no tribunal. Esse ingrato prelado, em troca do ato amável que recebera, acusou ousadamente o sr. Rough de ser o herege mais pernicioso do país. O piedoso ministro o reprovou por seu espírito malicioso; afirmou que durante os trinta anos em que viveu, nunca dobrou os joelhos diante de Baal, e que duas vezes em Roma testemunhara o papa ser levado nos ombros dos homens com o falsamente chamado sacramento diante dele, apresentando uma verdadeira imagem do próprio Anticristo. Contudo, foi mostrada mais reverência a ele do que à hóstia, que consideravam ser seu Deus. "Ah?", disse Bonner, levantando-se e aproximando-se dele, como se desejasse rasgar-lhe as vestes: "Estiveste em Roma e viste nosso santo pai, o papa, e ainda blasfemas contra tal coisa?". Dito isso, caiu sobre ele, arrancou-lhe um pedaço da barba e, para que o dia começasse com sua satisfação, ordenou que o objeto de sua raiva fosse queimado às cinco e meia da manhã seguinte.

Cuthbert Symson

Poucos confessores de Cristo foram mais ativos e zelosos do que esse excelente indivíduo. Não apenas trabalhou para preservar seus amigos da propagação do papado, mas também para protegê-los contra os terrores da perseguição. Era diácono na pequena congregação que o sr. Rough presidia como ministro.

O sr. Symson escreveu um relato de seus próprios sofrimentos, ao quais não se pode detalhar melhor do que em suas próprias palavras:

Em 13 de dezembro de 1557, fui enviado pelo Conselho para a Torre de Londres. Na quinta-feira seguinte, fui chamado ao corpo de guarda, diante do oficial principal da torre e do escrivão de Londres, sr. Cholmly, que me mandou informá-los dos nomes dos que compareceram ao culto inglês, ao que respondi que nada declararia. Em consequência de minha recusa, fui colocado em um cavalete de ferro, onde me pareceu correr o período de três horas!

Eles, então, me perguntaram se confessaria, e respondi como antes. Depois de ser retirado do instrumento, fui levado de volta ao meu alojamento. No domingo seguinte fui conduzido ao mesmo local, diante do tenente e do escrivão de Londres, quando me examinaram. As respostas que havia dado anteriormente, lhes dei outra vez. Então, o tenente jurou por Deus que me faria confessar; após o que, meus dois dedos indicadores foram atados juntos e uma pequena flecha colocada entre eles, de modo que a arrancaram com tal velocidade que o sangue emanou e se quebrou a seta.

Depois de suportar a tortura por duas vezes, fui levado de volta ao meu alojamento e, dez dias depois, o tenente me perguntou se haveria de confessar agora o que antes haviam me perguntado. Respondi que havia já dito tudo o que tinha a dizer. Três semanas depois, fui enviado ao sacerdote, onde fui agredido intensamente, e de cujas mãos recebi a maldição do papa por testemunhar a ressurreição de Cristo. E assim os recomendo a Deus e à Palavra de Sua graça, com todos aqueles que sem fingimento invocam o nome de Jesus, clamando a Deus por sua infinita misericórdia, por meio dos méritos de Seu querido Filho Jesus Cristo, para nos levar a todos ao Seu reino eterno, amém. Louvo a Deus por Sua grande misericórdia. Cantai Hosana ao Altíssimo comigo, Cuthbert Symson. Deus perdoe meus pecados! Peço perdão a todo o mundo, e a todo mundo perdoo; e assim deixo o mundo, na esperança de uma alegre ressurreição!

Se esse relato for devidamente considerado, que quadro de repetidas torturas vemos! Mas, mesmo a crueldade contida na narração é superada pela paciente mansidão com a qual foi suportada. Aqui não há expressões de malícia, nem invocações da justiça retributiva de Deus, nem uma queixa sequer por sofrer injustamente! Pelo contrário, há louvor a Deus, e pedidos pelo perdão dos pecados e liberação de perdão a todo o mundo concluem essa interessante narrativa.

A frieza constante desse mártir suscitou a admiração de Bonner. E, ao falar com o sr. Symson no consistório, ele disse: "Vês que ele é um homem gentil, e, depois de sua paciência, afirmo que, se não for um herege, é o mais paciente homem que já esteve diante de mim. Três vezes em um dia foi colocado no cavalete na Torre; em minha casa também passara por sofrimento, e ainda assim nunca vi sua paciência se perder".

No dia anterior à condenação desse piedoso diácono, enquanto estava no tronco, no depósito de carvão do bispo, ele teve a visão de uma forma glorificada, o que o encorajou muito. Isso certamente atestou sua esposa ao sr. Austen e a outros antes de sua morte.

Junto a esse ornamento da Reforma Cristã foram apreendidos o sr. Hugh Foxe e John Devinish; os três foram levados a Bonner, em 19 de março de 1558, e os artigos papistas foram colocados diante deles. Ao rejeitá-los, foram todos condenados. Assim como adoraram juntos na mesma sociedade, em Islington, sofreram juntos em Smithfield, no dia 28 de março, em cuja morte o Deus da Graça foi glorificado, e os verdadeiros crentes, confirmados!

Thomas Hudson, Thomas Carman e William Seamen

Foram condenados por um vigário fanático de Aylesbury, chamado Berry. O local da execução foi chamado Lollard's Pit[20], nos arredores de Bishipsgate, em Norwich. Depois de se unirem em humilde petição perante o trono da graça, levantaram-se e se dirigiram à fogueira, onde foram envoltos com correntes. Para a grande surpresa dos espectadores, Hudson escorregou por debaixo das correntes e foi à frente. Um grande rumor prevaleceu de que ele estava prestes a se retratar, enquanto outros achavam que desejava mais tempo. Enquanto isso, seus companheiros de estaca falavam-lhe todas as promessas e exortações para apoiá-lo. As esperanças dos inimigos da cruz, no entanto, foram frustradas: o bom homem, longe de temer o menor terror diante das pontadas de morte que se aproximavam, temia apenas porque a face de seu Salvador parecia estar oculta dele.

Caindo de joelhos, seu espírito lutou com Deus, e o Senhor atentou às palavras de Seu Filho: "Pedi e vos será dado". O mártir levantou-se em êxtase de alegria e exclamou: "Agora, graças a Deus, sou forte! E não me importo com o que o homem pode me causar!". Com um semblante tranquilo, recolocou-se sob a corrente, juntou-se a seus companheiros de sofrimento e, com eles, sofreu a morte, para o conforto dos piedosos e para a confusão do Anticristo.

Berry, não satisfeito com esse ato demoníaco, convocou duzentas pessoas na cidade de Aylesham, a quem obrigou a se ajoelharem na cruz no Pentecostes e infligiu outras punições. Golpeou um pobre homem com um martelo por dizer uma palavra insignificante, golpe esse que se provou fatal para o inofensivo homem. Golpeou, ainda, com seu punho, uma mulher chamada Alice Oxes, no momento em que ela entrava no salão, quando estava de mau humor; tamanha foi a força do golpe que a mulher morreu com a violência. Esse sacerdote era rico e possuía grande autoridade; era um réprobo e, devido ao sacerdócio, abstinha-se do casamento a fim de desfrutar de uma vida tanto mais devassa e licenciosa. No domingo após a morte da rainha Maria, estava ele se divertindo com uma de suas concubinas, antes

---

20. Tradução livre: Fosso dos llollardos (em alusão aos adeptos do Lollardismo, movimento inicialmente liderado por John Wickliffe). (N.T.)

das vésperas. Então, foi à igreja, ministrou o batismo e, retornando ao seu lascivo passatempo, foi ferido pela mão de Deus. Sem um momento de arrependimento, caiu no chão, e um gemido foi a única articulação permitida. Aqui, podemos contemplar a diferença entre o fim de um mártir e o de um perseguidor.

A história de Roger Holland

Em um local reservado próximo a um campo, em Islington, um grupo de condignas pessoas havia se reunido, somando quarenta delas. Enquanto estavam religiosamente envolvidas em orar e expor as Escrituras, vinte e sete delas foram levadas diante de *Sir* Roger Cholmly. Algumas das mulheres escaparam, enquanto vinte e dois foram presos em Newgate, onde permaneceram por sete semanas. Antes do exame, foram informados pelo guarda, Alexandre, de que nada mais era necessário para obter sua dispensa além de concordarem em ouvir a missa. Por mais fácil que possa parecer tal condição, esses mártires valorizavam mais a pureza de sua consciência do que a perda da vida ou de bens. Portanto, treze foram queimados, sete em Smithfield e seis em Brentford; dois morreram na prisão e os outros sete foram providencialmente preservados. Os nomes dos sete que sofreram são H. Pond, R. Estland, R. Southain, M. Ricarby, J. Floyd, J. Holiday e Roger Holland. Foram enviados a Newgate, em 16 de junho de 1558, e executados onze dias mais tarde.

Roger Holland, um alfaiate e mercador de Londres, foi primeiro aprendiz de um tal mestre Kemption, em Black Boy, Watling Street, dedicando-se à dança, à esgrima, aos jogos, banquetes e companhias desonestas. Certa feita, recebera de seu mestre um dinheiro, o valor de trinta libras; perdeu tudo nos dados. Portanto, resolveu se afastar além-mar, partindo para a França ou Flandres.

Decidido a fazê-lo, chamou pela manhã uma serva discreta da casa, cujo nome era Elizabeth, que professava o Evangelho e vivia uma vida que honrava sua confissão. A ela revelou a perda que sua loucura ocasionou, lamentou não ter seguido seu conselho e implorou que entregasse ao seu mestre uma nota promissória, reconhecendo a dívida, a qual pagaria se algum dia pudesse fazê-lo; também implorou que sua conduta vergonhosa fosse mantida em segredo, a fim de não causar cabelos brancos ao pai e com tristeza levá-lo ao túmulo antes do tempo.

A empregada, com generosidade e princípios cristãos difíceis de ultrapassar, consciente de que sua imprudência poderia ser sua ruína, trouxe-lhe as trinta libras, parte de uma soma de dinheiro recentemente recebida por testamento e lhe disse: "Aqui tendes a quantia de que precisais. Pegai o dinheiro e eu guardarei a nota; contudo, somente sob a expressa condição de que abandoneis toda companhia lasciva e cruel; que não jureis nem faleis indecentemente, e não mais vos entregueis ao jogo, pois, se eu souber que o tendes feito, mostrarei no mesmo instante esta nota ao vosso mestre. Também peço que prometais participar da prédica diária em Allhallows e do sermão em St. Paul todos os domingos; que jogueis fora todos os vossos livros papistas e, no lugar deles, coloqueis o Testamento e o Livro de Serviço, e que leiais as Escrituras com reverência e temor, pedindo a Deus que Sua graça o guie em Sua verdade. Que oreis com fervor a Deus, a fim de que perdoe as vossas ofensas anteriores, não se lembre dos pecados da vossa juventude, e que de Seu favor nasça em vós o temor de violar suas leis ou ofender Sua Majestade. Então, que Deus vos tenha sob Sua guarda e vos conceda o desejo do vosso coração". Devemos honrar a memória dessa excelente serva, cujos piedosos esforços foram igualmente direcionados para beneficiar o jovem inconsequente nesta vida e naquela que está por vir. Deus não permitiu que o desejo dessa excelente serva fosse jogado em solo árido; meio ano depois, o licencioso Holland tornou-se um zeloso confessor do Evangelho e um instrumento de conversão para seu pai e outras pessoas que visitou em Lancashire, para o conforto espiritual delas e a reforma do papado.

Seu pai, satisfeito com sua mudança de conduta, deu-lhe quarenta libras para iniciar negócios em Londres.

Então Roger voltou a Londres e dirigiu-se à empregada que lhe emprestara dinheiro para pagar seu senhorio, dizendo-lhe: "Elizabeth, aqui está o teu dinheiro que tomei emprestado de ti. E, quanto à amizade, a boa vontade e o bom conselho que recebi de tuas mãos, não sou capaz de recompensar-te senão fazendo de ti minha esposa". Logo depois, casaram-se, o que sucedeu no primeiro ano da rainha Maria.

Depois disso, ele permaneceu nas congregações dos fiéis, até que, no último ano da regência de rainha Maria, ele, juntamente com os seis outros mencionados, foram levados.

Após Roger Holland, mais nenhum sofreu em Smithfield pelo testemunho do Evangelho, graças a Deus.

Flagelações infligidas por Bonner

Quando esse terrível católico descobriu que nem persuasões, nem ameaças, nem prisão poderiam produzir qualquer alteração na mente de um jovem chamado Thomas Hinshaw, ele o enviou a Fulham e, durante a primeira noite, o colocou no tronco, sem permissão para receber qualquer coisa além de pão e água. Na manhã seguinte, voltou para ver se o castigo o havia feito mudar de ideia e, percebendo que não, enviou o dr. Harpsfield, seu arquidiácono, para conversar com ele. O doutor logo perdeu a paciência com suas respostas, chamou-o de menino briguento e lhe perguntou se sabia que estava prestes a ter sua alma condenada. "Estou convencido", disse Thomas, "de que trabalhais para promover o reino sombrio do diabo, não por amor à verdade". O doutor transmitiu essas palavras ao bispo, que, com uma fúria que quase impediu sua articulação, chegou a Thomas e disse: "Respondes assim ao meu arquidiácono, garoto travesso? Em breve lidarei contigo com a devida justiça, tem certeza!". Trouxeram-lhe, portanto, dois galhos de salgueiro e, fazendo com que o jovem, que não resistiu em momento algum, se ajoelhasse diante de um banco comprido em um bosque no jardim, o açoitou até ser obrigado a parar por falta de ar e fadiga. Uma das varas foi despedaçada.

A muitos outros tormentos semelhantes Hinshaw foi submetido pelo bispo, que, a fim de eliminá-lo definitivamente, reuniu falsas testemunhas para apresentar artigos contra ele, os quais o jovem negou e, em suma, recusou-se a responder a quaisquer interrogatórios. Duas semanas depois, o jovem foi acometido por uma febre ardente, e, a pedido de seu mestre, sr. Pugson, do pátio da igreja de São Paulo, foi removido; o bispo agora não duvidava de que a morte lhe haveria de ser dada de maneira natural; no entanto, ele permaneceu doente por mais de um ano e, nesse meio tempo, faleceu a rainha Maria, motivo pelo qual, agindo a providência, escapou da fúria de Bonner.

John Willes foi outro fiel sobre quem caiu a punitiva mão de Bonner. Era o irmão de Richard Willes, antes mencionado, queimado em Brentford. Hinshaw e Willes foram confinados juntos no depósito de carvão de Bonner e posteriormente removidos para Fulham, onde ele e Hinshaw permaneceram durante oito ou dez dias presos ao tronco. O espírito perseguidor de Bonner se mostrou em seu tratamento para com Willes durante seus exames, atingindo-o na cabeça com um bastão, puxando-o pelas orelhas e batendo-lhe sob o queixo, dizendo que baixava a cabeça como um criminoso. Como não produziu sinais de retratação, Bonner o levou para o meio de seu pomar e, em um pequeno bosque, o açoitou primeiro com uma vara de salgueiro e depois de bétula, até ficar exausto. Essa cruel ferocidade surgiu da resposta do pobre sofredor, que, ao ser perguntado acerca de quanto tempo se passara desde a última vez que se prostrara a um crucifixo, respondeu: "Não o faço desde quando recebi o discernimento, nem o farei, ainda que seja despedaçado por cavalos selvagens". Bonner, então, ordenou que ele fizesse o sinal da cruz na testa, o que se recusou a fazer, e assim foi levado ao pomar.

Um dia, quando estava preso ao tronco, Bonner perguntou se lhe agradava a hospedagem e a comida. "Bom seria", disse Willes, "ter um pouco de palha onde pudesse me sentar ou deitar". Nesse momento, entrou a esposa de Willes, em avançado estágio de gravidez, suplicando ao bispo pela vida de seu marido e com ousadia declarando que daria à luz ali mesmo, caso este não a pudesse acompanhar. Para se livrar da importunação da boa esposa e do incômodo de ter uma parturiente em seu palácio, o bispo ordenou que Willes fizesse o sinal da cruz e dissesse: *"In nomine Patris, et Filii, et Spiritus Sancti, Amen"*. Willes omitiu o sinal e repetiu as palavras: "Em nome do Pai, e do Filho, e do Espírito Santo, Amém". Bonner insistiu que as repetisse em latim, ordem à qual Willes não fez objeção, pois sabia o significado das palavras. Recebeu, então, a permissão de voltar para casa com sua esposa, sendo encarregado seu parente Robert Rouze de levá-lo à catedral de São

Paulo no dia seguinte, aonde Willes foi por vontade própria e, após assinar um documento de pouca importância escrito em latim, foi dispensado. Esse foi o último dos vinte e dois aprisionados em Islington.

Rev. Richard Yeoman

Esse devoto senhor de idade era vigário do dr. Taylor, em Hadley, e qualificado com eminência para sua sagrada função. O dr. Taylor lhe concedeu o vicariato ao partir, mas tão logo o sr. Newall recebeu o cargo, removeu o sr. Yeoman e o substituiu por um sacerdote romanista. Depois disso, Yeoman vagou de um lugar para outro, exortando todos os homens a permanecerem fiéis à Palavra de Deus, aplicando-se à oração com sinceridade, levando com paciência a cruz que agora lhes fora imposta para prová-los, confessando a verdade diante de seus adversários com ousadia, e aguardando a coroa e a recompensa da perene felicidade com indubitável esperança. Mas, quando percebeu que seus adversários o espreitavam, dirigiu-se para Kent e, com um pequeno pacote de rendas, alfinetes, pontos etc., viajou de vila em vila, vendendo tais artigos e, dessa maneira, sustentando a si, à esposa e aos filhos.

Finalmente, o juiz Moile, de Kent, capturou o sr. Yeoman e o colocou no tronco por um dia e uma noite; contudo, sem nenhum motivo evidente para acusá-lo, soltou-o novamente. Voltando secretamente a Hadley, Yeoman permaneceu com sua pobre esposa, que o manteve oculto em um aposento reservado de sua casa durante mais de um ano. Durante esse período, o bom e velho pai limitou-se ao seu aposento, passando o dia todo trancado, dedicando seu tempo à devota oração, à leitura das Escrituras e à cardagem da lã que sua esposa fiava. A mulher também pedia pão para si e para seus filhos, meios precários pelos quais se sustentavam. Assim, os santos de Deus suportaram a fome e a miséria, enquanto os profetas de Baal viviam em festa, sendo paparicados à mesa de Jezabel.

Feitas denúncias a Newall de que Yeoman fora escondido por sua esposa, Newall veio e, acompanhado de oficiais, invadiu o aposento onde aquele por quem buscava encontrava-se na cama com a esposa. Newall censurou a pobre mulher, chamando-a de prostituta por haver indecentemente se despido, mas Yeoman resistiu tanto a esse ato de violência quanto ao ataque ao caráter de sua esposa, acrescentando que desprezava o papa e o papado. Foi preso e colocado no tronco até o raiar do dia.

Na cela, estava também com ele um ancião, chamado John Dale, que estava ali havia três ou quatro dias por exortar as pessoas enquanto Newall e seu vigário celebravam o serviço. Suas palavras foram: "Ó miseráveis guias cegos, sereis para sempre líderes cegos de cegos? Jamais vos corrigireis? Nunca vereis a verdade da Palavra de Deus? Não entrarão as ameaças e promessas de Deus em vossos corações? Será que o sangue dos mártires em nada sensibilizará vossos pétreos estômagos? Ó geração obstinada, de coração duro, perversa e torta a quem nada pode fazer bem!".

Tais palavras disse com fervor de espírito contra a religião supersticiosa de Roma; portanto, Newall fez com que fosse imediatamente preso e colocado no tronco dentro de uma cela, onde foi mantido até *sir* Henry Doile, um juiz, chegar a Hadley.

Quando Yeoman foi apreendido, o pároco chamou *sir* Henry Doile para enviá-los à prisão. *Sir* Henry Doile, com sinceridade, pediu ao pároco que considerasse a idade dos homens e sua condição humilde; não eram pessoas eminentes nem pregadores. Portanto, propôs que fossem punidos um dia ou dois e depois dispensados, à exceção de John Dale, que não era sacerdote, e, por haver já passado tempo considerável na cela, Henry Doile julgava ser aquela uma punição suficiente até o momento. Quando o pároco ouviu a sugestão, foi tomado de raiva e, com grande ira, os chamou de hereges pestilentos, incapazes de viver na comunidade dos cristãos.

Sir Henry, temendo parecer misericordioso demais, ordenou que Yeoman e Dale fossem atados, amarrados como ladrões com as pernas sob os ventres dos cavalos e levados para a prisão de Bury, onde foram acorrentados. E, por continuamente repreenderem o papado, foram levados para a masmorra mais profunda, onde John Dale, enfermo por causa do cárcere e dos maus tratos, logo morreu. Seu corpo foi lançado fora e enterrado nos campos. Era um homem de 66 anos de idade, um tecelão bem instruído nas Sagradas Escrituras, firme em sua confissão das verdadeiras doutrinas de Cristo, conforme estabelecidas no tempo do Rei Eduardo, pelas quais sofreu alegremente as dores da prisão e das correntes, e dessa masmorra mundana partiu em Cristo para a glória eterna e o bendito paraíso da felicidade eterna.

Após a morte de Dale, Yeoman foi removido para a prisão de Norwich, onde, depois de tantos males e sofrimentos, foi examinado a respeito de sua fé e religião e obrigado a se submeter ao santo padre, o papa, ao qual disse: "Desprezo a ele e a todas as suas odiáveis abominações; de modo algum me vincularei a ele". Os principais artigos contra Yeoman eram seu casamento e a rejeição ao sacrifício da missa. Continuando ele firme na verdade, foi condenado, degradado e não apenas queimado, mas também cruelmente atormentado pelo fogo. Assim, terminou essa vida pobre e miserável e entrou no bendito seio de Abraão, desfrutando com Lázaro o descanso que Deus preparou para Seus eleitos.

Thomas Benbridge

Benbridge era um cavalheiro solteiro, na diocese de Winchester. Esse homem poderia ter vivido uma vida tranquila nas ricas posses deste mundo. Contudo, preferiu entrar pela porta estreita da perseguição e alcançar as posses celestiais da vida no Reino do Senhor a gozar do prazer temporário com inquietação de consciência. Mantendo-se firmemente contra os papistas pela defesa da verdadeira doutrina do Evangelho de Cristo, foi preso como um inimigo da religião romanista e levado a um exame perante o bispo de Winchester, onde passou por vários conflitos diante do bispo e seu colega. Por isso, foi condenado e, algum tempo depois, levado ao local do martírio por *sir* Richard Pecksal, o xerife.

Ao chegar à estaca, começou a desatar os laços de suas roupas e a se preparar. Então, entregou suas vestes ao guardião, a modo de pagamento. Seu colete era ornamentado com rendas de ouro, o qual deu a *sir* Richard Pecksal, o alto xerife. Tirou o chapéu de veludo da cabeça e lançou fora. Então, elevando sua mente ao Senhor, aplicou-se em oração.

Quando preso à estaca, o dr. Seaton suplicou que se retratasse para que, assim, recebesse o perdão. No entanto, percebendo que efeito algum surtiam seus pedidos, disse ao povo que, a menos que ele se retratasse, não orasse por ele, como também não oraria por um cachorro.

Sr. Benbridge permanecia inerte na estaca com as mãos juntas, da mesma forma que fazem os sacerdotes durante o Memento[21]. O dr. Seaton veio a ele

---

21. Toda prece eclesiástica iniciada por tal palavra. (N.T.)

novamente e o exortou a se retratar, a quem respondeu: "Para longe de mim, Babilônia, para longe!". E alguém que ali estava presente disse: "Senhor, corta-lhe a língua!"; outro, um homem secular, desferiu contra ele palavras piores do que havia dito o dr. Seaton.

Vendo eles que Benbridge não cedia, ordenaram aos algozes que acendessem a fogueira, antes mesmo que ela estivesse repleta de madeira. O fogo primeiro queimou-lhe um pedaço da barba, diante do que não se encolheu. Então, passou ao outro lado e queimou-lhe as pernas, junto às meias inferiores, que eram feitas de couro e tornaram o fogo ainda mais intenso, de modo que o calor se fez intolerável e o levou a exclamar: "Eu me retrato!", e de repente empurrou o fogo para longe de si. Dois ou três de seus amigos, desejando salvá-lo, pisaram no fogo para ajudar a extingui-lo, gentileza pela qual foram enviados à prisão. O xerife também, por sua própria autoridade, o tirou da estaca e o conduziu à prisão, da qual foi enviado a Fleet e lá permaneceu durante certo tempo. Antes, porém, de ser retirado da estaca, o dr. Seaton escreveu artigos para que Benbridge assinasse. O sr. Benbridge fez tantas objeções a estes que o dr. Seaton ordenou que novamente ateassem fogo à pira. Então, com muita dor e tristeza no coração, assinou-os, apoiando-os nas costas de um homem.

Feito isso, suas vestes lhe foram devolvidas e ele foi levado para a prisão. Enquanto lá estava, escreveu uma carta ao dr. Seaton, retratando-se daquelas palavras que havia dito na estaca e dos artigos que havia assinado, pois lamentava profundamente tê-lo feito. Na mesma noite, foi outra vez levado à fogueira, onde os vis atormentadores o queimaram. Que o Senhor faça se arrependerem seus inimigos!

Senhora Prest

Devido à quantidade de pessoas condenadas nesse fanático reinado, é quase impossível obter o nome de todos os mártires ou engrandecer a história de cada um deles com relatos e exemplos de conduta cristã. Graças à Providência, nossa cruel tarefa começa a chegar a uma conclusão, com o fim do reinado de terror papal e derramamento de sangue. Os monarcas, que se sentam no trono por direito hereditário, devem, dentre todos os outros, considerar que as leis da natureza são as leis de Deus e que, portanto, a primeira delas é a preservação de seus súditos. Os preceitos de perseguição, tortura e morte deveriam ser deixados para aqueles que exercem soberania por meio da fraude ou da espada. Contudo, onde encontraremos alguém cuja memória seja "condenada à fama eterna" tal qual a da rainha Maria, exceto entre poucos vis imperadores de Roma e pontífices romanos? As nações lamentam a hora em que são para sempre separados de um governante amado; mas o fim do reinado de Maria fora o momento mais bendito de todo o seu reinado. O céu ordenou três grandes tormentos para pecados capitais: a praga, a pestilência e a fome. Fora da vontade de Deus, porém, prover um quarto para reinado de Maria, sob a forma de perseguições papistas. Foi um tempo de muita brutalidade, mas glorioso; o fogo que consumiu os mártires enfraqueceu o papado, e os estados católicos, atualmente os mais fanáticos e obscuros, são os mais baixos na escala da dignidade moral e relevância política. Que assim permaneçam até que a pura luz do Evangelho dissipe as trevas do fanatismo e da superstição! Mas voltemos ao assunto.

A sra. Prest morou por algum tempo na Cornualha, onde tinha marido e filhos, cujo fanatismo a obrigou a frequentar as abominações da Igreja de Roma. Decidida a agir conforme lhe dizia sua consciência, abandonou-os e se sustentou como tecelã. Passado algum tempo, voltando para casa, foi denunciada pelos vizinhos e levada a Exeter para ser examinada perante o dr. Troubleville e seu chanceler Blackston. Essa mártir era considerada de capacidade intelectual inferior, por isso a colocaremos em competição com o bispo e deixaremos a critério do leitor decidir quem dispunha do conhecimento mais propício para caminhar à vida eterna. Quando o bispo colocou em questão a afirmação de que o pão e o vinho são carne e sangue, a sra. Prest disse: "Pergunto se podeis negar vosso credo, que diz que Cristo está perpetuamente assentado à direita de Seu Pai, corpo e alma, até que volte; ou que Ele está no Céu, como nosso Advogado, intercedendo por nós diante de Deus, Seu Pai. Se assim for, Ele não está aqui na terra em um pedaço de pão. Se Ele não está aqui, e se não habita em templos feitos por mãos de homens, mas no céu, deveríamos nós procurá-lo aqui? Se Ele ofereceu Seu corpo de uma vez por todas, por que fazeis nova oferta? Se com uma única oferta Ele tudo fez perfeito, por que vós, com uma falsa oferta, tornais tudo imperfeito? Se devemos adorá-lo em espírito e em verdade, por que adorais um pedaço de pão? Se dele comemos e bebemos em fé e verdade, e se a carne em nada tem proveito no meio de nós, por que dizeis fazer sua carne e seu sangue e que estes são proveitosos para o corpo e a alma? Ai de mim! Sou uma pobre mulher, mas, fizesse eu o que fazeis, não viveria mais. Nada mais, senhor".

Bispo: Digo com convicção que és, de fato, uma protestante. Dize-me, em que escola foste educada?

Sra. Prest: Assisti aos sermões aos domingos e com eles aprendi coisas que estão tão cativas em meu coração, que a morte não as separará de mim.

Bispo: Mulher tola, quem gastará fôlego contigo, ou com alguém semelhante a ti? Mas como sucedeu que te afastaste de teu marido? Se fosses uma mulher honesta, não terias deixado teu marido e filhos e percorrido o país como uma fugitiva.

Sra. Prest: Senhor, lutei pela minha vida; e, como meu Mestre Cristo me aconselha, ao ser perseguida em uma cidade, fugi para outra.

Bispo: Quem te perseguiu?

Sra. Prest: Meu marido e meus filhos. Pois, quando expressei meu desejo de que abandonassem a idolatria e adorassem a Deus no céu, não me ouviram; antes, ele e meus filhos me repreenderam e me perturbaram. Não fugi para a prostituição, nem para o roubo, mas porque não queria ter parte com ele e aquele imundo ídolo da missa. E, onde quer que eu estivesse, sempre que podia, aos domingos e feriados, inventava desculpas para não ir à Igreja papista.

Bispo: Mas, ó que boa esposa eras, fugindo de teu marido e de tua Igreja.

Sra. Prest: Não sou exímia dona de casa, mas Deus me deu graça para ir à verdadeira Igreja.

Bispo: A verdadeira Igreja? Que queres dizer?

Sra. Prest: Não a tua Igreja papista, cheia de ídolos e abominações, mas aquela que se forma quando dois ou três se reúnem em nome de Deus; a essa Igreja irei enquanto viver.

Bispo: Então tens tua própria iIgreja. Bem, prendei esta mulher louca até buscarmos seu marido.

Sra. Prest: Não. Tenho apenas um marido, que já está aqui nesta cidade, preso comigo, de quem nunca hei de me afastar.

Algumas pessoas se esforçaram para convencer o bispo de que a mulher não estava em seu perfeito estado, de modo que foi autorizada a partir. O guardião das prisões do bispo a acolheu em sua casa, onde ela tecia, trabalhando como serva, ou caminhava pela cidade, falando sobre o Sacramento do altar. Chamaram seu marido para que a levasse para casa, mas ela se recusou a voltar enquanto a causa da religião pudesse ser servida. Mantinha-se demasiado ativa para dar-se ao ócio, e seu discurso, embora a achassem simplória, despertou a atenção de vários sacerdotes e frades católicos. Eles a provocavam com perguntas, até que ela lhes respondeu com raiva, de modo que se levantaram risadas por sua altercação.

"Não", disse ela, "vós tendes mais pelo que chorar do que rir, de arrepender-vos de haver nascido e serdes o capelão desta prostituta da Babilônia. Desprezo a ele e a toda sua falsidade. Afastai-vos de mim, pois nada fazeis senão atormentar-me a consciência. Quereis que eu siga vossos feitos; antes, hei de perder minha vida. Rogo que vos afasteis de mim".

"Ora, mulher tola", disseram eles, "viemos a ti para teu proveito e saúde da alma". Ao que ela respondeu: "Qual é vosso proveito, quando nada ensinais além de mentiras como se fossem a verdade? Como salvais almas, quando não pregais nada além de mentiras, destruindo almas?".

"E como provarás o que dizes?", disseram eles.

"Não causais vós a destruição de almas quando ensinais o povo a adorar ídolos, paus e pedras, obras das mãos dos homens? E a adorar um Deus falso que vós mesmos fizestes de um pedaço de pão, ensinando que o papa é o vigário de Deus e detém poder de perdoar pecados? Não dizeis que existe um purgatório, quando o Filho de Deus, por Seu sacrifício, a tudo purgou? E não dizeis que fazeis a presença de Deus e o sacrificais, quando o corpo de Cristo foi sacrificado de uma vez por todas? Não ensinais as pessoas a confessarem seus pecados em vossos ouvidos, dizendo que serão condenados se não os confessarem todos, quando a Palavra de Deus diz: quem poderá contar vossos pecados? Não lhes prometeis trintenas, réquiens e missas para as suas almas e vendeis suas orações por dinheiro, fazendo-os comprar indultos e confiar em tais invenções tolas de vossa imaginação? Não agis completamente contra Deus? Não nos ensinais a rezar com terços e a rezar aos santos, dizendo que estes podem orar por nós? Não fazeis água benta e pão sagrado para expulsar demônios? Não fazeis outras mil abominações? E, no entanto, dizeis que viestes em meu proveito e para salvar minha alma. Não, não. Alguém já me salvou. Adeus a vós e à vossa salvação."

Durante o exercício da liberdade que o bispo lhe concedera, ela foi à igreja de São Pedro e lá encontrou um habilidoso holandês, que afixava novos narizes em certas belas imagens que haviam sido desfiguradas no tempo do Rei Eduardo; ela lhe disse: "Que homem louco és tu, fazendo para elas novos narizes, quando em alguns dias todas perderão a cabeça!". Então, o holandês a maldisse e lhe lançou palavras duras. Ao que respondeu: "Tu és amaldiçoado, assim como são tuas imagens". Ele, portanto, a chamou de prostituta. "Não", disse ela, "tuas imagens são prostitutas, e tu és um caçador de luxúria; pois Deus diz: 'vós vos prostituís diante de deuses estranhos, imagens de vossas próprias mãos', e tu és um deles". Depois disso, ordenaram que fosse confinada e não voltou à liberdade.

Durante o período em que foi presa, muitos a visitaram, alguns enviados pelo bispo e outros conhecidos dela, entre eles Daniel, que fora um grande pregador do Evangelho nos dias do Rei Eduardo, em Cornwall e Devonshire, mas que, pela terrível perseguição que sofrera, caíra da fé. Ela o exortou com sinceridade a se arrepender como Pedro e a ser mais constante em sua confissão de fé.

A sra. Walter Rauley e os senhores William e John Kede, pessoas muito respeitáveis, prestaram amplo testemunho de sua piedosa conversa, declarando que, a menos que Deus estivesse com ela, era impossível que ela pudesse defender tão habilmente a causa de Cristo. Na verdade, para resumir o caráter dessa pobre mulher, ela uniu a serpente e a pomba: abundante na mais alta sabedoria unida a imensa simplicidade. Ela suportara a prisão, as ameaças, as provocações e os epítetos mais vis, mas nada poderia induzi-la a se desviar; seu coração estava firmado, pois ela havia lançado a âncora. Nem todas as feridas causadas pela perseguição poderiam removê-la da rocha sobre a qual suas esperanças de felicidade foram construídas.

Tal era sua memória que, sem nenhuma erudição, era capaz de dizer em que capítulo se podia encontrar qualquer texto das Escrituras. Por causa dessa propriedade singular, um tal Gregory Basset, papista extremo, chamou-a de perturbada e disse que falava como um papagaio, desprovida de qualquer sentido. Por fim, tendo tentado de todas as maneiras torná-la nominalmente católica, todavia sem efeito, condenaram-na. Depois disso, alguém a exortou a deixar suas opiniões e voltar para casa, para sua família, pois era pobre e analfabeta. "É verdade, (disse ela), embora eu não tenha aprendido, estou contente em ser testemunha da morte de Cristo, e oro para que não percais tempo comigo, pois meu coração está firme, e nunca direi o contrário, nem me converterei às vossas supersticiosas obras."

Para a desonra do sr. Blackston, tesoureiro da igreja, frequentemente ele pedia que buscassem a pobre mártir na prisão, para que entretivesse a ele e à mulher que mantinha para si; a ele e a uma mulher a quem mantinha; fazia-lhe perguntas religiosas e ridicularizava suas respostas. Feito isso, a mandava de volta para sua miserável masmorra, enquanto se fartava com as coisas boas deste mundo.

Talvez houvesse, de fato, algo ridículo na forma da sra. Prest, pois era de estatura muito baixa, rotunda, com cerca de 54 anos; mas seu semblante era alegre e espirituoso, como se estivesse preparada para o dia de seu casamento com o Cordeiro. Zombar de sua forma era uma acusação indireta ao seu Criador, que a moldara da maneira que mais lhe agradava e deu a ela uma mente que em muito excedia os dotes transitórios dessa carne perecível. Quando lhe ofereceram dinheiro, ela rejeitou, dizendo: "Estou indo para uma cidade onde o dinheiro não tem domínio e, enquanto estou aqui, Deus me prometeu o alimento".

Quando a sentença foi lida, condenando-a às chamas, ela levantou a voz e louvou a Deus, acrescentando: "Hoje encontrei aquilo que há muito procurava". Quando tentaram fazê-la se retratar, respondeu: "Não o farei. Deus não permita que eu perca a vida eterna por esta vida carnal e curta. Nunca darei as costas ao meu marido celestial para voltar-me ao meu marido terreno, nem à comunhão de anjos para filhos mortais. E, se meu esposo e filhos são fiéis, então sou deles. Deus é meu pai, Deus é minha mãe, Deus é minha irmã, meu irmão, meu parente; Deus é meu amigo mais fiel".

Ao ser entregue ao xerife, foi conduzida pelo oficial ao local da execução, nos arredores de Exeter, o qual se chamava Sothenhey, onde novamente os sacerdotes supersticiosos a atacaram. Enquanto a amarravam na estaca, ela continuou sinceramente a exclamar: "Deus seja misericordioso para comigo, uma pecadora!". Pacientemente suportando a consumidora conflagração, tornou-se cinzas e, assim, terminou uma vida que, com inabalável fidelidade à causa de Cristo, não foi superada por nenhum mártir anterior.

Richard Sharpe, Thomas Banion e Thomas Hale

O sr. Sharpe, tecelão de Bristol, foi trazido no nono dia de março de 1556, diante do dr. Dalby, chanceler da cidade de Bristol, e, depois de inquérito sobre o sacramento do altar, foi persuadido a se retratar; e, no vigésimo nono dia, recebeu ordem se retratar na igreja paroquial. Mas, mal havia declarado publicamente seu retrocesso, já passou a sentir em sua consciência um tormento tão diabólico que não conseguiu trabalhar em seu ofício; portanto, pouco depois, em um domingo, ele entrou na igreja paroquial, chamada Temple, e, após a missa, levantou-se na porta do coral e disse em alta voz: "Vizinhos, testemunhai quando digo que aquele ídolo (apontando para o altar) é o maior e mais abominável que já existiu; e lamento que tenha alguma vez negado ao meu Senhor Deus!". Apesar de os policiais terem recebido a ordem de prendê-lo, foi apenas forçado a sair da igreja; mas à noite foi preso e levado para Newgate. Pouco depois, diante do chanceler, negando que o Sacramento do altar fosse o corpo e o sangue de Cristo, foi condenado a ser queimado pelo sr. Dalby. Foi queimado em 7 de maio de 1558 e morreu piedosa, paciente e tenazmente, confessando os artigos de fé protestantes. Com ele, sofreu Thomas Hale, sapateiro, de Bristol, condenado pelo Chanceler Dalby. Esses mártires foram amarrados de costas um para o outro.

Thomas Banion, um tecelão, foi queimado em 27 de agosto do mesmo ano e morreu pela causa evangélica de seu Salvador.

J. Corneford, de Wortham; C. Browne, de Maidstone; J. Herst, de Ashford; Alice Snoth e Catharine Knight, uma mulher de idade

Com prazer, temos que registrar que esses cinco mártires foram os últimos que sofreram no reinado de Maria pela causa protestante; mas a malícia dos papistas era evidente ao acelerar seus martírios, que poderiam ter sido adiados até que o caso da doença da rainha fosse decidido. Relata-se que o arquidiácono da Cantuária, julgando que a morte súbita da rainha suspenderia a execução, viajou por expresso de Londres, para ter a satisfação de adicionar outra página à lista negra de sacrifícios papais.

As acusações contra eles eram, como sempre, os elementos sacramentais e a idolatria de se curvarem às imagens. Citaram as palavras de São João: "Guardai-vos dos ídolos!" e, respeitando a presença real, insistiam em que, segundo São Paulo, "as coisas que se veem são temporais". Quando a sentença contra eles estava prestes a ser lida e a excomunhão a ocorrer de forma regular, John Corneford, iluminado pelo Espírito Santo, inverteu profundamente a excomunhão e, de maneira solene e impressionante, a recriminou com as seguintes palavras: "Em nome de nosso Senhor Jesus Cristo, o Filho do poderosíssimo Deus, e pelo poder de Seu Espírito Santo, e pela autoridade de Sua santa Igreja Católica e Apostólica, entregamos para que sejam destruídos nas mãos de Satanás os corpos de todos os blasfemadores e hereges que mantêm algum erro contra Sua santíssima Palavra, ou condenam Sua santíssima verdade por heresia, pela manutenção de qualquer igreja falsa ou religião estrangeira, de modo que, por Teu justo julgamento, ó poderoso Deus, contra os Teus adversários, a Tua verdadeira religião possa ser conhecida para Tua grande glória e pelo nosso bem-estar, e pela edificação de toda a nossa nação. Bom Deus, que assim seja. Amém".

Essa sentença foi proferida e registrada abertamente e, como se a Providência tivesse adjudicado que não o fosse em vão, seis dias depois a rainha Maria morreu, detestada por todos os bons homens e amaldiçoada por Deus!

Embora o arquidiácono estivesse ciente de tais circunstâncias, sua implacabilidade excedeu a de seu grande exemplo, Bonner, que, apesar de ter várias pessoas naquele momento sob seu ardente domínio, não insistiu em apressar suas mortes, pois o atraso certamente lhes proporcionava uma oportunidade de escapar. No momento do falecimento da rainha, muitos estavam presos: alguns recém-presos, outros interrogados e outros condenados. Os decretos foram de fato emitidos para que muitos fossem queimados, mas, pela morte dos três instigadores do assassinato protestante – o chanceler, o bispo e a rainha, que pereceram quase juntos, as ovelhas condenadas foram libertas e viveram muitos anos para louvar a Deus por sua feliz libertação.

Esses cinco mártires, quando estavam na estaca, oraram zelosamente para que seu sangue fosse o último a ser derramado, e não oraram em vão. Morreram gloriosamente e aperfeiçoaram o número que Deus selecionou para testemunhar a verdade neste terrível reino, cujos nomes estão registrados no Livro da Vida, ainda que por último, entre os santos que receberam a imortalidade através do sangue redentor do Cordeiro!

Catharine Finlay, também conhecida como Knight, foi convertida na primeira em vez que o filho lhe expôs as Escrituras, o que produziu nela uma perfeita obra que culminou em seu martírio. Na estaca, Alice Snoth chamou sua avó e padrinho e repassou a eles os artigos de sua fé e os Mandamentos de Deus, convencendo assim o mundo de que conhecia seu dever. Morreu convidando os espectadores a testemunharem que era uma mulher cristã e sofreu alegremente pelo testemunho do Evangelho de Cristo.

Entre as inúmeras maldades cometidas por Bonner, impiedoso e insensível, o assassinato de uma criança inocente e inofensiva pode ser considerado o mais horrível. Seu pai, John Fetty, da paróquia de Clerkenwell, alfaiate por ofício, e com apenas 24 anos de idade, fez uma escolha abençoada; firmou-se na segurança da eterna esperança, e dependia d'Aquele que edifica Sua Igreja para que as portas do inferno contra ela não prevaleçam. Mas ó infortúnio! A própria esposa, a quem tão bem queria, cujo coração se endureceu contra a verdade e cuja mente foi influenciada pelos mestres da falsa doutrina, tornou-se sua acusadora. Brokenbery, servo do papa e vigário da paróquia, recebeu informações dessa esposa Dalila, e em consequência o pobre homem foi preso. Mas aqui o terrível julgamento de um Deus sempre justo, que é "tão puro de olhos que não pode ver o mal", caiu sobre essa mulher pérfida e de coração de pedra; pois, assim que o atraiçoado marido foi capturado pelas iníquas maquinações da mulher, ela foi subitamente tomada pela loucura e exibiu um exemplo terrível e desperto do poder de Deus para punir a facínora. Essa terrível circunstância teve certo efeito no coração dos ímpios caçadores que avidamente agarraram suas presas; mas, em um momento de abrandamento, o condenaram a ficar com sua esposa indigna, devolver a ela o bem pelo mal e confortar os dois filhos que, ao ser ele enviado para a prisão, teriam ficado sem um guardião ou se tornado um fardo para a paróquia. Como homens vis agem por motivos mesquinhos, podemos colocar a indulgência mostrada a ele nessa última categoria.

Percebemos, na parte anterior de nossas narrativas das mártires, algumas mulheres cujo afeto as levaria a sacrificar suas próprias vidas para preservarem seus maridos; mas aqui, de acordo com a linguagem das Escrituras, uma mãe se prova, de fato, um monstro na essência! Nem a afeição conjugal nem a materna puderam comover o coração dessa infame mulher.

Embora nosso atormentado cristão tivesse sofrido tanta crueldade e falsidade com a mulher que estava a ele ligada por todos os laços humanos e divinos, ainda assim, com um espírito amável e tolerante, ele ignorou seus delitos durante sua tragédia, esforçando-se ao máximo para conseguir alívio para sua doença e acalmá-la com todas as expressões possíveis de ternura: deste modo, em poucas semanas ela quase se restabeleceu. Todavia, ela infelizmente regressou ao seu pecado, "como o cão que torna ao seu vômito"[22]. A malícia contra os santos do Altíssimo estava muito firmemente assentada em seu coração para ser removida; e, quando sua força retornou, com ela, sua inclinação para fazer a maldade. Seu coração foi endurecido pelo príncipe das trevas; e a ela podem ser aplicadas estas palavras aflitivas e angustiantes: "Pode, acaso, o etíope mudar a sua pele ou o leopardo, as suas manchas? Então, poderíeis fazer o bem, estando acostumados a fazer o mal"[23]. Ao pesar devidamente esse texto com outro: "Terei misericórdia de quem me aprouver ter misericórdia"[24], como presumiremos refinar a soberania de Deus acusando Jeová no tribunal da razão humana, que, em questões

---

22. Pv 26.11, ARA. (N.T.)
23. Jr 13.23, ARA. (N.T.)
24. Rm 9.15a, ARA. (N.T.)

religiosas, com muita frequência se opõe à infinita sabedoria? "Larga é a porta, e espaçoso, o caminho que conduz para a perdição, e são muitos os que entram por ela, porque estreita é a porta, e apertado, o caminho que conduz para a vida, e são poucos os que acertam com ela[25]." Os caminhos do céu são realmente inescrutáveis, e é nosso dever e nosso compromisso caminhar sempre subordinados a Deus, olhando para Ele com humilde confiança e esperança em Sua bondade, e sempre confessando Sua justiça; e onde "não possamos desvendar, aprendamos a confiar". Essa lamentável mulher, seguindo os ditames horríveis de um endurecido e depravado coração, mal se firmou em sua recuperação, quando, afogando os ditames de honra, gratidão e todo afeto genuíno, novamente acusou o marido, que foi novamente preso e levado diante de *sir* John Mordant, cavaleiro e um dos comissários da rainha Maria.

Ao ser interrogado, por seu juiz constatar que estava firmado em opiniões que militavam contra aquelas nutridas por superstições e mantidas pela crueldade, foi condenado ao confinamento e tortura na Torre Lollard. Ali, foi dolorosamente amarrado a um pelourinho e teve um prato de água posto ao seu lado, com uma pedra dentro, sabe Deus para que propósito, exceto para mostrar que deveria esperar pouca opção de subsistência, o que é fácil de acreditar, se considerarmos suas práticas semelhantes em diversos outros casos que foram mencionados anteriormente nesta história; como, entre outros, Richard Smith, que morreu devido às cruéis condições de seu encarceramento e se valeu da intercessão de uma bondosa mulher, que rogou ao dr. Story permissão para enterrá-lo, o qual, por sua vez, perguntou a ela se o prisioneiro tinha palha ou sangue em sua boca; mas o que ele quis dizer com isso deixo para o julgamento dos sábios.

No primeiro dia da terceira semana dos sofrimentos de nosso mártir, algo se apresentou diante de seus olhos que o fez de fato sentir suas torturas com toda sua força e execrar, com amargura, quase amaldiçoando, o causador de seu tormento. Para marcar e punir os atos de seus algozes, permaneceu com o Altíssimo, que observa até o pouso de um pardal, e em cuja Palavra

---

25. Mt 7.13, ARA. (N.T.)

sagrada está escrito: "A mim me pertence a vingança; eu é que retribuirei"[26]. O que se apresentou foi seu próprio filho, uma criança na tenra idade de oito anos. Por quinze dias, seu pobre pai foi suspenso por seu algoz pelo braço direito e perna esquerda e, às vezes, por ambos, mudando de posição com o objetivo de dar-lhe força para suportar e prolongar a duração de sua pena. Quando o inocente e cândido garoto, desejoso de ver e falar com seu pai, pediu permissão a Bonner para fazê-lo, a pobre criança foi questionada pelo capelão do bispo sobre o sentido de sua missão, respondendo que queria ver seu pai. "Quem é teu pai?", disse o capelão. "John Fetty", retorquiu o garoto, ao mesmo tempo apontando para o local em que ele estava confinado. O patife interrogador então disse: "Ora, teu pai é um herege!". O pequeno herói voltou a retorquir, com energia suficiente para despertar admiração em qualquer coração, exceto o desse desgraçado insensível e sem princípios, um infeliz, ansioso por executar as ordens de uma rainha sem quaisquer remorsos: "Meu pai não é herege: pois tendes a marca de Balaão".

Irritado com a censura aplicada de maneira tão apropriada, o padre indignado e mortificado escondeu seu ressentimento por um momento e levou o destemido garoto para dentro da casa, onde, uma vez tendo-o aprisionado, o apresentou a outros, cuja baixeza e crueldade eram iguais às dele próprias. Despiu-o em pelo e açoitou-o com tanta violência que, desmaiando sob as chibatadas infligidas em seu tenro corpo, e coberto com o sangue que vertia de seus ferimentos, a vítima de sua ira ímpia estava pronta para expirar sob sua pesada e imerecida punição.

Nesse estado, sangrando e desamparado, estava o infante mártir, coberto apenas com sua camisa, levado ao pai por um dos agentes da horrível tragédia, que, enquanto exibia a cena de cortar o coração, fazia uso das mais vis provocações e exultou no que havia feito. A respeitosa criança, como se estivesse recuperando as forças ao ver o pai, de joelhos implorava por sua bênção. "Ai! Will", disse o pai aflito, com trêmulo assombro, "quem te fez isso?!". O puro e inocente garoto relatou as circunstâncias que levaram à impiedosa correção que lhe havia sido tão vilmente infligida; mas, quando repetiu a exprobração aplicada ao capelão, e que foi motivada por um

---

26. Hb 10.30, ARA. (N.T.)

espírito destemido, foi arrancado de seu pai, que se lamentava, e levado de novo à casa, onde permaneceu encerrado como prisioneiro.

Bonner, um pouco receoso de que o que havia sido feito não pudesse ser justificado, mesmo entre os cães de caça de sua própria matilha voraz, concluiu em sua mente sombria e perversa libertar John Fetty, pelo menos por um tempo, das crueldades que sofria na gloriosa causa da verdade eterna, cujas brilhantes recompensas são asseguradas além dos limites do tempo, dentro dos limites da eternidade, onde a flecha dos ímpios não pode ferir, "onde não haverá mais pesar para os abençoados, que, na mansão da felicidade eterna, glorificarão o Cordeiro para todo o sempre". Ele foi, por ordem de Bonner (quão vergonhoso, para toda a decência, dizê-lo bispo!), liberto de seus dolorosos grilhões e levado da Torre de Lollard para a câmara daquele açougueiro ímpio e infame, onde encontrou o bispo se banhando diante de um grande fogo; e, assim que adentrou na câmara, Fetty disse: "Deus esteja convosco e paz!". "Deus esteja convosco e paz (disse Bonner), isto não é adeus e nem bom dia!". "Se reclamas dessa paz (disse Fetty), então este não é o lugar que procuro."

Um capelão do bispo, que estava ali presente, virou o pobre homem e, pensando em envergonhá-lo, disse, em tom de zombaria: "O que temos aqui – um bufão!". Enquanto Fetty estava na câmara do bispo, entreviu, pendurado na cama do bispo, um par de grandes rosários pretos, e então disse: "Meu Senhor, acho que o carrasco não está longe: pois a laçada (apontando para os rosários) já está aqui!". Palavras que fizeram com que o bispo se irasse extraordinariamente. Imediatamente depois divisou também, pendurado na câmara do bispo, na janela, um pequeno crucifixo. Então perguntou ao bispo o que era, e ele respondeu que era Cristo. "Ele foi tratado com tanta crueldade quanto aqui retratam?!", disse Fetty. "Sim, ele foi", disse o bispo. "E com tanta crueldade tratareis os que vêm diante de vós; pois sois para o povo de Deus como Caifás era para Cristo!" O bispo, sobremaneira furioso, disse: "Tu és um herege vil, e eu te queimarei, nem que tenha que gastar tudo o que tenho, até minha túnica". "Não, meu Senhor", disse Fetty, "é melhor entregá-la a algum pobre, para que ore por vós". Bonner, apesar de sua cólera, que foi elevada ao máximo possível pelas observações calmas e pontuais desse cristão observador, achou mais prudente dispensar o pai, por causa da criança quase assassinada. Sua alma covarde tremia pelas consequências que poderiam resultar disso; o medo é inseparável das mentes pequenas, e esse padre covardemente mimado sentiu seus efeitos a ponto de induzi-lo a aparentar sentir algo a que ele era completamente estranho, a saber, a misericórdia.

O pai, ao ser dispensado pelo tirano Bonner, voltou para casa com o coração pesado, com o filho moribundo, que não sobreviveu por muitos dias às crueldades infligidas.

Quão contrária à vontade de nosso grande rei e profeta, que gentilmente ensinou seus seguidores, foi a conduta desse mestre sanguinário e falso, esse apóstata vil de seu Deus a Satanás! Mas o arqui-inimigo tomou posse total de seu coração e guiou cada ação do pecador que se endurecera e que, entregue a terríveis destruições, conduzia a raça dos iníquos, marcando seus passos com o sangue dos santos, como se ansiasse para chegar finalmente à morte eterna.

A libertação do dr. Sands

Esse eminente prelado, vice-chanceler de Cambridge, aceitou, com poucas horas de antecedência, empreender a tarefa de pregar diante do duque e da Universidade a pedido do duque de Nortúmbria, quando veio a Cambridge em apoio à pretensão de Lady Joana Grey ao trono. O texto que pregou foi aquele que primeiro se apresentou ao abrir a Bíblia, e não poderia haver escolhido um mais apropriado, a saber, os três últimos versículos de Josué. Assim como Deus deu a ele o texto, deu-lhe também tamanha ordem e expressão em seu discurso, que despertou as emoções mais vívidas de seus numerosos ouvintes. O sermão estava prestes a ser enviado a Londres para ser impresso, quando chegaram as notícias de que o duque havia retornado e a rainha Maria fora proclamada.

O duque foi imediatamente preso e o dr. Sands foi obrigado pela universidade a renunciar ao seu cargo. Foi preso por ordem da rainha e, quando o sr. Mildmay questionou por que um homem tão instruído era capaz de deliberadamente incorrer em perigo falando contra uma princesa tão boa quanto Maria, o doutor respondeu: "Se eu fizesse como faz o sr. Mildmay, não precisaria temer laços. Ele desceu armado contra a rainha Maria; antes, um traidor – agora, um grande amigo. Não posso com uma única boca soprar quente e frio dessa maneira". Uma pilhagem geral da propriedade do dr. Sands se seguiu, e ele foi levado a Londres, montado em um cavalo combalido. No caminho, recebeu diversos insultos de católicos fanáticos e, ao passar pela rua Bishopsgate, uma pedra o atingiu e o derrubou ao chão. Foi o primeiro prisioneiro a entrar na Torre, naqueles dias, por motivos religiosos. Permitiram que entrasse com sua Bíblia, mas suas camisas e outros artigos lhe foram tirados.

No dia da coroação de Maria, as portas da masmorra foram tão frouxamente guardadas que era fácil escapar. Um tal sr. Mitchell, como verdadeiro amigo, o procurou, deu-lhe suas próprias roupas como disfarce e se dispôs a aceitar as consequências de ser encontrado em seu lugar. Aquela era uma rara amizade; contudo, o dr. Sands recusou a oferta, dizendo: "Não conheço motivo algum que me mantenha na prisão. Fazer isso me tornaria culpado. Esperarei a boa vontade de Deus, mas me sinto imensamente grato a ti". E, então, o sr. Mitchell partiu.

Junto ao doutor Sands, foi preso o sr. Bradford; eles foram mantidos trancafiados na prisão por vinte e nove semanas. John Fowler, seu guardião, era um papista perverso, mas, de tanto ser persuadido, finalmente começou a favorecer o Evangelho, e tornou-se tão convicto da verdadeira religião que, no domingo, quando acontecia entre eles a missa na capela, o dr. Sands ministrou a Comunhão a Bradford e a Fowler. Assim, Fowler tornou-se seu filho gerado por laços. Para dar espaço a Wyat e seus cúmplices, o dr. Sands e outros nove pregadores foram enviados para o Marshalsea.

O guardião de Marshalsea designou um homem para cada pregador a fim de conduzi-los pela rua; fazia-os caminhar adiante, enquanto ele e o dr. Sands seguiam conversando juntos. A essa altura, o papismo começava a tornar-se desagradável. Depois de passarem pela ponte, o guarda disse ao dr. Sands: "Percebo que pessoas vãs tentaram lançar-vos ao fogo. E sois tão vão quanto eles, se, sendo homem jovem, permanecerdes em vossa presunção, preferindo vosso próprio julgamento antes do de tantos prelados dignos, ancestrais, eruditos e sérios que existem neste reino. Se assim for, encontrareis em mim um severo guardião que rejeita completamente vossa religião". O dr. Sands respondeu: "Sei que meus anos são jovens e minha erudição pequena; mas me basta conhecer a Cristo crucificado, e nada aprendeu aquele que não enxerga a tamanha blasfêmia que há no papismo. A Deus me renderei, e não ao homem. Li nas Escrituras a respeito de muitos guardiões piedosos e corteses; que Deus faça de vós um deles! Se não, confio que Ele me dará força e paciência para suportar vossos maus-tratos". Então, disse o guardião: "Estais decidido a defender vossa religião?". "Sim", disse o doutor, "pela graça de Deus!". "Verdadeiramente", replicou o guardião, "maior apreço tenho por vós por esse motivo; nada fiz senão tentar-vos. Todo favor que puder vos mostrar, com certeza o tereis; hei de sentir-me feliz se morrer na fogueira convosco".

E cumpriu com sua palavra, pois confiou no doutor para andar sozinho nos campos, onde se encontrava com o sr. Bradford, também prisioneiro do tribunal real, e que encontrou o mesmo favor de seu guardião. A seu pedido, colocou o dr. Sands junto a ele, a fim de ser seu companheiro de cela, e a Comunhão era ministrada a um grande número de comungantes.

Quando Wyat com seu exército chegou a Southwark, ofereceu-se para libertar todos os protestantes presos, mas o dr. Sands e o resto dos pregadores se recusaram a aceitar a liberdade nesses termos.

Depois que o dr. Sands esteve nove semanas preso em Marshalsea, pela mediação de *sir* Thomas Holcroft, marechal cavaleiro, foi liberto. Embora o sr. Holcroft possuísse o mandado da rainha, o bispo ordenou que não libertasse o dr. Sands, até que tivesse recebido fiança de dois cavalheiros com ele, assegurando-se de que o dr. Sands não sairia do reino sem a devida licença, cada um deles sob o valor de quinhentas libras. Holcroft imediatamente encontrou-se com dois senhores do norte, amigos e primos do dr. Sands, que se ofereceram para pagar a fiança.

Depois do jantar, no mesmo dia, *sir* Thomas Holcroft chamou o dr. Sands para seus alojamentos em Westminster, a fim de lhe comunicar tudo o que havia feito. O dr. Sands respondeu: "Agradeço a Deus, que moveu vosso coração para se preocupar tanto com meu bem, de modo que agora me considero em dívida convosco. Deus há de vos retribuir, e jamais serei ingrato para convosco. Mas, como vos mostraste amistoso comigo, também tratarei claramente convosco: vim para a prisão como um homem livre;

não sairei como escravo. Como não posso beneficiar meus amigos, também não os machucarei. E, se for liberto, não ficarei seis dias neste reino, se puder partir. Se, portanto, eu não puder me libertar, enviai-me para Marshalsea novamente, e ali ficareis seguro de mim".

O sr. Holcroft desaprovou sobremaneira a resposta que recebeu; mas, como um amigo de verdade, replicou: "Vejo que não podeis ser dissuadido, por isso mudarei meu propósito e cederei a vós. Fazei como pretendeis, vos deixarei livre para tal; vendo também que tendes em mente atravessar o mar, vos levarei o mais rápido possível. Somente uma coisa exijo de vós: enquanto estiverdes lá, não me escrevais nada, pois isso poderia ser minha ruína".

O dr. Sands, tendo se despedido afetuosamente dele e de seus outros amigos, partiu. Passou pela casa de Winchester e lá pegou um barco, chegando à casa de um amigo em Londres, chamado William Banks, e lá ficou por uma noite. Na noite seguinte, foi à casa de outro amigo, e lá ouviu que uma rigorosa busca estava sendo feita por ordem expressa de Gardiner.

À noite, o dr. Sands, então, se dirigiu à casa do sr. Berty, um estrangeiro que passara algum tempo na prisão de Marshalsea com ele; era um bom protestante e morava em Mark-lane. Lá permaneceu por seis dias e depois se retirou para a casa de um de seus conhecidos em Cornhill. Fez com que seu conhecido, Quinton, lhe emprestasse dois cavalos. Pela manhã, decidiu ir a Essex, à casa de seu sogro, onde estava sua esposa; e, após uma difícil fuga, por pouco conseguiu. Em menos de duas horas, porém, o sr. Sands soube que dois dos guardas naquela noite o prenderiam.

Naquela noite, o dr. Sands foi levado à propriedade de um honesto fazendeiro perto do mar, onde ficou dois dias e duas noites em uma alcova sem qualquer companhia. Depois disso, dirigiu-se à casa de James Mower, um comandante de navio que morava em Milton-Shore, onde esperou ventos favoráveis para Flandres. Enquanto esteve lá, James Mower lhes trouxe quarenta ou cinquenta marinheiros, a quem deu uma exortação. Estes o apreciaram de tal forma que prometeram morrer antes de deixá-lo ser preso.

No dia 6 de maio, domingo, o vento foi favorável. Ao se despedir de sua anfitriã, que era casada há oito anos, mas nunca teve filhos, deu-lhe um fino lenço e um velho real de ouro, dizendo: "Sê consolada; antes que um ano inteiro termine, Deus te dará um filho, um menino". E sucedeu que, doze meses após aquele dia, sendo da vontade dele, Deus lhe deu um filho.

Mal chegara a Antuérpia, quando soube que o Rei Filipe havia enviado homens para prendê-lo. Em seguida, fugiu para Augsburg, em Cleveland, onde ficou por quatorze dias, depois viajou para Estrasburgo, onde, após ali viver durante um ano, sua esposa chegou para juntar-se a ele. Esteve enferma deuma hemorragia que durou nove meses e teve um filho que morreu devido à peste. Sua amável esposa finalmente caiu doente e morreu em seus braços. Quando sua esposa morreu, o sr. Sands foi para Zurique, onde ficou hospedado na casa de Peter Martyr por cinco semanas.

Quando, um dia, se sentaram para jantar, subitamente se soube que a rainha Maria estava morta, e o dr. Sands foi chamado por seus amigos em Estrasburgo, onde pregava. O sr. Grindal e ele foram para a Inglaterra e chegaram a Londres no mesmo dia em que a rainha Elizabeth foi coroada. Esse fiel servo de Cristo, sob a rainha Elizabeth, alcançou a mais alta distinção na Igreja, sendo sucessivamente bispo de Worcester, bispo de Londres e arcebispo de York.

Tratamento da rainha Maria para com sua irmã, a princesa Elizabeth

A preservação da princesa Elizabeth pode ser considerada um exemplo notável do olhar atento que Cristo manteve sobre Sua Igreja. O fanatismo de Maria não respeitava laços de consanguinidade, afeições naturais nem a sucessão ao trono. Sua mente, fisicamente indisposta, estava sob o domínio de homens que não possuíam a essência da bondade humana e cujos princípios eram sancionados e ordenados pelos dogmas idólatras do pontífice romano. Se tivessem previsto a curta duração do reinado de Maria, teriam embebido suas mãos no sangue protestante de Elizabeth e, como condição *sine qua non* da salvação da rainha, a obrigariam a legar o reino a algum príncipe católico. As controvérsias haveriam de ser acompanhadas dos horrores de uma guerra civil religiosa, e sucedidas na Inglaterra por calamidades semelhantes àquelas ocorridas no reinado de Henrique, o Grande, na França, a quem a rainha Elizabeth ajudou em sua oposição a seus súditos católicos dominados por sacerdotes. Como se a Providência tivesse em vista o estabelecimento perpétuo da fé protestante, a diferença de duração dos dois reinados é digna de nota. Maria poderia ter reinado durante muitos anos no curso da natureza, mas o curso da graça quis de outra maneira. Cinco anos e quatro meses foram os tempos de perseguição atribuídos a este reinado fraco e vergonhoso, enquanto o de Elizabeth foi um dos mais duradouros reinados dentre os que se sentaram no trono inglês, quase nove vezes a duração do de sua impiedosa irmã!

Antes de alcançar a coroa, Maria tratava Elizabeth com bondade fraternal, mas, a partir de sua ascensão, sua conduta foi alterada, e a distância mais imperiosa se fez. Embora Elizabeth não tivesse conexão com a rebelião de *sir* Thomas Wyat, foi detida e tratada como culpada por aquela comoção. O modo como foi presa também foi semelhante à mente que havia ditado sua prisão: os três membros do gabinete, a quem Maria designara para executar a prisão, entraram rudemente nos aposentos de Elizabeth às dez horas da noite e, embora ela estivesse extremamente doente, não puderam ser convencidos a deixá-la permanecer até a manhã seguinte. Seu estado debilitado permitia que fosse movida apenas em curtas etapas em uma longa jornada para Londres; mas a princesa, embora aflita, tinha em mente um consolo que sua irmã nunca poderia comprar. Aqueles pelos quais passava pelo caminho se compadeciam dela e oravam por sua preservação.

Tendo chegado à corte, foi feita prisioneira por duas semanas, sem saber quem era seu acusador e sem ter quem a pudesse consolar ou aconselhar. A acusação, no entanto, foi finalmente desmascarada por Gardiner, que, com dezenove membros do Conselho, a acusou de favorecer a conspiração de Wyat, o que ela afirmou precisamente ser falso. Como não obteve sucesso na farsa, usaram contra ela os tratados de *sir* Peter Carew no Oeste, acusações estas nas quais foram tão malsucedidos quanto nas primeiras. A rainha, então, manifestou seu desejo de que fosse encerrada na Torre, medida que encheu a princesa de inquietude e preocupação. Em vão esperava que Sua Majestade, a rainha, não a enviasse para tal lugar; contudo, não havia expectativa de qualquer clemência. A quantidade de seus assistentes foi limitada, e cem soldados do norte foram nomeados para guardá-la dia e noite.

No Domingo de Ramos, a princesa foi conduzida à torre. Quando chegou ao jardim do palácio, olhou para as janelas, ansiosa por encontrar as da rainha, mas acabou frustrada. Em Londres, foi dada uma ordem estrita de que todos fossem à igreja e carregassem folhas de palmeiras, para que Elizabeth pudesse ser transportada à prisão sem clamor ou demonstrações de comiseração.

No momento em que passava sob a ponte de Londres, a descida da maré tornou muito perigosa a travessia, e a barcaça logo ficou presa contra o quebra-mar. Para humilhá-la ainda mais, desembarcaram-na na Escada dos Traidores. Chovia intensamente, de modo que, quando obrigada a pisar sobre a água para descer, vacilou; mas isso não incitou nenhumacomplacência no cavalheiro que a acompanhava. Ao colocar os pés nos degraus, exclamou: "Aqui, sendo prisioneira, desembarco como a mais verdadeira súdita que já pisou nestes degraus; e diante de Ti, ó Deus, o digo, pois não tenho nenhum amigo além de Ti!".

Muitos guardas e servos da Torre estavam dispostos em ordem, entre os quais a princesa teve de passar. Ao questionar o uso desse desfile, ela foi informada de que era costume fazê-lo. Então, respondeu: "Se porventura o fazeis por minha causa, peço-vos que sejais dispensados". Com isso, os pobres homens se ajoelharam e oraram para que Deus preservasse sua Graça, motivo pelo qual foram destituídos de seus postos no dia seguinte. A trágica cena deve ter sido profundamente interessante: ver uma princesa amável e irrepreensível enviada como um cordeiro para definhar enquanto aguardava crueldade e morte, contra quem não havia outra acusação senão sua superioridade nas virtudes cristãs e nos dotes adquiridos. Seus assistentes choraram abertamente enquanto ela avançava com dignidade rumo às terríveis ameias de seu destino. Então disse Elizabeth: "Por que chorais? Trouxe-vos para que me consoleis, não para que me desanimeis; pois minha inocência é tal que ninguém possui motivos para chorar por mim".

O próximo passo de seus inimigos foi conseguir evidências por meios que, nos dias de hoje, são considerados detestáveis. Muitos pobres prisioneiros foram torturados, para que lhes fosse extraído, se possível, qualquer motivo de acusação que pudesse comprometer sua vida e, assim, gratificar a sanguinária disposição de Gardiner. Ele próprio veio examiná-la, a respeito de sua remoção desde sua casa em Ashbridge até o castelo de Dunnington, muito tempo antes. A princesa havia se esquecido completamente de tal circunstância tão trivial, e lorde Arundel, depois da investigação, ajoelhado, pediu desculpas por tê-la incomodado com um assunto tão frívolo. "Vós me provastes rigorosamente", respondeu a princesa, "mas tenho certeza de que Deus estabeleceu um limite para vossos procedimentos; e, portanto, Deus perdoa a todos vós".

Seus próprios cavalheiros, que deveriam ter sido seus provedores, servindo-a, foram obrigados a dar lugar a soldados comuns, sob o comando do policial da Torre, que era em todos os aspectos uma servil ferramenta de Gardiner; os amigos de Sua Graça, por sua vez, obtiveram uma ordem do Conselho que regulava essa pequena tirania para sua satisfação.

Depois de um mês inteiro em confinamento, Elizabeth pediu que fossem chamados o secretário ajudante de câmara e o lorde Chandois, a quem comunicou seu mau estado de saúde devido à falta de ventilação e da prática de exercícios. Feita a solicitação diante do Conselho, Elizabeth foi, com alguma dificuldade, autorizada a andar pelas instalações da rainha, e depois no jardim, momento no qual os prisioneiros daquele lado eram acompanhados por seus guardas e eram proibidos de contemplá-la. Sentiram-se ressentidos com uma criança de 4 anos, que diariamente levava flores para a princesa. A criança foi ameaçada com um chicote, e o pai recebeu ordem de mantê-la longe dos aposentos da princesa.

No dia cinco de maio, o alcaide foi destituído de seu posto e *sir* Henry Benifield foi nomeado em seu lugar, acompanhado por uma centena de soldados de antipática aparência vestidos de azul. Essa medida inquietou sobremodo a mente da princesa, que imaginou ser um preparativo para que sofresse o mesmo destino de Lady Joana Gray. Assegurada de que esse projeto não estava em progresso, pensou na possibilidade de que o novo guardião da Torre houvesse sido contratado para acabar com sua vida em oculto, pois seu caráter dúbio adequava-se à feroz inclinação daqueles por quem fora nomeado.

Então, correu um boato de que Sua Graça haveria de ser levada dali pelo novo alcaide e seus soldados, o que na sequência se provou ser verdade. Uma ordem do Conselho foi dada de que fosse removida para o palácio de Woodstock, a qual se cumpriu no Domingo da Trindade, no dia treze de maio, sob a autoridade de *sir* Henry Benifield e lorde Tame. A causa alegada parasua remoção foi a necessidade de abrir espaço para outros prisioneiros. Richmond foi o primeiro lugar em que pararam, e ali a princesa dormiu, embora não sem grande temor a princípio, pois seus próprios servos haviam sido substituídos pelos soldados, que foram colocados como guardas na porta de seu quarto. Diante da apresentação das queixas, lorde Tame anulou esse indecente abuso de poder e concedeu a ela perfeita segurança enquanto esteve sob sua custódia.

Ao passar por Windsor, a princesa viu vários de seus pobres e abatidos servos que esperavam vê-la. "Vai até eles", disse ela a um de seus assistentes, "e dize-lhes estas palavras de minha parte: *tanquim ovis*, isto é, como cordeiro ao matadouro".

Na noite seguinte, Sua Graça foi alojada na casa de um tal sr. Dormer, e, no caminho para lá, o povo manifestou tantos sinais de leal afeição para com ela, que *sir* Henry indignou-se, e os chamava deliberadamente de rebeldes e traidores. Em algumas vilas, tocaram os sinos de alegria, imaginando que a chegada da princesa entre eles fosse por uma causa muito diferente; mas essa inofensiva demonstração de alegria foi suficiente para levar o perseguidor Benifield a ordenar a seus soldados que aprisionassem essas pobres pessoas e as colocassem no tronco.

No dia seguinte, Sua Graça chegou à casa de lorde Tame, onde passou toda a noite e foi muito bem tratada. Isso incitou a indignação de *sir* Henry e o fez advertir lorde Tame a tomar cuidado com seus procedimentos; mas a humanidade dele não o permitia atemorizar-se, ao que retornou com uma resposta adequada. Em outro momento, esse pródigo oficial, para mostrar sua má distinção e seu desrespeito às boas maneiras, subiu a uma alcova, na qual havia preparado para sua Graça uma cadeira, duas almofadas e um tapete para os pés, onde presunçosamente sentou-se e chamou seu servo para que lhe tirasse as botas. Assim que as senhoras e os senhores tomaram conhecimento do caso, riram dele com desprezo. Terminado o jantar, chamou o senhorio da casa e ordenou que todos os senhores e senhoras se retirassem para suas residências, espantado com o fato de permitir a companhia de tantos, considerando o grave encargo que lhes havia confiado. "*Sir* Henry", disse seu senhorio, "não vos preocupeis; todos se retirarão, inclusive vossos homens". "Não, mas meus soldados", respondeu *sir* Henry, "vigiarão a noite toda". Lorde Tame respondeu: "Não há necessidade". "Bem", disse ele, "haja necessidade ou não, eles o farão".

No dia seguinte, Sua Graça viajou dali para Woodstock, onde fora enclausurada, como antes na Torre de Londres, com sessenta soldados vigiando dentro e fora dos muros, todos os dias; e, à noite, quarenta deles ficavam do lado de fora dos muros. Assim sucedeu durante todo o tempo de sua prisão.

Por fim, a princesa foi autorizada a andar pelos jardins, mas sob as mais severas restrições; *sir* Henry guardava as chaves consigo e a mantinha sempre sob muitos trancos e fechaduras, o que a levou a chamá-lo de carcereiro, pelo que se sentiu ofendido e implorou que o chamasse de oficial. Depois de muitos sinceros pedidos ao Conselho, obteve permissão para escrever à rainha; contudo, o carcereiro que lhe trouxe pena, tinta e papel ficou ao seu lado enquanto ela escrevia e, ao terminar de fazê-lo, levou os itens até que fossem necessários novamente. Também insistia em levar ele próprio a carta à rainha, mas Elizabeth não aceitou que ele fosse o portador, de modo que delegou um de seus cavalheiros para cumprir tal tarefa.

Após a carta, os doutores Owen e Wendy foram à princesa, pois seu estado de saúde tornava necessária a assistência médica. Permaneceram com ela cinco ou seis dias, período em que melhorou muito; eles, então, retornaram à rainha e falaram lisonjeiramente da submissão e humildade da princesa, diante do que a rainha pareceu comovida. Os bispos, porém, desejavam uma admissão de que ela havia ofendido Sua Majestade. Elizabeth rejeitou esse modo indireto de se reconhecer culpada. "Se ofendi", disse ela, "e sou culpada, não desejo nenhuma misericórdia além da lei, a qual tenho certeza de que já estaria posta em vigor, caso algo pudesse ser provado contra mim. Quem dera estivesse eu desprovida assim do perigo dos meus inimigos; assim fosse, não seria trancada e encerrada entre muros e portões".

Muitas questões surgiram nessa época a respeito da conveniência de unir a princesa a algum estrangeiro, para que ela pudesse sair do reino com uma porção adequada. Um dos membros do Conselho teve a brutalidade de insistir na necessidade de decapitá-la, caso o rei (Filipe) tivesse a intenção de manter o reino em paz; mas os espanhóis, detestando esse pensamento ignóbil, responderam: "Deus não permita que nosso rei e mestre consinta com tão infame procedimento!". Encorajados por um nobre princípio, os espanhóis da época insistiram repetidamente ao rei, dizendo que lhe traria a maior das honras libertar Lady Elizabeth, solicitação diante da qual o rei não ficou incólume. Ele a tirou da prisão e, pouco depois, a princesa foi enviada para a corte de Hampton. Nesse ponto, pode-se observar que a falácia do raciocínio humano é mostrada a todo momento. O bárbaro que sugeriu a decapitação de Elizabeth pouco percebeu a mudança da situação que seu discurso traria. Em sua jornada de Woodstock, Benifield a tratou com a mesma severidade de antes, fazendo-a viajar em um dia tempestuoso e sem deixar que seu antigo servo, que tinha vindo a Colnbrook, onde dormiu, falasse com ela.

Permaneceu quinze dias rigorosamente guardada e vigiada, antes que alguém ousasse falar com ela; por fim, o vil Gardiner, com mais três membros do Conselho, veio a ela com grande submissão. Elizabeth os saudou e disse-lhes que havia sido mantida em isolamento por muito tempo, implorando que intercedessem por ela diante do rei e da rainha a fim de libertá-la da prisão. A visita de Gardiner tinha como objetivo conseguir da princesa a confissão de sua culpa; ela, porém, estava protegida contra a sutileza dele, acrescentando que, a admitir haver cometido algo de errado, preferia passar o resto da vida na prisão. No dia seguinte, Gardiner voltou e, ajoelhando-se, declarou que a rainha estava espantada diante da insistência da princesa em afirmar que não tinha culpa, pelo que se deduz que a rainha aprisionara injustamente Sua Graça. Gardiner informou-lhe ainda acerca da declaração da rainha, a qual exigia que a princesa contasse uma história diferente antes de ser liberta. "Então", respondeu a nobre Elizabeth, "prefiro permanecer na prisão com honestidade e verdade a obter minha liberdade e ser objeto de suspeitas de Sua Majestade. O que disse antes, defenderei; jamais direi falsidades!". O bispo e seus assistentes partiram, deixando-a trancada como estava.

Sete dias depois, a rainha convocou Elizabeth às dez da noite; dois anos haviam se passado desde seu último encontro. A convocação provocou terror na mente da princesa, que, ao sair, desejou que seus senhores e senhoras orassem por ela, pois seu retorno a eles era incerto.

Foi, portanto, conduzida aos aposentos da rainha. Ao entrar, a princesa se ajoelhou, e tendo implorado a Deus que preservasse Sua Majestade, humildemente a assegurou de que Sua Majestade não podia dispor de mais leal súdito no reino, quaisquer que fossem os rumores que dissessem o contrário. Com altiva indelicadeza, a soberba rainha respondeu: "Não confessarás tua ofensa, mas permanecerás firme na tua verdade. Peço a Deus que zisso acabe".

"Se assim não for", disse Elizabeth, "não peço favor nem perdão das mãos de Sua Majestade". "Bem", disse a rainha, "ainda perseveras em tua verdade. Além disso, dirás ter sido punida injustamente".

"Não o direi diante de vós, se assim apraz Sua Majestade". "Então", disse a rainha, "o dirás aos outros?".

"Não o farei se isso desagradar a Sua Majestade; assumi o fardo e devo suportá-lo. Peço humildemente que Sua Majestade faça bom juízo de mim e acredite que sou sua súdita, não apenas desde o início até agora, mas para sempre, enquanto minha vida durar." Partiram sem nenhuma satisfação sincera em qualquer dos lados; e não podemos dizer que a conduta de Elizabeth tenha demonstrado a independência e a fortaleza que acompanham a perfeita inocência. A admissão de Elizabeth de que não diria, nem à rainha nem a outras pessoas, que havia sido punida injustamente, estava em contradição direta com o que dissera a Gardiner, e deve ter surgido de algum motivo inexplicável nesse momento. Supõe-se que o rei Filipe há de ter estado oculto durante a entrevista, favorecendo a princesa.

Sete dias após seu retorno à prisão, o severo carcereiro e seus homens foram dispensados, e a princesa foi liberta, sob o constrangimento de ser sempre acompanhada e observada por alguns membros do Conselho da rainha. Quatro de seus cavalheiros foram enviados à Torre sem nenhuma outra acusação contra eles senão a de serem servos zelosos de sua senhora. Esse evento foi sucedido pelas boas-novas da morte de Gardiner, pelas quais todos os homens bons e misericordiosos glorificaram a Deus, na medida em que o principal tigre foi tirado do covil, tornando a vida do sucessor protestante de Maria mais segura.

Este desonesto, enquanto a princesa estava na Torre, enviou um documento secreto, assinado por alguns membros do Conselho, para sua execução particular e, caso o sr. Bridges, tenente da Torre, tivesse sido tão inescrupuloso diante de tão sombrio assassinato quanto foi este piedoso prelado, a princesa haveria perecido. Como o mandado carecia da assinatura da rainha, o sr. Bridges apressou-se a Sua Majestade para lhe dar as informações e contar-lhe o ocorrido. Era uma trama de Winchester, que, para condená-la por práticas traidoras, fez com que vários prisioneiros fossem postos no tronco; em particular, o sr. Edmund Tremaine e Smithwicke receberam a oferta de subornos consideráveis para acusar a princesa inocente.

A vida da princesa esteve várias vezes em perigo. Enquanto estava em Woodstock, aparentemente de propósito, atearam fogo entre as vigas e o teto sob o qual ela estava. Também foi relatado que um tal Paul Penny, guarda de Woodstock, um notório rufião, foi designado para assassiná-la, mas, fosse como fosse, Deus interveio e anulou os desagradáveis desígnios dos inimigos da Reforma. James Basset foi outro designado para realizar a mesma ação; era um dos favoritos de Gardiner, e havia chegado a uma milha de Woodstock, pretendendo falar com Benifield sobre o assunto. A bondade de Deus, contudo, ordenou que, enquanto Basset viajava para Woodstock, Benifield, por uma ordem do Conselho, estava a caminho de Londres. Em consequência disso, ordenou ao seu irmão que nenhum homem fosse autorizado a ver a princesa durante sua ausência, nem mesmo com uma nota da rainha; seu irmão conheceu o assassino, mas a intenção deste último foi frustrada, pois nenhuma admissão pôde ser obtida.

Quando Elizabeth saiu de Woodstock, deixou as seguintes linhas escritas com seu diamante na janela:

Muitas suspeitas a meu respeito,
Nenhuma delas pode ser provada.
Elizabeth, prisioneira.

Com a morte de Winchester, cessou o extremo perigo da princesa, pois muitos de seus outros inimigos secretos vieram a morrer logo depois, bem como, finalmente, sua cruel irmã, que viveu apenas três anos a mais que Gardiner.

A morte de Maria foi atribuída a várias causas. O Conselho procurou consolá-la em seus últimos momentos, imaginando ser a ausência de seu marido o que fazia lhe pesar o coração, mas, embora a morte dele tivesse, de fato, algum peso, a perda de Calais, a última fortaleza possuída pelos ingleses na França, foi a verdadeira fonte de sua tristeza. "Abri meu coração quando eu estiver morta," disse Maria, "e encontrareis Calais nele escrito". A religião não lhe causou temor; os sacerdotes haviam acalmado toda preocupação em sua consciência que pudesse existir por causa dos espíritos acusadores dos mártires assassinados. Não o sangue que derramou, mas a perda de uma cidade incitou suas emoções no leito de morte, e esse último golpe pareceu ser concedido para que sua fanática perseguição pudesse ser paralela à sua insensatez política.

Oramos sinceramente para que os anais de nenhum país, católico ou pagão, sejam manchados com tal repetição de sacrifícios humanos ao poder papal e que a repulsa que se tem contra o caráter de Maria seja mantida como um farol para que os monarcas evitem as pedras do fanatismo!

A punição de Deus a alguns dos perseguidores de seu povo no reinado de Maria

Após a morte do arquiperseguidor Gardiner, outros se seguiram, dentre os quais há de se destacar o dr. Morgan, bispo de St. David, sucessor do bispo Farrar. Pouco depois de haver se instalado em sua diocese, foi surpreendido pela visitação de Deus; sua comida passava pela garganta, mas voltava com grande violência. Dessa maneira, quase literalmente morrendo de fome, encerrou sua existência.

O bispo Thornton, sufragâneo de Dover, era um perseguidor incansável da verdadeira Igreja. Um dia depois de exercitar sua cruel tirania sobre várias pessoas piedosas na Cantuária, veio da sala do capítulo para Borne, onde, no domingo, ao observar seus homens jogando boliche, foi tomado por um ataque de paralisia, e não sobreviveu por muito tempo.

Depois deste último, sucedeu-o outro bispo ou sufragâneo, ordenado por Gardiner, que, pouco tempo depois de haver sido elevado à sé de Dover, caiu de dois andares de escadas na câmara do cardeal em Greenwich e quebrou o pescoço. Havia acabado de receber a bênção do cardeal – não poderia receber nada pior.

John Cooper, de Watsam, Suffolk, sofreu perjúrio; foi perseguido por um tal Fenning ressentido, que subornou outros dois para jurar que ouviram Cooper dizer: "Se Deus não levasse a rainha Maria, o diabo o faria". Cooper negou ter proferido qualquer dessas palavras, mas era um protestante e herege, portanto foi enforcado, arrastado e esquartejado, teve suas propriedades confiscadas e sua esposa e nove filhos, humilhados à mendicância. Na colheita seguinte, porém, Grimwood de Hitcham, uma das testemunhas mencionadas anteriormente, foi visitada por sua vilania: enquanto trabalhava amontoando trigo, suas entranhas subitamente arrebentaram e, antes que o alívio pudesse ser obtido, morreu. Assim, o perjúrio deliberado foi recompensado pela morte súbita!

No caso do mártir sr. Bradford, pôde-se perceber a severidade do sr. Xerife Woodroffe: ele se regozijava com a morte dos santos e, na execução do sr. Rogers, partiu a cabeça do cocheiro por ter parado a carreta a fim de deixar que os filhos do mártir se despedissem dele. Menos de uma semana após o sr. Woodroffe haver deixado de ser xerife, foi acometido por uma paralisia e permaneceu alguns dias na condição mais lastimável e impotente, apresentando um contraste marcante com sua atividade anterior na causa sanguinária.

Acredita-se que Ralph Lardyn, que traiu o mártir George Eagles, tenha sido posteriormente condenado e enforcado por denunciar a si próprio. No tribunal, entregou-se com as seguintes palavras: "Isso caiu sobre mim com justiça, por trair o sangue inocente daquele homem justo e bom, George Eagles, que foi condenado aqui no tempo da rainha Maria por minha ação, quando vendi seu sangue por uma mera quantia em dinheiro".

Enquanto James Abbes estava a caminho de ser executado, exortando os piedosos espectadores a aderirem firmemente à verdade e, semelhante a ele, selarem a causa de Cristo com seu sangue, um servo do xerife o interrompeu, blasfemamente chamou sua religião de heresia e aquele bom homem de lunático. Mal, porém, chegaram as chamas ao mártir, e a terrível ação de Deus caiu sobre o infeliz insensível, na presença daquele que havia ridicularizado tão cruelmente. De repente, o homem foi tomado de loucura, jogou fora suas roupas e sapatos diante do povo (como Abbes havia feito pouco antes, para distribuir entre algumas pessoas pobres), ao mesmo tempo exclamando: "Assim James Abbes, o verdadeiro servo de Deus, é salvo, enquanto eu sou condenado". Repetindo isso com frequência, o xerife o recolheu e o fez vestir suas roupas, mas, assim que ficou sozinho, as rasgou outra vez e exclamou como antes. Sendo amarrado em uma carreta, foi levado para a casa de seu mestre e, em cerca de seis meses, morreu; pouco antes disso, um padre viera procurá-lo, com o crucifixo, mas o miserável ordenou que ele afastasse tais enganos, dizendo que ele e outros sacerdotes haviam sido a causa de sua condenação, ao passo que Abbes fora salvo.

Um tal Clark, inimigo declarado dos protestantes no reinado do Rei Eduardo, enforcou-se na Torre de Londres.

Froling, padre mui célebre, caiu na rua e morreu no local.

Dale, um informante infatigável, foi consumido por vermes e morreu em um miserável espetáculo.

Alexandre, o severo guardião de Newgate, morreu miseravelmente, inchando a um tamanho prodigioso, e tornou-se tão pútrido por dentro que ninguém pôde se aproximar dele. Esse cruel ministro da lei costumava ir a Bonner, Story e outros, solicitando que esvaziassem sua prisão, pois estava incomodado com os hereges! O filho desse detentor, três anos após a morte do pai, fez dissipar sua grande propriedade e morreu de repente no mercado de Newgate. "Os pecados do pai", diz o decálogo, "serão visitados nos filhos". João Pedro, genro de Alexandre, blasfemo e terrível perseguidor, morreu em suas misérias. Em tudo o que afirmava, dizia: "Se não for verdade, rezo para que eu apodreça antes de morrer". Esse estado terrível o visitou em toda a sua repugnância.

Sir Ralph Ellerker estava ansioso por ver arrancado o coração de Adam Damlip, que foi injustamente morto. Pouco tempo depois, *sir* Ralph foi terrivelmente mutilado, cortado e teve o próprio coração arrancado pelos franceses.

Quando Gardiner ouviu falar do miserável fim do juiz Hales, chamou a profissão do Evangelho de doutrina do desespero; no entanto, esqueceu-se que o desalento do juiz surgiu depois de haver consentido com o papismo. E com mais razão se pode dizer tal coisa dos dogmas católicos, se considerarmos o fim miserável do dr. Pendleton, de Gardiner e da maioria dos principais perseguidores. Gardiner, em seu leito de morte, foi lembrado por um bispo de quando Pedro negara seu mestre: "Ah", disse Gardiner, "neguei como Pedro, mas nunca me arrependi como ele".

Após a ascensão de Elizabeth, a maioria dos prelados católicos foram presos na torre ou em Fleet; Bonner foi encerrado em Marshalsea.

Dos que blasfemam contra a Palavra de Deus, detalhamos, entre muitos outros, a seguinte ocorrência. William Maldon, morando em Greenwich como um servo, estava instruindo-se proveitosamente na leitura de uma cartilha em inglês durante uma noite de inverno. Um servo, chamado John Powell, sentou-se junto a ele e ridicularizava tudo o que dizia Maldon, o qual, por sua vez, o advertiu a não zombar da Palavra de Deus. Powell, no entanto, continuou, até que Maldon chegou em sua leitura a certas orações inglesas e leu em voz alta: "Senhor, tende piedade de nós, Cristo tende piedade de nós" etc. De repente, o insultante passou a exclamar: "Senhor, tem misericórdia de nós!". Ele foi atingido com o mais extremo terror em sua mente, disse que o espírito maligno não podia tolerar que Cristo tivesse misericórdia dele, e mergulhou na loucura. Foi enviado a Bedlam e se tornou uma terrível advertência de que Deus nem sempre será insultado com impunidade.

Henry Smith, um estudante de direito, tinha um piedoso pai protestante, de Camben, em Gloucestershire, por quem era virtuosamente educado. Enquanto estudava as leis em Middle Temple, foi induzido a professar o catolicismo e, indo para Louvain, na França, retornou com indultos, crucifixos e uma grande carga de brinquedos papais. Não satisfeito com essas coisas, criticou abertamente a religião do evangelho em que havia sido criado; mas a consciência, certa noite, o reprovou tão terrivelmente que, em um ataque de desespero, se enforcou em suas próprias ligas. Foi enterrado em uma rua, sem que o serviço cristão fosse lido.

O dr. Story, cujo nome foi mencionado muitas vezes nas páginas anteriores, foi reservado para ser cortado em execução pública, uma prática na qual se deleitava sobremodo quando estava no poder. Supõe-se que tenha participado da maior parte das conflagrações no tempo de Maria, até mesmo contribuindo engenhosamente com novos modos de infligir tortura. Quando Elizabeth chegou ao trono, o dr. Story foi levado à prisão, mas, inexplicavelmente, efetuou sua fuga para o continente, a fim de levar o fogo e a espada aos irmãos protestantes. Do duque de Alva, em Antuérpia, recebeu uma comissão especial para vasculhar todos os navios em busca de mercadorias contrabandeadas e, em particular, de livros heréticos ingleses.

O dr. Story se gloriou em uma comissão que fora ordenada pela Providência para ser sua ruína e preservar os fiéis de sua crueldade sanguínea. Foi arquitetado que Parker, um comerciante, viajaria para Antuérpia, e o dr. Story seria informado de que tinha uma quantidade de livros heréticos a bordo. Este último, tão logo soube, correu para o navio, procurou por toda parte na área superior e depois passou pelas escotilhas, onde o aprisionaram. Um forte vendaval levou o navio para a Inglaterra, e esse rebelde traidor e perseguidor foi preso, onde permaneceu durante um tempo considerável, recusando-se obstinadamente a renegar seu espírito anticristão ou admitir a supremacia da rainha Elizabeth. Alegou ser, embora nascido e educado na Inglaterra, um súdito jurado do rei da Espanha, a cujo serviço estava o famoso duque de Alva. Ao ser condenado, foi colocado em um estrado e levado da Torre para Tyburn, onde, após ter sido mantido na forca por cerca de meia hora, foi cortado, despedaçado e, então, o carrasco exibiu o coração de um traidor.

Assim terminou a existência desse Ninrode da Inglaterra.

CAPÍTULO 17

A ASCENSÃO E O AVANÇO DA RELIGIÃO PROTESTANTE NA IRLANDA; COM UM RELATO DO BÁRBARO MASSACRE DE 1641

A sombra do papado cobriu a Irlanda desde sua fundação até o reinado de Henrique VIII, quando os fulgores do Evangelho começaram a dissipar a escuridão e a fornecer a luz que até então era desconhecida naquela ilha. A abjeta ignorância em que o povo era mantido, com as noções absurdas e supersticiosas que tomavam por verdades, era bastante evidente para muitos; e os artifícios de seus sacerdotes eram tão visíveis que várias distintas figuras, que até então eram papistas ativos, se esforçariam de bom grado para se livrarem do jugo e abraçar a religião protestante; mas a ferocidade natural do povo e seu forte apego às ridículas doutrinas que lhes haviam sido ensinadas tornavam a empreitada perigosa. Ainda assim, foi algo extensivamente intentado, embora seguido das mais horríveis e desastrosas consequências.

A introdução da religião protestante na Irlanda pode ser principalmente atribuída a George Browne, um inglês que foi consagrado arcebispo de Dublin em 19 de março de 1535. Antes era um frade agostiniano, e foi promovido à mitra por conta de seu mérito.

Depois de gozar de sua respeitabilidade por cerca de cinco anos, fez, na época em que Henrique VIII suprimia as casas religiosas na Inglaterra, com que todas as relíquias e imagens fossem removidas das duas catedrais de Dublin e das outras igrejas de sua diocese, no lugar das quais colocou a oração do Senhor, o credo e os dez mandamentos.

Pouco tempo depois disso, recebeu uma carta do Barão Thomas Cromwell, informando que Henrique VIII, tendo rejeitado a supremacia papal na Inglaterra, estava determinado a fazer o mesmo na Irlanda, e que o designara (arcebispo Browne) como um dos comissários para garantir que essa ordem fosse executada. O arcebispo respondeu que havia empregado os maiores esforços, arriscando sua própria vida, para fazer com que a nobreza e a pequena nobreza irlandesa reconhecessem Henrique como seu líder supremo, em questões espirituais e temporais; mas havia encontrado uma oposição muito violenta, especialmente de George, arcebispo de Armagh; que esse prelado, em discurso ao clero, amaldiçoara todos aqueles que reconhecessem a supremacia de Sua Alteza, acrescentando que sua ilha, chamada nas crônicas de Insula Sacra, ou Ilha Santa, não pertencia a ninguém além do bispo de Roma, e que os progenitores do rei a haviam recebido do papa. Observou igualmente que o arcebispo e o clero de Armagh haviam despachado um mensageiro para Roma, e que seria necessário que um parlamento fosse convocado na Irlanda para aprovar um ato de supremacia, pois o povo não considera as ordens do rei sem a sanção da assembleia legislativa. Concluiu observando que os papas haviam mantido o povo na mais profunda ignorância; que o clero era extremamente analfabeto; que as pessoas comuns eram mais fanáticas em sua cegueira do que os santos e mártires haviam sido ao defender a verdade no início do Evangelho; e que era de se temer que Shan O'Neal, um chefe de grande poder na parte norte da ilha, fosse decididamente contrário às ordens do rei.

Seguindo esse conselho, no ano seguinte, um parlamento foi convocado para reunir-se em Dublin, por ordem de Leonard Gray, na época senhor-tenente. Nessa assembleia, o arcebispo Browne fez um discurso no qual declarou que os bispos de Roma costumavam antigamente reconhecer os imperadores, reis e príncipes como supremos em seus próprios domínios;

e, portanto, que ele próprio votaria no rei Henrique VIII como senhor supremo em todos os assuntos, tanto eclesiásticos quanto temporais. Concluiu dizendo que quem se recusasse a votar nesse ato não era um verdadeiro servo do rei. Esse discurso surpreendeu muito os outros bispos e senhores; mas, depois de violentos debates, a supremacia do rei foi autorizada.

Dois anos depois, o arcebispo escreveu uma segunda missiva a lorde Cromwell, reclamando do clero e sugerindo as maquinações que o papa estava então realizando contra os defensores do evangelho. Essa carta é enviada de Dublin, em abril de 1538, e, entre outros assuntos, o arcebispo diz: "Um pássaro pode ser ensinado a falar com tanto sentido quanto muitos clérigos neste país. Esses, embora não sejam eruditos, ainda são astutos para acolher o povo comum e dissuadi-lo de seguir as ordens de Sua Alteza. As pessoas do campo aqui muito odeiam Sua Alteza e malevolamente o chamam, em sua língua irlandesa, de Filho do Ferreiro. Como amigo, desejo que Sua Alteza reflita bem em vossa nobreza. Roma tem grande apreço pelo duque de Norfolk e muito tem auxiliado esta nação, propositadamente para se opor à Sua Alteza".

Pouco tempo depois, o papa enviou para a Irlanda (endereçada ao arcebispo de Armagh e seu clero) uma bula de excomunhão para todos os que se submeteram ou submetessem à supremacia do rei na nação irlandesa, rogando uma maldição sobre todos eles e os seus, que, dentro de quarenta dias, não admitissem a seus confessores que haviam cometido um erro ao fazê-lo.

O arcebispo Browne notificou isso em uma carta enviada de Dublin, em maio de 1538. Parte da forma de confissão, ou voto, enviada a esses papistas irlandeses, era a seguinte: "Declaro ainda ele ou ela, pai ou mãe, irmão ou irmã, filho ou filha, marido ou esposa, tio ou tia, sobrinho ou sobrinha, parente, senhor ou senhora, e todos os outros, parentes mais próximos ou mais queridos, amigo ou conhecido, amaldiçoados, se considerarem agora ou em tempo vindouro qualquer poder eclesiástico ou civil acima da autoridade da Igreja Mãe, ou que obedeça agora ou em tempo vindouro a quaisquer que sejam os opositores ou inimigos da Mãe das Igrejas, ou contrários a ela, ao que juro aqui: que Deus, a Santíssima Virgem, São Pedro, São Paulo e os Santos Evangelistas, me ajudem" etc. Esse é um acordo cabal com as doutrinas promulgadas pelos Concílios de Latrão e Constança, que declararam expressamente que nenhum favor deve ser mostrado aos hereges, nem acordos mantidos com eles; que devem ser excomungados e condenados, e suas propriedades confiscadas, e que os príncipes são obrigados, por um juramento solene, a erradicá-los de seus respectivos domínios.

Quão abominável será essa igreja, que se atreve a passar por cima de toda autoridade! Quão enlouquecidas as pessoas que seguem as injunções dessa igreja!

Na recém-mencionada carta do arcebispo, datada de maio de 1538, ele diz: "O vice-rei de Sua Alteza desta nação tem pouco ou nenhum poder sobre os antigos nativos. Agora, tanto o inglês quanto o irlandês começam a se opor às ordens de vossa senhoria e a pôr de lado todas as suas disputas nacionais, o que temo que levará (se é que levará) a uma invasão estrangeira nesta nação".

Pouco tempo depois, o arcebispo Browne prendeu Thady O'Brian, um frade franciscano, que possuía uma carta enviada de Roma, datada de maio de 1538, e dirigida a O'Neal. Nessa carta estavam as seguintes palavras: "Sua Santidade, Paulo, agora papa, e o conselho dos padres, encontraram recentemente, em Roma, uma profecia de São Laseriano, um bispo irlandês de Cashel, na qual ele diz que a Igreja Mãe de Roma cairá quando, na Irlanda, a fé católica for superada. Portanto, para a glória da Igreja Mãe, a honra de São Pedro e sua própria segurança, suprimam a heresia e os inimigos de Sua Santidade."

Esse Thady O'Brian, depois de mais inquéritos e buscas, foi amarrado em um pelourinho e mantido prisioneiro até que as ordens do rei chegassem sobre de qual maneira deveria ser eliminado posteriormente. Mas com a ordem vinda da Inglaterra de que seria enforcado, cometeu suicídio no castelo de Dublin. Seu corpo foi posteriormente levado para Gallows-green, onde, depois de ser mantido na forca por algum tempo, foi enterrado.

Após a ascensão de Eduardo VI ao trono da Inglaterra, uma ordem foi dirigida a *sir* Anthony Leger, o lorde deputado da Irlanda, ordenando que a liturgia em inglês fosse imediatamente estabelecida na Irlanda, para ser observada nos vários bispados, catedrais e igrejas paroquiais; e foi lida pela primeira vez na Igreja de Cristo, Dublin, no dia da Páscoa de 1551, diante dos já mencionados *sir* Anthony, arcebispo Browne e outros. Parte da ordem real para esse fim foi a seguinte: "Considerando que nosso gracioso pai, o rei Henrique VIII, levou em consideração a escravidão e o pesado jugo que seus leais e fiéis súditos toleraram sob a jurisdição do bispo de Roma; como diversas histórias fabulosas e prodigiosas mentiras enganaram nossos súditos, isentando dos pecados de nossas nações, por meio de suas indulgências e perdões, para obter lucro, propositadamente nutrindo todos os sórdidos vícios, como roubos, rebeliões, furtos, prostituição, blasfêmia, idolatria etc., nosso benevolente pai dissolveu todos os priorados, mosteiros, abadias e outras pretensas casas religiosas, como sendo apenas viveiros para vícios ou ostentação, mais do que para aprendizado sagrado" etc.

No dia seguinte à primeira oração comum na Igreja de Cristo, Dublin, o seguinte estratagema perverso foi elaborado pelos papistas:

Na igreja foi deixada uma imagem de Cristo feita de mármore, segurando um junco na mão, com uma coroa de espinhos na cabeça. Enquanto o culto em inglês (a Oração Comum) estava sendo lido diante do senhor-tenente, do arcebispo de Dublin, do conselho privado, do senhor-prefeito e de uma grande congregação, via-se sangue correndo pelas fendas da coroa de espinhos e escorrendo pelo rosto da imagem. Sobre isso, alguns dos conspiradores dessa impostura gritaram em voz alta: "Veja como a imagem de nosso Salvador verte seu sangue! Mas deve necessariamente fazê-lo, já que a heresia adentra a igreja". Imediatamente, muitas pessoas da mais baixa ordem, de fato os vulgares de todas as classes, ficaram aterrorizadas com a visão de uma evidência tão milagrosa e inegável do desagrado divino; eles se apressaram em sair da igreja, convencidos de que as doutrinas do protestantismo emanavam de uma fonte infernal e que a salvação só era encontrada no seio de sua própria igreja infalível.

Este incidente, por mais ridículo que possa parecer ao leitor esclarecido, exerceu grande influência sobre a mente dos irlandeses ignorantes e serviu aos fins dos impudentes impostores que o inventaram, a ponto de pôr em xeque o progresso da religião reformada na Irlanda de forma bastante concreta; muitas pessoas não conseguiam refutar a ideia de que havia muitos erros e corrupções na Igreja romana, mas silenciaram em terror por essa pretensa manifestação da ira divina, que foi ampliada além do possível pelo sacerdócio fanático e egoísta.

Temos muito poucos detalhes sobre o estado da religião na Irlanda durante a parte restante do reinado de Eduardo VI e a maior parte do reinado de Maria. Perto da conclusão do domínio bárbaro daquela implacável intolerante, ela tentou estender suas perseguições desumanas a essa ilha; mas suas intenções diabólicas foram felizmente frustradas da seguinte maneira providencial, cujos detalhes são relatados por historiadores de prestígio.

Maria havia nomeado o dr. Pole (um agente do sanguinário Bonner) um dos comissários para levar a efeito suas intenções bárbaras. Tendo chegado a Chester com sua comissão, o prefeito daquela cidade, um papista, esperava por ele; quando o médico tirou da bolsa um estojo de couro, disse-lhe: "Aqui está uma determinação que flagelará os hereges da Irlanda". A bondosa criada da casa, por ser protestante e ter um irmão em Dublin, chamado John Edmunds, ficou muito perturbada com o que ouviu. Mas, percebendo uma oportunidade, enquanto o prefeito se despedia e o doutor educadamente o acompanhava ao andar de baixo, abriu a caixa, retirou a determinação e, em seu lugar, colocou uma folha de papel, com um baralho de cartas e o valete de paus no topo. O doutor, sem suspeitar do artifício que lhe havia sido aplicado, pegou a caixa e chegou com ela em Dublin, em setembro de 1558.

Ansioso por cumprir as ordens de sua "piedosa" senhora, imediatamente foi visitar o lorde Fitz-Walter, à época vice-rei, e lhe ofereceu a caixa, que, ao ser aberta, nada continha além de um baralho de cartas. Isso surpreendeu a todos os presentes, e seu senhorio disse: "Precisamos obter outra determinação; e, nesse meio tempo, embaralhemos as cartas".

O dr. Pole, no entanto, buscou retornar diretamente à Inglaterra para obter outra determinação; mas, esperando por ventos favoráveis, recebeu notícias de que a rainha Maria estava morta e, dessa maneira, os protestantes escaparam de uma assaz cruel perseguição. O relato acima, como observamos anteriormente, é confirmado por historiadores da mais elevada credibilidade, que acrescentam que a rainha Elizabeth pagou uma pensão de quarenta libras por ano para a supracitada Elizabeth Edmunds, por ter salvado a vida de seus súditos protestantes.

Durante os reinados de Elizabeth e Jaime I, a Irlanda foi quase constantemente tumultuada por rebeliões e insurreições, que, embora nem sempre surgissem da diferença de opiniões religiosas entre ingleses e irlandeses, eram agravadas e tornadas mais amargas e irreconciliáveis por este motivo. Os padres papistas exageravam ardilosamente as falhas do governo inglês e insistiam continuamente junto aos ignorantes e preconceituosos católicos sobre a legalidade de matar os protestantes, assegurando-lhes que todos os católicos que fossem mortos no processo de uma busca tão piedosa alcançariam imediatamente a felicidade eterna. O naturalmente ingovernável caráter dos irlandeses agiu contra esses homens ardilosos, levando os irlandeses a atos contínuos de bárbara e injustificável violência; e deve-se confessar que a natureza instável e arbitrária da autoridade exercida pelos governadores ingleses era pouco adaptada para obter sua simpatia. Os espanhóis, também, ao desembarcarem tropas no sul e encorajar os nativos descontentes a se unirem em armas, mantiveram a ilha em um estado contínuo de turbulência e guerra. Em 1601, desembarcaram uma corporação de quatro mil homens em Kinsale e começaram o que chamavam de "Guerra Santa para a preservação da fé na Irlanda"; foram ajudados por um grande número de irlandeses, mas acabaram derrotados pelo vice-rei, lorde Mountjoy, e seus oficiais.

Isso encerrou as questões do reinado de Elizabeth em relação à Irlanda. Seguiu-se um intervalo de aparente tranquilidade, mas o sacerdócio papal, sempre inquieto e astuto, procurou minar por meio de maquinações secretas o governo e a fé que os irlandeses mantinham e que já não ousava atacar abertamente. O reinado pacífico de Jaime deu ao clero católico a oportunidade de aumentar sua força e amadurecer seus planos, e, sob seu sucessor, Carlos I, houve um considerável aumento de arcebispos, bispos, decanos, vigários-gerais, abades, padres e frades católicos; por esse motivo, em 1629, foi proibido o exercício público dos ritos e cerimônias papistas.

Mas, apesar disso, logo depois, o clero romano erigiu uma nova universidade papista na cidade de Dublin. Também começaram a construir mosteiros e conventos em diversas partes do reino, onde os clérigos romanos e os líderes dos irlandeses realizavam reuniões frequentes; e, a partir de então, se deslocaram constantemente, para França, Espanha, Flandres,

Lorena e Roma; onde o detestável conluio de 1641 foi armado pela família dos O'Neals e seus seguidores.

Pouco antes do início da horrível conspiração, a qual relataremos agora, os papistas na Irlanda apresentaram uma queixa aos juízes do supremo tribunal daquele reino, exigindo o livre exercício de sua religião e a revogação de todas as leis contrárias a isso; ao que ambas as casas do parlamento na Inglaterra responderam solenemente que nunca concederiam qualquer tipo de tolerância à religião papista naquele reino.

Isso estimulou ainda mais os papistas a pôr em execução a conspiração diabólica urdida para a destruição dos protestantes, cujo desenlace não desapontou seus idealizadores maliciosos e rancorosos.

O objetivo dessa terrível conspiração era que uma insurreição geral ocorresse simultaneamente em todo o reino e que todos os protestantes, sem exceção, fossem mortos. O dia marcado para esse horrível massacre foi 23 de outubro de 1641, festa de Inácio de Loyola, fundador da ordem dos jesuítas; e os líderes conspiradores nas principais partes do reino fizeram os preparativos necessários para o pretendido conflito.

Para que esse detestável ardil pudesse ter o resultado mais livre de erros possível, os mais distintos artifícios foram perpetrados pelos papistas; e sua atitude em suas visitas aos protestantes, naquele momento, trazia mais aparente bondade do que haviam demonstrado até então, o que era feito exclusivamente para realizarem os desumanos e traiçoeiros planos que tramaram contra eles.

A execução dessa selvagem conspiração foi adiada até a chegada do inverno, para aumentar a dificuldade de lidarem com as tropas inglesas. O cardeal Richelieu, ministro francês, prometeu aos conspiradores uma considerável provisão de homens e dinheiro; e muitos oficiais irlandeses haviam dado as maiores garantias de que cooperariam totalmente com seus irmãos católicos, assim que a insurreição tivesse início.

Havia chegado o dia anterior ao combinado para executar esse horrível plano, quando, felizmente para a metrópole do reino, a conspiração foi descoberta por Owen O'Connelly, um irlandês. Em reconhecimento dos serviços prestados por O'Connelly, o Parlamento Inglês votou que ele recebesse 500 libras e uma pensão vitalícia de 200 libras.

Tão oportunamente esse plano foi descoberto, não mais que poucas horas antes da cidade e do castelo de Dublin serem tomados de surpresa, que os juízes da suprema corte mal tiveram tempo de se posicionarem, e a própria cidade, em uma postura adequada de defesa. Lorde M'Guire, que era a principal liderança ali, foi preso com seus cúmplices na cidade na mesma noite; e em seus alojamentos foram encontradas espadas, machadinhas, machados, martelos e outros instrumentos de morte que haviam sido preparados para a destruição e a extirpação dos protestantes daquela parte do reino.

Assim, a metrópole foi felizmente preservada; mas a parte sangrenta da tragédia arquitetada estava além da prevenção. Os conspiradores foram às armas em todo o reino no início da manhã do dia planejado, e todos os protestantes que entravam em seu caminho eram imediatamente assassinados. Ninguém, não importa a idade, o sexo ou a condição, foi poupado. A esposa chorando por seu marido, morto com crueldade, e abraçando seus filhos indefesos, foi trespassada com eles e pereceu no mesmo golpe. Os velhos, os jovens, os vigorosos e os enfermos sofreram o mesmo destino e se mesclavam em um extermínio coletivo. A fuga para salvá-los do primeiro ataque foi vã, pois a destruição foi lançada em toda parte e encontrou as vítimas, caçadas a todo momento. Fútil era recorrer a parentes, a companheiros, a amigos; todas as conexões foram dissolvidas; e a morte foi trazida pelas mãos de cuja proteção era implorada e esperada. Sem provocação, sem oposição, os ingleses, atônitos, vivendo em intensa paz e, como supunham, em total segurança, foram massacrados por seus vizinhos mais próximos, com quem mantiveram por muito tempo uma relação contínua de gentileza e conciliação. Mais ainda, a morte foi o menor dos castigos infligidos por esses monstros em forma humana; todas as torturas que a crueldade desenfreada poderia inventar, todas as persistentes dores do corpo, a angústia da mente, os tormentos do desespero não podiam saciar a vingança incitada sem injúria e cruelmente advinda de uma causa totalmente injusta. Uma natureza depravada, ou até mesmo a perversão da religião, ainda que encorajada pela máxima permissividade, não poderia alcançar um nível de ferocidade maior do que o assomado nesses impiedosos bárbaros. Até o próprio sexo frágil, naturalmente sensível a suas próprias dores e compassivo com as dos outros, emulou seus robustos companheiros na execução de toda sorte de crueldade. Até mesmo as crianças, ensinadas pelo exemplo e encorajadas pela exortação de seus pais, deram seus débeis golpes nos corpos mortos das indefesas crianças inglesas.

A avareza dos irlandeses também não foi suficiente para trazer um mínimo de comedimento à sua crueldade. Tal era seu frenesi, que o gado que haviam confiscado e tomado para si, por serem os animais marcados com nomes de ingleses, foi caprichosamente abatido, ou, quando cobertos de feridas, soltos na floresta, para perecerem em meio a lentos e persistentes tormentos.

As confortáveis habitações dos agricultores eram reduzidas a cinzas ou destruídas. E onde os desafortunados proprietários se trancaram nas casas e se prepararam para a defesa, morriam nas chamas junto a suas esposas e filhos.

Essa é a descrição geral desse massacre sem paralelo; mas agora resta, pela natureza de nosso trabalho, que procedamos a detalhes.

Os fanáticos e impiedosos papistas mal haviam encharcado suas mãos em sangue, quando repetiram a horrível tragédia, dia após dia, e os protestantes em todas as partes do reino caíram vítimas de sua fúria, por meio de execuções repletas da mais inaudita crueldade.

Os irlandeses ignorantes foram mais fortemente instigados a executar as obras infernais pelos jesuítas, padres e frades, e, quando o dia da execução da trama foi acertado, recomendaram em seus sermões diligência no grande projeto, que segundo eles contribuiria grandemente à prosperidade do reino e ao avanço da causa católica. Em todos os lugares declararam ao povo que os protestantes eram hereges e sua convivência não deveria mais ser tolerada, acrescentando que não era maior pecado matar um inglês do que matar um cachorro e que ajudá-los ou protegê-los era um crime da mais imperdoável natureza.

Com os papistas tendo sitiado a cidade e o castelo de Longford, os habitantes deste, que eram protestantes, se renderam com a condição de serem tratados com clemência. Os sitiantes, no instante em que as pessoas da cidade apareceram, os atacaram da maneira mais impiedosa; seu padre, como um sinal para que o restante atacasse, primeiro rasgou a barriga do ministro protestante inglês, após o que seus seguidores mataram o restante, alguns enforcados, outros esfaqueados ou alvejados, e um grande número de pessoas teve a cabeça decepada com machados fornecidos para esse fim.

A guarnição de Sligo foi tratada da mesma maneira por O'Connor Slygah, que, após os protestantes deixarem suas fortificações, lhes prometeu clemência e transportá-los em segurança pelas montanhas de Curlew, até Roscommon. Mas primeiro os aprisionou em uma prisão repugnante, alimentando-os apenas com grãos. Depois, quando alguns papistas, já embriagados, vieram parabenizar seus perversos irmãos por sua vitória sobre essas pobres criaturas, os protestantes que sobreviveram foram trazidos pelos carmelitas e foram mortos ou atirados por sobre a ponte em um rio, onde a corredeira logo os eliminou. Acrescenta-se que essa perversa companhia de carmelitas foi, algum tempo depois, em procissão solene, com água benta nas mãos, aspergir o rio, sob o pretexto de livrá-lo e purificá-lo das manchas e poluição do sangue e dos corpos dos hereges, como chamavam os infelizes protestantes que foram desumanamente massacrados naquele exato momento.

Em Kilmore, o dr. Bedell, bispo daquela sé, havia caridosamente acolhido e dado apoio a um grande número de protestantes aflitos, que haviam fugido de suas habitações para escapar das crueldades diabólicas cometidas pelos papistas. Mas não puderam desfrutar muito do consolo de viverem juntos; o bom prelado foi arrastado à força de sua residência episcopal, que foi imediatamente ocupada pelo dr. Swiney, o bispo titular de Kilmore, que celebrou a missa na igreja no domingo seguinte e depois confiscou todos os bens e efeitos pertencentes aos perseguido bispo.

Logo depois disso, os papistas forçaram o dr. Bedell, seus dois filhos e o resto de sua família, com alguns dos chefes dos protestantes que havia protegido, a ir para um castelo em ruínas chamado Lochwater, situado em um lago perto do mar. Ali ficou com seus companheiros algumas semanas, todos esperando, dia após dia, serem mortos. A maior parte deles foi despida, o que significa que, como estavam na estação fria (no mês de dezembro) e a estrutura em que estavam confinados era aberta no topo, sofreram as mais severas intempéries. Continuaram nessa situação até o dia sete de janeiro, quando todos foram libertos. O bispo foi atenciosamente recebido na casa de Dennis O'Sheridan, um membro de sua igreja, a quem havia convertido à Igreja da Inglaterra, mas não sobreviveu por muito tempo a essa bondade. Durante sua estadia, passou todo o seu tempo em exercícios religiosos, para melhor se ajustar e preparar a si mesmo e seus desafortunados companheiros para sua grande mudança, pois, perpetuamente, nada além da morte certa estava diante de seus olhos. Tinha setenta e um anos de idade nessa época e, sendo acometido de uma intensa maleita em sua desolada e fria morada no lago, foi logo tomado por uma febre da mais perigosa natureza. Sentindo a aproximação de sua morte, a recebeu com alegria, como um dos mártires primitivos apressando-se em busca de sua coroa de glória.

Depois de ter-se dirigido a seu pequeno rebanho e os exortado à paciência, da forma mais terna, enquanto divisavam seus próprios últimos dias se aproximarem, depois de abençoar solenemente seu povo, sua família e seus filhos, o bispo terminou simultaneamente o curso de seu ministério e de sua vida no sétimo dia de fevereiro de 1642.

Seus amigos e parentes pediram ao bispo invasor permissão para enterrá-lo, que foi relutantemente concedida. O bispo a princípio lhes disse que o cemitério da igreja era solo sagrado e que não deveria mais ser contaminado por hereges. No entanto, a permissão foi finalmente concedida e, embora o serviço fúnebre da igreja não tenha sido usado na solenidade (por medo dos papistas irlandeses), ainda assim alguns dos melhores indivíduos, que lhe dirigiam a mais alta reverência enquanto vivia, conduziram seus restos mortais até o túmulo. Nesse enterro, dispararam uma salva de tiros, gritando *Requiescat in pace ultimus Anglorum*, ou seja: "Que o último dos ingleses descanse em paz". Acrescentando que, como era um dos melhores, deveria ser o último bispo inglês a despontar entre eles. Seu conhecimento era assaz extenso, e teria dado ao mundo uma prova ainda maior disso se tivesse publicado tudo o que escreveu. Poucos dos seus escritos foram salvos; os papistas destruíram a maioria de seus documentos e sua biblioteca. Ele havia reunido um vasto acervo de dissertações críticas das Escrituras, todas as quais, juntamente com um grande baú cheio de seus manuscritos, caíram nas mãos dos irlandeses. Felizmente, seu formidável manuscrito hebraico foi preservado e agora está na biblioteca do Emanuel College, em Oxford.

No baronato de Terawley, os papistas, instigados pelos frades, submeteram mais de quarenta protestantes ingleses, alguns dos quais mulheres e crianças, ao duro destino de morrerem pela espada ou se afogarem no mar. Os que fizeram a segunda escolha foram forçados, pelas lâminas desembainhadas de seus impiedosos perseguidores, a adentrar o mar, onde, com os filhos nos braços, primeiro vadearam até a água atingir seus queixos e depois afundaram e pereceram juntos.

No castelo de Lisgool, mais de cento e cinquenta homens, mulheres e crianças foram todos queimados juntos; e, no castelo de Moneah, não menos de cem foram mortos pelo fio da espada. Muitos também foram assassinados no castelo de Tullah, entregues a M›Guire sob a condição de receberem justa clemência; mas, assim que o desprezível vilão tomou posse do lugar, ordenou que seu séquito executasse o povo, o que foi feito imediatamente com excepcional crueldade.

Muitos outros foram executados de formas horríveis e que poderiam ter sido inventadas apenas por demônios no lugar de homens. Alguns deles foram postos com o centro das costas no eixo de uma carruagem, com as pernas apoiadas no chão de um lado e os braços e a cabeça do outro. Nessa posição, um dos selvagens flagelava a infeliz vítima nas coxas, pernas etc., enquanto outro incitava cães furiosos, que rasgavam os braços e a parte superior de seus corpos; e dessa terrível maneira foram privados de sua existência. Um grande número deles foi preso às caudas dos cavalos, e, com os animais sendo forçados a todo galope por seus cavaleiros, as miseráveis vítimas foram arrastadas até que expirassem. Outros foram pendurados em altíssimos cadafalsos e, com chamas acesas sob seus pés, findaram suas vidas, em parte por enforcamento e em parte por asfixia.

Nem mesmo o sexo mais frágil escapou da menor partícula de crueldade que poderia ser projetada por seus impiedosos e furiosos perseguidores. Muitas mulheres, de todas as idades, foram submetidas a execuções da mais cruel natureza. Algumas, em particular, foram atadas com as costas em postes fortes, despidas acima da cintura, e os monstros desumanos cortaram seus seios direitos com tesouras, o que, é claro, as colocou sob os mais excruciantes suplícios; e foram deixadas nessa posição até que, pela perda de sangue, expiraram.

Tal era a ferocidade selvagem desses bárbaros, que até os nascituros foram arrancados do útero para se tornarem vítimas de sua fúria. Muitas mães infelizes foram penduradas nuas nos galhos das árvores, e, após terem seus corpos cortados, seus inocentes frutos foram tirados delas e atirados aos cães e porcos. E, para aumentar o horror da cena, obrigavam o marido a ser testemunha do ato antes de serem eles próprios executados.

Na cidade de Issenskeath, enforcaram mais de cem protestantes escoceses, não lhes mostrando mais misericórdia do que aos ingleses. M'Guire, indo ao castelo daquela cidade, desejou falar com o governador e, ao ser admitido, imediatamente queimou os registros do município, que lá eram mantidos. Então exigiu mil libras do governador, e, uma vez tendo recebido, imediatamente o obrigou a assistir à Missa e a jurar que continuaria a fazê--lo. E, para completar suas horríveis barbáries, ordenou que a esposa e os filhos do governador fossem enforcados diante de seus olhos, além de chacinar pelo menos cem habitantes. Mais de mil homens, mulheres e crianças foram levados, em diferentes comitivas, para a ponte de Portadown, que foi quebrada ao meio, e forçados a se jogarem na água, e os que tentaram chegar à costa foram golpeados na cabeça.

Na mesma parte do país, pelo menos quatro mil pessoas foram afogadas em diferentes lugares. Os desumanos papistas primeiro despiam-nas, para depois as levarem como animais para o local determinado para seu extermínio; e, se alguma delas, por fadiga ou enfermidades naturais, afrouxasse seu ritmo, as furavam com suas espadas e lanças; e, para causar terror à multidão, matavam algumas pelo caminho. Muitos desses pobres desgraçados, quando atirados na água, tentavam salvar-se nadando até a praia, mas seus impiedosos algozes impediam que seus esforços obtivessem sucesso, disparando contra eles na água.

Em um lugar, cento e quarenta ingleses, depois de percorrerem, nus, muitos quilômetros sob o mais severo dos climas, foram todos executados no mesmo local; alguns foram enforcados, outros foram queimados, alguns mortos a tiros e muitos deles enterrados vivos; e tão cruéis eram seus algozes que não lhes permitiam orar antes de serem roubados de sua mísera existência.

Outras comitivas eram levadas sob o pretexto de salvo-conduto, que, levando isso em consideração, prosseguiam alegremente em sua jornada;

mas, quando os traiçoeiros papistas chegavam a um local conveniente, os massacravam da mais cruel maneira.

Cento e quinze homens, mulheres e crianças foram conduzidos, por ordem de *sir* Phelim O'Neal, até a ponte de Portadown, onde todos foram forçados a entrar no rio e se afogaram. Uma mulher, chamada Campbell, não encontrando nenhuma probabilidade de escapar, repentinamente agarrou um dos principais papistas em seus braços e o fez com tanta firmeza que ambos se afogaram.

Em Killyman, chacinaram quarenta e oito famílias, dentre as quais vinte e duas foram queimadas juntas em uma casa. O restante foi enforcado, baleado ou afogado.

Em Kilmore, os habitantes, que consistiam em cerca de duzentas famílias, todos foram vítimas da ira dos irlandeses. Alguns deles ficaram presos ao tronco até confessarem onde estava seu dinheiro, e logo após foram executados. Todo o condado era uma cena generalizada de carnificina, e muitos milhares pereceram, em um curto período de tempo, pela espada, fome, fogo, água e tantas outras mortes mais cruéis quanto a raiva e a malícia puderam inventar.

Esses sanguinários vilões limitavam seus atos de misericórdia a eliminá-los imediatamente, mas de modo algum lhes permitiam orar. Prendiam outros em masmorras imundas, colocando pesados grilhões em suas pernas e mantendo-os lá até morrerem de fome.

Em Casel, colocaram todos os protestantes em uma masmorra repugnante, onde os mantiveram juntos, por várias semanas, no mais intenso sofrimento. Quando, por fim, foram libertos, alguns deles foram barbaramente mutilados e deixados nas estradas para perecerem; outros foram enforcados, e alguns foram enterrados em pé no chão, com as cabeças acima da terra, e os papistas, para aumentar sua miséria, tratavam-nos com escárnio durante seus martírios. No condado de Antrim, mataram novecentos e cinquenta e quatro protestantes em uma manhã, e depois cerca outros mil e duzentos naquele condado.

Em uma cidade chamada Lisnegary, forçaram vinte e quatro protestantes a entrar em uma casa e, em seguida, atearam fogo nela, queimando-os juntos, imitando seus protestos em zombaria.

Entre outros atos de crueldade, pegaram dois filhos de uma inglesa e esmagaram seus cérebros diante de seus olhos; depois disso, lançaram-na ao rio, onde se afogou.

Fizeram o mesmo a muitas outras crianças, para o absoluto tormento de seus pais e para a desgraça da natureza humana.

Em Kilkenny, todos os protestantes, sem exceção, foram mortos; e alguns deles de maneira tão cruel como talvez nunca antes fora imaginado.

Espancaram uma inglesa com tão selvagem barbárie que mal lhe restou algum osso inteiro, após o que a jogaram em uma vala; mas, não satisfeitos com isso, levaram sua filha, uma menina com cerca de seis anos de idade, e, depois de rasgar sua barriga, atiraram-na para sua mãe, para definhar até que perecesse. Forçaram um homem a ir à missa, depois da qual rasgaram seu corpo, e assim o deixaram. Serraram outro em pedaços, cortaram a garganta de sua esposa e, depois de terem esmagado o cérebro de seu filho, uma criancinha, o atiraram aos porcos, que o devoraram avidamente.

Depois de cometer essas e várias outras horríveis crueldades, pegaram as cabeças de sete protestantes, entre eles a de um piedoso ministro, e fixaram todas na cruz do mercado. Colocaram uma mordaça na boca do ministro, depois fizeram um corte em suas bochechas, até as orelhas, e colocaram uma folha de uma Bíblia diante de sua cabeça, ordenando que pregasse, pois sua boca estava larga o bastante. Fizeram várias outras coisas por puro escárnio e demonstraram a maior satisfação por terem executado e exposto os infelizes protestantes.

É impossível conceber o prazer que esses monstros tiveram ao exercerem sua crueldade e ao aumentarem o sofrimento daqueles que caíram em suas mãos; quando os executavam, diziam: "Sua alma para o diabo". Um desses malfeitores entrou em uma casa com as mãos embebidas em sangue e se gabava de ser sangue inglês e de que sua espada tinha retalhado as peles brancas dos protestantes o máximo possível. Quando qualquer um deles matava um protestante, outros vinham e se refestelavam ao cortarem e destruírem o corpo, após o que o deixavam para ser devorado por cães; e, quando matavam uma série deles, se gabavam de que o diabo estava em dívida com eles por enviarem tantas almas ao inferno. Mas não é de admirar que tratassem assim os inocentes cristãos, pois nem sequer hesitavam em cometer blasfêmias contra Deus e Sua santíssima Palavra.

Em um lugar, queimaram duas Bíblias protestantes e depois disseram que haviam queimado o próprio fogo do inferno. Na igreja de Powerscourt, queimaram o púlpito, os bancos, os baús e as Bíblias. Pegaram outras Bíblias e, depois de molhá-las com água suja, as jogaram contra o rosto dos protestantes, dizendo: "Sabemos que amais uma boa lição; aqui está uma excelente lição para vós; vinde amanhã e tereis um sermão tão bom quanto este".

Alguns dos protestantes foram arrastados pelos cabelos para a igreja, onde os despiram e chicotearam com extrema crueldade, dizendo-lhes, ao mesmo tempo, que, se retornassem no dia seguinte, ouviriam o mesmo sermão.

Em Munster, mataram vários ministros das formas mais chocantes. Um deles, em particular, despiram-no completamente e, trazendo-o diante deles, o perfuraram com espadas e dardos até que caísse morto.

Em alguns lugares, arrancaram os olhos e cortaram as mãos dos protestantes e, dessa maneira, os levaram aos campos, para ali vagar por sua existência miserável. Obrigaram muitos jovens a empurrar seus pais idosos para um rio, onde se afogaram; esposas foram forçadas a ajudar a enforcar seus maridos; e mães foram forçadas a cortar as gargantas de seus filhos.

Em um lugar, obrigaram um jovem a matar seu pai e em seguida o enforcaram. Em outro, forçaram uma mulher a matar o marido, obrigaram o filho a matá-la e depois atiraram na cabeça dele.

Em um lugar chamado Glaslow, um padre papista, junto a outros, persuadiu quarenta protestantes a se reconciliarem com a Igreja de Roma. Tão logo o fizeram, alegaram agir de boa-fé e, portanto, impediriam que caíssem e se tornassem hereges, enviando-os para a outra vida, o que fizeram cortando imediatamente suas gargantas.

No condado de Tipperary, mais de trinta protestantes, entre homens, mulheres e crianças, caíram nas mãos dos papistas, que, depois de despi-los, os mataram com pedras, alabardas, espadas e outras armas.

No condado de Mayo, cerca de sessenta protestantes, quinze dos quais eram ministros, deveriam, mediante tratado, ser conduzidos em segurança até Galway por Edmund Burke e seus soldados; mas esse monstro desumano, durante o trajeto, sacou sua espada, comunicando seu plano ao restante do bando, que imediatamente seguiu seu exemplo, e assassinaram todos, alguns esfaqueados, outros trespassados com lanças e vários afogados.

No condado de Queen, um grande número de protestantes foi executado das formas mais revoltantes. Cinquenta ou sessenta foram colocados juntos em uma casa, que foi incendiada, e todos morreram em meio às chamas. Muitos foram despidos e presos a cavalos por cordas colocadas em volta de suas cinturas, sendo arrastados através de pântanos até expirarem. Alguns foram pendurados pelos pés a ganchos de tecer lã presos em postes e deixados nessa postura miserável até que perecessem. Outros foram amarrados ao tronco de uma árvore, com um galho acima. Sobre esse galho pendia um de seus braços, que sustentava a maior parte do peso do corpo, e uma das pernas era levantada e presa ao tronco, enquanto a outra pendia reta. Nessa terrível e desconfortável postura, permaneciam enquanto a vida permitisse, agradáveis exibições para seus sanguinários algozes.

Em Clownes, dezessete homens foram enterrados vivos; e um inglês, sua esposa, cinco filhos e uma criada foram enforcados juntos e depois atirados em uma vala. Penduravam muitos pelos braços em galhos de árvores, com um peso atado aos pés, e outros pela cintura, postura em que os deixavam até perecerem. Vários foram enforcados em moinhos de vento e, quando ainda não estavam totalmente mortos, os bárbaros os cortavam em pedaços com suas espadas. Outros, tanto homens quanto mulheres e crianças, eram cortados e mutilados em várias partes do corpo e deixados debatendo-se em seu próprio sangue para perecerem onde caíam. Uma pobre mulher foi enforcada em um cadafalso, junto a seu filho, uma criança de cerca de doze meses, que foi enforcada com os cabelos de sua mãe, e assim encerrou sua curta, mas miserável existência.

No condado de Tyrone, nada menos que trezentos protestantes foram afogados em um dia; muitos outros foram enforcados, queimados e executados de outras formas. O dr. Maxwell, reitor de Tyrone, morava naquela época próximo a Armagh e sofria muito com esses impiedosos selvagens. Em seu interrogatório, feito sob juramento perante os comissários do rei, ele declarou que os papistas irlandeses lhe deviam e que, em diversas ocasiões, haviam matado, em um só lugar, doze mil protestantes, que massacraram desumanamente em Glynwood, durante sua fuga do condado de Armagh.

Como o rio Bann não era vadeável, e a ponte havia quebrado, os irlandeses ali forçaram, em momentos diferentes, um grande número de protestantes desarmados e indefesos, e com lanças e espadas lançaram com violência cerca de mil ao rio, onde pereceram miseravelmente.

A catedral de Armagh também não escapou da fúria daqueles bárbaros, e foi maliciosamente incendiada por seus líderes e reduzida às cinzas. E para extirpar, se possível, o infeliz povo protestante que morava em Armagh ou nas proximidades, os irlandeses queimaram todas as suas casas e depois reuniram muitas centenas dessas pessoas inocentes, jovens e velhas, sob o pretexto de dar-lhes proteção e salvo-conduto até Colerain, quando traiçoeiramente os atacaram e mataram com crueldade.

As barbáries horríveis como as que pormenorizamos foram perpetradas contra os desafortunadíssimos protestantes em quase todas as partes do reino; e, depois, quando foi feita uma estimativa do número dos que foram martirizados para satisfazer as diabólicas almas dos papistas, ela totalizou cento e cinquenta mil. Mas agora resta que procedamos aos detalhes que se seguiram.

Esses desgraçados violentos, entusiasmando-se e tornando-se insolentes pelo sucesso (embora por métodos acompanhados por barbaridades excessivas como talvez nunca fossem igualadas), logo se apossaram do castelo de Newry, onde as provisões e munições do rei estavam alojadas e, com pouca dificuldade, tornaram-se senhores de Dundalk. Posteriormente, tomaram a cidade de Ardee, onde assassinaram todos os protestantes, e depois seguiram para Drogheda. A guarnição de Drogheda não estava em condições de aguentar um cerco, embora, tantas vezes quanto os irlandeses reiterassem seus ataques, fossem vigorosamente repelidos por um número muito desigual das forças do rei e por alguns cidadãos protestantes fiéis sob sir Henry Tichborne, o governador, assistido pelo lorde Visconde Moore. O cerco a Drogheda começou no dia 30 de novembro de 1641 e foi mantido até o dia 4 de março de 1642, quando *sir* Phelim O'Neal e os malfeitores irlandeses sob seu comando foram forçados a se retirar.

Enquanto isso, dez mil tropas foram enviadas da Escócia em auxílio dos protestantes remanescentes na Irlanda, as quais, devidamente divididas entre as partes mais importantes do reino, felizmente eclipsaram o poderio dos selvagens irlandeses; e os protestantes viveram por um tempo em tranquilidade.

No reinado do rei Jaime II, os protestantes foram novamente prejudicados, pois, em um parlamento realizado em Dublin no ano de 1689, um grande número de nobres protestantes, clérigos e nobres da Irlanda foram caluniosamente acusados de alta traição. O governo do reino foi, naquela época, investido no conde de Tyrconnel, um papista intolerante e um inimigo inveterado dos protestantes. Por suas ordens, eles foram novamente perseguidos em várias partes do reino. Os rendimentos da cidade de Dublin foram confiscados, e a maioria das igrejas se converteu em prisões. Se não fosse pela resolução e bravura incomuns das guarnições na cidade de Londonderry e na cidade de Inniskillin, não restaria sequer um lugar para refugiar os protestantes afligidos em todo o reino; caso contrário, tudo haveria de ser entregue ao rei Jaime e ao furioso partido papista que o governava.

O notável cerco de Londonderry foi iniciado no dia 18 de abril de 1689 por vinte mil papistas, a nata do exército irlandês. A cidade não estava devidamente preparada para sustentar um cerco, com os defensores consistindo em um grupo de protestantes indisciplinados e inexperientes, que fugiram para lá em busca de abrigo, e meio regimento dos disciplinados soldados de lorde Mountjoy, junto à maior parte dos habitantes, totalizando apenas sete mil, trezentos e sessenta e um combatentes.

Os sitiados esperavam, a princípio, que seus estoques de milho e outros itens indispensáveis fossem suficientes; mas, pela continuação do cerco, suas necessidades aumentaram e finalmente se tornaram tão pesadas que, por um tempo considerável antes do cerco ser suspenso, um quartilho de cevada grossa, uma pequena quantidade de vegetais, algumas colheres de amido, com uma porção muito modesta de carne de cavalo, foi considerada a provisão de uma semana para um soldado. E foram, ao longo do tempo, reduzidos a tais extremos que comiam cães, gatos e ratos.

Suas indigências aumentando com o cerco, muitos, por mera fome e necessidade, definharam e adoeceram, ou caíram mortos nas ruas. E é notável que, quando seu tão esperado socorro chegou da Inglaterra, estavam prestes a ser reduzidos à alternativa de ou preservar sua existência comendo uns aos outros ou tentar abrir caminho em meio aos irlandeses, que infalivelmente os destruiriam.

Esses reforços foram trazidos em boa hora, pelos navios Mountjoy de Derry e Fênix de Colerain, quando restavam apenas nove cavalos magros com um litro de refeição para cada homem. Pela fome e pela fadiga da guerra, seus sete mil trezentos e sessenta e um combatentes foram reduzidos para quatro mil e trezentos, dos quais uma quarta parte se tornou incapaz de combater.

Assim como eram grandes as tragédias dos sitiados, o mesmo acontecia com os terrores e sofrimentos de seus amigos e parentes protestantes; todos (inclusive mulheres e crianças) foram expulsos à força de um território de 48 quilômetros de diâmetro e desumanamente reduzidos à triste necessidade de permanecerem por dias e noites sem comida ou abrigo diante das muralhas da cidade; e foram expostos ao fogo contínuo tanto do exército irlandês de fora quanto do fogo de seus aliados de dentro.

Mas os reforços da Inglaterra que chegaram felizmente encerraram seu sofrimento, e o cerco foi levantado em 31 de julho, tendo sido mantido por mais de três meses.

Um dia antes do cerco de Londonderry ser levantado, os Inniskillers[27] entraram em combate com uma corporação de seis mil católicos romanos irlandeses, em Newton, Butler e no Castelo de Crom, dos quais quase cinco mil foram mortos. Assim, a derrota em Londonderry desmoralizou os papistas, e eles desistiram de quaisquer tentativas subsequentes de perseguir os protestantes.

No ano seguinte, isto é, 1690, os irlandeses pegaram em armas em favor do príncipe abdicado, o rei Jaime II, mas foram totalmente derrotados por seu sucessor, o rei Guilherme, o Terceiro. Esse monarca, antes de deixar o país, reduziu-os a um estado de sujeição no qual permaneceram desde então.

Mas, apesar de tudo isso, o interesse protestante atualmente apoia-se em uma base muito mais forte do que há um século. Os irlandeses, que antigamente levavam uma vida instável e itinerante, nos bosques, pântanos e montanhas, e viviam por meio dos saques de seus vizinhos, eles que, pela

---

27. Regimento de cavalaria do exército britânico. Recebeu o nome devido ao seu quartel-general no castelo de Inniskilling, atualmente Enniskilling, na Irlanda. (N.T.)

manhã, se aproveitavam de suas vítimas e à noite dividiam os espólios, há muitos anos se tornaram tranquilos e civilizados. Provaram os doces da sociedade inglesa e as vantagens do governo civil. Negociam em nossas cidades e são empregados em nossas fábricas. São recebidos também em famílias inglesas, e tratados com grande humanidade pelos protestantes.

CAPÍTULO 18

O SURGIMENTO, O PROGRESSO, AS PERSEGUIÇÕES E OS SOFRIMENTOS DOS QUAKERS

Ao tratar desse povo sob uma perspectiva histórica, nos vemos compelidos a lembrá-los com muita ternura. Não se pode negar que diferem da generalidade dos protestantes em alguns dos principais pontos da religião e, no entanto, como dissidentes protestantes, são incluídos na descrição da lei da tolerância. Não é da nossa alçada investigar se existiram povos que partilhavam de suas crenças nas eras primitivas do cristianismo; talvez não, em alguns aspectos, mas não devemos descrevê-los como eram, e sim como são agora. É certo que foram tratados por vários autores de maneira muito desdenhosa; é igualmente certo que não mereciam tal tratamento.

Foram denominados Quakers como um termo depreciativo, em consequência das aparentes convulsões que sofriam quando pregavam seus discursos, pois imaginavam ser aquele o efeito da inspiração divina.

Aqui não nos cabe questionar se as crenças desse povo estão de acordo com o Evangelho, mas é certo que seu primeiro líder, como indivíduo, era um homem de nascimento obscuro, que primeiro viveu em Leicestershire, por volta do ano de 1624. Ao nos referirmos a esse homem, entregaremos nossas próprias crenças de maneira histórica e, unindo-as ao que foi dito pelos próprios Amigos[28], procuraremos fornecer uma narrativa completa.

George Fox era descendente de pais honestos e respeitados, que o criaram na religião nacional. No entanto, para uma criança, era muito religioso, firme, consistente e observador, aparentando estar além de sua idade, detentor de um conhecimento incomum acerca dos assuntos divinos. Foi criado para cuidar de animais e outros negócios rurais e estava particularmente inclinado à ocupação solitária de um pastor, um emprego que muito lhe convinha em vários aspectos, tanto pela inocência quanto pela solidão, que se tornou apenas um emblema depois de seu ministério e serviço. No ano de 1646, abandonou completamente a Igreja nacional, em cujos princípios havia sido educado, como anteriormente mencionados. Em 1647, viajou para Derbyshire e Nottinghamshire, sem objetivo definido de visitar lugares específicos, mas caminhou sozinho por várias cidades e vilas, para onde quer que sua mente se voltasse. "Ele jejuava muito", disse Swell, "e andava frequentemente em lugares recônditos, sem nenhuma outra companhia senão a Bíblia". "Visitava as pessoas mais isoladas e religiosas daquelas partes", diz Penn, "e eram poucas, se é que existe alguma nesta nação, as que aguardavam o consolo de Israel noite e dia, como Zacarias, Anna e Simeão faziam antigamente. A esses foi enviado, por eles procurava nos municípios vizinhos, e entre eles peregrinou até o momento em que alcançou seu ministério mais amplo. Nesse tempo, ensinava e era um exemplo de tranquilidade, esforçando-se para tirá-los de um exercício superficial da religião, testificando e direcionando-os à luz de Cristo que neles havia, incentivando-os a esperar com paciência e a sentir o poder que tal espera despertava em seus corações, a fim de que seu conhecimento e adoração a Deus pudessem consistir no poder de uma vida sem fim, encontrada na luz, quando obedecida em sua manifestação no homem. Pois na Palavra há vida, e essa vida é a luz dos homens. Vida na Palavra, luz nos homens, e vida também

---

28. Os Quakers são também conhecidos como Sociedade dos Amigos. (N.T.)

nos homens, quando a luz é obedecida. Os filhos da luz vivem pela vida da Palavra, pela qual a Palavra os gera novamente para Deus, que é a geração e o novo nascimento, sem os quais não se pode entrar no Reino de Deus, no qual todo aquele que entra é maior que João, ou seja, que a dispensação de João, que não era a do Reino, mas a consumação dos aspectos legais e precursores dos tempos do Evangelho, o tempo do Reino. Consequentemente, várias reuniões eram realizadas naquelas regiões; e nisso empregou o seu tempo por alguns anos".

No ano de 1652, "recebeu a revelação da grande obra de Deus na terra e o modo como deveria proceder, em um ministério público, para iniciá-la". Dirigiu seu curso para o norte, "e em todo lugar por onde passava, se não antes de chegar, lhe eram mostrados seu exercício e serviço, de modo que se podia ver que o Senhor era realmente seu líder". Fez muitos se converterem às suas crenças, e muitos homens piedosos e bons se juntaram a ele em seu ministério. Estes foram designados especialmente para visitar as assembleias públicas a fim de repreendê-las, reformá-las e exortá-las; às vezes em mercados, feiras, ruas e à beira da estrada, "chamando as pessoas ao arrependimento e fazendo-as retornar ao Senhor, com seus corações e com suas bocas; direcionando-as para a luz de Cristo que dentro delas habitava, a fim de que vissem, examinassem e considerassem seus caminhos, evitando o mal e fazendo a boa e aceitável vontade de Deus".

Encontraram grande oposição enquanto realizavam o trabalho para o qual imaginavam ter sido chamados. Eram amiúde colocados no tronco, apedrejados, espancados, açoitados e aprisionados, embora fossem homens honestos e de boa reputação, que deixaram esposas, filhos, casas e terras para visitar a outros com um chamado vivo ao arrependimento. Mas esses métodos coercitivos fizeram aumentar, em vez de diminuir, seu zelo, e acabaram por gerar muitos prosélitos naquelas regiões, entre eles vários magistrados e outros de alta classe. Entendiam que o Senhor os proibia de tirar o chapéu em reverência a qualquer pessoa, fosse superior ou inferior, e exigia que falassem com o povo, sem distinção, usando a língua do *tu* e do *ti*[29]. Tinham escrúpulos acerca de desejar bom dia ou boa noite às pessoas,

---

29. Os Quakers acreditavam na igualdade de todos os homens, portanto tratavam a todos por "tu" e "ti", tratamento esse que não se costumava utilizar para com superiores. Eles, porém, assim se dirigiam a qualquer homem com quem falassem, a fim de demonstrar suas crenças igualitárias. (N.T.)

e não podiam curvar-se diante de ninguém, mesmo em suprema autoridade. Homens e mulheres usavam vestes simples, diferentes da moda da época. Não outorgavam nem aceitavam nenhum título de respeito ou honra, nem chamavam qualquer homem de mestre na terra. Citavam vários textos das Escrituras em defesa dessas singularidades, como "de modo algum jureis"[30], ou: "Como podeis crer, vós os que aceitais glória uns dos outros e, contudo, não procurais a glória que vem do Deus único?"[31] etc. Baseavam a religião em uma luz interior e em um impulso extraordinário do Espírito Santo.

Em 1654, seu primeiro encontro separado em Londres foi realizado na casa de Robert Dring, em Watling Street, pois naquela época se espalhavam por todas as partes do reino e, em muitos lugares, estabeleceram reuniões ou assembleias, particularmente em Lancashire e nas regiões circunvizinhas, mas ainda estavam expostos a grandes perseguições e provações de todo tipo. Um deles, em uma carta ao protetor, Oliver Cromwell, diz a ele que, embora não haja leis penais em vigor obrigando os homens a cumprir a religião estabelecida, os Quakers sofrem denúncias de outra natureza; são multados e presos por se recusarem a prestar juramento, por não pagarem o dízimo, por perturbarem as assembleias públicas e reuniões nas ruas e locais de recurso público, alguns deles sendo açoitados como se fossem vadios por pregarem claramente diante do magistrado.

Sob o favor da tolerância existente na época, abriram suas reuniões em Bull e Mouth, na rua Aldersgate, onde tanto homens como mulheres eram estimulados a falar. Seu zelo os levou a adotarem algumas extravagâncias, o que os deixou ainda mais vulneráveis ao ataque de seus inimigos, que exerceram várias severidades sobre eles durante o reinado seguinte. Suprimida a insensata insurreição de Venner, o governo publicou uma proclamação proibindo os Anabatistas, Quakers e Homens da Quinta Monarquia de se reunirem ou de o fazerem sob o pretexto de adorar a Deus, exceto em alguma igreja paroquial, capela ou em casas particulares com o consentimento das pessoas que ali habitavam, de modo que seriam consideradas ilegais e desordeiras todas as reuniões em outros lugares. Diante disso, os Quakers acharam conveniente dirigir-se ao rei, o que fizeram nas seguintes palavras:

---

30. Mt 5.34, ARA. (N.T.)
31. Jo 5.44, ARA. (N.T.)

Ó rei Charles,

Nosso desejo é que vivas para sempre no temor de Deus e do seu conselho. Pedimos a ti e ao teu conselho que leias as seguintes linhas com ternura e compaixão por nossas almas e para teu bem.

Considera que somos cerca de quatrocentos encarcerados nesta cidade e nos arredores, homens e mulheres tirados de suas famílias. Além disso, nas prisões do condado, há cerca de mil. Desejamos que nossas reuniões não sejam interrompidas, mas que tudo possa chegar a um julgamento justo, para que nossa inocência seja esclarecida.

Londres, 16º dia, 11º mês, 1660.

No dia vinte e oito do mesmo mês, publicaram a declaração com o título de "Uma declaração do inofensivo e inocente povo de Deus, chamado Quaker, contra todas as sedições, todos os conspiradores e briguentos do mundo, para remover os fundamentos do ciúme e da suspeita, tanto dos magistrados como das pessoas do reino, acerca de guerras e lutas". Foi apresentada no vvigésimo primeiro dia do décimo primeiro mês de 1660 ao rei, o qual lhes prometeu por sua palavra real que não haveriam de sofrer por suas crenças enquanto vivessem pacificamente; contudo, suas promessas foram muito pouco consideradas em tempos posteriores.

Em 1661, tomaram coragem para pedir à Câmara dos Lordes tolerância à sua religião e dispensa de prestar juramentos, o que consideravam ilegítimo, não por qualquer desafeição para com o governo nem por crerem que assim estariam menos obrigados sob uma afirmação, mas por estarem persuadidos de que todos os juramentos eram ilegítimos e que jurar nas ocasiões mais solenes era proibido no Novo Testamento. Sua petição foi rejeitada e, em vez de uma concessão de alívio, uma lei foi promulgada contra eles, cujo preâmbulo estabelecia: "Porquanto várias pessoas tomaram a opinião de que um juramento, mesmo diante de um magistrado, se faz ilegítimo e contrário à Palavra de Deus; e porquanto sob pretexto de culto religioso, tais pessoas se reúnem em grande número em várias partes do reino, separando-se do restante dos súditos de Sua Majestade e das congregações públicas e locais habituais de culto divino, é promulgado que: se tais pessoas, após o dia 24 de março de 1661-1662, se recusarem a prestar juramento quando legalmente solicitadas, ou convencerem outras pessoas a fazê-lo, ou mantiverem por escrito ou de qualquer outra forma a ilegalidade de prestar juramento; se estiverem reunidas para o culto religioso, ajuntados em cinco ou mais com idade superior aos quinze anos, pela primeira ofensa perderão cinco libras; pela segunda, dez libras; e pela terceira, todos deverão ser desterrados do reino ou transportados para as plantações. Os juízes de paz em suas sessões abertas estão autorizados a ouvir e finalmente determinar seus casos".

Essa lei teve um terrível efeito sobre os Quakers, embora bem se soubesse e fosse notório que essas pessoas conscientes estavam longe de qualquer tipo de sedição ou rebelião contra o governo. George Fox, em seu discurso ao rei, informa que três mil e sessenta e oito de seus amigos estavam presos desde a restauração de Sua Majestade; que suas reuniões eram diariamente interrompidas por homens com paus e armas, e seus amigos eram jogados na água e pisoteados até jorrar sangue, o que os levava a se reunirem nas ruas. Foi impressa uma relação, assinada por doze testemunhas, segundo a qual mais de quatro mil e duzentos Quakers foram presos; deles, quinhentos estavam em Londres e nos arredores, vários dos quais foram mortos nas prisões.

Seiscentos deles, diz um relato publicado na época, estavam na prisão apenas por uma questão de religião, dentre os quais vários foram banidos para as plantações. Em resumo, os Quakers deram tanto trabalho aos informantes, que estes tiveram menos tempo para comparecer às reuniões de outros dissidentes.

No entanto, sob todas essas calamidades, guardavam a paciência e a modéstia para com o governo e, por ocasião da conspiração de Ryehouse em 1682, julgaram apropriado declarar sua inocência a respeito dessa fraudulenta conspiração, em um discurso ao rei, no qual "apelavam ao Esquadrinhador de todos os corações", dizendo que "seus princípios não lhes permitiam tomar armas em defesa própria, muito menos para se vingarem pelos ferimentos recebidos de outros. Que oravam continuamente pela segurança e preservação do rei; e que humildemente suplicavam à Sua Majestade que tivesse compaixão de seus amigos sofredores, os quais enchiam as prisões de tal forma que lhes faltava o ar, o que contribuía para o aparente risco de suas vidas e para o perigo de infecções em diversos lugares.

Além disso, muitas casas, lojas, celeiros e campos são saqueados, e os bens, o trigo e o gado são levados, de modo que o comércio e a agricultura são desencorajados, empobrecendo um grande número de pessoas pacíficas e trabalhadoras; tudo isso por nenhum motivo senão o exercício de uma consciência sensível no culto ao Deus Todo-Poderoso, que é o Senhor soberano e o Rei da consciência dos homens".

Quando Jaime II ascendeu ao trono, dirigiram-se a esse monarca de maneira honesta e clara, dizendo-lhe: "Viemos testemunhar nossa tristeza pela morte de nosso bom amigo Carlos e nossa alegria por teres sido feito nosso governante. Dizem-nos que não compartilhas das convicções da Igreja da Inglaterra mais do que nós; portanto, esperamos que nos concedas a mesma liberdade que permites a ti mesmo. Fazendo isso, desejamos a ti toda sorte de felicidade".

Quando Jaime II, por seu de dispensar seus discípullos das obrigações, concedeu liberdade aos dissidentes, tiveram algum alívio de seus problemas, o que de fato já era tempo de acontecer, pois haviam aumentado a uma enorme quantidade. Um ano antes, para eles um ano de alegre libertação, em uma petição a Jaime pelo fim de seus sofrimentos, declararam que "nos últimos tempos, mais de mil e quinhentos de seus amigos, homens e mulheres, dos quais agora restavam mil trezentos e oitenta e três, sendo duzentos deles mulheres, foram sentenciados por desacato à autoridade; e mais de trezentas dessas pessoas foram sentenciadas por recusarem o juramento de lealdade, porque não podiam jurar. Trezentas e cinquenta morreram na prisão desde o ano de 1680; em Londres, a prisão de Newgate ficou lotada; nesses dois anos, por vezes, houve quase vinte pessoas em uma única cela, onde várias foram sufocadas e outras acabaram adoecendo e foram retiradas, até que morreram de febres malignas em poucos dias. Terríveis violências, ultrajantes perturbações, lamentáveis destruições e saques ocorreram contra os bens e propriedades das pessoas por parte de um grupo de informantes autores de declarações infundadas, extravagantes e impiedosos, devido a perseguições baseadas na lei de conspiração, outras em decretos *qui tam*, bem como em outros processos pelo valor de vinte libras ao mês, tendo dois terços de suas propriedades confiscadas pelo rei. Alguns não tinham cama para dormir, outros não tinham gado para lavrar o solo, nem trigo para comida ou pão, nem ferramentas para trabalhar. Os ditos informantes e oficiais de justiça em alguns lugares invadiam casas e faziam grandes estragos e saques, sob o pretexto de servir ao rei e à Igreja. Nossas assembleias religiosas têm sido acusadas, de acordo com a lei comum, de serem desordeiras e perturbarem a paz pública, motivo pelo qual muitos foram confinados na prisão sem que fosse considerada sua idade, e muitos encerrados em buracos e masmorras. Os aprisionamentos por vinte libras ao mês equivalem a muitos milhares, e vários que haviam empregado centenas de pessoas pobres em fábricas estão incapacitados de continuar a fazê-lo, em razão de seu prolongado aprisionamento. Não poupam viúvas nem órfãos, nem lhes oferecem uma cama para que se deitem. Os informantes são testemunhas e promotores, para a ruína de inúmeras famílias frugais; e os juízes da paz foram ameaçados com uma multa de cem libras, caso não emitissem ordens de prisão a partir das informações recebidas". Com essa petição, apresentaram uma lista de seus amigos na prisão, nos vários condados, os quais somavam quatrocentos e sessenta.

Durante o reinado do Rei Jaime II, por meio da intercessão de seu amigo, o sr. Penn, este povo foi tratado com mais indulgência do que nunca. Tornaram-se extremamente numerosos em muitas partes do país, e, com o estabelecimento da Pensilvânia logo depois, muitos deles foram para a América. Lá desfrutaram das bênçãos de um governo pacífico e cultivaram as artes do trabalho honesto.

Como toda a colônia era propriedade do sr. Penn, convidou pessoas de todas as denominações a se estabelecerem com ele. Ocorreu ali uma liberdade de consciência universal; e nessa nova colônia os direitos naturais da humanidade foram pela primeira vez estabelecidos.

Os Amigos são, na era atual, um grupo de pessoas inofensivo; mas isso daremos mais atenção a seguir. Pelos seus sábios regulamentos, não apenas honram a si mesmos, mas também prestam um amplo serviço à comunidade.

Aqui pode ser necessário observar que, como os Amigos, comumente chamados Quakers, não prestam juramento em um tribunal de justiça, sua afirmação é permitida em todos os assuntos civis; no entanto, não podem processar um criminoso, porque, nos tribunais de justiça ingleses, todas as evidências devem ser prestadas sob juramento.

Um relato das perseguições aos Amigos, comumente chamados Quakers, nos Estados Unidos

Por volta de meados do século XVII, muita perseguição e sofrimento foram infligidos a uma seita de dissidentes protestantes, comumente chamados Quakers: um povo que surgiu naquela época na Inglaterra, alguns dos quais selaram seu testemunho com o próprio sangue.

Para relatar o que houve com esse povo, aqui consta a história de Sewell ou Gough.

Os principais motivos pelos quais seu inconformismo de consciência os fez suscetíveis às penas da lei foram:

1. A resolução cristã de se reunir publicamente para a adoração a Deus, da maneira mais agradável às suas consciências.
2. A recusa em pagar o dízimo, que consideravam uma cerimônia judaica, revogada pela vinda de Cristo.
3. Seu testemunho contra guerras e lutas, cuja prática julgavam ser inconsistente com o mandamento de Cristo: "Amai os vossos inimigos", em Mt 5.44.
4. Sua constante obediência ao mandamento de Cristo: "de modo algum jureis", em Mt 5.34.
5. Sua recusa em pagar taxas ou valorações pela construção e reparo de casas em prol de um culto que não aprovavam.
6. O uso da linguagem apropriada e bíblica, "tu" e "ti", ao se dirigirem a uma única pessoa, e seu desuso do costume de descobrir a cabeça ou tirar o chapéu em reverência ao homem.
7. A necessidade que muitos tinham de publicar o que acreditavam ser a doutrina da verdade; às vezes, até nos lugares designados para o culto público nacional.

O descumprimento consciencioso dos elementos anteriores os expôs a muitas perseguições e sofrimentos, que consistiam em processos, multas, espancamentos cruéis, açoites e outras punições corporais, prisão, banimento e até a morte.

Narrar acontecimentos em particular de suas perseguições e sofrimentos nos faria estender-nos além dos limites deste trabalho; portanto, nos referiremos a essas informações naquelas histórias já mencionadas e, mais particularmente, na Coleção de Besse acerca de seus sofrimentos. Estaremos aqui limitados em nosso relato principalmente àqueles que sacrificaram suas vidas e evidenciaram, por sua disposição de espírito, constância, paciência e fiel perseverança, e que foram influenciados por um senso de dever religioso.

Numerosas e repetidas foram as perseguições contra eles; e, às vezes, por transgressões ou ofensas que a lei não contemplava ou abraçava.

Muitas das multas e penalidades exigidas não apenas eram irracionais e exorbitantes como também, por não poderem eles pagá-las de forma consistente, cobravam-lhes várias vezes o valor da demanda, motivo pelo qual muitas famílias pobres ficaram angustiadas e se viram obrigadas a depender da assistência de seus amigos.

Inúmeros deles não apenas eram cruelmente espancados e chicoteados publicamente como criminosos, mas alguns eram marcados e outros tinham as orelhas cortadas.

Vários deles foram confinados por um longo tempo em prisões repugnantes, nas quais alguns terminaram seus dias em consequência das condições do encarceramento.

Muitos foram condenados ao exílio; e um número considerável deles foi transportado dali. Alguns foram banidos sob pena de morte, e quatro foram executados pelas mãos do carrasco, como veremos aqui, depois de inserir cópias de algumas das leis do país onde sofreram.

Em uma Corte Geral realizada em Boston, em 14 de outubro de 1656

"Uma seita amaldiçoada de hereges foi recentemente criada no mundo, os quais são comumente chamados Quakers, que se veem enviados por Deus e infalivelmente auxiliados pelo Espírito, para falar e escrever opiniões blasfemas, desprezando o governo e a ordem de Deus na Igreja e na comunidade, falando mal de dignidades, censurando e injuriando magistrados e ministros, procurando desviar o povo da fé e ganhar prosélitos por seus caminhos perniciosos. Este tribunal, levando em consideração suas premissas, e tendo em vista impedir que males semelhantes que por influência deles tenham lugar em nossa terra, ordena pela autoridade a nós outorgada que seja ordenado e promulgado que qualquer patrão ou comandante de qualquer navio, barca, chalupa ou brigue que fizer desembarcar em portos, ancoradouros ou enseadas, dentro desta jurisdição, qualquer Quaker ou outros hereges blasfemos, pagarão ou farão com que seja paga a multa de cem libras ao tesoureiro do país, a não ser que tenham carecido de verdadeira informação acerca da natureza dos tais; nesse caso, têm a liberdade de demonstrar sua inocência com um juramento, na ausência de evidências suficientes do contrário. Em caso de falta de pagamento ou aval, serão lançados na prisão, onde permanecerão até que a referida quantia seja entregue ao tesoureiro, conforme mencionado.

O comandante de qualquer brigue, navio ou embarcação condenado legalmente deverá apresentar um aval ao governador ou a qualquer um ou mais magistrados que tenham poder para fazê-lo para levar os hereges de volta ao local de onde os trouxera; e, diante de recusa, o governador, ou um ou mais magistrados, estão autorizados a emitir seus mandados para encerrar tal patrão ou comandante na prisão, onde hão de permanecer até que concedam um aval ao governador ou a qualquer dos magistrados, conforme mencionado acima.

E é por meio deste ainda ordenado e promulgado que qualquer Quaker adentrando este país, vindo de regiões estrangeiras, ou entrando nesta jurisdição pelas cidades circunvizinhas, será imediatamente encerrado na Casa de Correção; e, na sua entrada, será severamente açoitado, e mantido em constante labor pelo guardião, sem permissão para conversar ou se comunicar com ninguém durante o tempo de sua prisão, que não deverá se prolongar para além do que a necessidade exigir.

E é ordenado que, se qualquer pessoa introduzir conscientemente em qualquer porto desta jurisdição os livros ou escritos de Quakers, sobre suas opiniões diabólicas, pagarão por esse livro ou escrita, sendo legalmente cobrado deles a soma de cinco libras; e todo aquele que espalhar ou ocultar qualquer livro ou escrita desse tipo, e for encontrado com ele ou em sua casa e não entregá-lo imediatamente ao próximo magistrado, perderá ou pagará cinco libras, pelo ato de dispersar ou ocultar qualquer livro ou escrito.

E é promulgado ainda que, se qualquer pessoa desta colônia se encarregar de defender as opiniões heréticas dos Quakers, ou qualquer de seus livros e artigos, será multada pela primeira vez em quarenta xelins; se persistir em fazê-lo, e defendê-los novamente uma segunda vez, quatro libras; se não obstante continuar a defender e manter as opiniões heréticas dos referidos Quakers, será encerrada na Casa de Correção até que haja uma passagem conveniente para enviá-la para fora desta terra, sendo condenada ao desterro pelo tribunal.

Por fim, é por este meio ordenado que quaisquer pessoas que injuriarem magistrados ou ministros, como é habitual dos Quakers, sejam severamente açoitadas ou paguem a quantia de cinco libras.

Esta é uma cópia fiel da ordem do tribunal, como atesta EDWARD RAWSON, SEC."

Em uma Corte Geral realizada em Boston, em 14 de outubro de 1657

"Como um complemento à última ordem, em referência à vinda ou ao transporte de qualquer adepto da amaldiçoada seita dos Quakers para esta jurisdição, é ordenado que quem a partir de agora traga ou faça trazer, direta ou indiretamente, qualquer Quaker, ou outros hereges blasfemos, a esta jurisdição, lhe será cobrada a soma de cem libras para o país e, por mandado de qualquer magistrado, será condenado à prisão, onde permanecerá até que a pena seja cumprida e paga; e se qualquer dentro desta jurisdição, a partir de agora, acolher e ocultar qualquer Quaker, ou outros hereges blasfemos, sabendo que o são, perderá para o país quarenta xelins por cada hora de hospitalidade e ocultação de qualquer Quaker etc., conforme mencionado acima, e será condenado à prisão conforme ordenado, até que o confisco seja totalmente pago.

E ainda ordena-se que, se algum Quaker tiver a presunção, depois de ter sofrido o que a lei exige, de entrar nesta jurisdição, caso seja homem, tenha uma de suas orelhas cortada após a primeira ofensa e fique mantido em labor na Casa da Correção, até que possa ser dispensado diante de fiança; e, pela segunda ofensa, terá sua outra orelha cortada; e toda mulher Quaker, após haver sofrido o efeito da lei aqui, que tiver a presunção de entrar nesta jurisdição, seja severamente açoitada e mantida em labor na Casa de Correção, até que possa ser dispensada diante de fiança, e, caso retorne outra vez, será tratada da mesma forma.

E qualquer Quaker, homem ou mulher, que pela terceira vez aqui transgredir a lei, terá a língua perfurada com ferro quente e será mantido na Casa da Correção em labor, até que seja dispensado mediante pagamento de fiança.

Ordena-se também que todo e qualquer Quaker que surgir dentre nós seja tratado da mesma forma e sofra o mesmo castigo que a lei prevê contra os Quakers estrangeiros.

EDWARD RAWSON, Sec."

Decreto feito em tribunal geral, realizado em Boston, no dia 20 de outubro de 1658

"Visto que há uma seita perniciosa, comumente chamada Quakers, recém-surgida, que por palavra falada e escrita divulgou e advogou muitos perigosos e horríveis dogmas, e assume a responsabilidade de converter e alterar os louváveis costumes recebidos de nossa nação, isto é, oferecer respeito aos iguais ou reverência aos superiores; cujas ações tendem a enfraquecer o governo civil e também a destruir a ordem das igrejas, ao negar todas as formas estabelecidas de culto e retirando-se da comunhão ordenada da Igreja, permitida e aprovada por todos os ortodoxos adeptos da verdade e, em vez disso, e em oposição a isso, frequentemente se encontrando sozinhos, insinuando-se nas mentes dos simplórios, ou que sejam pelo menos afetados pela ordem e governo da igreja e da comunidade, pelos quais vários de nossos habitantes foram infectados, não obstante todas as leis anteriores, criadas em consequência da experiência de suas arrogantes e ousadas intromissões para disseminar seus princípios entre nós, proibindo sua entrada nesta jurisdição, não retrocederam em suas tentativas ímpias de enfraquecer nossa paz e nos expor à ruína.

Para sua prevenção, este tribunal ordena e promulga que qualquer pessoa ou pessoas da seita amaldiçoada dos Quakers, que não seja um habitante de, mas se encontre dentro desta jurisdição, seja detida sem mandado, e, caso nenhum magistrado esteja à disposição, por qualquer policial, comissário ou edil, e transportada de policial para policial, até o próximo magistrado, que deve condenar a pessoa à prisão em regime fechado, para ali permanecer (sem fiança) até o próximo Conselho de Assistentes, onde deverá passar por julgamento legal.

E, sendo condenado por pertencer à seita dos Quakers, será sentenciado ao exílio, sob pena de morte. E que todo habitante desta jurisdição, uma vez condenado por pertencer à seita acima mencionada, seja adotando, divulgando ou defendendo as horríveis opiniões dos Quakers, seja incitando a amotinação, a sedição ou a rebelião contra o governo, ou adotando suas práticas abusivas e destrutivas, ou seja, negando o respeito civil aos iguais e superiores e ausentando-se das assembleias da Igreja; e, ao invés disso, frequentando reuniões próprias, em oposição à ordem de nossa Igreja; concordando com ou aceitando qualquer notório Quaker e os princípios e práticas dos Quakers, que são opostos às reconhecidas opiniões ortodoxas dos piedosos; e se empenhando em desestimular os outros quanto ao governo civil e à ordem da Igreja, ou condenando as práticas e os procedimentos deste tribunal contra os Quakers, manifestando assim seu consentimento com aqueles cujo objetivo é derrubar a ordem estabelecida pela Igreja e pelo Estado:: cada uma dessas pessoas, mediante condenação perante o referido Conselho de Assistentes, da forma supracitada, será condenada à prisão em regime fechado por um mês e, a menos que opte voluntariamente por abandonar esta jurisdição, preste garantia de manter bom comportamento e comparecer no próximo conselho, onde, permanecendo irredutível e recusando-se a retirar e reformar as opiniões supracitadas, será condenada ao exílio, sob pena de morte.

E qualquer magistrado, mediante recebimento de qualquer informação sobre tal pessoa, deve entregá-la à prisão, conforme seu critério, até que venha a julgamento como mencionado."

Parece que também foram aprovadas leis nas duas colônias de New Plymouth e New Haven e no assentamento holandês de Nova Amsterdã, hoje Nova Iorque, proibindo o povo chamado Quakers de entrar nesses lugares, sob severas penalidades, em consequência das quais alguns passaram por considerável sofrimento.

Os dois primeiros a serem executados foram William Robinson, comerciante, de Londres, e Marmaduke Stevenson, um camponês, de Yorkshire. Estes, ao chegarem em Boston, no início de setembro, foram convocados pelo Conselho de Assistentes e ali condenados ao exílio, sob pena de morte. Essa sentença também foi proferida para Mary Dyar, mencionada a seguir, e Nicholas Davis, que estavam ambos em Boston.

Mas William Robinson, sendo considerado um preceptor, também foi condenado a ser severamente açoitado; e o policial recebeu ordens de encontrar um homem capaz de fazê-lo. Então Robinson foi trazido para a rua, e lá foi despido; e, com as mãos enfiadas nos buracos da carruagem de um grande canhão, onde o carcereiro o segurava, o carrasco lhe deu vinte chibatadas com um chicote triplo. Então, ele e os outros prisioneiros foram logo libertados e exilados, conforme disposto no seguinte mandado:

Exige-se por meio desta a soltura de William Robinson, Marmaduke Stevenson, Mary Dyar e Nicholas Davis, que, por ordem da corte e do conselho, haviam sido presos, porque foi revelado por suas próprias confissões, palavras, e ações, que são Quakers; portanto, foi proferida uma sentença contra eles, para deixarem esta jurisdição, sob pena de morte; e que devem responder por sua conta e risco, se eles ou qualquer um deles, após o décimo quarto dia deste mês, setembro, forem encontrados nesta jurisdição ou em qualquer parte dela.

EDWARD RAWSON

Boston, 12 de setembro de 1659."

Mesmo tendo Mary Dyar e Nicholas Davis abandonado a jurisdição naquele prazo, Robinson e Stevenson, embora tenham saído da cidade de Boston, ainda não tinham conseguido decidir (pois estavam tomados de preocupação) deixar essa jurisdição, apesar de suas vidas estarem em risco. E assim foram a Salém e a alguns lugares próximos, para visitar e edificar seus amigos na fé. Mas não demorou muito para que fossem levados e encarcerados novamente em Boston, com correntes presas às suas pernas. No mês seguinte, Mary Dyar voltou também. E, enquanto estava diante da prisão, conversando com Christopher Holden, que havia vindo para procurar um navio com destino à Inglaterra, para onde pretendia ir, também foi presa.

Assim, eles tinham agora três pessoas que, de acordo com a lei, haviam renunciado a suas vidas. E, no dia 20 de outubro, esses três foram levados a tribunal, onde John Endicot e outros foram convocados. Sendo chamado ao tribunal, Endicot ordenou que o carcereiro lhes removesse os chapéus; e então disse que haviam criado várias leis para manter os Quakers longe deles, e nem chicotear, nem aprisionar, nem cortar orelhas, nem exílio sob punição de morte os havia mantido longe. Além disso, disse, nem ele nem os outros presentes desejavam sua morte. No entanto, suas seguintes palavras, sem mais delongas, foram: "Ouçam, e ouçam atentamente sua sentença de morte". A sentença de morte também foi proferida para Marmaduke Stevenson, Mary Dyar e William Edrid. Vários outros foram presos, açoitados e multados.

Não temos intenção de justificar os peregrinos por estes procederes, mas pensamos que, considerando as circunstâncias da época em que viviam, sua conduta admite muita contemporização.

Os pais da Nova Inglaterra sofreram incríveis dificuldades para se proverem de um lar em meio à vastidão da natureza; e, para se protegerem no imperturbável gozo de seus direitos, que haviam obtido a preço tão elevado, às vezes adotavam medidas que, se julgadas pelas visões mais esclarecidas e liberais dos dias atuais, seriam, de imediato, consideradas totalmente injustificáveis. Mas serão condenados sem piedade por não agir de acordo com princípios que não eram reconhecidos nem conhecidos por toda a cristandade? Serão eles mesmos responsáveis por opiniões e conduta que se tornaram sagradas durante a antiguidade e que eram comuns aos cristãos de todas as outras denominações? Todo governo então existente tomava para si o direito de legislar em questões de religião e restringir a heresia pelos estatutos penais. Esse direito foi reivindicado pelos governantes, admitido pelos súditos, e é sancionado pelos nomes de lorde Bacon e Montesquieu, e muitos outros igualmente famosos por sua grande inteligência e erudição. É injusto, então, "acusar uma pobre seita perseguida, pelos pecados de toda a cristandade". A culpa de nossos pais foi culpa da época; e, embora isso não possa justificar, certamente fornece atenuação de sua conduta. Pode-se também condená-los por não entenderem e agirem de acordo com os princípios da tolerância religiosa. Ao mesmo tempo, nada mais justo dizer que, por mais imperfeitos que fossem seus pontos de vista sobre o direito à defesa, ainda estavam muito adiantados em relação à época a que pertenciam; e é a eles mais do que a qualquer outra classe de homens na terra que o mundo é grato pelas visões mais racionais que agora prevalecem sobre o tema da liberdade civil e religiosa.

CAPÍTULO 19

UM RELATO DA VIDA E DAS PERSEGUIÇÕES DE JOHN BUNYAN

Esse grande puritano nasceu no mesmo ano em que os Peregrinos desembarcaram em Plymouth. Seu lar era em Elstow, perto de Bedford, na Inglaterra. Seu pai era um latoeiro, e o criou para o mesmo ofício. Bunyan era um garoto espirituoso e agradável, com um lado sério e quase mórbido em sua personalidade. Passou os anos amadurecidos de sua juventude se arrependendo dos vícios de sua mocidade e, no entanto, nunca fora beberrão ou imoral. As atitudes em particular que perturbavam sua consciência eram as danças, os momentos em que tocava os sinos da igreja e brincava de *tip-cat*, um tipo de jogo. Um dia, quando se entretinha nesse passatempo, conta que "uma voz disparou subitamente do céu para a minha alma, dizendo: 'Deixarás teus pecados e irás para o céu, ou os terás e irás para o inferno?'". Por volta desse tempo, ouviu três ou quatro mulheres pobres em Bedford conversando, sentadas à porta, enquanto tomavam sol. "Sua conversa era sobre o novo nascimento, a obra de Deus nos corações. Estavam muito além do meu alcance."

Em sua juventude, foi membro do exército parlamentar por um ano. A morte de um companheiro próximo a ele intensificou sua tendência a pensamentos profundos, e houve momentos em que parecia quase irracional em seu zelo e penitência. Estava certo de que cometera o pecado imperdoável contra o Espírito Santo. Enquanto jovem, casou-se com uma boa mulher que comprou para ele uma coleção de livros piedosos, os quais lia com assiduidade, confirmando sua sinceridade e aumentando seu amor por controvérsias religiosas.

Sua consciência foi despertada ainda mais pela perseguição do grupo religioso dos batistas, a quem se unira. Antes dos trinta anos, tornou-se um dos principais pregadores batistas.

Então, chegou sua vez de ser perseguido. Foi preso por pregar sem licença. "Antes de comparecer diante da justiça, implorei a Deus que fosse feita a Sua vontade; pois nutria a esperança de que minha prisão seria um despertar para os santos do país. Somente nisso entreguei a questão a Deus. E verdadeiramente, ao retornar, encontrei meu Deus docemente na prisão."

Suas dificuldades eram genuínas, devido à condição miserável das prisões naqueles dias. A esse confinamento foi acrescentada a tristeza pessoal de se separar de sua jovem segunda esposa e quatro filhos pequenos, principalmente de sua filhinha cega. Enquanto estava na prisão, foi consolado pelos dois livros que havia trazido consigo: a Bíblia e o *Livro dos Mártires*[32], de John Foxe.

Embora tenha escrito alguns de seus primeiros livros durante esse longo encarceramento, foi somente em sua segunda prisão, mais curta, três anos após a primeira, que compôs sua obra imortal, *O Peregrino,* publicada três anos depois. Em um tratado anterior, havia pensado brevemente na semelhança entre a vida humana e uma peregrinação, e então elaborou o tema com detalhes fascinantes, usando o cenário rural da Inglaterra como pano de fundo, a esplêndida cidade de Londres como a Feira das Vaidades e os santos e vilões de seu conhecimento pessoal como os personagens finamente desenhados de sua alegoria.

A história em *O Peregrino* é o verdadeiro ensaio das experiências espirituais do próprio Bunyan. Ele mesmo fora o "homem vestido de trapos,

---

32. Edição anterior a esta. A presente edição foi editada e ampliada por William Byron Forbush. (N.T.)

virado de costas para a própria casa, com um livro em mãos e um grande fardo nas costas". Quando percebeu que Cristo era sua Justiça, e que isso não dependia "do bom estado de seu coração" – ou, como deveríamos dizer, de seus sentimentos –, "as Correntes caíram de suas pernas". Seus haviam sido o Castelo da Dúvida e o Pântano do Desespero, como a ele pertencia grande parte do Vale da Humilhação e da Sombra da Morte. Mas, acima de tudo, esse é um livro de Vitória. Certa vez, quando saía pelas portas do tribunal onde havia sido derrotado, escreveu: "Quando saí pelas portas, regozijei-me em dizer-lhes que carregava comigo a paz de Deus". Tinha sempre em vista a Cidade Celestial, com todos os seus sinos tocando. Lutara constantemente contra Apoliom, e fora muitas vezes ferido, envergonhado e derrubado, mas no final tornou-se "mais que vencedor naquele que nos amou".

Seu livro foi, a princípio, recebido com muitas críticas de seus amigos puritanos, que o viam apenas como um acréscimo à literatura mundana de seus dias. Contudo, não havia muito o que os puritanos pudessem ler, por isso não demorou muito até que fosse devotadamente colocado ao lado de suas Bíblias e folheado com alegria e bom proveito.

Foi talvez dois séculos mais tarde que os críticos literários começaram a perceber que tal história, tão cheia da realidade e dos interesses humanos, tão maravilhosamente baseada na tradução da Bíblia feita pelo Rei Jaime (King James) para o inglês, trata-se de uma das glórias da literatura inglesa. Nos seus últimos anos, Bunyan escreveu várias outras alegorias, dentre elas *A Guerra Santa*, da qual se diz: "Se a obra *O Peregrino* nunca tivesse sido escrita, essa seria considerada a melhor alegoria da língua inglesa".

Nos últimos anos de sua vida, Bunyan permaneceu em Bedford como pastor e respeitado pregador local. Também foi o orador favorito nos púlpitos não conformistas de Londres. Tornou-se um líder e professor tão popular que costumava ser chamado de "Bispo Bunyan".

Em sua prestativa e altruísta vida pessoal, foi apostólico. Sua última doença foi devido à exposição que sofrera em uma jornada em que tentava reconciliar um pai com seu filho. Seu fim chegou no dia 3 de agosto de 1688. Foi enterrado em Bunhill Fields, um pátio de igreja em Londres.

Não há dúvida de que a obra *O Peregrino* tem sido mais útil do que qualquer outro livro, exceto a Bíblia. Foi oportuna à sua época, pois mártires ainda eram queimados na Feira da Vaidade enquanto Bunyan a escrevia. É duradoura, pois, embora fale pouco sobre viver a vida cristã na família e na comunidade, interpreta essa vivência na medida em que é uma expressão da alma solitária, em uma singela linguagem. Bunyan de fato "mostrou como construir um trono principesco na verdade humilde". Tem sido para muitos seu próprio Bom Coração e um guia desafiador para os peregrinos.

CAPÍTULO 20

UM RELATO DA VIDA DE JOHN WESLEY

John Wesley nasceu em 17 de junho de 1703, na casa da reitoria de Epworth, Inglaterra, sendo o décimo quinto dos dezenove filhos de Charles e Suzanna Wesley. O pai de Wesley era um pregador, e sua mãe era uma mulher notável em sabedoria e inteligência; profundamente piedosa, colocou os pequenos em estreito contato com as histórias da Bíblia, contando-as ao redor da lareira no quarto das crianças. Também costumava vesti-las da melhor maneira possível nos dias em que tinham o privilégio de aprender o alfabeto como uma introdução à leitura das Escrituras Sagradas.

Em sua juventude, Wesley era um rapaz alegre e viril, gostava de jogos e principalmente de dança. Fora líder em Oxford e, durante a última parte de seu curso, foi um dos fundadores do "Clube Santo", uma organização de estudantes sérios. Sua natureza religiosa se aprofundou por meio do estudo e da experiência, mas foi somente anos mais tarde, quando deixou a universidade e recebeu a influência dos escritos de Lutero, que sentiu haver adentrado a plena riqueza do Evangelho.

Ele e seu irmão Charles foram enviados para a Geórgia pela Sociedade para a Propagação do Evangelho, onde ambos desenvolveram suas habilidades como pregadores.

Durante a travessia, estiveram na companhia de vários irmãos da Morávia, membros da associação recentemente renovada pelos trabalhos do conde Zinzendorf. John Wesley observou em seu diário que, em uma grande tempestade, quando os ingleses a bordo perderam todos os seus bens pessoais, esses alemães o impressionaram por sua compostura e total resignação a Deus. Destaca também sua humildade quando tratados de forma vergonhosa.

Ao retornar à Inglaterra, adentrou aquelas experiências mais profundas e desenvolveu maravilhosos poderes como pregador popular, o que o tornou um célebre líder. Nessa época, estava associado também a George Whitefield, cuja tradição de impressionante eloquência nunca morreu.

O que John Wesley realizou beira o inacreditável. Ao completar oitenta e cinco anos, agradeceu a Deus por ainda estar quase tão vigoroso quanto sempre fora. Atribuiu isso, com a graça de Deus, ao fato de que sempre dormira profundamente, levantando-se às quatro horas da manhã durante sessenta anos, e por cinquenta pregando todos os dias às cinco da manhã. Quase nunca em toda a sua vida sentira alguma dor, inquietação ou ansiedade. Pregava duas vezes ao dia, muitas vezes três ou quatro. Estima-se que tenha viajado todos os anos quatro mil e quinhentas milhas inglesas, grande parte delas a cavalo.

O êxito da pregação metodista teve de ser alcançado ao longo de muitos anos e em meio às mais amargas perseguições. Em quase todas as partes da Inglaterra, os pregadores eram a princípio recebidos pela multidão com rajadas de pedras, na tentativa de feri-los e matá-los. Poucas vezes somente houve alguma interferência por parte do poder civil. Os dois Wesley enfrentaram todos esses perigos com incrível coragem e calma igualmente surpreendente. O mais irritante era a quantidade de calúnias e abusos desferidos pelos escritores da época. Hoje, tais livros estão todos esquecidos.

Wesley, na juventude, era um alto clérigo, sempre profundamente dedicado à Comunhão Constante. Quando viu ser necessário ordenar mais pregadores, a separação de seus seguidores do corpo da igreja tornou-se inevitável. O nome "Metodista" logo foi atribuído a eles, devido ao poder de organização característico de seu líder e dos engenhosos métodos que aplicava.

A congregação de Wesley, que após sua morte tornou-se a grande Igreja Metodista, caracterizou-se por uma perfeição quase militar na organização.

A administração de toda a sua crescente denominação pertencia ao próprio Wesley. A conferência anual, estabelecida em 1744, adquiriu um poder de governo somente após a morte de Wesley. Charles Wesley prestou à sociedade um serviço incalculável com seus hinos. Eles introduziram uma nova era na hinologia da Igreja inglesa. John Wesley dividiu seus dias entre o ofício da liderança da Igreja, os estudos (pois era um leitor insaciável), e viagens e pregações.

Wesley era incansável em seus esforços para disseminar conhecimento útil em toda a sua denominação. Delineou a cultura intelectual de seus pregadores itinerantes, exortadores locais e escolas de instrução para os futuros professores da Igreja. Preparou livros para uso popular acerca da história universal, da história da Igreja e da história natural. Nisso, Wesley era um apóstolo da união moderna entre a cultura intelectual e a vida cristã. Publicou também os melhores e mais amadurecidos de seus sermões, bem como várias obras teológicas. Estes, tanto pela profundidade e argúcia nas ideias, como pela pureza e precisão de estilo, despertam nossa admiração.

John Wesley tinha uma estatura comum, mas, ainda assim, era dotado de uma nobre presença. Tinha traços muito formosos, mesmo na velhice; ampla fronte, nariz aquilino, olhos claros e uma pele fresca. Dispunha de boas maneiras e, quando na companhia de pessoas cristãs, gostava de descontrair-se. O persistente e laborioso amor pelas almas dos homens, a firmeza e a tranquilidade de espírito eram os traços mais proeminentes de seu caráter. Mesmo diante de controvérsias doutrinárias, demonstrava grande calma. Era gentil e muito generoso. Sua diligência já foi aqui citada. Nos últimos cinquenta e dois anos de sua vida, estima-se que tenha pregado mais de quarenta mil sermões.

Wesley levou pecadores ao arrependimento em três reinos e em mais de dois hemisférios. Foi o bispo de uma diocese como jamais se viu nem na Igreja Oriental nem na Ocidental. O que há no âmbito do esforço cristão – missões estrangeiras, missões domésticas, folhetos e literatura cristã, pregação em campo, pregação itinerante, leituras da Bíblia ou qualquer outra coisa – que não tenha sido feito por John Wesley, que não tenha sido concebido por sua poderosa mente através do auxílio de seu Divino Líder?

A ele foi concedido despertar a Igreja inglesa, quando esta havia perdido de vista o Cristo Redentor, conduzindo-a a uma vida cristã renovada. Pregando a justificação e a renovação da alma por meio da fé em Cristo, Wesley retirou milhares de pessoas das classes mais humildes do povo inglês de sua ignorância e maus hábitos e os tornou cristãos fervorosos e fiéis. Seu incansável esforço não se fez sentir apenas na Inglaterra, mas na América e na Europa continental. Não só se devem ao Metodismo quase todo o zelo existente na Inglaterra em favor da verdade e da vida cristãs, como também devemos atribuir a Wesley a atividade agitada em outras partes da Europa protestante, mesmo que indiretamente.

Morreu em 1791, após uma longa vida de trabalho incansável e serviço altruísta. Seu espírito fervoroso e sua irmandade ainda sobrevivem na comunidade que valoriza seu nome.

CAPÍTULO 21

PERSEGUIÇÕES AOS PROTESTANTES FRANCESES NO SUL DA FRANÇA, DURANTE OS ANOS DE 1814 E 1820

A perseguição nessa região protestante da França continuou com poucas interrupções desde a revogação do édito de Nantes, por Luís XIV, até um curto período antes do início da Revolução Francesa. No ano de 1785, M. Rebaut St. Etienne e o célebre M. de la Fayette estavam entre as primeiras pessoas que se interessaram ante a corte de Luís XVI em eliminar o flagelo da perseguição a esse povo sofredor, os habitantes do sul da França.

Tal era a oposição dos católicos e dos cortesãos, que foi somente no final de 1790 que os protestantes foram libertos de suas inquietações. Antes disso, os católicos de Nismes, em particular, haviam tomado as armas contra a causa; a cidade, então, foi palco de um espetáculo assustador: homens armados corriam pela cidade, atiravam dos cantos das ruas e atacavam todos os que encontravam com espadas e foices.

Um homem chamado Astuc foi ferido e jogado no aqueduto; Baudon caiu sob os repetidos golpes de baionetas e sabres, e seu corpo também foi lançado à água. Boucher, um jovem de apenas dezessete anos de idade, foi morto a tiros pela janela; três eleitores foram feridos, um gravemente; outro eleitor foi atingido, e só escapou da morte declarando repetidamente que era católico; um terceiro foi atingido quatro vezes por um sabre e levado para casa terrivelmente mutilado. Os cidadãos que fugiram foram presos pelos católicos nas estradas e obrigados a dar prova de sua religião para escaparem com vida. O senhor e a senhora Vogue estavam em sua casa de campo, quando os fanáticos a invadiram; massacraram a ambos e destruíram sua habitação. O sr. Blacher, um protestante de setenta anos, foi cortado em pedaços com uma foice. Perguntou-se ao jovem Pyerre, que levava comida para o irmão, se ele era católico ou protestante, ao que o rapaz respondeu ser protestante; por esse motivo, um monstro disparou contra o rapaz, derrubando-o. Um dos companheiros do assassino disse: "Poderias de igual modo ter matado um cordeiro". "Jurei", respondeu ele, "matar quatro protestantes como minha parte, e este conta como um". No entanto, essas atrocidades fizeram com que as tropas se unissem em defesa do povo, o que provocou uma terrível vingança contra o partido católico portador de armas, que, junto a outras circunstâncias, como a tolerância exercida por Napoleão Bonaparte, os refreou até o ano de 1814, quando o inesperado retorno do antigo governo os reuniu mais uma vez em volta dos antigos estandartes.

A chegada do rei Luís XVIII a Paris

A chegada se fez saber em Nimes no dia 13 de abril de 1814. Após quinze minutos, podia-se ver a cocarda em toda parte, a bandeira branca flutuando nos prédios públicos, nos esplêndidos monumentos da antiguidade e até mesmo na torre de Mange, além dos muros da cidade. Os protestantes, cujo comércio sofreu materialmente durante a guerra, foram os primeiros a unir-se à alegria geral e a enviar sua adesão ao Senado e ao corpo legislativo; vários departamentos protestantes enviaram mensagens ao trono. Contudo, o sr. Froment se achava, infelizmente, outra vez em Nimes naquele tempo, quando muitos fanáticos estavam prontos para se juntar a ele, de modo que a cegueira e a fúria do século XVI logo substituíram a inteligência e a filantropia do século XIX. Uma linha de distinção foi de pronto traçada entre homens de diferentes opiniões religiosas; o espírito da antiga Igreja Católica era de novamente regular a parcela de estima e segurança pertencente a cada pessoa.

A diferença de religião governaria agora todas as outras coisas; até mesmo os católicos que serviam aos protestantes com zelo e carinho passaram a negligenciar seus deveres, ou a cumpri-los sem delicadeza e com relutância. Nas festas e espetáculos dados à custa do público, a ausência dos protestantes era tomada como prova de sua deslealdade; e, em meio aos gritos de *Vive le Roi!*, podiam-se ouvir os sons dissonantes dizendo *A bas le Maire* (abaixo o alcaide). O sr. Castletan era protestante; ao aparecer em público com o alcaide, o sr. Ruland, um católico, lançaram contra ele batatas, enquanto o povo declarava que ele deveria renunciar ao cargo.

Os fanáticos de Nimes chegaram a conseguir que fosse enviada uma mensagem ao rei, afirmando que deveria haver na França apenas um Deus, um rei e uma fé. Nisto, foram imitados pelos católicos de várias cidades.

A história do menino de prata

Por volta da mesma época, o sr. Baron, conselheiro do Tribunal Real de Nimes, adotou o plano de dedicar a Deus um menino de prata, caso a duquesa de Angolema desse um príncipe à França. Tal projeto foi transformado em um voto religioso público que se tornou objeto de discussões tanto públicas como particulares, enquanto pessoas cujas imaginações estavam inflamadas por esses procedimentos corriam pelas ruas exclamando *Vivent les Bourbons* (Vivam os Bourbons) ou "os Bourbons para sempre". Em consequência desse frenesi supersticioso, diz-se que em Alais as mulheres eram aconselhadas e instigadas a envenenar seus maridos protestantes; com o tempo, tornou-se conveniente acusá-los de crimes políticos. Não podiam mais aparecer em público sem receber insultos e agressões. Quando as turbas encontravam protestantes, os prendiam e dançavam em volta deles com bárbara alegria, e, em meio a repetidos clamores, dizendo *Vive le Roi*, cantavam versos, cujo sentido era: "Lavaremos as mãos em sangue protestante e faremos chouriço com o sangue dos filhos de Calvino".

Os cidadãos que saíam para passear, tomar ar e se refrescar das ruas fechadas e sujas, eram perseguidos com gritos de *Vive le Roi*, como se esses clamores justificassem todo o seu excesso. Quando os protestantes se referiam ao estatuto, eram assegurados de que isso não lhes seria útil e que haviam apenas conseguido garantir sua destruição com mais eficácia. Ouviam-se pessoas de alta posição dizer nas ruas: "Todos os huguenotes devem ser mortos; desta vez seus filhos devem ser mortos, para que não reste um sequer dessa raça amaldiçoada".

Ainda assim, fato é que eles não foram assassinados, mas tratados cruelmente. As crianças protestantes não podiam mais participar dos esportes dos católicos e nem sequer aparecer em público sem os pais. Ao escurecer, suas famílias se trancavam em seus apartamentos; mesmo assim, pedras eram lançadas contra suas janelas. Quando acordavam pela manhã, era comum encontrarem forcas desenhadas em suas portas ou paredes; e, nas ruas, os católicos seguravam cordas já ensaboadas diante de seus olhos, apontando os instrumentos pelos quais esperavam e planejavam exterminá-los. Passavam de uns a outros pequenas forcas, ou modelos delas; um homem que morava em frente a um dos pastores exibiu um desses modelos em sua janela, fazendo sinais muito claros quando o ministro passava. Uma figura representando um pregador protestante também foi pendurada em uma encruzilhada pública, e cantavam as canções mais atrozes sob sua janela.

Perto do fim do carnaval, havia-se elaborado um plano para fazer caricaturas dos quatro ministros do local e queimá-los em efígie; mas o ato foi impedido pelo alcaide de Nimes, um protestante. Uma horrível canção foi apresentada ao governante, no dialeto do país, com uma falsa tradução, e impressa com sua aprovação, percorrendo um longo caminho antes que este percebesse a extensão do erro ao qual havia sido induzido. O sexagésimo terceiro regimento da linha foi publicamente censurado e insultado por ter protegido os protestantes, de acordo com as ordens recebidas. De fato, os protestantes pareciam ser ovelhas destinadas ao abate.

As armas católicas em Beaucaire

Em maio de 1815, muitas pessoas de Nimes desejaram uma associação federativa semelhante à de Lyon, Grenoble, Paris, Avignon e Montpelier. Contudo, essa federação terminou após uma efêmera e ilusória existência de catorze dias. Enquanto isso, um grande grupo de fanáticos católicos encontrava-se armado em Beaucaire, e logo conduziram suas patrulhas para tão perto das muralhas de Nimes "que alarmaram os habitantes". Esses católicos solicitaram a assistência dos ingleses de Marselha e conseguiram a concessão de mil mosquetes, dez mil cartuchos etc. O general Gilly, no entanto, foi logo enviado contra esses guerrilheiros, impedindo-os de chegar a ações extremas e concedendo-lhes um armistício; entretanto, quando Luís XVIII retornou a Paris, após o término do reinado de cem dias de Napoleão, momento este em que parecia haver paz e um certo abrandamento do espírito partidário, até mesmo em Nimes, alguns grupos de Beaucaire se juntaram a Trestaillon nessa cidade, para exercer a vingança que há tanto tempo havia sido premeditada.

O General Gilly havia deixado o departamento vários dias: as tropas da linha deixada para trás haviam levado o cocar branca e esperou mais ordens, enquanto os novos comissários só tinham que proclamar o cessação das hostilidades e o estabelecimento completo da autoridade do rei. Em vão não apareceram comissários, nenhum despacho chegou para acalmar e regular a opinião pública; mas para anoite, a guarda avançada dos bandidos, no valor de várias centenas, entrou na cidade, indesejado, mas sem oposição.

Enquanto marchavam sem ordem ou disciplina, cobertos com roupas ou trapos de todas as cores, ornamentados com rosetas, não brancas, mas brancas e verdes, armados com mosquetes, sabres, foices, pistolas e ganchos, embriagados com vinho e manchados com o sangue dos protestantes que assassinaram em sua rota, apresentaram um espetáculo hediondo e apelativo.

No espaço aberto em frente ao quartel, tais bandidos foram acompanhados pela multidão armada da cidade, chefiada por Jaques Dupont, comumente chamado Trestaillon. Para evitar derramamento de sangue, a guarnição de cerca de quinhentos homens consentiu em se render, marchando triste e indefesa. Ao passarem cerca de cinquenta deles, porém, a multidão iniciou um tremendo ataque contra suas vítimas entregues e desprotegidas; quase todos foram mortos ou feridos, e pouquíssimos puderam voltar ao pátio antes que os portões da guarnição fossem novamente fechados. Estes foram outra vez forçados em um instante, todos massacrados, de modo que não puderam subir nos telhados nem pular nos jardins adjacentes. Em suma, a morte os aguardava em todos os lugares e de todas as formas. Esse massacre católico rivalizou em crueldade e superou em traição os crimes dos assassinos de setembro em Paris e as carnificinas jacobinas de Lyon e Avignon.

Foi marcado não apenas pelo fervor da Revolução, mas pela sutileza da liga, e permanecerá por muito tempo como uma mancha na história da segunda restauração.

O massacre e o saque em Nismes

Nismes agora exibia uma terrível cena de atrocidade e carnificina, embora muitos protestantes tivessem fugido rumo a Convennes e a Gardonenque. As casas de campo dos senhores Rey, Guiret e vários outros haviam sido saqueadas e os habitantes, tratados com infundada brutalidade. Dois partidos haviam satisfeito seu apetite selvagem na fazenda de Madame Frat: o primeiro, depois de comer, beber, quebrar os móveis e roubar o que queria, despediu-se anunciando a chegada de seus camaradas "comparados aos quais" disseram: "deveriam ser considerados misericordiosos". Três homens e uma anciã foram deixados no local; ao ver a segunda companhia se aproximando, dois dos homens fugiram. "És católica?", perguntou um dos bandidos à senhora, que respondeu: "Sim". "Recite, então, o Pater e o Ave." Aterrorizada, a anciã hesitou e foi abatida com um mosquete no mesmo instante. Ao recuperar os sentidos, saiu de casa, mas encontrou Ladet, o velho lavrador, trazendo consigo algumas folhas que os depredadores haviam ordenado que cortasse. Em vão, a senhora tentou convencê-lo a fugir. "És protestante?", perguntaram os bandidos. "Sou." Diante da resposta, descarregaram um mosquete contra ele, que caiu ferido, mas não morto.

Para consumar seu trabalho, os monstros acenderam uma fogueira com palha e algumas tábuas, então lançaram a vítima viva às chamas e o fizeram expirar em meio às mais terríveis agonias. Depois, regalaram-se ao alimentar-se de folhas, omelete e outras coisas mais. No dia seguinte, alguns trabalhadores, encontrando a casa aberta e vazia, entraram e descobriram o corpo em parte consumido de Ladet. O alcaide do Gard, sr. Darbaud Jouques, tentando amenizar os crimes dos católicos, teve a audácia de afirmar que Ladet era católico; contudo, a mentira foi publicamente contradita por dois dos pastores de Nimes.

Outro partido cometeu um terrível assassinato em St. Cezaire, matando Imbert la Plume, marido de Suzon Chivas. Ele foi encontrado ao retornar do trabalho nos campos. O chefe prometeu poupar-lhe a vida, mas insistiu em que fosse conduzido para a prisão de Nimes. Vendo, no entanto, que o grupo estava determinado a matá-lo, ele retomou seu caráter natural e, sendo um homem poderoso e corajoso, avançou, exclamando: "Vós sois salteadores. Atirai!".

Quatro deles dispararam e ele caiu, embora não estivesse morto; e, enquanto ainda estava vivo, mutilaram seu corpo. Passando um cordão ao redor dele, o arrastaram e o prenderam a um canhão que haviam tomado. Somente após oito dias seus parentes foram informados de sua morte. Cinco indivíduos da família de Chivas, todos maridos e pais, foram massacrados ao longo de alguns dias.

O tratamento impiedoso para com as mulheres nessa perseguição em Nimes foi tal que teria desonrado qualquer selvagem. As viúvas Rivet e Bernard foram forçadas a entregar enormes quantias; a casa da sra. Lecointe foi devastada e seus bens, destruídos. A sra. F. Didier teve sua casa saqueada e demolida, restando meramente a estrutura. Um grupo desses fanáticos visitou a viúva Perrin, que morava em uma pequena fazenda nos moinhos de vento; tendo cometido todas as espécies de devastação, atacaram até mesmo o santuário dos mortos, onde jaziam os corpos de sua família. Arrastaram os caixões para fora e espalharam os restos mortais pelos terrenos adjacentes. Em vão, a viúva ultrajada recolheu os ossos de seus antepassados e os devolveu ao lugar onde estavam: eles foram novamente desenterrados e, após contínuos e inúteis esforços, foram relutantemente deixados espalhados na superfície dos campos.

Decreto real a favor dos perseguidos

Por fim, o decreto de Luís XVIII, que anulava todos os poderes extraordinários conferidos pelo rei, pelos príncipes ou agentes subordinados, foi recebido em Nimes; as leis deveriam agora ser administradas pelos órgãos regulares, e um novo alcaide chegou para colocá-las em vigor. Contudo, apesar de as proclamações e o trabalho de destruição terem sido por um momento interrompidos, não cessaram;antes, logo foram retomados com novo vigor. No dia 30 de julho, Jacques Combe, um pai de família, foi morto por alguns da guarda nacional de Rusau, e o crime foi tão notório que o comandante do partido devolveu à família a carteira e os documentos do falecido. No dia seguinte, multidões conturbadas percorreram a cidade e os subúrbios, ameaçando os miseráveis camponeses. No dia primeiro de agosto, a turba os massacrou sem encontrar nenhuma oposição.

Por volta do meio-dia, naquele mesmo dia, seis homens armados sob a liderança de Truphemy, o açougueiro, cercaram a casa de Monot, um carpinteiro; dois do partido, ferreiros, haviam trabalhado naquela casa no dia anterior e viram um protestante refugiado ali, o sr. Bourillon, que havia sido um tenente do exército e aposentou-se com uma pensão. Era um homem de excelente caráter, pacífico e inofensivo; nunca havia servido ao imperador Napoleão. Truphemy não o conhecia, de modo que ele lhe foi apontado enquanto participava de um café da manhã rotineiro com a família. Truphemy ordenou que ele o acompanhasse, acrescentando: "Teu amigo, Saussine, já está no outro mundo". Truphemy o colocou no meio de sua tropa e ordenou que clamasse: *Vive l'Empereur*, o que se recusou a fazer, dizendo que nunca havia servido ao imperador.

Em vão as mulheres e os filhos da casa intercederam por sua vida e o elogiaram por suas qualidades amáveis e virtuosas. Ele, então, foi levado à Esplanada e baleado, primeiro por Truphemy e depois pelos outros. Várias pessoas, atraídas pelo tiroteio, se aproximaram, mas foram ameaçadas com um destino semelhante.

Depois de algum tempo, os terríveis homens partiram, gritando: *Vive le Roi*. Algumas mulheres os encontraram, ao que uma delas, parecendo afetada, disse: "Hoje matei sete, e tu, se disseres uma palavra, serás o oitavo". Pierre Courbet, um tecelão, foi arrancado de seu tear por um bando armado e baleado em sua própria porta. Sua filha mais velha foi derrubada com a ponta de um mosquete; mantiveram sua esposa refém com um punhal, enquanto a multidão saqueava seus aposentos. Paul Heraut, um tecelão de seda, foi cortado em pedaços, na presença de uma grande multidão e em meio aos improfícuos gritos e lágrimas de sua esposa e quatro filhos pequenos. Os assassinos apenas abandonaram o cadáver para voltar à casa de Heraut e se apossar de tudo o que fosse valioso. Não foi possível determinar o número de execuções realizadas nesse dia. Uma pessoa viu seis corpos no Cours Neuf, e nove foram levadas para o hospital.

Enquanto as execuções, algum tempo mais tarde, se tornaram menos frequentes por alguns dias, os saques e as contribuições forçadas continuaram sendo ativamente aplicados.

O sr. Salle d'Hombro, em várias visitas que recebera, foi roubado em sete mil francos; e, em uma ocasião, quando arrazoou acerca do que já que havia sido levado, ouviu de um dos bandidos que apontava para o seu cachimbo: "Olha, isso incendiará a tua casa; e isso", brandindo sua espada, "acabará contigo". Não era possível responder a tais argumentos. O sr. Feline, um fabricante de seda, foi roubado em trinta e dois mil francos em ouro, três mil francos em prata e vários fardos de seda.

Os pequenos comerciantes eram continuamente expostos a visitas e demandas de provisões, tapeçarias ou o que quer que vendessem; e as mesmas mãos que ateavam fogo às casas dos ricos e arrancavam as videiras dos cultivadores quebravam os teares dos tecelões e roubavam as ferramentas dos artesãos. A desolação reinou no santuário e na cidade. Os bandos armados, em vez de se reduzirem, aumentavam; os fugitivos, em vez de voltar, recebiam constantes sobressaltos, e os amigos que os protegiam eram considerados rebeldes. Os protestantes que permaneceram foram privados de todos os seus direitos civis e religiosos, e até mesmo os advogados e xerifes entraram em acordo para eliminar toda a "religião que se diz reformada" de suas comunidades. Os que estavam empregados na venda de tabaco foram privados de suas licenças. Os diáconos protestantes que estavam encarregados dos pobres foram todos dispersados. De cinco pastores, apenas dois permaneceram; um deles foi obrigado a mudar de residência e só podia arriscar-se a ministrar as consolações da religião ou a desempenhar as funções de seu ministério sob a escuridão da noite.

Não contentes com tais formas de tormento, os católicos, por meio de publicações caluniosas e inflamadas, acusavam os protestantes de levantar o proscrito estandarte nas comunas e de invocar o derrotado Napoleão, e, é claro, os consideravam indignos da proteção das leis e do favor do monarca.

Depois, centenas deles foram arrastados para a prisão sem sequer uma ordem escrita; e, embora um diário oficial, intitulado *Journal du Gard*, tenha sido estabelecido por cinco meses, enquanto foi influenciado pelo prefeito, pelo alcaide e outros funcionários, a palavra "estatuto" nunca foi usada nele. Pelo contrário, um dos primeiros exemplares representava os mártires protestantes como "crocodilos, apenas chorando de raiva e lamentando o fato de não terem mais vítimas para devorar; pessoas que haviam ultrapassado Danton, Marat e Robespierre em suas maldades; e como prostituíram suas filhas à guarnição para entregá-las a Napoleão". Um extrato desse artigo, carimbado com a coroa e as armas dos Bourbons, foi espalhado pelas ruas, cujo vendedor era adornado com a medalha da polícia.

A Petição dos Refugiados Protestantes

A essas afrontas, cabe contrapor a petição que os refugiados protestantes em Paris apresentaram a Luís XVIII, em nome de seus irmãos em Nimes.

Colocamos aos vossos pés, senhor, nossos agudos sofrimentos. Em vosso nome, nossos concidadãos são massacrados e suas propriedades, destruídas. Camponeses enganados, em fingida obediência às vossas ordens, reuniram-se sob o comando de um comissário designado por vosso augusto sobrinho. Apesar de prontos para nos atacar, foram recebidos com garantias de paz. No dia 15 de julho de 1815, soubemos da entrada de Sua Majestade em Paris, e a bandeira branca imediatamente acenou em nossos edifícios. A tranquilidade pública não havia sido perturbada, quando camponeses armados se apresentaram.

A guarnição capitulou, mas foi atacada ao partir e quase totalmente massacrada. Nossa guarda nacional foi desarmada, a cidade ficou repleta de estrangeiros e as casas dos principais habitantes, confessores da religião reformada, foram atacadas e saqueadas. Acompanhamos a lista. O terror expulsou da nossa cidade os habitantes mais respeitáveis.

Vossa Majestade foi enganada se não tiver posta diante de vós a imagem dos horrores que tornaram vossa boa cidade de Nimes um deserto. Prisões e proibições estão ocorrendo continuamente, e a diferença de opiniões religiosas é a única causa real. Os protestantes caluniados são os defensores do trono. Vosso sobrinho testemunhara nossos filhos sob vossas bandeiras; nossas fortunas foram colocadas em vossas mãos. Atacados sem razão, os protestantes não deram a seus inimigos, nem mesmo por justa resistência, pretexto para a calúnia. Salvai-nos, senhor! Apagai a marca da guerra civil; um único ato de vossa vontade restauraria à existência política uma cidade significativa pela sua população e suas manufaturas. Exigimos uma explicação da conduta dos chefes que trouxeram nossos infortúnios. Colocamos diante dos vossos olhos todos os documentos que chegaram até nós. O medo paralisa os corações e sufoca as queixas de nossos concidadãos. Por estarmos em situação de mais segurança, arriscamos elevar a voz em nome deles etc.

Monstruosas atrocidades contra as mulheres

Sabe-se que em Nimes as mulheres lavam suas roupas nas fontes ou nas margens dos riachos. Há um grande tanque perto da fonte, onde inúmeras mulheres podem ser vistas todos os dias, ajoelhadas à beira da água e batendo nas roupas com pedaços pesados de madeira em forma de raquetes.

Esse local se tornou o cenário das práticas mais vergonhosas e indecentes. Os canalhas católicos levantavam as anáguas das mulheres por cima da cabeça e as prendiam a fim de deixá-las expostas e sujeitá-las a uma espécie de castigo que haviam inventado recentemente. Colocavam pregos nos batedores de roupas na forma de uma flor-de-lis e as espancavam até que o sangue jorrasse de seus corpos e seus gritos rasgassem o ar. Não raro, pedia-se a morte como livramento dessa ignominiosa punição, mas o pedido era sempre recusado com maligna alegria. Para elevar o ultraje ao mais alto nível possível, várias que foram agredidas dessa maneira estavam grávidas. A natureza escandalosa de tais atrocidades impediu muitos dos que as sofriam de torná-las públicas e, principalmente, de relatar as mais agravantes circunstâncias. "Vi", diz o sr. Duran, "um advogado católico, acompanhando os assassinos do subúrbio de Bourgade, equipar um batedor de roupas com pregos afiados em forma de flor-de-lis; eu os vi levantar as vestes das mulheres e desferir contra elas fortes pancadas com tais batedores, aos quais deram um nome que minha pena se recusa a registrar. Os gritos das mulheres, o sangue que jorrava profusamente, os gemidos de indignação que eram suprimidos pelo medo, nada os comovia a parar. Os médicos que atenderam as mulheres que morreram podem atestar, pelas marcas de suas feridas, as agonias que devem ter sofrido, as quais, por mais horríveis que sejam, são estritamente verdadeiras".

No entanto, durante o progresso desses horrores e dessas obscenidades, tão vergonhosos para a França e para a religião católica, os agentes do governo tinham forças poderosas sob seu comando e, se as tivessem empregado honestamente, poderiam ter restaurado a paz e a tranquilidade. Assassinatos e roubos, no entanto, continuaram a acontecer e foram tolerados pelos magistrados católicos, com poucas exceções; fato é que as autoridades administrativas usaram palavras em suas proclamações etc., mas nunca recorreram a ações para conter as maldades dos perseguidores, que declararam cheios de audácia suas intenções de, no vigésimo quarto aniversário de São Bartolomeu, realizar um massacre geral. Os membros da Igreja Reformada estavam tomados de terror e, em vez de participar da eleição de deputados, ocuparam-se como puderam para garantir a própria segurança.

Atrocidades cometidas nas aldeias etc.

Deixamos agora Nimes para contemplar a conduta dos perseguidores no país vizinho. Após o restabelecimento do governo real, as autoridades locais se destacaram por seu zelo e presteza em apoiar seus patronos e, sob pretexto de rebelião, ocultação de armas, falta do pagamento de contribuições etc., tropas, guardas nacionais e turbas armadas foram autorizadas a saquear, prender e assassinar cidadãos pacíficos, não apenas com impunidade, mas com encorajamento e aprovação. Na aldeia de Milhaud, perto de Nimes, os habitantes eram frequentemente forçados a pagar grandes quantias para evitar serem saqueados. Isso, no entanto, não foi válido para a Madame Teulon: no domingo de 16 de julho, sua casa e suas terras foram devastadas; os valiosos móveis foram removidos ou destruídos, o feno e a madeira foram queimados, e o corpo de uma criança, sepultado no jardim, foi desenterrado e arrastado ao redor de uma fogueira acesa pela população. Foi com grande dificuldade que a senhora Teulon escapou com vida.

O senhor Picherol, outro protestante, havia escondido alguns de seus bens na casa de um vizinho católico; essa casa foi atacada e, embora todas as propriedades do dono da casa tenham sido respeitadas, as de seu amigo foram confiscadas e destruídas. Na mesma aldeia, um dos partidos, duvidando que o senhor Hermet, um alfaiate, fosse o homem a quem procuravam, perguntou: "Ele é um protestante?", ao que reconheceram que sim. "Pois bem", disseram eles, e no mesmo instante o executaram. No pequeno distrito de Vauvert, onde havia uma igreja consistorial, extorquiram oitenta mil francos.

Nas comunas de Beauvoisin e Generac, excessos semelhantes foram cometidos por alguns homens licenciosos, sob os olhos do prefeito católico, e aos gritos de *Vive le Roi!* St. Gilles foi o cenário da mais descarada vilania. Os protestantes, os mais ricos dos habitantes, foram desarmados, enquanto suas casas eram saqueadas. Quando apelaram ao alcaide, este riu e lhes virou as costas. Esse oficial tinha à sua disposição uma guarda nacional de várias centenas de homens, organizada por suas próprias ordens. Seria cansativo ler as listas dos crimes que ocorreram durante muitos meses. Em Clavison, o alcaide proibiu aos protestantes a prática de cantar os Salmos comumente usados no templo, para que, como disse, os católicos não fossem ofendidos ou perturbados.

Em Sommieres, a cerca de 16 quilômetros de Nimes, os católicos fizeram uma esplêndida procissão pela cidade, que continuou até a noite e foi seguida por um saqueio dos protestantes. Com a chegada de tropas estrangeiras em Sommieres, a pretensa busca por armas foi retomada; aqueles que não possuíam mosquetes foram obrigados a comprá-los somente com o propósito de entregá-los. Os soldados eram aquartelados a seis francos ao dia em suas casas até que apresentassem os artigos demandados. A igreja protestante, que fora fechada, tornou-se um quartel para os austríacos. Após o serviço divino ter sido suspenso por seis meses em Nimes, a igreja, chamada de Templo pelos protestantes, foi reaberta, e o culto público foi realizado na manhã do dia 24 de dezembro. Ao examinar o campanário, descobriu-se que alguém havia roubado o badalo do sino. À medida que a hora do serviço se aproximava, vários homens, mulheres e crianças se reuniram na casa do senhor Ribot, o pastor, ameaçando impedir que o culto acontecesse. Na hora marcada, quando ele prosseguiu em direção à igreja, foi cercado; os gritos mais selvagens se levantaram contra ele; algumas das mulheres o agarraram pelo colarinho da camisa, mas nada pôde perturbar sua firmeza ou provocar sua impaciência; ele entrou na casa de oração e subiu ao púlpito. Pedras eram lançadas e caíam entre os adoradores; ainda assim, a congregação permanecia calma e atenta, e o culto foi concluído em meio ao barulho, às ameaças e à indignação.

Ao saírem, muitos teriam sido mortos, não fosse pelos caçadores da guarnição, que os protegeram com honra e zelo. O sr. Ribot logo depois recebeu a seguinte carta do capitão desses caçadores:

> *2 de janeiro de 1816.*
>
> *Lamento profundamente os prejuízos causados pelos católicos contra os protestantes, dos quais se diz que não amam o rei. Continuai a agir como tens feito até agora, e o tempo e sua conduta os convencerão do contrário. Caso ocorra um tumulto semelhante ao de sábado, informai a mim. Conservo meus relatórios sobre tais atos e, se os agitadores se provarem incorrigíveis, se esquecendo de que devem obediência ao melhor dos reis e ao estatuto, cumprirei meu dever e informarei o governo sobre seus procedimentos.*
>
> *Adeus, meu caro senhor; asseguro ao consistório minha estima e os sentimentos que tenho em relação à moderação com que enfrentaram as provocações dos mal-intencionados em Sommieres. Tenho a honra de cumprimentá-lo com respeito.*
>
> *SUVAL DE LAINE.*

Esse digno pastor recebeu outra carta do marquês de Montlord no dia 6 de janeiro, para encorajá-lo a se unir a todos os homens bons que acreditam em Deus a fim de obter a punição dos assassinos, bandidos e perturbadores da tranquilidade pública, e para ler publicamente as instruções que recebeu do governo para esse efeito. Não obstante, em 20 de janeiro de 1816, quando foi celebrado o serviço em comemoração à morte de Luís XVI com uma procissão em formação, os guardas nacionais dispararam contra a bandeira branca suspensa nas janelas dos protestantes e encerraram o dia saqueando suas casas.

Na comuna de Anguargues, a situação era ainda pior; e na de Fontanes, desde a entrada do rei em 1815, os católicos violaram todos os acordos feitos com os protestantes; durante o dia os insultavam e, à noite, arrombavam suas portas ou as marcavam com giz para que suas casas fossem saqueadas ou queimadas. St. Mamert foi visitado repetidamente por esses assaltos; e em Montmiral, até 16 de junho de 1816, os protestantes foram atacados, espancados e presos, por ousarem comemorar o retorno de um rei que jurara preservar a liberdade religiosa e manter o estatuto.

Um relato adicional dos procedimentos dos católicos em Nimes

Os excessos perpetrados no país parecem não desviar de maneira alguma a atenção dos perseguidores de Nimes.

O mês de outubro do ano 1815 se iniciou sem nenhuma melhoria nos princípios ou medidas do governo, o que foi seguido pela correspondente presunção por parte do povo. Várias casas no bairro de St. Charles foram saqueadas e seus destroços, queimados nas ruas em meio a canções, danças e gritos de *Vive le Roi!* O alcaide compareceu, mas a alegre multidão fingiu não conhecê-lo, e, quando ele se arriscou a repreendê-los, lhe disseram que "sua presença se fazia desnecessária e que podia se retirar". Durante o dia 16 de outubro, todas as preparações pareciam anunciar uma noite de carnificina; ordens de posicionamento e sinais de ataque circulavam com regularidade e confiança. Trestaillon revistou seus partidários e os incentivou a perpetrar crimes, mantendo com um deles o seguinte diálogo:

Partidário: Se todos os protestantes, sem exceção, hão de ser mortos, então me juntarei alegremente a vós; mas, como tendes me enganado por muitas vezes, a menos que sejam todos aniquilados, não me movo.

Trestaillon: Vinde, portanto, pois este é o dia em que nenhum homem escapará.

Esse terrível objetivo teria sido, de fato, executado, não fosse pelo general La Garde, comandante do departamento. Somente às dez da noite ele se apercebeu do perigo; viu, portanto, naquele momento, que nem um minuto podia ser perdido. Multidões avançavam pelos subúrbios, e as ruas estavam cheias de rufiões, proferindo as mais horríveis imprecações. A generala soou às onze horas e aumentou a confusão que agora se espalhava pela cidade. Algumas tropas reuniram-se ao redor do conde La Garde, que se sentiu angustiado ao ver a que ponto chegara tamanho mal. O sr. Durand, um advogado católico, fez o seguinte relato acerca de tal evento:

"Era quase meia-noite, e minha esposa acabara de adormecer; eu estava escrevendo ao lado dela, quando fomos perturbados por um barulho distante. O som dos tambores parecia atravessar a cidade em todas as direções. 'O que poderia ser isso?', ela questionou, e, para acalmá-la, eu disse que provavelmente isso anunciava a chegada ou a partida de algumas tropas da guarnição. No entanto, disparos e gritos imediatamente se fizeram ouvir; e, ao abrir minha janela, distingui horríveis imprecações misturadas aos gritos de *Vive le Roi!* Acordei um oficial que se encontrava alojado em minha casa, bem como o sr. Chancel, diretor de obras públicas. Saímos juntos e chegamos ao Boulevard. A lua brilhava e quase todos os objetos eram quase tão distinguíveis quanto o são à luz do dia. Uma multidão furiosa insistia em prometer o extermínio, estando a maior parte dela seminua, armada com facas, mosquetes, paus e sabres. Em resposta às minhas perguntas, disseram-me que se tratava de um massacre geral, e que muitos já haviam sido mortos nos subúrbios. O sr. Chancel se retirou para vestir seu uniforme como capitão dos bombeiros. Os oficiais se retiraram para o quartel, enquanto eu, preocupado com minha esposa, voltei para casa. Pelo barulho, estava convencido de que pessoas me seguiam. Esgueirei-me pelas sombras da parede, abri a porta, entrei e a fechei, deixando uma pequena abertura pela qual pude observar os movimentos da facção, cujas armas brilhavam ao luar. Em alguns instantes, alguns homens armados apareceram conduzindo um prisioneiro até o local onde eu estava escondido. Quando pararam, fechei minha porta gentilmente e subi em um amieiro plantado em frente à parede do jardim. Que cena! Um homem de joelhos implorava a misericórdia dos desgraçados que zombavam de sua agonia e o carregavam de abuso. 'Em nome de minha esposa e filhos', disse ele, 'poupai minha vida! O que fiz? Por que me mataríeis sem motivo?'.

Eu estava a ponto de gritar e ameaçar os assassinos com vingança. Não tive muito tempo para deliberar, pois os disparos de vários fuzis encerraram meu suspense; o infeliz suplicante, atingido nos lombos e na cabeça, não se levantou mais. Os assassinos encontravam-se de costas para a árvore; se retiraram imediatamente, recarregando suas armas. Desci e me aproximei do moribundo, que exprimia alguns gemidos profundos e sombrios. Alguns guardas nacionais chegaram, e eu novamente me retirei e fechei a porta. E disse um deles: 'Vejo um homem morto'. 'Ainda geme', disse outro, ao que um terceiro respondeu: 'Melhor seria terminar com sua vida e acabar com sua miséria'. Cinco ou seis mosquetes foram disparados instantaneamente, e os gemidos cessaram. No dia seguinte, multidões vieram para ver e insultar o falecido. O dia seguinte a um massacre era sempre tido como uma espécie de festa, e todas as ocupações eram deixadas para contemplar as vítimas." Aquele era Louis Lichare, pai de quatro filhos; quatro anos após o evento, o sr. Durand verificou este relato sob juramento no julgamento de um dos assassinos.

Ataque às igrejas protestantes

Algum tempo antes da morte do general La Garde, o duque de Angolema visitou Nimes e outras cidades do sul, e no primeiro local homenageou os membros do consistório protestante com uma entrevista, prometendo proteção e encorajando-os a reabrir seu templo, que há tanto tempo estava fechado. Eles possuíam duas igrejas em Nimes, e concordaram que a menor delas deveria receber preferência nessa ocasião e que o toque do sino deveria ser omitido. O general La Garde declarou que responderia com a própria vida pela segurança de sua congregação. Os protestantes informaram uns aos outros em particular que o culto seria novamente celebrado às dez horas e começaram a se reunir em silêncio e com cautela. Concordou-se que o sr. Juillerat Chasseur conduziria o serviço, embora sua convicção do perigo fosse tal que implorou à esposa e a alguns de seu rebanho que permanecessem com suas famílias. O templo foi aberto apenas por uma questão de formalidade e, em conformidade com as ordens do duque de Angolema, esse pastor desejava ser a única vítima.

No caminho para o local, passou por numerosos grupos que o encaravam com olhar feroz. "Chegou a hora", disseram alguns, "de lhes dar o último golpe". "Sim", acrescentaram outros "nem mulheres nem crianças devem ser poupadas". Um perverso, erguendo a voz sobre os demais, exclamou: "Ah, buscarei o meu mosquete e dez serão por minha conta". Em meio a esses assombrosos murmúrios, o sr. Juillerat seguiu seu curso, mas, quando chegou ao templo, o sacristão não teve coragem de abrir a porta, de modo que foi obrigado a fazê-lo. Quando os fiéis chegaram, encontraram estranhos nas ruas adjacentes e nos degraus da igreja, jurando que não celebrariam culto algum e gritando: "Abaixo os protestantes! Matem-nos! Matem-nos!". Às dez horas, a igreja estava quase cheia, e o sr. Chasseur começou as orações; a calma que se sucedeu teve breve duração. De repente, o ministro foi interrompido por um barulho violento, e várias pessoas entraram, proferindo os gritos mais terríveis, misturados aos clamores de *Vive le Roi!* Mas os gendarmes conseguiram expulsar esses fanáticos e fechar as portas.

O barulho e o tumulto do lado de fora redobraram. Os golpes da população tentando abrir as portas faziam ressoar na casa gritos e gemidos. A voz dos pastores que se esforçavam para consolar seu rebanho era inaudível; tentaram em vão cantar o Salmo 42.

Passaram-se lentamente quarenta e cinco minutos. "Eu me coloquei no fundo do púlpito", disse madame Juillerat, "com minha filha nos braços; meu marido finalmente se juntou a nós e me amparou; lembrei que era o aniversário do meu casamento. 'Depois de seis anos de felicidade', disse a ele, 'estou prestes a morrer com meu marido e minha filha; seremos mortos no altar de nosso Deus, vítimas de um dever sagrado, e o céu se abrirá para receber a nós e aos nossos infelizes irmãos'. Bendisse o Redentor e, sem amaldiçoar nossos assassinos, aguardei que se aproximassem".

O sr. Oliver, filho de um pastor, oficial das tropas reais da linha, tentou sair da igreja, mas as amigáveis sentinelas na porta o aconselharam a permanecer sitiado com os outros. Os guardas nacionais se recusaram a agir, e a multidão fanática aproveitou todas as vantagens da ausência do general La Garde e do crescente número de fanáticos. Por fim, ouviu-se o som da marcha, enquanto vozes de fora imploravam aos sitiados: "Abri,

abri e salvai-vos!". A princípio, temeram ser vítimas de uma traição, mas logo foram assegurados de que se tratava de um destacamento que retornava da missa e fora colocado em frente à igreja para favorecer a retirada dos protestantes. A porta foi aberta, e muitos deles escaparam entre as fileiras dos soldados, que haviam dirigido a multidão para longe deles; mas essa rua, assim como outras por onde os fugitivos precisavam passar, logo foi preenchida novamente. O venerável pastor Olivier Desmond, que tinha entre setenta e oitenta anos de idade, estava cercado por assassinos; golpeavam seu rosto e gritavam: "Matai o chefe dos bandidos". Ele, porém, foi preservado pela firmeza de alguns oficiais, entre os quais estava o próprio filho. Fizeram um baluarte ao redor dele com seus corpos, e protegendo-o com seus sabres desembainhados o conduziram à sua casa. O sr. Juillerat, que havia ajudado no serviço de transporte com a esposa ao lado e o filho nos braços, foi perseguido e agredido com pedras, enquanto sua mãe recebeu um golpe na cabeça e, por algum tempo, sua vida correu perigo. Uma mulher foi vergonhosamente açoitada, severamente ferida e arrastada pelas ruas; a média de protestantes maltratados nessa ocasião atingiu entre setenta e oitenta.

O assassinato do general La Garde

Por fim, tais excessos foram encerrados com o assassinato do conde La Garde, que, ao tomar conhecimento do tumulto, montou em seu cavalo e entrou em uma das ruas em que ocorria a confusão, a fim de dispersar a multidão. Um dos canalhas agarrou suas rédeas; outro apontou o cano de uma pistola para o seu corpo e gritou: "Desgraçado, farás com que me retire?". E imediatamente disparou. O assassino era Louis Boissin, um sargento da guarda nacional; mas, embora fosse conhecido por todos, ninguém se esforçou para prendê-lo, de modo que conseguiu escapar. Assim que o general se viu ferido, deu ordens à gendarmaria para proteger os protestantes e partiu a galope para o hotel; no entanto, desmaiou no instante em que chegou. Ao se recuperar, impediu o cirurgião de examinar sua ferida até que terminasse de escrever uma carta ao governo, para que, no caso de sua morte, fosse possível saber de onde viera o golpe que recebera, a fim de que ninguém ousasse acusar os protestantes do crime.

A morte desse general resultou em um pequeno grau de relaxamento por parte de seus inimigos e alguma tranquilidade; mas o povo havia sido entregue à licenciosidade por muito tempo para ser contido, ainda que pelo assassinato do representante de seu rei. À noite, voltaram novamente ao templo, e com machados quebraram a porta; o som sombrio de seus golpes levou terror ao seio das famílias protestantes que se encontravam em suas casas, em lágrimas. O conteúdo da caixa de esmolas destinadas aos pobres e as roupas preparadas para distribuição foram roubados; as vestes do ministro, rasgadas; os livros, rasgados ou levados; os armários foram saqueados, mas as salas que continham os arquivos da igreja e os sínodos estavam providencialmente protegidas. Não fosse pelas numerosas patrulhas, tudo teria sido consumido pelas chamas, e o próprio edifício se transformaria em um monte de ruínas. Enquanto isso, os fanáticos atribuíam abertamente o assassinato do general à sua própria devoção e diziam: "Essa é a vontade de Deus". Três mil francos foram oferecidos pela apreensão de Boissin; mas bem se sabia que os protestantes não ousariam prendê-lo e que os fanáticos não o fariam. Durante essas transações, o sistema de conversões forçadas ao catolicismo fazia regular e temível progresso.

A interferência do governo britânico

Para o benefício da Inglaterra, o relatório dessas cruéis perseguições contra nossos irmãos protestantes na França produziu tamanha comoção no governo, que os levou a interferir; os perseguidores dos protestantes, então, fizeram desse ato espontâneo da humanidade e da religião um pretexto para acusar os sofredores de correspondência traidora com a Inglaterra; mas no estado em que se encontravam os procedimentos, para seu grande desânimo, surgiu uma carta enviada algum tempo antes à Inglaterra pelo duque de Wellington, afirmando que "havia muita informação sobre os eventos do sul".

Os ministros das três denominações em Londres, preocupados em não serem enganados, solicitaram a um de seus irmãos que visitasse os cenários de perseguição e examinasse com imparcialidade a natureza e a extensão dos males que desejavam aliviar. O Rev. Clement Perot empreendeu essa difícil tarefa e cumpriu seus desejos com zelo, prudência e devoção, acima de todos os elogios.

Seu retorno forneceu abundantes e incontestáveis provas de uma perseguição vergonhosa, materiais para apelar ao Parlamento britânico e um relatório impresso que circulou pelo continente e que transmitia as informações corretas aos habitantes da França.

A interferência estrangeira fora, então, considerada extremamente útil; as declarações de tolerância suscitadas no governo francês, bem como uma marcha mais cautelosa dos perseguidores católicos, foram como reconhecimentos decisivos e involuntários da importância dessa interferência, a princípio censurada e desprezada por alguns, mas que, manifesta na severa voz da opinião pública na Inglaterra e em outros lugares, resultou na suspensão de massacres e saques. Os assassinos e saqueadores ainda foram deixados impunes, e até mesmo encorajados e recompensados por seus crimes. Enquanto os protestantes na França sofriam as mais cruéis e degradantes dores e penas por supostos crimes triviais, católicos cobertos de sangue e culpados de numerosos e horríveis assassinatos foram absolvidos.

Talvez a virtuosa indignação expressa por alguns dos católicos mais sensatos contra esses abomináveis procedimentos tenha sido um fator determinante para contê-los. Muitos protestantes inocentes haviam sido condenados às galés e punidos por supostos crimes baseados em testemunhos dados sob juramento de pessoas miseráveis e sem princípios. O sr. Madier de Mongau, juiz do Tribunal Real de Nimes e presidente do Tribunal de Gard e Vaucluse, em certa ocasião sentiu-se compelido a dispersar uma sessão antes de tomar o testemunho daquele notório e sanguinário monstro, Truphemy. O magistrado conta: "Em um salão do Palácio da Justiça, em frente ao local em que eu me encontrava, várias infelizes pessoas perseguidas pela facção estavam sendo julgadas, e todos os depoimentos que pareciam tender a confirmar sua criminalidade eram aplaudidos com os gritos de *Vive le Roi!* Por três vezes a explosão dessa atroz alegria se tornou tão terrível que foi necessário pedir reforços ao quartel, e duzentos soldados quase não conseguiam conter o povo. De repente, os gritos e clamores que exclamavam *Vive le Roi* redobraram; chegava um homem, aclamado, aplaudido, coberto de triunfo – era o terrível Truphemy. Ele se aproximou do tribunal, pois veio a fim de depor contra os prisioneiros e, admitido como testemunha, levantou a mão para fazer o juramento. Horrorizado diante da cena, lancei-me do meu lugar e entrei no salão do conselho. Meus colegas me seguiram e, em vão, tentaram me convencer a retornar ao meu lugar, ao que respondi: 'Não! Não consentirei em ver aquele desgraçado sendo admitido para depor em um tribunal de justiça na cidade que ele mesmo encheu de assassinatos! No palácio, em cujos degraus assassinara o infeliz Bourillon. Não posso admitir que entregue à morte essas vítimas com seu testemunho, como se fosse um punhal. Ele, um acusador! Ele, testemunha! Não, nunca consentirei em ver esse monstro se levantar na presença de magistrados para prestar um juramento sacrílego, com as mãos ainda sujas de sangue'. Essas palavras foram repetidas fora de casa; a testemunha tremia, bem como os facciosos que guiavam a língua da Truphemy, assim como haviam guiado seu braço e ditavam calúnia após o haverem ensinado a matar. Tais palavras penetraram nas masmorras dos condenados e inspiraram esperança; deram a outro advogado corajoso a resolução de defender a causa dos perseguidos. Ele levou as orações de inocência e miséria ao pé do trono. Diante dele, questionou se a evidência de um Truphemy não era suficiente para anular uma sentença. O rei concedeu completo e livre perdão".

Resolução definitiva dos protestantes em Nismes

A respeito da conduta dos protestantes, esses cidadãos tão ofendidos, levados ao extremo por seus perseguidores, aperceberam-se de que podiam apenas escolher a maneira pela qual haveriam de perecer. Decidiram por unanimidade que morreriam lutando em sua própria defesa. Essa firme atitude comunicava aos carniceiros que não podiam mais matar com impunidade.

Tudo mudou de imediato. Aqueles que, durante quatro anos, encheram a outros de terror, agora, por sua vez, estavam aterrorizados. Tremeram com a força que os homens, há tanto tempo resignados, encontraram no desespero, e a preocupação aumentou quando souberam que os habitantes de Cevenas, convencidos do perigo que corriam seus irmãos, colocaram-se a marchar em seu auxílio. Mas, sem esperar pelos reforços que haveriam de receber, os protestantes apareceram à noite na mesma ordem e armados da mesma maneira que seus inimigos. Os outros desfilavam nos Boulevards, com seu barulho e fúria habituais, mas os protestantes permaneceram calados e firmes nos postos que haviam escolhido. Por três dias continuaram esses encontros perigosos e ameaçadores; mas o derramamento de sangue foi impedido pelos esforços de alguns cidadãos dignos, distinguidos por sua posição e fortuna. Ao compartilhar os perigos da população protestante, obtiveram o perdão de um inimigo que agora tremia enquanto ameaçava.

CAPÍTULO 22

O INÍCIO DAS MISSÕES ESTRANGEIRAS AMERICANAS

Samuel J. Mills, quando era estudante no Williams College, reuniu um grupo de colegas, todos sentindo o peso do vasto mundo pagão. Um dia, em 1806, quatro deles, atingidos por uma trovoada, se refugiaram na segurança de um palheiro. Passaram o tempo em oração pela salvação do mundo e resolveram, se houvesse oportunidade, partir como missionários. Essa "reunião de oração no palheiro" tornou-se histórica.

Esses jovens foram mais tarde ao Seminário Teológico de Andover, onde Adoniram Judson juntou-se a eles. Quatro deles enviaram uma petição à Associação Congregacional de Massachusetts em Bradford, em 29 de junho de 1810, oferecendo-se como missionários e perguntando se poderiam esperar apoio de alguma sociedade nesse país ou se deveriam inscrever-se em uma sociedade britânica. Em resposta a essa solicitação, foi formada a Junta Americana de Comissários para Missões Estrangeiras.

Quando solicitaram um fretamento para a Junta, uma alma incrédula objetou no plenário da legislatura, alegando, em oposição à petição, de que o país continha uma reserva tão limitada de cristianismo que ninguém podia ser cedido para exportação, mas foi apropriadamente lembrado por outro, que foi abençoado com uma atitude mais otimista, de que se tratava de um artigo de tal natureza que quanto mais era exportado, mais restava em sua origem. Havia muita confusão quanto aos planos e finanças, então Judson foi enviado à Inglaterra para planejar com a London Society quanto à viabilidade das duas organizações cooperarem no envio e manutenção dos candidatos, mas esse esquema não deu em nada. Finalmente, dinheiro suficiente foi coletado e, em fevereiro de 1812, os primeiros missionários da Junta Americana zarparam rumo ao Oriente.

Judson estava acompanhado de sua esposa, tendo se casado com Ann Hasseltine pouco antes de partir.

Na longa viagem, de alguma maneira o sr. e a sra. Judson e o sr. Rice foram levados a rever suas convicções quanto ao modo adequado de batismo, chegando à conclusão de que apenas a imersão era válida, e foram rebatizados por Carey logo após sua chegada a Calcutá. Essa atitude separou impreterivelmente sua conexão com o grupo que os enviara e os deixou totalmente desprovidos de apoio. O sr. Rice retornou aos Estados Unidos para relatar a situação aos irmãos batistas. Encararam a situação como resultado de um ato da Providência e ansiosamente planejaram aceitar a responsabilidade que lhes era imposta. Consequentemente, a União Missionária Batista foi formada. Então, o sr. Judson foi o responsável pela estruturação de duas grandes sociedades missionárias.

A perseguição do doutor Judson

Depois de trabalhar por algum tempo no Hindustão, o dr. e a sra. Judson finalmente se estabeleceram em Rangun, no Império Birmanês, em 1813. Em 1824, eclodiu uma guerra entre a Companhia Britânica das Índias Orientais e o imperador da Birmânia. O dr. e sra. Judson e dr. Price, que estavam em Ava, capital do Império Birmanês, quando a guerra começou, foram imediatamente presos e encarcerados por vários meses. O relato dos sofrimentos dos missionários foi escrito pela sra. Judson e é apresentado a seguir em suas próprias palavras.

"Rangun, 26 de maio de 1826.

Meu amado irmão,

Começo esta carta com a intenção de lhe dar os detalhes de nosso cativeiro e sofrimentos em Ava. Quanto tempo minha paciência permitirá que eu reveja cenas de repulsa e horror, a conclusão desta carta determinará. Mantive um diário de tudo que aconteceu desde nossa chegada a Ava, mas ele foi destruído no início de nossas dificuldades.

A primeira notícia concreta que recebemos da declaração de guerra dos birmaneses foi durante nossa chegada a Tsenpyoo-kywon, a cerca de cem milhas deste lado de Ava, onde parte das tropas, sob o comando do célebre Bandoola, acampara. Ao prosseguirmos em nossa jornada, encontramos o próprio Bandoola, com o restante de suas tropas, extraordinariamente equipadas, sentados em sua barcaça de ouro e cercados por uma frota de barcos de guerra de ouro, um dos quais foi despachado instantaneamente do outro lado do rio para nos saudar e fazer todas as perguntas necessárias. Fomos autorizados a prosseguir em silêncio, quando ele informou o mensageiro de que éramos americanos, não ingleses, e estávamos indo para Ava em obediência ao comando de Sua Majestade.

Quando chegamos à capital, descobrimos que o dr. Price estava em desfavor na corte, e essa suspeita recaía sobre a maioria dos estrangeiros em Ava. Seu irmão visitou o palácio duas ou três vezes, mas notou que a atitude do rei em relação a ele estava muito diferente do que era antes, e a rainha, que até então havia expressado anseio por minha pronta chegada, até agora não fez perguntas sobre como estou nem demonstrou desejo de me ver.

Consequentemente, não fiz nenhum esforço para visitar o palácio, embora quase diariamente fosse convidada a visitar alguns dos ramos da família real, que moravam em suas próprias casas, fora do recinto do palácio. Sob essas circunstâncias, consideramos que nosso curso mais prudente consistia em levar a cabo nossa intenção original de construir uma casa e iniciar operações missionárias conforme a ocasião permitisse, tentando assim convencer o governo de que realmente não tínhamos nada a ver com a guerra atual.

Duas ou três semanas após nossa chegada, o rei, a rainha, todos os membros da família real e a maioria dos oficiais do governo retornaram a Amarapura, a fim de tomarem posse do novo palácio no estilo habitual.

Não ouso tentar descrever aquele dia esplêndido, quando a majestade, com toda a sua inconteste glória, adentrou os portões da cidade dourada e, em meio às aclamações de milhões, posso dizer, tomaram posse do palácio. Os saupwars das províncias limítrofes na China, todos os vice-reis e altos oficiais do reino estavam reunidos na ocasião, trajados com suas vestes de Estado e ornamentados com as insígnias de seu cargo. O elefante branco, ricamente adornado com ouro e joias, era uma das mais belas coisas na procissão: somente o rei e a rainha estavam sem adornos, vestidos com os simples trajes do campo; eles, de mãos dadas, entraram no jardim em que tomamos nossos assentos e onde um banquete foi preparado para seu deleite.

Todas as riquezas e a glória do império foram exibidas nesse dia. O número e o tamanho imenso dos elefantes, os numerosos cavalos e a grande variedade de veículos de todos os tipos ultrapassaram em muito tudo o que já vi ou imaginei. Logo depois que Sua Majestade tomou posse do novo palácio, foi emitida uma ordem para que nenhum estrangeiro fosse autorizado a entrar, exceto Lansago. Ficamos um pouco alarmados com isso, mas concluímos que era por motivos políticos e talvez não nos afetasse substancialmente.

Por várias semanas, nada aconteceu para nos alarmar, e continuamos com nossa escola. O sr. J. pregava todos os sábados, todos os materiais para a construção de uma casa de tijolos foram adquiridos, e os pedreiros haviam feito um progresso considerável na construção do edifício.

No dia 23 de maio de 1824, quando concluímos o culto na casa do médico, do outro lado do rio, um mensageiro veio nos informar que Rangun havia sido tomada pelos ingleses. A notícia causou um choque, o que era uma mistura de medo e alegria. O sr. Gouger, um jovem comerciante residente em Ava, estava conosco e tinha muito mais motivos para temer do que o restante de nós. Todos nós, no entanto, voltamos imediatamente para nossa casa e começamos a pensar sobre que deveríamos fazer. O sr. G. foi até o príncipe Thar-yar-wadee, o irmão mais influente do rei, que o informou que não precisava se preocupar, pois mencionara o assunto à Sua Majestade, que havia respondido que 'os poucos estrangeiros residentes em Ava não tinham nada a ver com a guerra e não deveriam ser molestados'.

O governo estava agora inteiramente mobilizado. Um exército de dez ou doze mil homens, sob o comando do Kyee-woon-gyee, foi enviado em três ou quatro dias, e deveria se juntar a Sakyer-woon-gyee, que já havia sido nomeado vice-rei de Rangun e que estava a caminho, quando a notícia de seu ataque chegou até ele. Não havia dúvida sobre a derrota dos ingleses; o único medo do rei era que os estrangeiros, ao ouvirem sobre o avanço das tropas birmanesas, se alarmassem a ponto de fugir a bordo de seus navios e partirem antes que houvesse tempo para prendê-los como escravos. 'Traga para mim', disse um rapazote do palácio, 'seis kala pyoo (brancos estrangeiros) para remarem meu barco'; e 'para mim', disse a dama de Woon-gyee, 'mande quatro brancos estrangeiros para cuidarem dos afazeres da minha casa, pois fiquei sabendo que são servos de confiança'. Os barcos de guerra passaram por nossa casa, os soldados cantando e dançando em grande contentamento, e apresentando os mais alegres gestos. 'Pobres criaturas!', dissemos, 'provavelmente nunca mais voltarão a dançar'. E assim foi, pois poucos, se é que algum, viram novamente sua terra natal.

Por fim, o sr. Judson e o dr. Price foram convocados para um tribunal de inquérito, onde foram feitas rigorosas investigações sobre tudo o que sabiam. O assunto principal parecia ser se eles tinham o hábito de se comunicarem com estrangeiros, do estado, do país etc. Responderam que sempre escreveram para seus amigos na América, mas não tinham correspondência com oficiais ingleses ou com o governo de Bengala. Depois de seu inquérito, não foram confinados como os ingleses, mas foram autorizados a voltar para suas casas. No exame dos relatos do sr. G, verificou-se que o sr. J. e o dr. Price haviam recebido dele uma quantia considerável de dinheiro. Os birmaneses, ignorantes de nosso modo de receber dinheiro, por vales postais de Bengala, consideraram essa circunstância, em suas mentes desconfiadas, suficiente evidência de que os missionários eram pagos pelos ingleses e provavelmente espiões. Assim foi relatado ao rei que, em um tom enraivecido, ordenou a prisão imediata dos 'dois professores'.

No dia 8 de junho, enquanto preparávamos o jantar, entrou afoitamente um oficial, segurando um livro preto, com uma dúzia de birmaneses, acompanhados por alguém, que, pelo rosto manchado, sabíamos ser um carrasco e um 'filho da prisão'. 'Onde está o professor?', foi a primeira pergunta. O sr. Judson se apresentou. 'Você é convocado pelo rei', disse o oficial, uma forma de expressão sempre usada quando se está prestes a prender um criminoso. O homem com o rosto manchado instantaneamente agarrou o sr. Judson, jogou-o no chão e sacou um pequeno laço, um instrumento de tortura. Segurei seu braço. 'Fique' (disse eu), 'lhe darei dinheiro'. 'Leve-a também', disse o policial, 'ela também é estrangeira'. O sr. Judson, com um olhar suplicante, implorou que me deixassem ficar até segunda ordem. A cena agora era revoltante além da descrição.

Todo o bairro havia se reunido; os pedreiros trabalhando na casa de tijolos largaram suas ferramentas e fugiram; as crianças birmanesas estavam gritando e chorando; os servos bengaleses assombraram-se com as indignidades dirigidas a seu mestre; e o empedernido carrasco, com infernal contentamento, apertou as cordas, amarrou o sr. Judson rapidamente e o arrastou para longe, eu não sabia para onde. Em vão, implorei e implorei ao rosto manchado para aceitar a prata e soltar as cordas, mas ele rejeitou minhas ofertas e partiu imediatamente. Entretanto, dei o dinheiro a Moung Ing para segui-lo, para tentar mais adiante atenuar a tortura do sr. Judson; mas, em vez de aplacá-los, quando a alguns metros de distância da casa, os desgraçados insensíveis jogaram novamente o prisioneiro no chão e apertaram ainda mais os cabos, quase para impedir sua respiração.

O oficial e seu bando seguiram para o tribunal, onde foram reunidos o governador da cidade e os oficiais, um dos quais leu a ordem do rei para confinar o sr. Judson na prisão até ser executado, na qual logo foi atirado. A porta se fechou – e Moung Ing não o viu mais. Que noite agora tinha diante de mim! Retirei-me para o meu quarto e me esforcei para obter consolo ao entregar meu caso a Deus e implorar coragem e força para passar pelo que me aguardava. Mas o consolo do retiro não me foi permitido por muito tempo, pois o magistrado do local havia chegado à varanda e continuamente me chamava para sair e me submeter ao seu inquérito. Porém, antes de sair, destruí todas as minhas cartas, diários e escritos de todo tipo, para que não revelasse o fato de termos correspondentes na Inglaterra e que eu havia registrado todas as ocorrências desde nossa chegada ao país. Quando esse trabalho de destruição terminou, saí e me submeti ao inquérito do magistrado, que perguntou minuciosamente sobre tudo o que eu sabia; depois ordenou que os portões do complexo fossem fechados e que ninguém pudesse entrar ou sair, e colocou uma guarda de dez rufiões, a quem deu ordem estrita para me manterem a salvo e partiu.

Agora estava escuro. Retirei-me para um cômodo interno com minhas quatro menininhas birmanesas e tranquei as portas. Os guardas imediatamente ordenaram que eu abrisse as portas e saísse, ou derrubariam a casa. Recusei-me obstinadamente a obedecer e tentei intimidá-los ameaçando reclamar de sua conduta às autoridades superiores no dia seguinte. Encontrando-me determinada em desconsiderar suas ordens, pegaram os dois servos bengaleses e os prenderam a pelourinhos em uma posição muito dolorosa. Eu não podia suportar isso, mas chamei o chefe até a janela e prometi dar um presente a todos pela manhã, se libertassem os empregados. Depois de muita contenda e muitas ameaças graves, consentiram, mas pareciam decididos a me incomodar tanto quanto fosse possível. Meu estado desprotegido e desolado, toda a minha incerteza sobre o destino do sr. Judson, as horríveis funçanatas e o linguajar quase diabólico da guarda, todos conspiraram para tornar essa noite de longe a mais angustiante que já passei.

Podes imaginar, meu querido irmão, que o sono era um estranho para os meus olhos, assim como paz e compostura eram estranhas para minha mente.

Na manhã seguinte, enviei Moung Ing para verificar a situação de seu irmão e dar-lhe comida, se ainda estivesse vivo.

Ele logo voltou, com a informação de que o sr. Judson e todos os estrangeiros brancos estavam confinados na prisão aguardando execução, com três pares de grilhões de ferro cada, e presos a um longo poste, para impedir que se movessem! Minha angústia chegara então a tal ponto que eu própria era uma prisioneira e não podia fazer esforços pela libertação dos missionários. Implorei e supliquei ao magistrado que me permitisse ir a algum membro do governo para expor meu caso, mas ele disse que não se atreveria a consentir, por medo de que eu escapasse. Em seguida, escrevi um bilhete para uma das irmãs do rei, com quem eu tinha intimidade, solicitando que usasse sua influência para a libertação dos professores. O bilhete foi devolvido com esta mensagem: ela 'não havia entendido', o que foi uma polida recusa em interferir, embora eu depois tenha averiguado que ansiava por nos ajudar, mas não ousara por conta da rainha. O dia se arrastou pesadamente, e outra noite terrível estava diante de mim. Esforcei-me para amenizar as suspeitas da guarda, dando-lhes chá e charutos para passarem a noite, de modo que me deixassem ficar dentro do meu quarto, sem me ameaçarem como fizeram na noite anterior. Mas a ideia de teu irmão estar estendido no chão descoberto, agrilhoado e encarcerado assombrou minha mente como um fantasma e impediu que eu conseguisse dormir tranquila, embora meu corpo estivesse quase exausto.

No terceiro dia, enviei uma mensagem ao governador da cidade, que detém toda a gestão dos assuntos prisionais, para que me autorizasse a visitá-lo com um presente. Isso teve o efeito desejado, e ele imediatamente enviou ordens aos guardas para permitir minha entrada na cidade. O governador me recebeu gentilmente e me perguntou o que eu queria. Expus a ele a situação dos estrangeiros, em particular a dos professores, que eram americanos, e não tinham nada a ver com a guerra. Ele me disse que não estava em seu poder libertá--los da prisão ou dos grilhões, mas que poderia tornar sua situação mais confortável; ali estava seu chefe de gabinete, com quem deveria deliberar quanto ao pagamento. O oficial, que era um dos escriturá-rios da cidade, cujo semblante apresentava, à primeira vista, a mais perfeita reunião de todas as paixões pecaminosas ligadas à natureza humana, me levou a um canto e se esforçou para convencer-me de que eu, assim como os prisioneiros, estávamos inteiramente à sua dis-posição, que meu bem-estar futuro dependeria da minha liberalidade em relação às contribuições e que estas deviam ser feitas de maneira privada e sem conhecimento de qualquer oficial do governo! 'O que devo fazer', disse eu, 'para obter uma atenuação das atuais penas dos dois professores?' 'Pague para mim', disse ele, 'duzentos tickals (cerca de cem dólares), duas peças de tecido fino e dois lenços'. Eu levara dinheiro comigo pela manhã, pois nossa casa fica a três quilômetros da prisão; não podia voltar facilmente. Ofereci o dinheiro ao oficial e implorei que não insistisse nos outros artigos, pois não estavam em minha posse. Ele hesitou por um tempo, mas, com medo de perder tanto dinheiro, concluiu que era melhor aceitar, prometendo aliviar os professores de sua situação tão dolorosa.

Então, consegui uma ordem do governador para minha entrada na prisão; mas o que senti ao encontrar teu irmão naquela situação miserável e horrível e na comovente cena que se seguiu não tenta-rei descrever.

O sr. Judson rastejou até a porta da prisão – pois nunca me foi per-mitido entrar –, e deu-me algumas instruções sobre sua soltura; mas, antes que pudéssemos fazer qualquer preparativo, recebi a ordem de partir por aqueles carcereiros de coração de ferro, que não podiam suportar ver-nos desfrutar do mínimo consolo de nos encontrarmos naquele lugar miserável. Em vão aleguei a autorização do governador de minha admissão, ao que repetiram duramente: 'Parta, ou a tira-remos daqui'. Na mesma noite, os missionários, juntamente com os outros estrangeiros, que pagaram uma quantia igual, foram retirados da prisão comum e confinados em um galpão aberto no comparti-mento prisional. Ali me foi permitido enviar comida e tapetes para dormir, mas não fui admitida novamente por vários dias.

Meu próximo objetivo era apresentar uma petição à rainha; mas, como não era admitida no palácio nenhuma pessoa que estivesse em desonra com Sua Majestade, procurei apresentá-la por meio da esposa de seu irmão. Já a havia visitado em melhores dias e recebido distintos sinais de sua aprovação, mas agora os tempos haviam mudado: o sr. Judson estava na prisão e eu em perigo, razão suficiente para dar-me uma fria recepção. Levei um presente de considerável valor. Estava estirando-se sobre seu tapete quando entrei, com os criados à sua volta. Não esperei a pergunta habitual a um suplicante: 'O que você quer?', mas, de maneira ousada, sincera, porém respeitosa, expus nossas angústias e nossas injustiças e implorei por seu auxílio. Ela ergueu parcialmente a cabeça, abriu o presente que eu trouxera e respondeu friamente: 'Seu caso não é singular; todos os estrangeiros são tratados da mesma forma'. 'Mas é singular', disse eu, 'os professores são americanos; são ministros de religião, não têm nada a ver com guerra ou política, e vieram a Ava em obediência à autoridade do rei. Eles nunca fizeram nada para merecer tal tratamento; é certo que sejam tratados assim?'. 'O rei faz o que quer', disse ela, 'eu não sou o rei, o que posso fazer?'. 'Você pode expor o caso deles à rainha e obter sua libertação', respondi.

'Coloque-se na minha situação: se estivesse na América, e seu marido, inocente do crime, jogado na prisão, agrilhoado, e você, uma mulher sozinha e desprotegida, o que faria?' Com um ligeiro grau de simpatia, ela disse: 'Apresentarei sua petição, volte amanhã'. Voltei para casa, com considerável esperança de que a rápida libertação dos missionários estava próxima. Mas, no dia seguinte, os bens do sr. Gouger, no valor de cinquenta mil dólares, foram confiscados e transportados para o palácio. Os policiais, ao voltarem, educadamente me informaram que deveriam visitar nossa casa no dia seguinte. Agradeci pelas informações e fiz os preparativos adequados para recebê-los, ocultando o maior número possível de pequenos objetos, juntamente com considerável quantidade de prata, pois eu sabia que, se a guerra fosse prolongada, ficaríamos em um estado de fome sem ela.

Mas minha mente se pôs em um terrível estado de agitação, para que a prata não fosse descoberta e eu fosse atirada à prisão. E, se fosse possível obter dinheiro por qualquer outro meio, não deveria ter me aventurado em tal ato.

Na manhã seguinte, o tesoureiro real, príncipe Tharyawadees, chefe Woon e Koung-tone Myoo-tsa, que no futuro seria nosso prudente amigo, com a presença de quarenta ou cinquenta seguidores, vieram tomar posse de tudo o que tínhamos. Tratei-os civilmente, dei-lhes cadeiras para se sentarem, chá e doces para que comessem; e a justiça obriga-me a dizer que conduziam o confisco com mais consideração aos meus sentimentos do que eu imaginava ser possível para os oficiais birmaneses. Os três oficiais, com um dos secretários reais, entraram sozinhos na casa; seus subordinados foram instruídos a permanecer do lado de fora. Eles viram que eu estava profundamente entristecida e pediram desculpas pelo que estavam prestes a fazer, dizendo que lhes era doloroso tomar posse de bens que não lhes pertenciam, mas foram obrigados a fazê-lo por ordem do rei.

'Onde estão prata, ouro e joias que a ti pertencem?' disse o tesoureiro real: 'Não tenho ouro nem joias; mas aqui está a chave de um baú que contém a prata – faça com ela como quiser'. O baú foi tomado e a prata, pesada. 'Esse dinheiro', disse eu, 'foi coletado na América pelos discípulos de Cristo e enviado aqui com o objetivo de construir um kyoung (o nome da habitação de um padre) e para nosso sustento ao ensinar a religião de Cristo. É adequado que o leve?'.

(Os birmaneses são avessos a aceitar o que é oferecido de um ponto de vista religioso, que foi a causa da minha pergunta.)

'Vamos expor essa particularidade ao rei', disse um deles, 'ele talvez a devolva. Mas essa é toda a prata que tens?' Não pude dizer uma inverdade: 'A casa está em sua posse', respondi, 'procurem por si próprios'. 'Você não depositou a prata com alguém da sua família?' 'Minha família está toda na prisão, com quem depositaria a prata?'

Em seguida, ordenaram que meu baú e minhas gavetas fossem inspecionados. Só o tesoureiro teve permissão para me acompanhar nessa busca.

Tudo de belo ou curioso que cruzava sua visão foi apresentado aos oficiais para decidirem se deveria ser tomado ou deixado. Implorei que não levassem nossas roupas, pois seria vergonhoso levar roupas parcialmente usadas para Sua Majestade, e para nós, eram de um valor indizível. Eles consentiram, apenas fizeram uma lista e fizeram o mesmo com os livros, medicamentos etc. Minha pequena mesa de trabalho e cadeira de balanço, presentes de meu amado irmão, salvei de suas garras, em parte por minha esperteza e em parte por sua ignorância.

Deixaram também muitos artigos, que foram de valor inestimável durante nosso longo encarceramento.

Assim que terminaram a busca e partiram, corri para o irmão da rainha, para saber qual era o destino de minha petição; quando, ai de mim! Todas as minhas esperanças foram frustradas por sua esposa, que disse friamente: 'Expus seu caso para a rainha, mas Sua Majestade respondeu: Os mestres não morrerão; que permaneçam como estão'. Minhas expectativas estavam tão elevadas que essa frase foi como um raio em meus sentimentos. Pois a verdade à primeira vista me assegurava que, se a rainha recusava prestar auxílio, quem ousaria interceder por mim? Com o coração pesado, parti, e, em meu caminho para casa, tentei adentrar os portões da prisão para comunicar as más notícias a teu irmão, mas fui severamente impedida de entrar e, durante os dez dias que se seguiram, apesar dos meus esforços diários, não obtive permissão para entrar. Tentamos nos comunicar por cartas, e, depois de termos sido bem-sucedidos por alguns dias, fomos descobertos; o pobre sujeito que levava as cartas foi espancado e colocado no pelourinho, e o incidente me custou cerca de dez dólares, além de dois ou três dias de agonia, por medo das consequências.

Os oficiais que tomaram posse de nossos bens os apresentaram à Sua Majestade, dizendo: 'Judson é um verdadeiro professor; não encontramos nada em sua casa a não ser o que pertence aos sacerdotes. Além desse dinheiro, há um número imenso de livros, remédios, malas de roupas, das quais apenas fizemos uma lista. Devemos tomá-los ou deixá-los ficarem com seus bens?'. 'Eles devem mantê-los', disse o rei, 'e deixar estes bens separados, pois lhes serão restaurados, se for considerado inocente'. Isso era uma alusão à ideia de ele ser um espião.

Nos dois ou três meses seguintes, fui sujeita a um assédio contínuo, em parte por minha ignorância sobre a administração da polícia e em parte pelo desejo insaciável de todo reles oficial de enriquecer-se com nossos infortúnios.

Tu, meu querido irmão, que conheces meu forte apego aos meus amigos, e quantos prazeres já vivi até agora, em retrospecto, podes julgar pelas circunstâncias acima quão intensas foram minhas dores. Mas o ápice, o auge das minhas angústias, consistia na terrível incerteza de nosso destino. A minha opinião atual era que meu marido sofreria morte violenta e que eu iria, é claro, tornar-me escrava e definhar em uma existência miserável, embora curta, nas mãos tirânicas de algum monstro cruel. Mas os confortos da religião, nessas circunstâncias difíceis, não eram "poucos nem pequenos". Eles me ensinaram a olhar para além deste mundo, para aquele descanso, aquele pacífico e feliz descanso, onde Jesus reina e a opressão nunca entra.

Alguns meses após a prisão de teu irmão, fui autorizada a fazer uma pequena sala de bambu nas dependências da prisão, onde ele podia ficar praticamente sozinho, e onde às vezes me foi permitido passar duas ou três horas. Aconteceu que os dois meses em que ocupou esse lugar eram a época mais fria do ano, quando teria sofrido muito no galpão aberto que ocupara anteriormente. Depois do nascimento de tua sobrinha, não pude visitar a prisão e o governador como antes e descobri que havia perdido a considerável influência que adquirira anteriormente, pois ele não estava tão disposto a ouvir minhas petições quando alguma dificuldade ocorria, como antes. Quando Maria tinha quase dois meses de idade, seu pai certa manhã me mandou dizer que ele e todos os prisioneiros brancos foram colocados na prisão interna, com cinco pares de grilhões cada, que seu quartinho havia sido demolido, e seu tapete, travesseiro etc. haviam sido levados pelos carcereiros, o que para mim foi um choque terrível, pois imediatamente pensei que isso seria apenas um prelúdio para males ainda maiores.

A situação dos prisioneiros agora era angustiante além do que se pode imaginar. Foi no início da estação quente.

Havia mais de cem prisioneiros trancados em uma sala, sem nenhuma ventilação, exceto pelas rachaduras nas tábuas. Às vezes, eu obtinha permissão para ir à porta por cinco minutos, quando meu coração adoecia com a miséria exibida. Os prisioneiros brancos, por transpiração incessante e perda de apetite, pareciam mais mortos do que vivos. Fiz pedidos diários ao governador, oferecendo-lhe dinheiro, que ele recusou; mas tudo o que consegui foi permissão para os estrangeiros comerem a comida lá fora, e isso continuou por pouco tempo.

Depois de ser mantido na prisão interna por mais de um mês, teu irmão foi tomado pela febre. Tive certeza de que ele não viveria muito, a menos que fosse removido daquele lugar fétido. Para tanto, e para estar perto da prisão, mudei-me de nossa casa e montei uma pequena sala de bambu no anexo do governador, que ficava quase em frente aos portões da prisão. Implorei incessantemente ao governador que me desse uma ordem para tirar o sr. J. da grande prisão e colocá-lo em uma situação mais confortável; e o velho, exausto com minhas súplicas, me deu a ordem em um impresso oficial; e também deu ordens ao carcereiro para permitir minha entrada e saída, a qualquer hora do dia, para ministrar medicamentos. Agora estava feliz, de fato, e o sr. J. foi imediatamente transferido para um pequeno casebre de bambu, tão baixo que nenhum de nós conseguia ficar em pé – mas um palácio em comparação com o lugar que deixara.

Remoção dos prisioneiros para Oung-pen-la; sra. Judson os segue

Apesar da ordem que o governador havia dado para a minha admissão na prisão, foi grande a dificuldade para convencer o carcereiro a abrir o portão. Costumava carregar eu mesma a comida do sr. Judson para que minha entrada fosse autorizada, e permanecia então por uma hora ou duas, a menos que fosse expulsa. Estávamos nessa situação confortável há cerca de dois ou três dias, quando, em uma manhã, após haver servido o desjejum do sr. Judson, que, em consequência da febre, não pôde tomar, fiquei mais tempo do que o habitual, quando o governador mandou-me chamar com urgência. Prometi a ele que voltaria assim que tivesse conhecimento acerca da vontade do governador, enquanto ele permanecia sobremodo preocupado com tal mensagem incomum.

Fiquei muito aliviada quando o governador informou que queria apenas me consultar sobre seu relógio de pulso e parecia extraordinariamente agradável e falante. Descobri depois que seu único objetivo era me deter até que a cena terrível, prestes a ocorrer na prisão, terminasse. Pois, quando o deixei para ir ao meu quarto, um dos criados veio correndo, e com um horrível semblante me informou que todos os prisioneiros brancos haviam sido levados.

Não acreditei no relato, mas voltei de imediato ao governador, que disse que acabara de ouvir falar do fato, mas não quis me contar. Corri às pressas para a rua, na esperança de ter um vislumbre deles antes que fossem para longe de vista, mas acabei frustrada. Corri primeiro por uma rua, depois por outra, perguntando a todos que conhecia, mas ninguém pôde me responder. Por fim, uma senhora me disse que os prisioneiros brancos haviam ido em direção ao pequeno rio; eles seriam levados para Amarapora. Corri até as margens do rio, cerca de meia milha, mas não os vi, e concluí que a senhora havia me enganado. Alguns dos amigos dos estrangeiros foram para o lugar de execução, mas não os encontraram. Voltei ao governador para tentar descobrir a causa de sua remoção e qual seria seu possível futuro destino. Ele me garantiu que ignorava a intenção do governo de remover os estrangeiros até aquela manhã. Que, desde quando eu havia saído, soube que os prisioneiros foram enviados para Amarapora; com que finalidade, porém, não sabia. 'Mandarei um homem imediatamente', disse ele, 'para ver o que será feito com eles. Não podes fazer mais nada pelo teu marido', continuou ele, 'toma conta de ti mesma'.

"Nunca antes sofri tanto com medo de atravessar as ruas de Ava. As últimas palavras do governador, 'Toma conta de ti mesma', me fizeram suspeitar que havia algum desígnio acerca do qual eu não tinha conhecimento. Vi, também, que o governador temia que eu andasse pelas ruas e me aconselhou a esperar até escurecer, quando me mandaria em uma carreta e um homem para abrir os portões. Peguei dois ou três baús dos artigos mais valiosos, junto ao baú de remédios, para depositar na casa do governador. Depois de entregar a casa e as instalações ao nosso fiel Moung Ing e a um servo bengalês, que continuou conosco (embora não pudéssemos pagar o salário dele), me despedi, pensava que definitivamente, da nossa casa em Ava.

O dia estava terrivelmente quente, mas obtivemos um barco coberto, no qual estávamos razoavelmente confortáveis, e chegamos a cerca de duas milhas da casa do governador. Então, tomei uma carroça; mas os movimentos bruscos, unidos ao terrível calor e à poeira, quase me enlouqueceram. E qual foi minha decepção ao chegar ao tribunal e descobrir que os prisioneiros haviam sido enviados para fora duas horas antes e que eu deveria ir adiante mais quatro milhas naquele veículo desconfortável com a pequena Maria nos braços, a quem levava no colo desde Ava. O homem da carroça recusou-se a ir mais longe; e, depois de esperar uma hora sob o sol escaldante, consegui outro e parti para aquele lugar que nunca seria esquecido: Oung-pen-la. Consegui um guia do governador e fui conduzida diretamente ao pátio da prisão.

Mas que cena de miséria me foi apresentada!

A prisão era um prédio antigo destruído, sem teto; a cerca fora totalmente derrubada; oito ou dez birmaneses estavam no topo do edifício, tentando fazer algo como um abrigo com as folhas, enquanto, sob uma pequena proteção fora da prisão, sentavam-se os estrangeiros, acorrentados em duplas, quase mortos de sofrimento e fadiga. As primeiras palavras de teu irmão foram: 'Por que vieste? Esperava que não me seguisses, pois não podes morar aqui'.

Estava escuro agora. Eu não tinha comigo alívio algum para os prisioneiros sofredores, nem para mim, pois esperava conseguir tudo o que era necessário no mercado de Amarapora, e não tinha abrigo para passar a noite. Perguntei a um dos carcereiros se eu poderia montar uma casinha de bambu perto dos prisioneiros, ao que respondeu: 'Não, não é de costume'. Eu, então, implorei que me desse um abrigo para a noite, de modo que no dia seguinte pudesse encontrar um lugar para morar. Ele me levou para sua casa, na qual havia apenas dois pequenos cômodos: um em que ele e sua família moravam, e o outro, repleto até a metade de grãos, que me ofereceu. Naquele pequeno lugar imundo passei os seis meses seguintes de miséria. Peguei um pouco de água fervida, em vez de tomar meu chá e, exausta pelo cansaço, deitei-me em uma esteira estendida sobre o arroz e me esforcei para descansar um pouco e obter algum alívio no sono. Na manhã seguinte, teu irmão me contou o tratamento brutal que recebera ao sair da prisão.

Assim que saí à chamada do governador, um dos carcereiros correu para a pequena câmara do sr. J., o agarrou pelo braço, puxou-o para fora, despiu-lhe de todas as roupas, exceto a camisa e a calça, tirou-lhe os sapatos, o chapéu e toda a roupa de cama, arrancou-lhe as correntes, amarrou uma corda em sua cintura, arrastou-o para o tribunal, onde os outros prisioneiros haviam sido levados anteriormente. Foram amarrados em duplas e entregues nas mãos de Lamine Woon, que fora adiante deles a cavalo, enquanto seus escravos dirigiam os prisioneiros, cada um dos quais segurando a corda que unia dois prisioneiros. Isso aconteceu em maio, um dos meses mais quentes do ano, às onze horas da manhã, de modo que o sol era realmente intolerável.

Eles haviam percorrido apenas meia milha, quando os pés de teu irmão formaram bolhas; tamanha foi sua agonia, mesmo no início da jornada, que, quando atravessaram o rio, desejou lançar-se à água para se libertar da miséria.

Mas somente o pecado associado a esse ato o impediu. Tinham, ainda, oito milhas para caminhar. A areia e o cascalho pareciam brasas aos pés dos prisioneiros, que logo se tornaram completamente destituídos de pele. Nesse estado miserável, foram fustigados por seus insensíveis condutores. O estado debilitado do sr. Judson, em consequência da febre e de não haver se alimentado naquela manhã, tornou-o menos capaz de suportar tais dificuldades do que os outros prisioneiros que ali estavam.

Ao chegarem à metade da jornada, pararam para beber água, e teu irmão implorou a Lamine Woon que lhe permitisse andar a cavalo uma milha ou duas, pois não podia avançar mais naquele estado terrível. Mas um olhar desdenhoso e maligno foi a única resposta que recebeu. Então, pediu ao capitão Laird, um homem forte e saudável amarrado a ele, que o permitisse apoiar-se em seu ombro, pois estava caindo. Aquele gentil cavalheiro concedeu o pedido por uma milha ou duas, mas depois percebeu que a carga adicional se fazia insuportável. Naquele momento, o servo bengalês do sr. Gouger aproximou-se deles e, vendo as angústias do teu irmão, tirou o turbante, feito de tecido, rasgou em dois, deu metade ao seu mestre e metade ao sr. Judson, a quem envolveu de pronto os pés feridos, pois não podiam descansar nem por um momento. O servo então ofereceu o ombro ao sr. Judson e, assim, este foi carregado por ele o restante do caminho.

Lamine Woon, vendo o estado angustiante dos prisioneiros e que um deles estava morto, concluiu que não deveriam seguir adiante naquela noite; caso contrário, seriam levados até chegarem a Oungpen-la no mesmo dia. Um antigo galpão foi designado para sua residência durante a noite, mas sem testeira nem travesseiro, ou qualquer coisa para cobri-los. A curiosidade da esposa de Lamine Woon a levou a fazer uma visita aos prisioneiros, cuja miséria incitou consideravelmente sua compaixão, de modo que pediu frutas, açúcar e tamarindos para aliviá-los. Na manhã seguinte, prepararam-lhes arroz e, por mais pobre que fosse a comida, foi um conforto para os prisioneiros, que foram quase totalmente privados de alimento no dia anterior. Também foram providenciadas carretas para transporte, pois nenhum deles conseguia andar. Todo esse tempo os estrangeiros ignoravam completamente o que seria deles; e, quando chegaram a Oung-pen-la, vendo o estado em ruínas da prisão, imediatamente concluíram que estavam ali para serem queimados, de acordo com os boatos que já estavam em circulação em Ava. Todos se esforçaram para se preparar para a terrível cena prevista, mas, quando viram os preparativos para reparar a prisão, começaram a duvidar de que uma morte cruel os aguardava. Minha chegada se deu uma ou duas horas depois disso.

Na manhã seguinte, levantei-me e me esforcei para encontrar algo que comer. Mas não havia mercado e nada a ser adquirido.

Um dos amigos do dr. Price, no entanto, trouxe um pouco de arroz frio e curry de legumes, de Amarapora, que, juntamente com uma xícara de chá do sr. Lansago, serviu de café da manhã aos prisioneiros; e para comer, fizemos um curry de peixe salgado seco, que um criado do senhor Gouger havia trazido. Todo o dinheiro que pude carregar trouxera comigo, secretamente sob minhas roupas. Portanto, podes julgar quais eram nossas perspectivas, caso a guerra continuasse por muito tempo. Mas nosso Pai celestial foi melhor para nós do que nossos temores; apesar das constantes extorsões dos carcereiros, durante os seis meses em que estivemos em Oung-pen-la, e dos frequentes apuros a que fomos levados, nunca sofremos realmente por falta de dinheiro, embora amiúde por falta de provisões, as quais não se podiam achar.

Aqui neste local, meus sofrimentos pessoais começaram. Enquanto teu irmão esteve confinado na prisão da cidade, eu estava autorizada a permanecer em nossa casa, na qual desfrutava de muitas conveniências, e minha saúde continuava boa além de todas as expectativas. Mas agora não tinha um único artigo de conveniência, nem mesmo uma cadeira ou assento de qualquer espécie, exceto um piso de bambu. Na manhã seguinte à minha chegada, Mary Hasseltine foi acometida pela varíola. Era a única assistente que eu tinha para cuidar da pequena Maria. Mas agora ela exigia todo o tempo que eu podia dedicar ao sr. Judson, que continuava febril na prisão e cujos pés estavam tão terrivelmente machucados que, por vários dias, não conseguiu se mexer.

Eu não sabia o que fazer, pois não podia obter assistência da vizinhança ou remédios para os doentes, mas estava o dia inteiro indo e voltando da casa para a prisão, com a pequena Maria nos braços. Às vezes, via-me muito aliviada ao deixá-la, por uma hora, dormindo ao lado de seu pai, enquanto eu voltava para casa para cuidar de Mary, cuja febre era tão alta que a fazia delirar, e estava tão completamente coberta pela varíola que não havia distinção entre as pústulas. Como ela estava no mesmo quarto comigo, sabia que Maria seria contagiada, portanto a inoculei de outra criança, antes que Mary chegasse a um estado mais contagioso. Inoculei Abby e os filhos do carcereiro, os quais levaram a situação com tanta leveza, que nem interromperam a brincadeira. No entanto, a inoculação no braço da minha pobre e pequena Maria não pegou – ela foi contagiada por Mary e teve a doença ao natural. Tinha apenas três meses e meio de idade e tinha sido uma criança muito saudável, mas demorou mais de três meses para que se recuperasse perfeitamente dos efeitos dessa terrível enfermidade.

Tu te lembrarás de que nunca tive varíola, mas fui vacinada antes de deixar a América. Por ter ficado exposta por tanto tempo constantemente, tive quase cem pústulas formadas, embora nenhum sintoma prévio de febre etc. Quando se viu que os filhos do carcereiro haviam tido apenas leves efeitos da varíola, em consequência da inoculação, minha fama se espalhou por toda a vila, e todas as crianças, jovens e anciãos que não a tinham contraído anteriormente foram trazidas para inoculação. Embora eu não soubesse nada sobre a enfermidade, ou o modo de tratá-la, inoculei-os todos com uma agulha, disse-lhes para cuidar de sua dieta e lhes dei todas as instruções que poderia lhes dar. A saúde do sr. Judson foi gradualmente restaurada, e ele se viu muito mais confortavelmente situado do que quando na prisão da cidade.

Os prisioneiros foram inicialmente acorrentados em duplas; mas, assim que os carcereirosconseguiram correntes suficientes, foram separados, e cada prisioneiro tinha apenas um par. A prisão foi reparada, uma nova cerca foi feita e um grande galpão foi erguido em frente à prisão, onde os prisioneiros podiam permanecer durante o dia, embora fossem trancados na pequena prisão à noite. Todas as crianças se recuperaram da varíola; mas minhas vigílias e fadiga, junto à minha miserável alimentação e terríveis alojamentos provocaram uma das doenças do país, quase sempre fatal para os estrangeiros.

Minha estrutura parecia estar destruída e, em poucos dias, fiquei tão fraca que quase não conseguia caminhar até a prisão do sr. Judson. Nesse estado debilitado, parti em uma carreta para Ava, a fim de comprar remédios e alguma comida decente, deixando o cozinheiro como meu substituto. Cheguei à casa em segurança e por dois ou três dias a enfermidade pareceu amenizar. Mais tarde, porém, atacou-me violentamente outra vez, de modo que eu não tinha mais esperanças de recuperação – meu anseio agora era voltar a Oung-pen-la para morrer perto da prisão. Foi com a maior dificuldade que recuperei o baú de remédios do governador, mas não tive ninguém para ministrá-los. No entanto, consegui láudano e, tomando duas gotas por vez a cada várias horas, foi possível conter a doença, de modo que fui capaz de entrar a bordo de um barco, embora tão fraca que não aguentava manter-me em pé, e parti novamente para Oung-pen-la.

As últimas quatro milhas foram naquele transporte doloroso, a carreta, e em meio à estação das chuvas, quando a lama quase fazia atolar os bois. Para teres ideia de com o que se parece uma carreta birmanesa, digo que suas rodas não são construídas como as nossas, mas são simplesmente tábuas grossas e redondas com um orifício no meio, por meio do qual passa um bastão que suporta o corpo.

Ao chegar a Oung-pen-la, minhas forças estavam completamente esvaídas. O bom cozinheiro nativo veio me ajudar a entrar em casa, mas minha aparência estava tão alterada e emaciada, que meu pobre amigo começou a chorar assim que me viu. Arrastei-me pelo tapete naquela pequena sala, onde fiquei confinada por mais de dois meses e nunca me recuperei perfeitamente até chegar ao campo inglês. Nesse período, era incapaz de me cuidar ou de cuidar do sr. Judson, de modo que nós dois haveríamos de ter morrido, se não fosse pelo fiel e afetuoso cuidado de nosso cozinheiro bengalês. Fosse ele um cozinheiro ordinário, nada faria senão seu simples trabalho de cozinhar; mas ele parecia esquecer sua casta e quase seus próprios desejos em seus esforços para nos servir. Ele provia, cozinhava e carregava a comida de teu irmão, depois voltava e cuidava de mim. Diversas vezes o vi deixar de alimentar-se até perto da noite, por ter de ir tão longe buscar madeira e água e para que o sr. Judson pudesse ser alimentado no horário habitual. Nunca reclamou, nunca pediu seu salário e nem por um momento hesitou em ir a qualquer lugar ou realizar qualquer ato que fosse necessário. Tenho grande prazer em falar da conduta fiel desse servo, que ainda está conosco, e confio que foi bem recompensado por seus serviços.

Nossa querida pequena Maria foi quem mais sofreu nesta época. Minha doença a privou de seu alimento costumeiro, e nenhuma ama, nem uma gota de leite sequer puderam ser encontradas na aldeia. Ao dar presentes aos carcereiros, consegui licença para que o sr. Judson saísse da prisão e levasse a pobre criatura macilenta ao povo da vila, para implorar alguma forma de nutrição às mães que tinham filhos pequenos. Seus gritos durante a noite eram dilacerantes, quando se fazia impossível suprir suas necessidades. Passei a pensar que a própria aflição de Jó viera sobre mim. Quando gozava de saúde, podia suportar as várias provações e vicissitudes pelas quais fui chamada a passar. Mas estar confinada à doença e incapaz de ajudar aqueles que me eram tão queridos, quando angustiados, era quase demais para suportar. Não fosse pelos consolos da religião e uma convicção segura de que todas as provações adicionais foram ordenadas por infinito amor e misericórdia, teria afundado sob meus sofrimentos acumulados.

Às vezes, os carcereiros pareciam um pouco sensibilizados com nossa angústia e, por vários dias seguidos, permitiam que o sr. Judson fosse à casa, o que para mim era um consolo indizível. Então, voltavam a agir com coração de ferro em suas demandas, como se estivéssemos livres de sofrimentos e em circunstâncias abastadas. O aborrecimento, as extorsões e as opressões a que estivemos sujeitos durante nossa residência de seis meses em Oung-pen-la estão além da enumeração ou descrição.

Chegou a hora de sairmos daquele lugar detestável, a prisão de Oung-pen-la. Um mensageiro de nosso amigo, o governador do portão norte do palácio, que anteriormente era Koungton, Myoo-tsa, nos informou que uma ordem fora dada, na noite anterior, no palácio, para a libertação do sr. Judson. Na mesma noite, chegou uma ordem oficial e, com o coração alegre, comecei a me preparar para nossa partida na manhã seguinte. No entanto, um inesperado obstáculo surgiu, fazendo-nos temer que eu ainda fosse retida como prisioneira. Os carcereiros avarentos, indispostos a perder suas presas, insistiram em que, como meu nome não estava incluído na ordem, eu não poderia ir. Em vão exclamei que não havia sido enviada para lá como prisioneira e que não tinham autoridade sobre mim. Ainda assim, eles determinaram que eu não deveria ir e proibiram os moradores de me concederem uma carreta. O sr. Judson foi então retirado da prisão e levado para a casa do carcereiro, onde, por promessas e ameaças, finalmente recebeu o consentimento deles, desde que deixássemos a parte restante de nossas provisões que recebêramos recentemente de Ava.

Era meio-dia quando fomos autorizados a partir. Quando chegamos a Amarapora, o sr. Judson foi obrigado a seguir as orientações do carcereiro, que o conduziu ao governador da cidade.

Depois de fazer todas as perguntas necessárias, o governador chamou outro guarda, que transportou o sr. Judson ao tribunal de Ava, onde chegou em algum momento da noite. Segui meu próprio curso, busquei um barco e cheguei à nossa casa antes do anoitecer.

Meu primeiro objetivo, na manhã seguinte, foi buscar teu irmão, e tive a aflição de encontrá-lo de novo na prisão, embora não na prisão da morte. Fui imediatamente ao meu velho amigo, o governador da cidade, que agora fora elevado ao posto de Woon-gyee. Ele me informou que o sr. Judson seria enviado ao campo birmanês para atuar como tradutor e intérprete e que havia sido confinado apenas por um curto período, até que seus assuntos fossem resolvidos. Na manhã seguinte, fui outra vez a esse oficial, que me disse que o sr. Judson havia recebido naquele momento vinte tickals do governo, com ordens para embarcar de imediato para Maloun, e que havia lhe dado permissão para parar por alguns momentos em casa, no caminho. Voltei logo para casa, onde o sr. Judson chegou logo; mas lhe foi permitido permanecer por pouco tempo, enquanto eu preparava comida e roupas para uso futuro. Foi colocado em uma pequena barca, onde não havia espaço suficiente para se deitar, e onde sua exposição às noites frias e úmidas o lançaram em uma febre violenta, que quase acabou com todos os seus sofrimentos. Ele chegou a Maloun no terceiro dia, onde, doente como estava, foi obrigado a iniciar imediatamente o trabalho de tradução. Permaneceu em Maloun seis semanas, sofrendo tanto quanto em qualquer momento da prisão, exceto que não estava ferido, nem exposto aos insultos daqueles carcereiros cruéis.

Durante a primeira quinzena depois de sua partida, minha ansiedade era menor do que havia sido em qualquer momento anterior, desde o início de nossas dificuldades. Eu sabia que os oficiais birmaneses no campo perceberiam o valor dos serviços de Judson, o que não lhes permitiria usar de medidas que ameaçariam sua vida. Pensei que sua situação também seria muito mais confortável do que realmente era – portanto, minha ansiedade foi menor. Mas minha saúde, que nunca havia sido de fato restaurada desde aquele violento ataque em Oung-pen-la, agora declinava diariamente, até que fui tomada pela febre, com todos os seus horrores associados. Eu conhecia a natureza da febre desde o seu início; e, pela extrema precariedade de meu estado físico, junto com a falta de atendimento médico, concluí que haveria de ser fatal. No dia em que adoeci, uma enfermeira birmanesa veio e ofereceu seus serviços a Maria. Essa circunstância me encheu de gratidão e confiança em Deus; pois, embora eu tivesse feito tantos e constantes esforços para obter uma pessoa dessa descrição, nunca fora capaz; quando, naquele momento, mais precisava, sem nenhum esforço, uma oferta voluntária foi feita.

Minha febre aumentou violentamente e sem interrupção. Comecei a pensar em resolver meus assuntos mundanos e em confiar minha querida e pequena Maria aos cuidados da mulher portuguesa, quando perdi a razão e fiquei insensível a tudo quanto havia a meu redor. Durante esse terrível período, o dr. Price foi liberto da prisão, e, ao ouvir acerca de minha enfermidade, conseguiu permissão para me ver. Desde então, me contou que minha condição era a mais terrível que já havia testemunhado e que não acreditava que eu pudesse sobreviver muitas horas. Meus cabelos estavam raspados, a cabeça e os pés cobertos de bolhas, e o dr. Price ordenou ao criado bengalês, que cuidava de mim, a tentar persuadir-me a ingerir algum alimento, pois eu o havia recusado obstinadamente durante vários dias.

Uma das primeiras coisas de que me lembro é ver esse fiel criado de pé a meu lado, se esforçando para me convencer a beber um pouco de vinho e água. Eu estava, de fato, tão enfraquecida que os vizinhos birmaneses que vinham me ver diziam: "Está morta; e, mesmo se o rei dos anjos entrasse aqui, não poderia recuperá-la".

Eu soube depois que a febre me dominara durante dezessete dias desde a aparição das primeiras bolhas. Comecei a recuperar-me lentamente; contudo, se passou mais de um mês antes de ter forças para manter-me em pé. Enquanto estava nesse estado de debilidade, o criado que tinha seguido teu irmão ao acampamento birmanês chegou e me informou que seu mestre havia chegado e que estava sendo conduzido à corte de justiça da cidade. Enviei um birmanês para que observasse os movimentos do governo e tomasse conhecimento, se possível, acerca do que aconteceria com o sr. Judson. Logo voltou e me disse que havia visto o sr. Judson sair do pátio do palácio, acompanhado por dois ou três birmaneses, que o conduziam a uma das prisões da cidade; disse também que pela cidade corria o boato de que seria devolvido ao cárcere de Oung-pen-la. Estava demasiado fraca para dar atenção a más notícias de qualquer tipo, mas esse acontecimento repentino tão terrível quase acabou comigo. Durante um tempo, mal conseguia respirar. Mas, afinal, recuperei suficiente compostura para enviar nosso amigo Moung Ing a nosso amigo, o governador do portão norte, e lhe roguei que fizesse seus maiores esforços para obter a liberação do sr. Judson, impedindo que fosse enviado de novo ao cárcere do campo, onde sabia que sofreria muito, pois eu não poderia segui-lo. Moung Ing, então, foi logo em busca do sr. Judson, e era já quase noite quando o achou dentro de uma masmorra escura. Eu havia mandado alimentos mais cedo naquela tarde, mas, incapaz de achá-lo, o transportador voltara com eles, o que piorou minha angústia, pois temia que ele seria enviado a Oung-pen-la.

Se jamais sentira antes o valor e a eficácia da oração, eu a sentia agora. Não podia levantar-me de meu leito; nada podia fazer para deixar em segurança meu marido. Somente podia rogar Àquele grande e poderoso Ser que disse: 'Invoca-me no dia da angústia; eu te livrarei, e tu me glorificarás'[33]. Ele me fez sentir, nesse momento, tal promessa de maneira tão poderosa que fiquei tranquila, tendo a certeza de que minhas orações seriam atendidas.

Quando o sr. Judson foi enviado de Maluon a Ava, aconteceu dentro de cinco minutos e sem saber a causa. Em seu caminho rio acima, viu acidentalmente a comunicação feita ao governo a respeito dele, que dizia: 'Não temos mais necessidade de Judson, portanto o devolveremos à cidade dourada'. Ao chegar ao tribunal, não tinha ninguém ali familiarizado com o sr. Judson. O oficial presidente perguntou de que lugar havia sido enviado a Maloun, ao que respondeu que havia sido enviado desde Oung-pen-la. 'Então', disse o oficial, 'que o devolvam para lá'. Foi logo entregue a um guarda, a fim de ser levado ao lugar mencionado, para permanecer ali até que pudesse ser conduzido a Oung-pen-la. Enquanto isso, o governador do portão norte apresentou uma petição ao alto tribunal do império, oferecendo-se como garantia da segurança do sr. Judson, deste modo obtendo sua libertação e levando-o à sua casa, onde o tratou com todas as bondades possíveis, e para a qual fui eu conduzida quando minha saúde restabelecida o permitiu.

Em um fresco anoitecer e de belo luar, no mês de março, com os corações cheios de gratidão a Deus e transbordando de gozo ante nossas perspectivas, passamos Irrawaddy rio abaixo, rodeados por seis ou sete barcas douradas e acompanhados de todas as nossas posses terrenas.

Agora, pela primeira vez em um ano e meio, sentimos que éramos livres e já não estávamos sujeitos ao opressivo jugo dos birmaneses. E qual a sensação de deleite quando vi, na manhã seguinte, os mastros de um barco a vapor, o seguro presságio de estar dentro do âmbito da

---

33. Sl 50.15 , ARA. (N.T.)

vida civilizada! Assim que nossa barca chegou à costa, o brigadeiro A. e outro oficial subiram a bordo, nos cumprimentaram pela nossa chegada e nos convidaram a bordo do vapor, onde passei o resto do dia. Enquanto isso, teu irmão foi encontrar-se com o general que, com um destacamento do exército, tinha acampado em Yandabu, algumas milhas abaixo no rio. O sr. Judson voltou naquela tarde, com um convite do sr. Archibald a fim de acudir de imediato sua residência, onde fui apresentada na manhã seguinte e recebida com a maior gentileza pelo general, que tinha montado uma tenda para nós perto da dele e que nos convidou à sua mesa, tratando-nos com a bondade de um pai, em vez de como estrangeiros.

Durante vários dias, somente isso ocupou minha mente o tempo todo: estávamos fora do poder do governo birmanês, e uma vez mais sob a proteção dos ingleses. Nossos sentimentos ditavam continuamente expressões como: 'Que darei ao Senhor por todos os seus benefícios para comigo[34]?'.

Logo se estabeleceu o tratado de paz, assinado por ambas as partes, e foi declarado publicamente o fim das hostilidades. Saímos de Yandabu, depois de umas duas semanas de permanência, e chegamos sãos e salvos à casa da missão em Rangun, após dois anos e três meses ausentes.

Ao longo de todo esse período de sofrimento, conservou-se o precioso manuscrito do Novo Testamento birmanês. Foi colocado em uma sacola e transformado em um travesseiro duro para o encarceramento do dr. Judson. Ele, no entanto, se viu obrigado a mostrar-se aparentemente descuidado com ele, para que os birmaneses não pensassem que continha algo valioso e o tomassem. Mas, com a ajuda de um fiel convertido birmanês, o manuscrito, que representava tantos longos dias de trabalho, foi guardado a salvo. Ao término dessa longa e trágica narração, podemos dar de maneira apropriada o seguinte tributo à benevolência e aos talentos da sra. Judson, concedido por um dos presos ingleses que estiveram encerrados em Ava com o

---

34. Sl 116.12, ARA. (N.T.)

sr. Judson. Foi publicado em um jornal de Calcutá após a conclusão da guerra.

A senhora Judson foi a autora daqueles eloquentes e intensos depoimentos ao governo que os prepararam gradualmente para a submissão às condições de paz, que ninguém teria esperado, conhecendo a arrogância e inflexível soberba da corte birmanesa.

Aliás, o transbordamento de sentimentos de gratidão, em meu nome e no de meus companheiros, me levam a agregar um tributo de gratidão pública àquela amável e humanitária mulher, que, ainda vivendo a duas milhas de distância de nosso cárcere, sem meios de transporte e com mui precária saúde, abandonou sua própria comodidade e fraqueza, visitando-nos quase todos os dias e ministrando para nossas necessidades, contribuindo de todas as formas para aliviar nossas misérias.

Enquanto fomos deixados sem alimentos pelo governo, ela, com uma perseverança infatigável, de um jeito ou de outro, nos conseguia constante provisão.

Quando o estado esfarrapado de nossas roupas evidenciou a extremidade de nossa angústia, ela se mostrou disposta a substituir nosso escasso vestiário.

Quando a insensível avareza de nossos guardiões nos mantinha presos na cela ou colocava nossos pés em troncos, ela, como anjo servidor, nunca cessou em suas solicitudes ao governo, até ser autorizada a comunicar-nos a gratas notícias de nossa liberação ou de um respiro de nossas amargas opressões.

Além de tudo isso, foi certamente devido, em primeiro lugar, à mencionada eloquência e às intensas petições da sra. Judson, que os mal-instruídos birmaneses foram finalmente levados à boa disposição de assegurar o bem-estar e a felicidade de seu país com paz sincera".

Inícios missionários

1800. O primeiro convertido de Carey é batizado.

1804. Organização da Sociedade Bíblica Britânica e Estrangeira.

1805. Henry Martyn navega para a Índia.

1807. Robert Morrison navega para a China.

1808. Reunião de Oração Palheiro realizada perto do Williams College.

1810. Organização da Junta Americana.

1811. Os Wesleyanos fundam a Missão de Serra Leoa.

1812. Partem os primeiros missionários da Junta Americana.

1816. Organização da Sociedade Bíblica Americana.

1816. Robert Moffat navega para a África do Sul.

1818. A Sociedade Missionária de Londres entra em Madagáscar.

1819. Organização da Sociedade Missionária Metodista.

1819. A Junta Americana inaugura a missão das ilhas Sandwich.

1819. Judson batiza o primeiro convertido birmanês.

EPÍLOGO DA EDIÇÃO ORIGINAL

E agora concluímos, bons leitores cristãos, este presente tratado, não pela falta de matéria, mas para encurtar a questão da amplitude do volume. Enquanto isso, que a graça do Senhor Jesus Cristo trabalhe em ti, gentil leitor, em todas as tuas leituras estudiosas. E, quando tiveres fé, aplica-te a ler, para que, ao ler, aprendas diariamente a saber o que pode beneficiar a tua alma, ensinar-te experiência, armar-te com paciência e instruir-te cada vez mais em conhecimento espiritual, ao teu perfeito consolo e salvação em Cristo Jesus, nosso Senhor, a quem seja glória *in secula seculorum*. Amém.

FIM